o cogumelo no fim do mundo

O cogumelo no fim do mundo
Sobre a possibilidade de vida nas ruínas do capitalismo
Anna Tsing

© Anna Tsing, 2015
© n-1 edições, 2022
ISBN 978-65-86941-96-8

Embora adote a maioria dos usos editoriais do âmbito brasileiro, a n-1 edições não segue necessariamente as convenções das instituições normativas, pois considera a edição um trabalho de criação que deve interagir com a pluralidade de linguagens e a especificidade de cada obra publicada.

COORDENAÇÃO EDITORIAL   Peter Pál Pelbart e Ricardo Muniz Fernandes
DIREÇÃO DE ARTE   Ricardo Muniz Fernandes
TRADUÇÃO©   Jorgge Menna Barreto e Yudi Rafael
REVISÃO TÉCNICA   Thiago Mota Cardoso e Rafael Devos
PREPARAÇÃO   Graziela Marcolin
ASSISTÊNCIA EDITORIAL   Inês Mendonça
EDIÇÃO EM LaTeX   Paulo Henrique Pompermaier
CAPA   Gabriel de Godoy

A reprodução parcial deste livro sem fins lucrativos, para uso privado ou coletivo, em qualquer meio impresso ou eletrônico, está autorizada, desde que citada a fonte. Se for necessária a reprodução na íntegra, solicita-se entrar em contato com os editores.

1ª edição | VI brotação | Maio, 2024
n-1edicoes.org

o cogumelo no fim do mundo

sobre a possibilidade de vida nas ruínas do capitalismo

Anna Lowenhaupt Tsing

tradução Jorgge Menna Barreto e Yudi Rafael

n-1 edições

Prefácio, *por Joana Cabral de Oliveira* 7
Nota dos tradutores, *por Jorgge Menna Barreto e Yudi Rafael* 21

O COGUMELO NO FIM DO MUNDO 27
Possibilitando entrelaçamentos 29
Prólogo 39

I O QUE RESTOU? 53
1 Artes de notar 59
2 Contaminação enquanto colaboração 73
3 Alguns problemas com escala 85

II DEPOIS DO PROGRESSO: ACUMULAÇÃO POR APROVEITAMENTO 107
4 Trabalhando nas margens 113
5 "Open Ticket, Oregon" 129
6 Histórias de guerra 145
7 O que aconteceu com o Estado? Dois tipos de asiático-americanos 159
8 Entre o dólar e o iene 175
9 De dádivas a mercadorias – e vice-versa 191
10 Ritmos de aproveitamento: perturbações e negócios 203

III A PERTURBAÇÃO COMO COMEÇO: DESIGN NÃO INTENCIONAL 223
11 A vida da floresta 229
12 História 245
13 Ressurgimento 263

14	Acaso	283
15	Ruína	301
16	Ciência como tradução	315
17	Esporos voadores	331
IV	**NO MEIO DAS COISAS**	**361**
18	Na cruzada pelo matsutake: esperando pela ação fúngica	369
19	Ativos ordinários	381
20	Antifinal: Algumas pessoas que encontrei pelo caminho	395

No rastro dos esporos — 405

Prefácio
Um encontro com *O cogumelo no fim do mundo**

JOANA CABRAL DE OLIVEIRA

O cogumelo no fim do mundo é uma obra etnográfica de referência, apesar de sua pouca idade. Como toda boa etnografia é da ordem do complexo, uma vez que nos deparamos com uma multiplicidade de entes que se relacionam, mas não se somam; eventos que não ocorrem em um tempo linear; fenômenos que compartilham um espaço, mas não podem ser mapeados em termos de coordenadas tridimensionais.[1] Gosto de pensar esse gênero literário clássico da antropologia como uma descrição *complicada* – segundo a definição do dicionário: "composta de elementos que entretêm relações numerosas, diversificadas e difíceis de apreender".[2] Complicado, aqui, é também coimplicado, uma vez que promove engajamentos entre aqueles que se encontram em uma pesquisa que não se pretende alheia ao mundo, nem ignora diante de quem se escreve.[3] Implicar-se é, sem dúvida, uma das regras do jogo que resulta na reflexão com que nos deparamos nesta obra. Seu subtítulo, "Sobre a possibilidade de vida nas ruínas do capitalismo", aponta para o enfrentamento de algo que nos

---

*. Agradeço a leitura atenta e os comentários a uma primeira versão desse prefácio realizadas por André Bailão e Marisol Marini. Agradeço também ao convite da editora n-1 e aos tradutores Jorgge Menna Barreto e Yudi Rafael.
1. Annemarie Mol e John Law, *Complexities: Social studies of knowledge practices*. Durham: Duke University Press, 2002.
2. Houaiss, 2001, p. 777.
3. Joana Cabral de Oliveira, "As vicissitudes do matar: conflitos ontológicos em um estudo sobre leishmaniose tegumentar americana na TI Wajãpi". *Horizontes Antropológicos*, ano 26, n. 57, 2020.

toma: uma vida precarizada pela exploração violenta, que arruína pessoas e nos coloca em face a uma crise climática que ameaça muitas formas de vida. É preciso atentar para a diversidade vital que insiste em brotar nas ruínas, como forma de fertilizar nossa imaginação para conceber devires.

Poderíamos emprestar a própria ideia de "escuta política", que emerge em seu campo ao acompanhar discussões entre coletores de cogumelos e o Serviço Florestal estadunidense, em que uma ativista propõe uma escuta criativa como forma de proliferar futuros possíveis. Trata-se de uma escuta que, ao invés de culminar em uma resolução única, permite a perturbação das certezas e a multiplicação da participação, de forma que o encontro de tantas vozes, por sua indeterminação, possibilite o começo de outras histórias. Pode-se dizer que essa é uma etnografia calcada na "escuta política", já que a diferença é o motor de suas articulações, uma diferença que jamais é reduzida para compor uma história única, numa postura que se alinha às críticas feministas, que insistem na multiplicidade combinada à parcialidade.[4]

Este é um livro que, segundo a autora, não acaba, talvez apostando na potência da reverberação de seu próprio encontro com leitores de muitas paragens e pensamentos, que podem, então, continuar a narrar mundos. Ouvimos pela escrita de Anna Tsing histórias que vão das relações entre minorias étnica do Sudeste Asiático, passando pela descrição de cadeias produtivas globais, por florestas de pinheiros na região nórdica até os bosques rurais do Japão; cruzamos as fronteiras entre mercado e dádiva; aprendemos algo sobre o modo de existência dos matsutake e de suas espécies companheiras.[5]

Ao enraizar sua reflexão em solos empíricos tão vastos, Anna Tsing nos demonstra a realização de uma teoria emergente que

---

4. Donna Haraway. "Situated knowledges: The science question in feminism and the privilege of partial Perspective". *Feminist Studies*, v. 14, n. 3, 1988. Marilyn Strahern. *Partial connections*. Nova York: Update, 2001

5. D. Haraway. *The companion species manifesto: dogs people and significant otherness*. Chicago: Prickly Paradigm Press, 2003.

tem como ponto de partida o problema da compreensão do abismo que separava os catadores de cogumelos, em sua maioria imigrantes asiáticos em uma floresta do Oregon, dos consumidores finais no Japão. Aqui a autora enfrenta um *modus operandi* do capital: o processo de invisibilização das relações sociais necessárias à produção de mercadorias. Ao percorrer e narrar os caminhos que os cogumelos fazem dos solos do Oregon aos pratos japoneses, Tsing nos dá a ver algumas das cadeias produtivas globais em sua complexidade. Compostas por tantos elos, tais cadeias possuem uma longa extensão, que tem como efeito o apagamento típico da feitiçaria capitalista.[6] Os conceitos marxistas de alienação do trabalho e fetiche da mercadoria inspiram um olhar sobre a forma como o capitalismo global articula grandes corporações internacionais num sistema de produção que atua em países com legislações trabalhistas e ambientais frouxas. Estamos diante de um deslocamento escalar das relações de exploração.

Esta é, também, uma etnografia do capitalismo, que tem como um de seus méritos borrar as fronteiras entre local e global, tradicional e moderno. Como já fez em outro trabalho,[7] o que talvez possa ser considerado uma marca de seu fazer etnográfico, Tsing, ao seguir uma mercadoria, conduz-nos por uma trajetória que permite compreender como as texturas locais se conectam e dão forma ao que designamos global. Não é possível, portanto, operar com uma oposição dual simples, devemos antes compreender como o capital translada por escalas. Contudo, ao situar-se no capitalismo, o olhar de Tsing não se paralisa em uma descrição das operações deste sistema; as histórias e vidas encontradas nesse percurso não se reduzem ao império do capital; fissuras são habitadas e vidas insistem em não se deixar domesticar.

Como um sopro de vento fresco, essa obra – ainda que tenha impacto em diversas áreas do conhecimento – tem uma signi-

---

6. Isabelle Stengers e Philippe Pignarre. *Capitalist sorcery: Breaking the spell*. Nova York: Palgrave Macmillan, 2011.
7. Anna Tsing. *Friction: An ethnography of global connection*. Nova York: Princeton University Press, 2004.

ficância especial para a antropologia, sobretudo pelo tipo de proposta etnográfica e epistêmica que nos apresenta. Estamos diante de possibilidades de pensar, descrever e produzir conhecimentos que incidem sobre um mundo e implicam um fazer político de ação cósmica (talvez, também por este motivo este é um livro que não se encerra em seu ponto final). Há uma aposta de que arcabouços de pensamento promovem ação. A palavra não é etérea, uma representação que paira sobre o real, mas é constituidora de mundos:

> A conceituação do mundo e a criação do mundo estão entrelaçadas uma na outra – pelo menos para aqueles com o privilégio de transformar seus sonhos em ação. O relacionamento se dá nos dois sentidos: novos projetos inspiram novas formas de pensar, que também inspiram novos projetos.[8]

Esta é uma obra que opera com a multiplicidade ontológica, com reais emergentes que, ao serem narrados, permitem acesso ao modo como são constituídos. A possibilidade de fabular mundos é uma habilidade alentadora para enfrentarmos as ruínas do Antropoceno.

Abordar a constituição de mundos tem como fundamento filosófico o esfacelamento da oposição entre Natureza e Cultura, afinal, não se opera com um cosmos dado e estável que passa a ser interpretado e representado pela diversidade cultural. Romper com esse dualismo, por sua vez, implica corroer nossa pressuposição de que a espécie humana é excepcional, pois a única dotada de cultura. Mundos são sempre mais que humanos, e é preciso atentar para as relações entre espécies; outras formas de vida podem nos ensinar algo, e os fungos parecem ser bons aliados para lidar com um mundo que se despedaça. Uma das potências da obra é anunciada logo nas primeiras páginas: não se trata apenas de perseguir os cogumelos, mas de replicar na escrita e no pensamento uma mimese dessa forma de vida. Fungos são arredios ao dualismo estático, vide as discussões taxonômicas e filosóficas sobre sua inserção entre os vegetais ou animais até a constituição de

---

8. A. Tsing. *Viver nas ruínas: paisagens multiespécies no antropoceno*. Brasília: IEB/Mil Folhas, 2019, p. 176.

um reino próprio (Fungi) que parece ter uma origem polifilética, isto é, origina-se a partir de diferentes grupos de organismos, o que os faz ter histórias evolutivas múltiplas.[9] Além disso, eles são os mestres da simbiose, associando-se em especial a organismos clorofilados. Aqui não há como não lembrar de Gregory Bateson[10] e sua proposição de mente-mundo, na qual conhecimento e matéria operariam de forma similar. Ao se aliar aos matsutake, Tsing busca pensar *com* e *ao modo de vida* dos matsutake.

Esta é uma das obras de fôlego que busca intencionalmente exercitar uma "antropologia para além do humano", ou uma "etnografia multiespécie",[11] caracterizada justamente por um descentramento do humano nas análises sociais. Ainda que possamos encontrar nas mais clássicas etnografias, como *Coral Gardens* de Bronislaw Malinowski e *Os Nuer* de Edward Evans-Pritchard, a presença pungente de animais e plantas na vida comunitária, o enfrentamento epistêmico e descritivo com o qual nos deparamos aqui é de outra ordem.[12] Os matsutake não estão a serviço da compreensão de um funcionamento social, mas são sujeitos da pesquisa e possibilitam uma narrativa na qual os humanos são um entre outros seres de uma rede de vidas entrelaçadas, de uma socialidade mais que humana. Tsing se volta para teorias biológicas apoiadas na simbiogênese, que entendem a vida a partir das relações entre espécies. Ao colocar a relação em primeiro plano, a própria ideia de espécie enquanto um ente discreto, homogêneo e estável é complicada. Vale pontuar que a bióloga Lynn Margulis, o principal nome desse campo de estudos, inflete o campo com outro léxico conceitual distante daquele da guerra

---

9. Eurico Cabral de Oliveira. *Introdução à biologia vegetal*. São Paulo: Edusp, 2003.
10. Gregory Bateson, *Mente e natureza: uma unidade necessária*. Rio de Janeiro: Francisco Alves, 1986.
11. Stefan Helmrich e Eben Kirksey, "The emergence of multi species ethnography". *Cultural Anthropology*, 2010. Thom Van Dooren, Eben Kirksey e Ursula Münster. "Estudos multiespécies: cultivando artes de atentividade". *Incerteza*, ano 3, n. 7.
12. Recomendo a leitura do artigo de Thiago Mota Cardoso, "A arte de viver no antropoceno: um olhar etnográfico sobre cogumelos e capitalismo na obra de Anna Tsing". *Revista Climacom*, ano 6, n. 14, 2019.

e da competição pela perpetuação dos genes, próprio a um idioma masculinista, e possibilita novas compreensões do processo evolutivo. Partindo da simbiogênese, não seria possível abordar os matsutake sem olhar para os pinheiros e, portanto, para as perturbações que permitem que tais árvores brotem, em suma, sem ampliar a análise para um campo de relações vitais.

Uma das questões centrais para uma antropologia que busca voltar-se para a composição de socialidades mais que humanas é, justamente, como compreender aqueles que não compartilham de uma linguagem simbólica, uma vez que esse é um dos pilares do fazer etnográfico. Eis um desafio metodológico e político. Ao falar em "artes de notar" e "variedades de tipos de atenção", Tsing começa a trilhar um caminho para lidar com um problema filosófico central em sua obra, a ideia de excepcionalismo humano, que teria no Iluminismo seu bojo. Compreender a humanidade como uma espécie vagando solitária em um mundo mudo promove uma atenção apenas por meio da semelhança consigo mesmo: "Narciso acha feio o que não é espelho."[13] Ao acompanhar coletores de cogumelo e micólogos de muitas formações em atividades que são verdadeiras caçadas – afinal os matsutake se escondem sob raízes e substratos –, Tsing apura seu nariz para reconhecer o aroma ímpar desses corpos fúngicos, espreme os olhos para enxergar rastros de animais que os apreciam tanto quanto os humanos e aprende a notar alterações no solo dadas por sua frutificação. É preciso cultivar a atenção a outras formas de vida em suas diferenças.

Aprendemos que um caminho possível para atravessar esse imbróglio político-metodológico é aliar-se às espécies companheiras dos matsutake. Ao tratar os humanos como uma espécie entre outras que promovem a existência desses cogumelos, Tsing já não opera mais com o primado da excepcionalidade humana. Com essa simples categorização do humano como mais uma espécie companheira, ao lado de *Pinus* e outras formas de vida que

13. Caetano Veloso, "Sampa".

compõem as ecologias florestais, a autora perturba as relações epistêmicas hegemônicas entre sujeito e objeto; os vetores de ação são de mão dupla, só há processos de coevolução, de conformação. A relação em primeiro plano. Os engajamentos mútuos são a base ontogenética de qualquer ser. As análises sociais se deparam com um novo desafio ao encarar que as socialidades são necessariamente mais que humanas, afinal a vida se faz em "assembleias polifônicas" onde entes distintos se emaranham. Dar conta desse problema etnograficamente requer uma atenção a comportamentos e corpos que são distintos dos nossos, e a antropóloga aprende essa atenção com seus interlocutores humanos versados em idiomas fúngicos, como coletores e micólogos, mas também com a sua própria convivência juntos aos matsutake em caminhadas pelas florestas.

Não é mera questão de estilo que uma marca de sua escrita sejam descrições vívidas e sensuais das cenas, lugares e acontecimentos. Trata-se de um esforço de tradução de outras formas de vida, algo que pode igualmente ser notado na estrutura do livro, que busca mimetizar um ciclo de vida fúngica – pensamento e matéria, mente e mundo se replicando. As artes, algo presente na escolha dos haicais e imagens que compõe o livro, mas também em parcerias com desenhistas que são exploradas alhures,[14] são mais uma das alianças que Tsing faz em busca de traduzir a expressividade de outros seres, os quais requerem uma percepção renovada por parte daqueles formados nas ciências humanas. É preciso fomentar o interesse e desenvolver uma arte da atenção para incluirmos alteridades para além do humano em nossas etnografias e análises, afinal, desde a intrusão do *antropos* no tempo geológico – com o reconhecimento do Antropoceno[15] –, é redutor pensar o campo social circunscrito ao humano. Não há problema

---

14. A. Tsing, *Viver nas ruínas: paisagens multiespécie no antropoceno*, op. cit. Esse aspecto também é abordado no artigo de Thiago Mota Cardoso acima citado.
15. Dipesh Chakrabarty, "The climate of history: Four theses". *Critical inquiry* 35.2, 2009, pp. 197-222. Paul Crutzen e Eugene Stoermer, "The Anthropocene". *Global Change Newsletter*, n. 41, 2000, pp. 17-18.

que seja só da ordem natural ou só da ordem social, é preciso recompor essa fratura e encarar a complexidade que os tempos atuais exigem; eis uma lição que nos deixa essa obra, de resto uma boa companhia para tempos pandêmicos.

Podemos dizer que os matsutake são os principais sujeitos dessa etnografia. Cogumelos que crescem em floresta perturbadas, eles levam Tsing a problematizar a ideia de florestas "naturais" e o próprio conceito de Natureza, enquanto um domínio passivo e mecânico. Tal compreensão da Natureza, igualmente forjada pelo Iluminismo, é o que permite uma exploração desmedida do mundo pelo Homem, resultando na era de grandes catástrofes e de extremos climáticos que vivenciamos. A pandemia de Covid-19, sendo um dos efeitos da ruptura de ciclos ecológicos pela exploração abusiva do capital, torna reflexões e pesquisas como essa fundamentais para compreendermos nosso modo de existência e, quem sabe, ocupar as fissuras do capitalismo, tal como fazem os matsutake e os Mien. Coletar cogumelos foi uma das formas que alguns Mien, etnia do Sudeste Asiático, encontraram para não se sujeitar aos subempregos destinados aos imigrantes nos Estados Unidos da América, tecendo uma vida caminhante pelas florestas do Oregon, o que se aproxima de uma experiência de liberdade, tal como vivenciada em seus territórios de origem. Os matsutake, por sua vez, insistem em brotar em ambientes alterados, inclusive aqueles intensamente transformados pela expansão capitalista, tal como as plantações estadunidenses de *Pinus*.

No Oregon as florestas nativas foram expropriadas pelo mercado madeireiro através do corte em massa, que deu áreas livres para o plantio de árvores de crescimento ligeiro, como algumas das espécies de *Pinus*, companheiras dos matsutake, que gostam de habitar entre suas raízes. Tais florestas são moldadas pelo capitalismo, por estruturas transnacionais de comércio. Já no Japão os matsutake são encontrados nas *satoyama*, florestas alteradas pela vida camponesa, em especial pela retirada de lenha e por ações agrícolas de pequena escala, que promovem alterações nos regimes de luminosidade e disposição de matéria orgânica, permitindo a emergência dessa iguaria em forma de cogumelo. Em ambos os casos, apesar das formas e ações distintas que produziram modificações nessas paisagens florestais, o que Tsing nos apresenta e insiste é que estamos diante de paisagens onde diversas formas de vida se emaranham: *Pinus*, carvalhos, cogumelos e mãos coletoras. Algo que é caracterizado como uma polifonia vital e que é a antítese das *plantations* e seu anseio por homogeneidade e unidade.

Ao longo do livro, a noção de *plantation* é alçada a um elemento reflexivo a partir da materialidade histórica dessa forma de agricultura monista. Gosto de pensar que *plantation* opera como um signo aos moldes do funcionamento do pensamento selvagem tal como formulado por Lévi-Strauss.[16] O signo está a meio caminho entre o percepto e o conceito, operando com uma materialidade que promove um pensar aterrado. Já o conceito é transparente ao mundo e serve muito bem a uma epistemologia de sujeito cognoscente universal.

A *plantation* é um sistema que se constituiu com a cana-de-açúcar – uma espécie exótica, plantada por clonagem, em uma forma de cultivo que estabelece poucas relações interespecíficas – somada à mão de obra escrava – pessoas que foram intencionalmente desumanizadas e arrancadas de seus territórios constituintes. *Plantation*, tal como aparece nessa obra, finca raízes em uma experiência histórica, mas não se reduz a ela (afinal, como o signo, ela tem a capacidade de referir). Ao nomear dessa maneira, Tsing nos permite ver um sistema de alienação que se dá por meio do corte das relações, que nesse caso é realizado duplamente: cana-de-açúcar e povos africanos são violentamente desemaranhados de suas paisagens vitais, o que cria um duplo isolamento. Aqui, a obra de Tsing poderia conversar com a ideia de "dupla fratura colonial e ambiental" de Malcom Ferdinand,[17] que, ao mirar a crise ecológica desde o Caribe (um dos berços

---

16. Claude Lévi-Strauss, *O pensamento selvagem*. São Paulo: Edusp, 1970.
17. Malcom Ferdinand, *Une écologie décoloniale: Penser l'écologie depuis le monde caribéen*. Paris: Le Seuil, 2019.

históricos da *plantation*), aponta para a impossibilidade de separação entre exploração ambiental e humana, essa dupla exploração inaugurada pela empresa colonial e que ainda persiste. Lembremos que todas as socialidades são mais que humanas, inclusive as coloniais que se fizeram por meio do monocultivo de cana.

Mas há mais, a *plantation* operou com um modelo de produção em grande escala que atravessou oceanos e foi replicada em distintas localidades. Essa capacidade de aumentar a produção, mudando de escala sem ajustar o projeto e suas estruturas às condições locais, é o que a autora denomina "escalabilidade", um *modus operandi* do capital. A escalabilidade é indiferente à indeterminação dos encontros, não se altera em sua replicação e ignora as diferenças. Uma tradução que não se afeta. Tsing busca *pensar com* cogumelos, e vê as florestas perturbadas como *antiplantation*. São tais paisagens que permitem construir uma crítica à escalabilidade.

Se as *satoyama* e as florestas do Oregon são uma antítese das *plantations*, por se constituírem enquanto "assembleias polifônicas" de distintos ritmos de vida, os coletores de cogumelos também estão distantes da escravidão ao produzirem uma vida liberta. Apesar disso, em sua cadeia de comércio global e sua ecologia (ligada aos *Pinus*, que, segundo ela, é a nova cana-de-açúcar), os matsutake são dependentes da escalabilidade, mas da escalabilidade em sua condição de ruína, uma vez que as vidas emaranhadas corrompem a homogeneidade almejada. Cogumelos insistem em brotar. Matsutake é um aliado para lidar com um mundo que perece. Enquanto decompositores, os fungos possibilitam a emergência da vida a partir da podridão. Ao vagar pelas páginas desta obra, aguçamos nossa atenção para perceber a capacidade regenerativa que os fungos proporcionam às paisagens. Após a explosão atômica em Hiroshima, a primeira forma de vida a aparecer nas ruínas pertencia ao reino Fungi. Ao ocupar paisagens arruinadas, cogumelos e suas espécies companheiras fazem história, produzem transformação ao longo do tempo. Aqui nos encontramos com a potente assertiva de Donna Haraway, que, pensando com a salamandra, nos diz: "Precisamos de regeneração, não de renascimento."[18]

Regeneração é precisamente uma lição florestal, onde relações multiespécie são a regra do jogo. Ao percorrer paisagens finlandesas, Tsing se depara com florestas que invertem e embaralham a ideia de Natureza prístina. As florestas lidas como naturais nessa região são de estética homogênea, mares de pinheiros que se assemelham aos bosques industriais. Já as paisagens ocupadas por gentes eram aparentemente caóticas, com uma composição diversa em termos de espécies e de estágios de desenvolvimento das árvores. Nesse passeio pelos bosques nórdicos, encontramos narrativas estatais de conservação que entendem a presença humana como um elemento que conspurca a Natureza e embasam uma política ambiental que tem como efeito as "florestas sem história". O caso japonês é especialmente emblemático, pois o êxodo rural conduziu ao abandono das florestas *satoyama*, onde, sem as perturbações humanas habituais, o matsutake deixou de crescer. Essa constatação levou os japoneses a projetos de revitalização das *satoyama*, algo percorrido etnograficamente por Tsing, que nos diz que os cidadãos modernos estão agora aprendendo "a viver em meio a uma natureza ativa". Os matsutake passam a ser agentes de um novo conceito de natureza, uma natureza com *n* minúsculo, pois emergente do encontro, e não um dado de ordem transcendente.

As florestas camponesas são paisagens mais que humanas que nos ensinam sobre formas de regeneração e de participação em uma rede de ritmos vitais que compõem as "assembleias polifônicas". As *satoyama* são as principais responsáveis por conduzir Tsing a essa formulação, uma vez que tais paisagens reeducaram sua atenção. É imbuída dessa percepção renovada que ela consegue olhar as florestas nórdicas de uma outra perspectiva. Florestas com gente

---

18. Donna Haraway, Hari Kunzuru e Tomaz Tadeu, *Antropologia do ciborgue: as vertigens do pós-humano*. Belo Horizonte: Autêntica, 2009, p. 98.

dentro, as *satoyama* são compostas por campos de arroz, caminhos, canais de irrigação, bosques plantados e de crescimento não intencional. Sua dinâmica e composição são radicalmente transformadas diante da ausência de um dos seus entes: os humanos.

A descrição das dinâmicas que possibilitam a existência das *satoyama*, bem como a de outras florestas pelas quais caminhamos ao longo deste livro, soam familiares para quem conhece a discussão sobre florestas antropogênicas na Amazônia, teoria inaugurada por William Balée,[19] que recorre a uma série de indicativos para afirmar que a biodiversidade amazônica é proveniente das práticas de habitação ameríndias, em especial da agricultura itinerante de coivara de povos pré-colombianos e do presente. Pesquisas na intersecção da arqueologia, da ecologia e da antropologia[20] têm justamente demonstrado como as alterações de regimes de luminosidade, mudanças no solo, descarte de sementes e uso de fogo, entre outras ações humanas, têm como efeito uma paisagem mais diversa.

A agricultura itinerante de coivara praticada na Amazônia é orientada pelo jogo entre ocupar um espaço de vegetação madura, muitas das vezes reconhecido como uma área de floresta, que é derrubada, queimada e resfriada pelas chuvas, para então ocupa-lo com distintos cultivares: mandioca, cará, milho, mamão, batata, entre tantas outras espécies em suas gamas varietais que se entrelaçam dando forma a roçados hiperdiversos. Os roçados costumam ser visitados seguindo os ciclos de maturação de cada cultivo. Ao fim das colheitas, esse espaço deixa de ser cuidado pelos humanos e suas plantas, e passa a ser gradualmente retomado pela floresta e seus habitantes, iniciando o que chamamos de sucessão secundária. Uma regeneração. Gramíneas rastejam para

---

19. William Balée, "Biodiversidade e os índios amazônicos", in: Manuela Carneiro da Cunha e Eduardo Viveiros de Castro (orgs.), *Amazônia: ttnologia e história indígena*. São Paulo: NHII/USP, 1993.
20. Carolina Levis et. al. "Historical human footprint on modern tree species composition in the Purus-Madeira interfluve, Central Amazonia". *Plos One*, v. 7, 2012. Charles Clement et. al. "The domestication of Amazonia before European conquest". *The Royal Society Publishing*. Londres, 2015.

dentro, morcegos e pássaros trazem embaúbas com suas fezes, formigas enterram sementes de plantas herbáceas, animais terrestres trazem caroços, o vento sopra sementes aladas... O tempo e a vida caminhante se encarregam de fazer com que aquele ex--roçado se torne mata novamente, podendo futuramente ser ocupado pelos humanos uma vez mais. Esse caminhar do roçado sobre a floresta e da floresta sobre a roçado, o caráter itinerante, é fundamental para a emergência da aclamada biodiversidade da Amazônia. Assim como as *satoyama*, trata-se de uma paisagem de "design não intencional" – expressão utilizada por Tsing para falar de relações que escapam ao idioma do controle –, ainda que esses processos sejam compreendidos e descritos pelo minucioso cabedal de conhecimentos ameríndios.[21] A vida é emergente, não orientada ou constrangida nesses contextos; cultiva-se uma abertura para a indeterminação do encontro.

Se Anna Tsing fosse uma americanista, talvez ela formulasse as florestas camponesas em termos de sistemas contra a *plantation*, em vez de apenas afirmar sua antítese em relação à monocultura de larga escala. Pierre Clastres[22] poderia tê-la levado a definir as assembleias polifônicas como vetores contra o Estado, que rompem com a figura do Um, da identidade e da monotonia por meio da insistência em viver nas ruínas por meio de regenerações.

Não por acaso, Tsing inicia sua obra pelos catadores imigrantes asiáticos, afirmando que os contadores de história não ocidentais são bons em nos lembrar da vivacidade de todos os seres, algo que diversos ameríndios e quilombolas nos dizem, em especial Antônio Bispo,[23] Ailton Krenak[24] e Davi Kopenawa[25] com suas palavras dirigidas "ao povo da mercadoria". Eles insistem na necessidade de cultivarmos uma nova atenção àquilo que foi

---

21. Ana Gabriela Morim de Lima et al., *Práticas e saberes sobre agrobiodiversidade: a contribuição de povos tradicionais*. Brasília: IEB/Mil Folhas, 2018.
22. Pierre Clastres, *A sociedade contra o Estado*. Rio de Janeiro: Francisco Alves, 1982.
23. Antonio. Bispo dos Santos, *Colonização, quilombos, modos e significações*. Brasília: INCTI/UnB, 2015.
24. Ailton Krenak, *Ideias para adiar o fim do mundo*. São Paulo: Companhia das Letras, 2020.
25. Davi Kopenawa e B. Albert, *A queda do céu*. São Paulo: Companhia das Letras, 2015.

emudecido pela noção de recurso e agora de serviços ecossistêmicos. Poder pensar *com* e *ao modo de vida* dos matsutake requer uma arte de notar renovada que passa por saber ouvir e narrar histórias de uma perspectiva que não tenha como fundamento o excepcionalismo humano e a mecanização da Natureza. *O cogumelo no fim do mundo* pode nos orientar ao caminhar pelas paisagens multiespecíficas existentes no Brasil, habitadas e aliadas a uma diversidade de povos e gentes, e que têm sido solapadas pela marcha do desenvolvimento – o sobrenome do capital. Eis que essa etnografia, que cruza oceanos no norte global, pode enfim inspirar a pensar muitos campos das terras tropicais, e por isso essa bela tradução é de grande importância para a antropologia brasileira.

Enfim, vale pontuar que prefaciar um livro que "se recusa a terminar" é mais uma narrativa promovida pela indeterminação do encontro que uma etnóloga das terras baixas da América do Sul pôde ter com histórias de matsutake, imigrantes asiáticos, florestas e cadeias comerciais transatlânticas. Instigada por Tsing a pensar *com* e *ao modo de* vidas fúngicas, apenas busquei seguir por algumas conexões dendríticas, como as hifas.

Nota dos tradutores

JORGGE MENNA BARRETO
YUDI RAFAEL

Toda tradução desloca o seu original, coloca-o em movimento. O contexto de aterrissagem alimenta encontros inesperados e fricções com outras sintaxes, corpos e especificidades, a partir dos quais significados novos podem emergir ou serem atualizados. Se textos estão situados na história, o mesmo ocorre com suas traduções. Nesse caso, é significativo que tenhamos recebido o PDF de *The Mushroom at the End of the World* (lançado nos Estados Unidos em 2015) para trabalhar na sua versão brasileira em 19 de setembro de 2018 – isto é, um mês antes de uma eleição presidencial histórica que aprofundou ainda mais as fraturas do país. Desde então, ao longo desses três anos, o Brasil passou por um violento processo de consolidação da extrema direita e pela emergência da crise da pandemia de Covid-19, cuja combinação já produziu mais de meio milhão de mortes.

Tendo em vista tal situação, a tradução deste livro, cuja atenção aos processos vitais é notável, pretende somar-se aos empenhos daqueles que têm buscado imaginar outras possibilidades de fazer mundo. Fruto de uma pesquisa poderosa e extensa que manifesta pensamento profundo e linguagem precisa, o trabalho elaborado de Anna Tsing estimula a imaginação e fortalece o sistema imunológico intelectual. Sua profusão de narrativas contribui enfaticamente para o entendimento da complexidade das pulsões de vida nas ruínas do planeta. Cabe enfatizar que essa obra chega no Brasil em um contexto marcado pela perpetuação de práticas estatais genocidas contra populações negras, indígenas e em situação de precariedade; e de dinâmicas extrativistas que naturalizam a simplificação de ecossistemas inteiros para se tornarem hectares, de modo que uma destruição sem precedentes de ambientes florestais seja fomentada para liberar a "passagem da boiada".[1] Dessa forma, entendemos a tradução deste livro também como intervenção cultural e política, um trabalho de ampliação do debate sobre conceitos, vocabulários e imagens tão necessários para apreender uma crise extraordinária, que é também uma crise da representação e da linguagem.

Traduzir é uma das formas mais atentas de ler, abrindo cada palavra para capturar suas sementes (ou esporos), que então são transplantadas para outros territórios e situações. No entanto, o conteúdo deste livro não se limita ao texto. A obra de Tsing é múltipla e estende-se à fotografia e aos desenhos, incluindo reflexões sobre aromas e sabores. Assim, ao propor uma leitura a partir de múltiplos sentidos, o livro persegue experimentações formais e flerta com os limites do próprio texto. Estimulados por essa miríade de sensações e seguindo os rastros do cogumelo junto com a autora, concebemos a imagem do tradutor enquanto fungo. Deste modo, evocamos a atuação daqueles fungos criadores de intrincadas malhas subterrâneas que, em simbiose com as plantas, colaboram para o fazer florestas. Essa relação simbiótica se dá a partir do sistema digestivo extracelular micorrízico, que disponibiliza nutrientes benéficos para o mundo vegetal. Este, por sua vez, alimenta suas espécies companheiras com o açúcar originado da fotossíntese. De forma parecida, ao tornarem o produto da sua leitura público, tradutores também expressam esse *metabolismo extrovertido*. Eles perturbam a aparente estabilidade do original à medida que examinam suas raízes e transcriam significados e nutrientes para outras culturas, idiomas e meios. Nesse sentido, o ato da tradução sustenta a biodiversidade do

---

1. A frase "passar 'a boiada'" foi utilizada pelo ministro do meio ambiente Ricardo Salles ao sugerir, em reunião ministerial no dia 22 de abril de 2020, que o governo deveria aproveitar o foco da mídia na pandemia de Covid-19 para flexibilizar as leis de proteção ambiental em favor da expansão de atividades do agronegócio e da pecuária.

pensamento, minando a perspectiva monocultural e ajudando a navegar o fim do mundo, pois muitos outros podem se fazer notar, *como uma torrente de cogumelos depois da chuva*.

Imagens de torrentes, profusões e multiplicidades permeiam o livro original e a tradução as intensifica, já que, diante de cada conceito, ideia ou expressão, apresenta-se uma variedade de opções. Isso se dá, em parte, pela própria assimetria entre as línguas, que impede que uma transposição de significados entre diferentes idiomas e culturas seja completa e, portanto, conclusiva. No entanto, são justamente essas brechas que tornam o papel do tradutor algo interpretativo e criativo. Em um livro que, além de ser um documento científico, flerta com as artes e a literatura, tal tarefa foi especialmente instigante, já que o texto original também é matéria poética. Nessa dança, gostaríamos de tomar a oportunidade para examinar, junto com o leitor, a plasticidade contida em algumas opções de tradução que fizemos ao longo do percurso, muitas das quais informadas por diálogos frutíferos com a própria autora e com os revisores técnicos Thiago Cardoso e Rafael Devos.

A começar pelo *arts of noticing*, que traduzimos por "artes de notar". Embora tenhamos considerado os termos *perceber* (que foi a opção do livro *Viver em ruínas*)[2] e *observar* (inspirados pelo *l'art d'observer* da versão francesa), o verbo *notar*, com a despretensão que o associa ao cotidiano, pareceu-nos mais adequado para dar conta dos encontros indeterminados dos fluxos de vida próprios do universo da coleta de cogumelos selvagens relatados pela autora. *Notar*, assim, não sugere uma carga programática, mas sim a espontaneidade do encontro com algo que não foi cultivado, que emerge como uma dádiva, um fruto do acaso que efetivamente depende de um envolvimento e uma investigação curiosa das linhas da vida.

Outra escolha que marca essa versão do livro para o português é a de manter a distinção entre história e estória – *history*

---

2. Anna Lowenhaupt Tsing, *Viver nas ruínas: paisagens multiespécies no antropoceno*. Brasília: IEB/Mil Folhas, 2019.

e *story*. Isso porque ela constitui, no original, uma forma bastante recorrente de chamar a atenção para diferentes questões ao longo do texto. Como nos apontou a autora, ao utilizar *story* ela se refere à narrativa e quer, sobretudo, enfatizar o gênero, a forma da contação; enquanto, ao usar *history*, ela se refere aos eventos do passado e seus desdobramentos. Assim, por mais que tal distinção tenha caído em desuso no português atual – uma vez que o vocábulo *história*, em nossa língua, cumpre os dois papéis – neste caso pareceu-nos que não marcá-la poderia significar um achatamento da diferença articulada no original.

Já o termo *patch* demanda algumas considerações. Embora a autora explicite que o seu uso se baseia nos estudos da paisagem, que equivaleria a *mancha* em português, a complexidade do adjetivo *patchy* não é alcançada pelo português *manchado*, por exemplo. Assim, sendo fiéis ao uso do conceito na ecologia, traduzimos a palavra *patch* por *mancha*; mas *patchy* foi traduzido por *irregular* ou *fragmentário*. Se, no original, os usos de *patch* e *patchy* estão interligados, na tradução rompe-se essa conexão para priorizar uma maior precisão descritiva.

Salvage é outra expressão central para a obra, usada pela autora em sua teorização sobre o capitalismo. Traduzimos *salvage rhythms*, título do capítulo 10 deste livro, por "ritmos de aproveitamento". Em vez de *salvamento*, utilizado em discussão prévia sobre a produção da autora,[3] *resgate* ou mesmo *captura*, optamos por *aproveitamento*, por entender que este termo expressa melhor a apropriação capitalista do valor produzido fora de sua lógica, tal como propõe o livro. Além disso, buscamos tirar partido da ambiguidade do termo *aproveitamento*, que também está contida em *salvage*: aproveitamento enquanto resgate, mas que também reverbera o "tirar proveito" ou o "aproveitar-se de algo", ações que caracterizam relações de exploração capitalista.

3. O antropólogo Thiago Mota Cardoso traduz *salvage rhythms* por "ritmos do salvamento" em seu ensaio "A arte de viver no antropoceno: um olhar etnográfico sobre cogumelos e capitalismo na obra de Anna Tsing", *ClimaCom – Fabulações Miceliais* [Online], Campinas, ano 6, n. 14, abr., 2019.

Por fim, temos a noção de assembleia, do inglês *assemblage*. Como já elaborado por Anna Tsing no prefácio de *Viver nas ruínas*, o termo em inglês mantém-se aberto a legados distintos que não se encontram nesta tradução. Se *assemblage* é tanto *agenciamento*, tal como utilizado pelos autores franceses Gilles Deleuze e Félix Guattari, quanto *assembleia*, vocábulo próprio ao campo da ecologia da paisagem, a nossa tradução optou pelo último termo, pois este abarca o legado privilegiado pela autora em seu uso do termo.

Pensar nunca é um ato solitário, ou mesmo algo que se faça *sobre* um determinado assunto. Pensar é uma atividade relacional, é pensar-com, e pressupõe generosidade, curiosidade e certa horizontalidade, valores cultivados neste livro. Nesse sentido, toda empreitada intelectual possui um caráter dialógico, que buscamos imprimir na tarefa da tradução. Pois, diante da dimensão colaborativa da pesquisa,[4] que tantas vezes é tratada no original, pareceu-nos inadequado que a sua tradução fosse feita por uma pessoa apenas. Juntamos saberes, esforços e leituras, e, por vezes, desleituras, para que a nossa versão ganhasse uma perspectiva múltipla que desse a ver a amplitude do texto de partida. Todavia, a dimensão dialógica dessa escrita não diz respeito somente ao fato de termos constituído uma dupla para realizar o trabalho. Todo ato tradutório se escora em um texto que veio antes e, assim, é inevitável que uma tradução seja entendida a partir de sua dimensão polifônica. Traduzir também é escrever-com. Nossa escrita conjunta, portanto, aponta para diversos entrelaçamentos, emaranhados e mutualismos que buscam compor uma metodologia da tarefa tradutória que se assuma enquanto plural e, com isto, atualize a *força relacional* que a autora atribui aos fungos e às assembleias multiespécies, de modo amplo.

Um livro que é capaz de cruzar diversas disciplinas como ecologia, economia, antropologia e história torna a tarefa da tradução

---

4. O trabalho deste livro foi realizado pela autora em diálogo com o Matsutake Worlds Research Group, projeto de experimentação em pesquisa colaborativa do qual ela faz parte, junto de Timothy Choy, Lieba Faier, Elaine Gan, Michael Hathaway, Miyako Inoue e Shiho Satsuka.

ainda mais exigente, e esse feito não teria sido possível se não tivéssemos recebido apoio de amigos e interlocutores em diferentes estágios do processo, a quem somos especialmente gratos. Gostaríamos de agradecer à equipe da n-1 edições pela confiança em nosso trabalho e pela generosidade do convite, e também a Anna Tsing, Peter Pál Pelbart, Lara Fuke, Thiago Mota Cardoso, Rafael Victorino Devos, Mariana Lanari, Joana Cabral de Oliveira, Jun Akamine, Alex Ungprateeb Flynn, Pedro Bonfim Leal, Maria Moreira e Eloisa Brantes. Agradecemos ainda à Jan van Eyck Academie e ao Instituto de Artes da Universidade Estadual do Rio de Janeiro pelo apoio recebido.

O COGUMELO NO FIM DO MUNDO

Possibilitando entrelaçamentos

Desde o Iluminismo, os filósofos ocidentais têm nos mostrado uma Natureza grandiosa e universal, mas também passiva e mecânica. A Natureza era pano de fundo e recurso para a intencionalidade moral do Homem, que podia domá-la e dominá-la. Ficou a cargo dos fabuladores, incluindo contadores de estórias não ocidentais e não civilizadores, lembrar-nos das vidas pulsantes de todos os seres – humanos e não humanos.

Muitas coisas aconteceram para minar essa divisão de trabalho. Primeiro, toda a domesticação e busca de domínio da Natureza causaram tamanha confusão que não está claro se a vida na Terra poderá continuar. Segundo, os entrelaçamentos interespécies, que antes pareciam ser assunto das fábulas, são agora matéria para debates sérios entre biólogos e ecólogos, que nos mostram como a vida requer a interação entre muitos tipos de seres. Os humanos não podem sobreviver tripudiando sobre todos os outros seres. Terceiro, mulheres e homens de todo o mundo reivindicam o mesmo status que uma vez foi dado unicamente ao Homem. Nossa presença desestabiliza a intencionalidade moral da masculinidade cristã, que separou o Homem da Natureza.

Chegou a hora de fazer valer novas formas de contar estórias verídicas, que vão além dos primeiros princípios civilizatórios. Sem o Homem e a Natureza, todas as criaturas podem voltar à vida, e homens e mulheres podem se expressar sem as restrições de uma racionalidade concebida de modo paroquial. Não mais relegadas a sussurros durante a noite, tais estórias podem ser simultaneamente verdadeiras e fabulosas. De que outra forma poderíamos explicar o fato de que ainda existe vida nessa bagunça que fizemos?

Ao perseguir um cogumelo, este livro oferece tais estórias verdadeiras. Na contramão da maioria dos livros acadêmicos, o que se apresenta aqui é uma profusão de capítulos curtos. Eu queria que eles fossem como torrentes de cogumelos que surgem depois da chuva: uma recompensa desmesurada; uma tentação a se explorar; sempre em demasia. Os capítulos constroem uma assembleia aberta, não uma máquina lógica, e acenam para o muito mais que há lá fora. Eles se entrelaçam e interrompem um ao outro – imitando a multiplicidade do mundo que tento descrever. Somando outra narrativa, as fotografias contam uma história rente ao texto, mas não o ilustram diretamente. Mais do que representar as cenas que discuto, eu uso as imagens para apresentar o espírito do meu argumento.

Imagine que "primeira natureza" significa as relações ecológicas (incluindo seres humanos) e "segunda natureza" se refere às transformações capitalistas do ambiente. Esse uso – que não é o mesmo em versões mais populares – deriva da *Nature's Metropolis*, de William Cronon.[1] Meu livro, por sua vez, oferece uma "terceira natureza", isto é, aquilo que consegue viver *apesar* do capitalismo. Para apenas perceber a terceira natureza, devemos evitar suposições de que o futuro é essa direção única à frente. Como as partículas virtuais em um campo quântico, múltiplos futuros entram e saem do campo das possibilidades; a terceira natureza surge dentro de tal polifonia temporal. No entanto, as estórias de progresso nos deixaram cegos. Para conhecermos o mundo sem elas, este livro esboça assembleias abertas de formas de vida emaranhadas, à medida que estas se aglutinam coordenadamente a partir de diversos ritmos temporais. Meu experimento com a forma e meu argumento se seguem mutuamente.

O livro é baseado no trabalho de campo que realizei durante as temporadas de matsutake entre 2004 e 2011 nos Estados Unidos, no Japão, no Canadá, na China e na Finlândia – bem como em entrevistas com cientistas, silvicultores e comerciantes de

---

1. William Cronon, *Nature's Metropolis*. Nova York: W. W. Norton, 1992.

matsutake nesses lugares e também na Dinamarca, na Suécia e na Turquia. Talvez minha trajetória de pesquisa do matsutake ainda não tenha terminado: os matsutake acenam de lugares tão distantes quanto o Marrocos, a Coreia e o Butão. Minha esperança é que os leitores experimentem comigo um pouco dessa "febre dos cogumelos" nos próximos capítulos.

Abaixo do solo da floresta, corpos fúngicos se estendem em redes e meadas, ligando raízes e solos minerais muito antes de produzirem cogumelos. Livros surgem de colaborações igualmente ocultas. Uma lista de pessoas seria inadequada e, portanto, começo mencionando os engajamentos colaborativos que tornaram este livro possível. Diferente da etnografia mais recente, a pesquisa na qual este livro se baseia foi desenvolvida por meio de experimentos colaborativos. Além disso, as questões que me pareciam valer a pena investigar surgiram a partir de nós atados em intensas discussões nas quais fui apenas uma entre muitos participantes.

Este livro surgiu do trabalho do Grupo de Pesquisa Matsutake Worlds: Timothy Choy, Lieba Faier, Elaine Gan, Michael Hathaway, Miyako Inoue, Shiho Satsuka e eu. Em grande parte da história da antropologia, a etnografia tem sido uma prática individual; nosso grupo, ao contrário, se reuniu para investigar algo novo: uma antropologia colaborativa, sempre-em-processo. O objetivo da etnografia é aprender a pensar sobre uma situação junto com seus informantes; as categorias de pesquisa se desenvolvem *com* a investigação, não antes dela. Como alguém poderia usar esse método ao trabalhar com outros pesquisadores – cada um aprendendo com diferentes conhecimentos locais? Em vez de conhecer o objeto de antemão, como na *big science*, nosso grupo estava determinado a deixar os objetivos de pesquisa emergirem a partir da colaboração. Assumimos esse desafio, experimentando uma variedade de formas de investigação, análise e escrita.

Este livro também abre uma minissérie do Matsutake Worlds; Michael Hathaway e Shiho Satsuka apresentarão os próximos volumes. Considere-a como uma história de aventura na qual o enredo se desdobra de um livro para o outro. Nossa curiosidade sobre os mundos do matsutake não pode ser contida em um único volume ou expressa por uma só voz; aguarde para descobrir o que acontece a seguir. Além disso, nossos livros se juntam a outros gêneros, incluindo ensaios e artigos.[2] A partir do trabalho da equipe, e da cineasta Sara Dosa, Elaine Gan e eu criamos um espaço na web para histórias de catadores, cientistas, comerciantes e manejadores florestais em vários continentes: matsutakeworlds.org. A prática de arte-e-ciência de Elaine Gan inspirou mais colaborações.[3] O filme de Sara Dosa, *The Last Season*, contribui para essas conversas.[4]

A pesquisa do matsutake nos leva não apenas para além do conhecimento disciplinar, mas também a lugares onde línguas, histórias, ecologias e tradições culturais diversas moldam mundos. Faier, Inoue e Satsuka estudam o Japão, e Choy e Hathaway, a China. Eu deveria ser a especialista em sudeste asiático do grupo, trabalhando com catadores do Laos e do Camboja no noroeste

---

2. Ver Matsutake Worlds Research Group, "A new form of collaboration in cultural anthropology: Matsutake worlds", *American Ethnologist*, v. 36, n. 2, 2009, pp. 380-403; Matsutake Worlds Research Group, "Strong collaboration as a method for multi-sited ethnography: On mycorrhizal relations", in: Mark-Anthony Falzon (org.), *Multi-sited ethnography: Theory, praxis, and locality in contemporary research*, Farnham, UK: Ashgate, 2009, pp. 197-214; Anna Tsing, Shiho Satsuka, "Diverging understandings of forest management in matsutake science", *Economic Botany*, v. 62, n. 3, 2008, pp. 244-256. Uma edição especial de artigos do grupo está sendo preparada.

3. Elaine Gan e Anna Tsing, "Some experiments in the representation of time: Fungal clock", artigo apresentado no encontro anual da American Anthropological Association, São Francisco, 2012; Gan e Tsing, "Fungal time in the satoyama forest", animação por Natalie McKeever, vídeo-instalação, University of Sydney, 2013.

4. Sara Dosa, *The last season* (Filament Productions, 2014). O filme acompanha o relacionamento de dois catadores de matsutake no estado de Oregon: um veterano branco da guerra Estados Unidos-Indochina e um refugiado do Camboja.

pacífico dos Estados Unidos. No entanto, eu precisei de ajuda. A colaboração com Hjorleifur Jonsson e a assistência de Lue Vang e David Pheng foram essenciais para minha pesquisa com sudeste-asiáticos que vivem nos Estados Unidos.[5] Eric Jones, Kathryn Lynch e Rebecca McLain, do Instituto de Cultura e Ecologia, me apresentaram ao mundo dos cogumelos e tornaram-se colegas incríveis. Conhecer Beverly Brown foi inspirador. Amy Peterson apresentou-me à comunidade nipo-americana de matsutake e me mostrou o caminho. Sue Hilton observou os pinheiros comigo. Em Iunã, Luo Wen-Hong se tornou um membro da equipe. Em Quioto, Noboru Ishikawa foi um guia e colega extraordinário. Na Finlândia, Eira-Maija Savonen organizou tudo. Cada viagem me fez perceber a importância dessas colaborações.

Existem muitos outros tipos de colaboração implicados na produção de um livro. Neste caso, baseio-me particularmente em dois desenvolvimentos intelectuais, ao mesmo tempo locais e amplos. Tive o privilégio de aprender sobre os estudos feministas da ciência na Universidade da Califórnia, em Santa Cruz, em parte dando aulas junto com Donna Haraway. Aqui vislumbrei como a prática acadêmica poderia cruzar com as ciências naturais e os estudos culturais não apenas por meio da crítica, mas também a partir do conhecimento em construção-de-mundos. A contação de estórias multiespécies era um de nossos produtos. A comunidade dos estudos feministas da ciência em Santa Cruz continua a tornar o meu trabalho possível. Por meio dela, também, conheci muitos dos que vieram a se tornar meus companheiros de jornada. Andrew Mathews gentilmente me reapresentou às florestas. Heather Swanson me ajudou a pensar de forma comparativa, e sobre o Japão. Kirsten Rudestam conversou comigo sobre o Oregon. Eu aprendi com as conversas que tive com Jeremy Campbell, Zachary Caple, Roseann Cohen, Rosa Ficek, Colin Hoag, Katy Overstreet, Bettina Stoetzer e muitos outros.

---

5. Livro de Hjorleifur Jonsson's, *Slow anthropology: Negotiating difference with the Iu Mien* (Ithaca, NY: Cornell University Southeast Asia Program Publications, 2014), que emergiu do estímulo da nossa colaboração – e da contínua pesquisa de Jonsson com os Iu Mien.

Enquanto isso, a força dos estudos crítico-feministas sobre o capitalismo presente em Santa Cruz e além tem inspirado meu interesse em conhecer o capitalismo para além de suas reificações heroicas. Se eu continuo a me envolver com as categorias marxistas, apesar de sua relação às vezes desajeitada com uma descrição densa, é por causa dos *insights* de colegas feministas, incluindo Lisa Rofel e Sylvia Yanagisako. O Instituto de Pesquisas Feministas Avançadas[6] da Universidade da Califórnia, Santa Cruz, estimulou minhas primeiras tentativas de descrever as cadeias de suprimentos globais estruturalmente, como máquinas de tradução, assim como o fizeram os grupos de estudo da Universidade de Toronto (a que fui convidada por Tania Li) e da Universidade de Minnesota (a que fui convidada por Karen Ho). Sinto-me privilegiada por ter tido um breve momento de encorajamento vindo de Julie Graham antes de sua morte. A perspectiva da "diversidade econômica", na qual ela foi pioneira junto com Kathryn Gibson, ajudou não apenas a mim, mas também muitos pesquisadores. Em questões de poder e diferença, foram essenciais as conversas em Santa Cruz com James Clifford, Rosa Ficek, Susan Harding, Gail Hershatter, Megan Moodie, Bregje van Eekelen e muitos outros.

Uma série de apoios financeiros e acordos institucionais tornou meu trabalho possível. Uma bolsa inicial do Programa de Pesquisa da Orla do Pacífico da Universidade da Califórnia me ajudou a financiar as primeiras etapas da minha investigação. Um prêmio da Fundação Toyota patrocinou a pesquisa conjunta do Grupo de Pesquisa Matsutake Worlds na China e no Japão. A Universidade da Califórnia, Santa Cruz, me permitiu tirar licenças para continuar minha pesquisa. Nils Bubandt e a Universidade Aarhus possibilitaram que eu iniciasse a conceituação e a escrita deste livro em um ambiente calmo e estimulante. Uma bolsa da Fundação Memorial John Simon Guggenheim, entre 2010 e 2011, também tornou possível essa escrita. O trabalho final sobre o livro

---

6. Institute for Advanced Feminist Research (2002-2010). [N.T.]

coincidiu com o início do projeto de Pesquisa sobre o Antropoceno da Universidade Aarhus, financiado pela Fundação Nacional Dinamarquesa de Pesquisa. Sou grata por essas oportunidades.

Outras pessoas também participaram ativamente, lendo rascunhos, discutindo problemas e tornando o livro possível. Nathalia Brichet, Zachary Caple, Alan Christy, Paulla Ebron, Susan Friedman, Elaine Gan, Scott Gilbert, Donna Haraway, Susan Harding, Frida Hastrup, Michael Hathaway, Gail Hershatter, Kregg Hetherington, Rusten Hogness, Andrew Mathews, James Scott, Heather Swanson e Susan Wright gentilmente me escutaram, leram e comentaram. Miyako Inoue retraduziu os poemas. Kathy Chetkovich foi uma guia essencial no escrever-e-pensar.

A inclusão de fotografias neste livro só foi possível graças à ajuda generosa de Elaine Gan, que tratou as imagens. Todas emergem da minha pesquisa, mas tomei a liberdade de usar algumas fotografias tiradas pela minha assistente de pesquisa, Lue Vang, quando trabalhamos juntas (imagens de abertura dos capítulos 9, 10, 14 e a foto mais embaixo no interlúdio "Seguindo a trilha"). As demais fotografias foram feitas por mim. Elaine Gan as tratou com a ajuda de Laura Wright. Gan também fez as ilustrações que marcam as seções dentro dos capítulos. Elas representam esporos fúngicos, chuva, micorrizas e cogumelos. Deixo a cargo dos leitores e leitoras o passeio por elas.

Devo muito às inúmeras pessoas que concordaram em conversar e trabalhar comigo em todos os meus locais de pesquisa. Aos catadores que interromperam a coleta; cientistas que interromperam suas pesquisas; empreendedores que deram um tempo de seus negócios. Sou grata. No entanto, para proteger a privacidade dessas pessoas, a maioria dos nomes individuais no livro são pseudônimos. As exceções são figuras públicas, incluindo cientistas, bem como aqueles que têm tornado públicos os seus pontos de vista. Para tais porta-vozes, parecia desrespeitoso encobrir nomes. Uma intenção semelhante pauta o uso dos nomes de lugares: nomeio cidades, mas, como este livro não é exatamente um estudo sobre vilarejos, evito nomear locais quando trato da zona rural, onde mencionar nomes pode comprometer a privacidade das pessoas. Como este livro se baseia em fontes heterogêneas, incluí referências em notas em vez de compilar uma bibliografia unificada. Para nomes chineses, japoneses e Hmong nas citações, coloquei a primeira letra do sobrenome em negrito na primeira ocorrência. Isso permite que eu varie a sua ordem, dependendo de onde o nome do autor entrou na minha pesquisa.

Alguns dos capítulos deste livro são versões expandidas de textos já publicados. Parte deles se repete o suficiente para merecer menção: o capítulo 3 é o resumo de um artigo mais longo que publiquei na *Common Knowledge* v. 18, n. 3, 2012, pp. 505-524. O capítulo 6 é extraído de "Free in the forest", em *Rhetorics of insecurity*, Zeynep Gambetti e Marcial Godoy-Anativia (orgs.), Nova York: New York University Press, 2013, pp. 20-39. O capítulo 9 é desenvolvido em um ensaio mais longo na *Hau* v. 3, n. 1, 2013, pp. 21-43. O capítulo 16 inclui material de um artigo na *Economic Botany* v. 62, n. 3, 2008, pp. 244-256; embora seja apenas uma parte do capítulo, isso é merecedor de nota porque o artigo da revista foi escrito com Shiho Satsuka. O terceiro interlúdio existe em uma versão mais longa em *Philosophy, Activism, Nature*, v. 10, 2013, pp. 6-14.

Vida elusiva, Oregon. Chapéus de matsutake emergem nas ruínas de uma floresta industrial.

Prólogo
Aroma do outono

> O cume de Takamato, repleto de
> chapéus em expansão,
> inchando, prosperando –
> a maravilha do aroma do outono.[1]
> *Da coleção de poesia japonesa do século VIII*
> *Man-nyo Shu*

O que você faz quando seu mundo começa a ruir? Eu saio para caminhar e, se tiver muita sorte, encontro cogumelos. Cogumelos me trazem de volta aos meus sentidos, não apenas por suas cores e cheiros exuberantes – como as flores – mas porque surgem inesperadamente, lembrando-me da sorte de estar ali. Então me dou conta de que ainda há prazeres em meio aos horrores da indeterminação.

Horrores existem, é claro, e não apenas para mim. O clima do mundo está descontrolado e o progresso industrial provou ser muito mais letal para a vida na Terra do que poderíamos ter imaginado há um século. A economia não é mais uma fonte de crescimento ou otimismo; qualquer emprego pode desaparecer com a próxima crise econômica. E não se trata apenas de temer

---

1. Epígrafe: Miyako Inoue trabalhou gentilmente comigo nesta tradução; nós buscamos uma versão tanto evocativa quanto literal. Para uma versão alternativa, ver Matsutake Research Association (org.), *Matsutake*. Quioto: Matsutake Research Association, 1964 (em japonês), prefácio: "O aroma dos cogumelos dos pinheiros. O caminho para o topo de Takamatsu, a Vila dos Pinheiros Altos, acaba de ser obstruído pelos anéis e linhas feitas de chapéus que sobem rápido (dos cogumelos dos pinheiros). Eles exalam um aroma cativante de outono que me revigora bastante...".
Versão para o inglês de Anna Tsing e Miyako Inoue: "*Takamato ridge, crowded with expanding caps, filling up, thriving — the wonder of autumn aroma*"; versão alternativa: "*The aroma of pine mushrooms. The path to the hilltop of Takamatsu, Tall Pine Tree Village, has just been barred by the rings and lines of rapidly rising caps (of pine mushrooms). They emit an attractive autumnal aroma that refreshes me a great deal...*". [N.T.]

uma onda de novos desastres: eu me vejo sem o amparo de estórias que indiquem para onde estamos indo e por quê. Houve um tempo em que a precariedade parecia ser o destino dos menos afortunados. Agora parece que todas as nossas vidas são precárias – mesmo que, por ora, tenhamos dinheiro nos nossos bolsos. Em contraste com os meados do século XX, quando poetas e filósofos do norte global se sentiam aprisionados pelo excesso de estabilidade, muitos de nós – de norte a sul – enfrentam agora uma condição de problemas sem fim.

Este livro conta sobre as minhas jornadas com cogumelos para pesquisar a indeterminação e as condições de precariedade, isto é, a vida sem a promessa de estabilidade. Li que, quando a União Soviética entrou em colapso, em 1991, milhares de siberianos, repentinamente privados de garantias estatais, correram para a floresta para coletar cogumelos.[2] Esses não são os cogumelos sobre os quais pesquiso, mas podem ser usados para ilustrar meu ponto de vista: as vidas incontroláveis dos cogumelos são uma dádiva – e um guia – quando o mundo que imaginávamos ter controlado fracassa.

Ainda que eu não possa lhe oferecer cogumelos, espero que você me acompanhe para apreciar o "aroma do outono" celebrado no poema que abre o prólogo. Este é o cheiro do matsutake, um grupo de cogumelos selvagens e aromáticos muito valorizados no Japão. O matsutake é amado como um prenúncio do outono. O cheiro evoca a tristeza da perda da abundância fácil do verão, mas também a intensidade aguda e a sensibilidade acentuada do outono. Tais sensibilidades serão imprescindíveis no final do verão abundante do progresso global: o aroma do outono me remete àquela vida comum que não oferece garantias. Este livro não é uma crítica dos sonhos de modernização e progresso que ofereceram uma visão de estabilidade no século XX; muitos analistas antes de mim já dissecaram esses sonhos. Em vez disso, abordo o

---

2. Sveta Yamin-Pasternak, *How the devils went deaf: Ethnomycology, cuisine, and perception of landscape in the Russian far north*. Fairbanks: Universidade do Alaska, 2007. Tese de doutorado.

desafio imaginativo de viver sem tais amparos que já nos fizeram pensar que sabíamos, coletivamente, para onde estávamos indo. Se nos abrirmos para suas atrações fúngicas, o matsutake pode nos catapultar para um estado de curiosidade que me parece ser o primeiro requisito para a sobrevivência colaborativa em tempos de precariedade.

Eis como um panfleto radical colocou o desafio:

> O espectro que muitos tentam ignorar é uma realidade muito simples – o mundo não será "salvo" [...]. Se não acreditamos em um futuro revolucionário global, devemos viver no presente (como sempre foi o caso).[3]

Dizem que quando Hiroshima foi destruída por uma bomba atômica, em 1945, o primeiro ser vivo a emergir na paisagem devastada foi um cogumelo matsutake.[4]

Compreender o átomo foi o auge do sonho humano de controle da natureza. Foi também o começo da ruína desse sonho. O bombardeio em Hiroshima mudou tudo. De repente, nos demos conta de que os seres humanos poderiam destruir a habitabilidade do planeta – intencionalmente ou não. Essa consciência só aumentou à medida que aprendemos sobre poluição, extinção em massa e mudança climática. Metade da precariedade no mundo

---

3. *Desert*, Stac an Armin Press, 2011, pp. 6, 78.
4. Os comerciantes chineses de matsutake me contaram esta estória, que eu considerava ser uma lenda urbana; no entanto, um cientista treinado no Japão confirmou que ela apareceu nos jornais japoneses dos anos 1990. Ainda não a encontrei. Mesmo assim, o momento da bomba em agosto teria correspondido ao início da estação de frutificação de matsutake. Quão radioativos esses cogumelos eram continua sendo um mistério. Um cientista japonês me disse que planejava pesquisar a radioatividade dos matsutake de Hiroshima, mas as autoridades disseram-lhe para ficar longe deste tópico. A bomba dos Estados Unidos explodiu mais de quinhentos metros acima da cidade; a versão oficial diz que a radioatividade foi dispersada pelos sistemas de vento globais, resultando em pouca contaminação local.

hoje é provocada pelos ciclos naturais da própria Terra: que tipos de perturbações humanas podemos suportar? Para além do discurso da sustentabilidade, quais as chances de deixarmos um ambiente habitável para os nossos descendentes multiespécies?

A bomba de Hiroshima também abriu as portas para a outra metade da precariedade contemporânea: as surpreendentes contradições do desenvolvimento do pós-guerra. Depois da guerra, as promessas de modernização, respaldadas pelas bombas estadunidenses, pareciam promissoras. Todo mundo deveria se beneficiar. A direção do futuro era conhecida por todos; mas e agora? Por um lado, nenhum lugar no mundo está livre da economia política global construída a partir do aparato de desenvolvimento do pós-guerra. Por outro, mesmo que as promessas de desenvolvimento persistam, parece que perdemos os meios. A modernização deveria encher o mundo – tanto o comunista quanto o capitalista – de empregos; e não apenas de qualquer emprego, mas o "emprego padrão" com salários e benefícios estáveis. Hoje, essas condições de trabalho são bastante raras; a maioria das pessoas depende de meios de vida muito mais irregulares. A ironia de nossos tempos, então, é que todos dependem do capitalismo, mas quase ninguém tem o que costumávamos chamar de "emprego formal".

Viver com a precariedade requer mais do que revoltar-se contra quem nos colocou nessa situação (embora essa atitude também possa ser útil e eu não me oponha a ela). Podemos olhar à nossa volta para notar esse estranho mundo novo e expandir nossa imaginação para compreender seus contornos. É aqui que os cogumelos podem nos ajudar. A disposição do matsutake para emergir em paisagens devastadas nos permite perscrutar a ruína que se tornou o nosso lar coletivo.

Os matsutake são cogumelos selvagens que vivem em florestas onde há perturbação humana. Como ratos, guaxinins e baratas, eles estão dispostos a tolerar alguns dos distúrbios ambientais produzidos por humanos. No entanto, os matsutake não são pragas; são iguarias gourmet valiosas – pelo menos no Japão, onde os preços altos às vezes tornam o matsutake o cogumelo mais caro do planeta. Por meio de sua capacidade de nutrir as árvores, os matsutake ajudam as florestas a crescer em lugares inóspitos. Estudá-los nos ensina sobre as possibilidades de coexistência em ambientes perturbados. Não se trata de uma desculpa para causar mais estragos. O que o matsutake nos mostra é um tipo de sobrevivência colaborativa.

O matsutake também ilumina as rachaduras na economia política global. Nos últimos trinta anos, esses cogumelos tornaram-se uma mercadoria global, coletada em florestas do hemisfério norte e enviada fresca para o Japão. Muitos coletores de matsutake fazem parte de minorias culturais desterradas e privadas de direitos civis. No Noroeste Pacífico dos Estados Unidos, por exemplo, a maioria dos coletores comerciais de matsutake são refugiados do Laos e do Camboja. Por causa dos altos preços, o matsutake contribui significativamente para a sobrevivência dos catadores onde quer que seja colhido, e estimula até mesmo revitalizações culturais.

O comércio de matsutake, no entanto, dificilmente conduz aos sonhos desenvolvimentistas do século xx. A maioria dos coletores de cogumelos com quem conversei tem histórias terríveis para contar sobre desterro e perda. A coleta comercial é uma forma de sustento melhor do que a habitual para aqueles que não têm outra maneira de ganhar a vida. Mas que tipo de economia é essa, afinal? Os coletores de cogumelos são autônomos; nenhuma empresa os contrata. Não há salário nem benefícios; os catadores simplesmente vendem os matsutake que encontram. Há anos em que os cogumelos não aparecem e os catadores arcam com suas despesas. A colheita comercial é um exemplo de meio de vida precário, sem segurança.

Este livro se dedica à estória dos modos de vida e ambientes precários a partir do rastreamento do comércio e da ecologia do matsutake. Em cada caso, eu me vejo cercada por manchas[5] na paisagem, isto é, imersa em um mosaico de assembleias abertas

---

5. Termo da ecologia da paisagem. No original, *patches*. Ver "Nota dos tradutores". [N.T.]

de modos de vida entrelaçados, que se expandem em outros mosaicos de ritmos temporais e arcos espaciais. Meu argumento é que apenas o reconhecimento da precariedade atual como uma condição planetária nos permite perceber a situação do nosso mundo. Enquanto a análise oficial continuar a demandar pressupostos de crescimento, os especialistas não enxergarão a heterogeneidade de espaço e tempo mesmo onde ela é óbvia para participantes e observadores comuns. No entanto, as teorias da heterogeneidade ainda estão em sua infância. Para examinar as imprevisibilidades diversas associadas à nossa condição atual, precisamos reativar a imaginação. O objetivo deste livro é, na companhia dos cogumelos, estimular esse processo.

Sobre o comércio: o comércio contemporâneo trabalha dentro das restrições e possibilidades do capitalismo. No entanto, seguindo os passos de Marx, os estudiosos do capitalismo no século XX internalizaram o progresso a tal ponto que só conseguiam ver uma corrente poderosa de cada vez, ignorando o resto. Este livro mostra como é possível estudar o capitalismo sem essa pressuposição paralisante – combinando um olhar atento para o mundo, em toda a sua precariedade, com perguntas sobre como a riqueza é acumulada. Como imaginar o capitalismo sem a pressuposição do progresso? Talvez ele pareça fragmentário: *a concentração de riqueza só é possível porque o valor produzido de maneira descontínua e não planejada é apropriado pelo capital.*

Sobre a ecologia: para os humanistas, a pressuposição de uma maestria humana crescente encorajara uma visão da natureza como um espaço romântico de antimodernidade.[6] No entanto, para os cientistas do século XX, o progresso também moldou, mesmo que de forma inconsciente, os estudos sobre a paisagem. Os pressupostos de expansão se infiltraram na formulação da

---

6. Neste livro, uso o termo *humanista* para incluir aqueles treinados em ciências humanas e sociais. Ao usar esse termo em contraste com os cientistas naturais, estou evocando o que C. P. Snow chamou de "as duas culturas" (Charles Percy Snow, *The Two Cultures*. Londres: Cambridge University Press, 2001. 1ª ed.: 1959). Entre os humanistas, incluo também aqueles que se autodenominam "pós-humanistas".

biologia populacional. Contudo, novos desenvolvimentos na ecologia tornaram possível pensar de forma bastante diferente, introduzindo interações entre espécies e histórias de perturbações ambientais. Nestes tempos de expectativas reduzidas, *investigo ecologias que se originam a partir de perturbações, nas quais muitas espécies às vezes convivem sem harmonia ou relações de conquista.*

Embora eu me recuse a reduzir a economia à ecologia, e vice-versa, há uma conexão entre economia e ambiente que parece importante apresentar de antemão: a história humana da concentração de riqueza por meio da transformação de humanos e não humanos em recursos para investimento. Essa história inspirou investidores a imbuir de alienação as pessoas e coisas, isto é, promover uma visão de que elas poderiam se manter autônomas, como se os entrelaçamentos de vida não importassem.[7] Por meio da alienação, pessoas e coisas se tornam ativos móveis; elas podem ser removidas dos mundos onde vivem e transportadas por longas distâncias para serem negociadas e trocadas por outros ativos em outros mundos de vida, em outros lugares.[8] Isso é bem diferente das interações que sustentam certos mundos de vida, por exemplo, comer e ser comido. Nesse último caso, os espaços de vida multiespécies permanecem em seus lugares, inalterados. A alienação desfaz os entrelaçamentos dos espaços onde vivemos. O sonho da alienação inspira a modificação da paisagem, na qual se isola apenas aquele recurso que se considera importante; tudo o mais se torna ervas daninhas ou descarte. Aqui, cultivar os entrelaçamentos presentes em espaços vitais pode parecer ineficiente e talvez arcaico. Quando aquele recurso específico já não pode mais ser produzido, o lugar é abandonado. A madeira foi cortada; o petróleo acabou; o solo das plantações já não sus-

---

7. Marx usou o termo *alienação* para falar particularmente da separação entre o trabalhador e os processos produtivos, bem como entre este e os outros trabalhadores (Karl Marx, *Economic and philosophical manuscripts of 1844*. Mineola: Dover Books, 2007). Eu amplio o uso desse termo para considerar a separação de humanos e não humanos dos seus modos de vida.
8. A alienação também era intrínseca ao socialismo industrial liderado pelo Estado no século xx. Por estar cada vez mais obsoleta, não a discuto aqui.

tenta mais as lavouras. A busca por ativos é retomada em outro lugar. Assim, a simplificação em prol da alienação produz ruínas, espaços de abandono exauridos pela produção de recursos.

As paisagens globais estão hoje repletas desse tipo de ruína. Ainda assim, esses lugares podem estar cheios de vida, apesar dos anúncios de sua morte; campos de lavoura ou extração abandonados às vezes produzem novas vidas multiespécies e multiculturais. Em um estado global de precariedade, não temos outra opção senão buscar vida nestas ruínas.

Nosso primeiro passo é trazer de volta a curiosidade. Libertos das simplificações impostas pelas narrativas de progresso, os entrelaçamentos e as pulsações que habitam as manchas de paisagem estão lá para serem examinados. Os cogumelos matsutake são um bom começo: quanto mais eu aprendo, mais eles me surpreendem.

Este livro não é sobre o Japão, mas o leitor precisa saber algo sobre o matsutake no Japão antes de continuarmos.[9] O matsutake aparece pela primeira vez em registro escrito no Japão no poema do século VIII que inicia este prólogo. Já então, o cogumelo era reverenciado por marcar, com seu aroma, o outono. O cogumelo se tornou comum nos arredores das cidades de Nara e Quioto, onde as pessoas haviam desmatado as montanhas em busca de madeira para a construção de templos e para abastecer as forjas de ferro. De fato, a perturbação humana possibilitou que o *Tricholoma matsutake* emergisse no Japão. Isso porque seu hospedeiro mais comum é o pinheiro-vermelho japonês (*Pinus densiflora*), que germina sob a luz do sol nos solos pedregosos que resultam

---

9. Esta seção baseia-se em **Okamura Toshihisa**, *Matsutake no bunkashi* [*The cultural history of matsutake*]. Tóquio: Yama to Keikokusha, 2005. Fusako **Shimura** gentilmente traduziu o livro para mim. Para outras discussões sobre cogumelos na cultura japonesa, ver R. Gordon Wasson, "Mushrooms and Japanese culture", *Transactions of the Asiatic Society of Japan*, n. 11, 1973, pp. 5-25; **Neda Hitoshi**, *Kinoko hakubutsukan* [*Mushroom museum*]. Tóquio: Yasaka Shobô, 2003.

do desmatamento humano. Quando se deixa que as florestas japonesas voltem a crescer sem perturbação humana, as árvores latifoliadas sombreiam os pinheiros, impedindo sua germinação.

À medida que o pinheiro-vermelho se propagou com o desmatamento que ocorria Japão afora, o matsutake se tornou um presente valioso, cuidadosamente disposto em uma caixa ornamentada com folhas de samambaia. Os aristocratas os recebiam com honra. No período Edo (1603-1868), plebeus abastados, como os comerciantes urbanos, também desfrutavam do matsutake. O cogumelo foi associado à celebração das estações do ano como um marcador do outono. Os passeios para coletar matsutake nessa estação eram o equivalente às festas das flores de cerejeira na primavera. O matsutake tornou-se um assunto popular para a poesia.

> O som de um sino vindo de um templo é ouvido na floresta de cedros ao anoitecer,
> O aroma do outono flutua nas estradas abaixo.[10]
> AKEMI TACHIBANA (1812-1868)[11]

Assim como em outros poemas japoneses que reverenciam a natureza, os referentes sazonais ajudam a criar um estado de espírito. O matsutake se juntou aos sinais mais antigos do outono, como o som de cervos chorando ou a lua cheia. A iminente nudez do inverno toca o outono com uma solidão incipiente, à beira da nostalgia. O poema acima nos oferece esse clima. O matsutake era um prazer reservado às elites, um sinal do privilégio de viver uma reconstrução engenhosa da natureza que se endereçava aos paladares refinados.[12] Por essa razão, quando os camponeses preparavam passeios para a elite e às vezes "plantavam" matsutake (ou seja, inseriam cogumelos cuidadosamente no solo, pois os matsutake espontâneos não estavam disponíveis), ninguém se

---

10. Em inglês: "*The sound of a temple bell is heard in the cedar forest at dusk, The autumn aroma drifts on the roads below*". [N.T.]
11. Citado em Okamura, *Matsutake no bunkashi*, op. cit., p. 55 (trad. ing.: Fusako Shimura e Miyako Inoue).
12. Haruo Shirane chama isso de "segunda natureza"; ver *Japan and the culture of the four seasons: Nature, literature, and the arts*. Nova York: Columbia University Press, 2012.

opunha. O matsutake havia se tornado um elemento de uma sazonalidade ideal, apreciada não apenas na poesia, mas também em todas as artes – da cerimônia do chá ao teatro.

> A nuvem que passa se dissipa; e eu respiro o aroma do cogumelo.[13]
> KOI NAGATA (1900-1997)[14]

O período Edo foi encerrado pela Restauração Meiji e pela rápida modernização do Japão. O desmatamento avançou com velocidade, privilegiando o pinheiro e o matsutake. Na área da cidade de Quioto, matsutake tornou-se um termo genérico para "cogumelo". No início do século XX, os matsutake eram particularmente comuns. Em meados da década de 1950, porém, a situação começou a mudar. Bosques camponeses foram derrubados para plantar madeira, pavimentados para o desenvolvimento suburbano ou abandonados pelos camponeses que se mudaram para a cidade. O combustível fóssil substituiu a lenha e o carvão; os fazendeiros não mais usavam os bosques remanescentes, que cresciam em densos aglomerados de árvores latifoliadas. Colinas que antes eram cobertas por matsutake tornaram-se demasiadamente sombreadas para a ecologia dos pinheiros. Estressados pelo excesso de sombra, os pinheiros foram mortos por um nematoide invasivo. Em meados da década de 1970, o matsutake tornou-se raro em todo o Japão.

No entanto, essa foi a época do rápido desenvolvimento econômico do Japão e a demanda por matsutake cresceu. Os cogumelos eram usados como gratificações, propinas e presentes sofisticados: seu preço disparou. A descoberta de que o matsutake também existia em outras partes do mundo de repente tornou-se relevante. Japoneses em viagem ou residentes no exterior começaram a enviar matsutake para o Japão; à medida que os importadores surgiam para canalizar o comércio internacional

---

13. Em inglês: *"The moving cloud fades away, and I smell the aroma of the mushroom"*. [N.T.]
14. Citado em Okamura, *Matsutake no bunkashi*, op. cit., p. 98 (trad. ing.: Fusako Shimura e Miyako Inoue).

de matsutake, os catadores não japoneses entravam em cena. A princípio, parecia haver uma infinidade de cores e tipos de cogumelos que poderiam ser devidamente considerados matsutake – porque tinham seu aroma característico. Os nomes científicos proliferaram à medida que o matsutake aparecia subitamente nas florestas negligenciadas do hemisfério norte. Nos últimos vinte anos, os nomes se consolidaram. Em toda a Eurásia, a maioria dos matsutake hoje chama-se *Tricholoma matsutake*.[15] Na América do Norte, o *T. matsutake* parece ser encontrado apenas no leste e nas montanhas do México. No oeste da América do Norte, o matsutake local é considerado outra espécie, o *T. magnivelare*.[16] Alguns cientistas, no entanto, acham que o termo genérico *matsutake* é a melhor maneira de identificar esses cogumelos aromáticos, uma vez que a dinâmica da especiação ainda não está clara.[17] Adoto essa prática, exceto quando discuto questões de classificação.

Os japoneses criaram maneiras de classificar os matsutake de diferentes partes do mundo e as classificações se refletem nos preços. Despertei para tais classificações quando um importador japonês explicou: "Os matsutake são como as pessoas. Os cogumelos estadunidenses são brancos porque as pessoas são brancas. Os cogumelos chineses são pretos, porque as pessoas são pretas. Os japoneses e seus cogumelos estão bem no meio." Nem todos

---

15. A dúvida sobre a possível diferença de espécies entre o *T. caligatum* do sul da Europa e o do norte da África (que também é vendido como matsutake) ainda não foi resolvida. Para o argumento a favor do status de espécies separadas, ver I. Kytovuori, "The *Tricholoma caligatum* group in Europe and North Africa", *Karstenia*, v. 28, n. 2, 1988, pp. 65-77. O *T. caligatum* do noroeste da América do Norte é de uma outra espécie, mas também é vendido como matsutake. Veja Ra Lim et al. "Is the booted tricholoma in British Columbia really Japanese matsutake?", BC *Journal of Ecosystems and Management*, v. 3, n. 1, 2003, pp. 61-67.
16. A espécie-tipo do *T. magnivelare* é do leste dos Estados Unidos e ainda pode ser provado que este seja o *T. matsutake* (David Arora, comunicação pessoal, 2007). O matsutake do noroeste estadunidense precisará de outro nome científico.
17. Para pesquisas recentes sobre classificação, consulte Hitoshi **M**urata, Yuko **O**ta, Muneyoshi **Y**amaguchi et al., "Mobile DNA distributions refine the phylogeny of 'matsutake' mushrooms, *Tricholoma* sect. Caligata", *Mycorrhiza*, v. 23, n. 6, 2013, pp. 447-461. Para mais informações sobre a visão dos cientistas sobre a diversidade de matsutake, consulte o capítulo 17.

compartilham das mesmas classificações, embora esse exemplo categórico possa muitas vezes refletir uma miríade de formas de classificação e avaliação que estruturam o comércio global.

Enquanto isso, as pessoas no Japão se preocupam com a perda dos bosques camponeses que têm sido fonte de tanta beleza sazonal, desde as flores da primavera até as reluzentes folhas do outono. A partir dos anos 1970, grupos de voluntários se mobilizaram para regenerar esses bosques. Visando realizar um trabalho cujo significado fosse além do meramente estético, os grupos buscaram maneiras de os bosques restaurados beneficiarem os modos de vida humanos. O alto preço do matsutake o tornou um produto ideal para a restauração dos bosques.

E assim retorno à precariedade e à vida em meio à bagunça que temos feito. De fato, a vida parece ter ficado mais saturada, não apenas com a estética e as histórias ecológicas japonesas, mas também com as relações internacionais e as práticas comerciais capitalistas. Esta é a substância de que são feitas as estórias deste livro. Por ora, parece-me importante que apreciemos o cogumelo.

> Ah, matsutake:
> A excitação antes de encontrá-lo.[18]
> YAMAGUCHI SODO (1642–1716)[19]

---

18. Em inglês: "*Oh, matsutake: The excitement before finding them*". [N.T.]
19. Citado em Okamura, *Matsutake no bunkashi*, op. cit., p. 54 (trad. Fusako Shimura e Miyako Inoue).

Conjurando o tempo, Iunã. Assistindo ao patrão jogar.

PARTE I

O QUE RESTOU?

Já começava a anoitecer quando me dei conta que estava perdida e de mãos vazias em uma floresta desconhecida. Era a primeira vez que eu saía em busca de matsutake – e seus catadores – na cordilheira das Cascatas no Oregon.[1] No início daquela tarde, eu encontrara o "acampamento central" do Serviço Florestal para catadores de cogumelos, mas todos haviam saído para a coleta. Decidi sair sozinha à procura de cogumelos enquanto esperava o seu retorno.

Eu nunca poderia ter imaginado uma floresta tão pouco promissora. O chão era seco e rochoso e nada crescia a não ser as varas finas de *Pinus contorta*. Quase não havia plantas crescendo perto do chão, nem mesmo grama, e, quando toquei o solo, pedaços de pedras-pome esfolaram meus dedos. No cair da tarde, encontrei alguns cogumelos alaranjados que exalavam um aroma peculiar.[2] Nada mais. Pior ainda, eu estava desorientada. Para todo lado que eu olhava, a floresta parecia igual. Eu não fazia ideia de qual direção seguir para encontrar meu carro. Além disso, imaginando que minha saída seria breve, eu não havia levado nada comigo e sabia que logo estaria com sede, fome e frio.

Continuei andando até que finalmente encontrei uma estrada de terra. Mas qual direção seguir? O sol estava se pondo e eu já caminhava com dificuldade. Havia andado pouco mais de um quilômetro quando uma caminhonete parou. Dentro dela, um jovem com uma expressão simpática e um idoso com pele enrugada me ofereceram carona. O jovem se apresentou como Kao. Disse que, assim como seu tio, era um Mien vindo das montanhas do Laos e que, depois de viver em um campo de refugiados na Tailândia, havia chegado aos Estados Unidos nos anos 1980. Eles eram vizinhos

---

1. A cordilheira das Cascatas, em inglês *Cascade Mountains*, é uma cadeia de montanhas situada no oeste da América do Norte. Estende-se desde o sul da Colúmbia Britânica, Canadá, até Washington, Oregon e o Norte da Califórnia, Estados Unidos. [N.T.]
2. Para os amantes de cogumelos, esses eram *Tricholoma focale*.

em Sacramento, Califórnia, e estavam ali para colher cogumelos juntos. Levaram-me para o seu acampamento. O jovem foi buscar água, carregando seus jarros de plástico até um reservatório distante dali. O homem mais velho não falava inglês, mas descobri que, assim como eu, ele conhecia um pouco de mandarim. Enquanto trocávamos algumas palavras de forma desajeitada, ele pegou um *bong* artesanal, feito com tubo de PVC, e acendeu o seu tabaco.

Já estava anoitecendo quando Kao voltou com a água, mas ele me convidou para sair em busca de cogumelos nas proximidades. Enquanto escurecia, subimos uma encosta rochosa não muito longe do seu acampamento. Eu não via nada além de terra e alguns pinheiros magricelos. Mas lá estava Kao com seu balde e sua vareta, fincando o solo aparentemente vazio para puxar um cogumelo gordo. Como era possível? Não havia nada lá – e, mesmo assim, lá estava.

Kao me entregou o cogumelo. Foi quando senti seu aroma pela primeira vez. Não é um cheiro fácil. Não é como uma flor ou uma comida apetitosa. É perturbador. Muitas pessoas nunca aprendem a apreciá-lo. É difícil descrever. Algumas pessoas o comparam a coisas apodrecidas e outras à beleza cristalina – o aroma do outono. Na primeira inalada, eu fiquei apenas… espantada.

A minha surpresa não foi só pelo aroma. O que teria reunido homens Mien, cogumelos gourmet japoneses e uma antropóloga em uma floresta industrial arruinada do Oregon? Eu vivi nos Estados Unidos por muito tempo sem nunca ter ouvido falar dessas coisas. O acampamento dos Mien me levou de volta ao meu primeiro trabalho de campo no sudeste da Ásia; o cogumelo excitou meu interesse pela estética e culinária japonesas. A floresta arrasada, por outro lado, parecia um pesadelo de ficção científica. Para um senso comum falho como o meu, nós parecíamos miraculosamente fora do tempo e fora de lugar – como se tivéssemos saído de um conto de fadas. Surpresa e espantada, fui tomada pelo desejo de continuar a investigação. Este livro é minha tentativa de trazer o leitor para dentro do labirinto que encontrei.

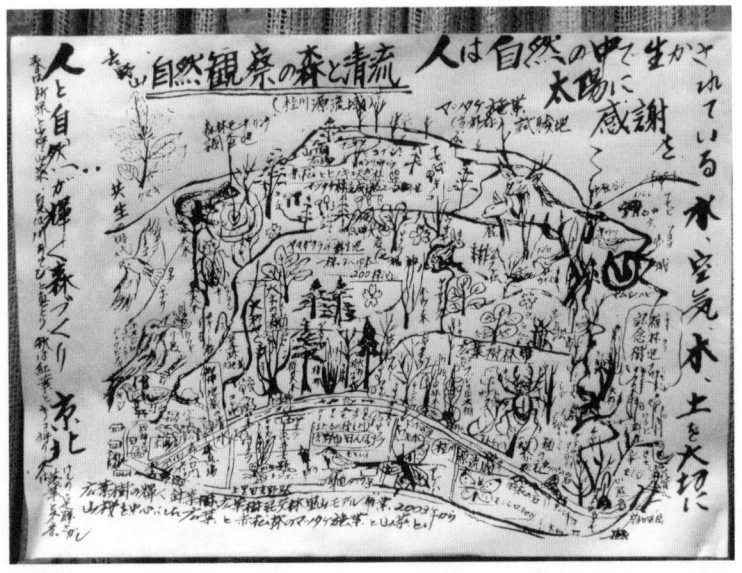

Conjurando o tempo, província de Quioto. O mapa de revitalização do sr. Imoto. Essa é a sua montanha de matsutake: uma máquina do tempo de múltiplas estações, histórias e esperanças.

Capítulo 1
Artes de notar*

> Não estou propondo um retorno à Idade da Pedra. Minha intenção não é reacionária, ou mesmo conservadora, mas simplesmente subversiva. A imaginação utópica parece encurralada, assim como o capitalismo, o industrialismo e a população humana, em um futuro unidirecional de crescimento. Tudo o que estou tentando fazer é descobrir como colocar um "porco sobre os trilhos".[1]
>
> URSULA K. LE GUIN

Em 1908 e 1909, dois empreendedores do setor ferroviário competiram entre si para construir uma ferrovia ao longo do rio Deschutes, no estado do Oregon, Estados Unidos.[2] O objetivo de cada um deles era ser o primeiro a criar uma conexão industrial entre os gigantescos *Pinus ponderosa* das Cascatas Orientais[3] e os

---

*. No original, "*Arts of Noticing*". Ver "Nota dos tradutores". [N.T.]
1. Em inglês, "I am not proposing a return to the Stone Age. My intent is not reactionary, nor even conservative, but simply subversive. It seems that the utopian imagination is trapped, like capitalism and industrialism and the human population, in a one-way future consisting only of growth. All I'm trying to do is figure out how to put a pig on the tracks". [N.T.]
2. Philip Cogswell, "Deschutes Country Pine Logging", in: *High and mighty*, Thomas Vaughan (org.), Portland: Oregon Historical Society, 1981, pp. 235-260; Ward Tons-feldt e Paul Claeyssens, "Railroads up the Deschutes canyon". Portland: Oregon Historical Society, 2014.
3. Cascatas Orientais foi a expressão que escolhemos para traduzir *eastern Cascades*, que é o nome dado à região leste da cordilheira das Cascatas, mencionadas no texto introdutório da Parte I acima. [N.T.]

abarrotados depósitos de madeira de Portland.[4] Em 1910, o entusiasmo da competição rendeu um acordo para que o trabalho fosse feito de forma conjunta. Grandes quantidades de troncos de pinheiro passaram a ser extraídos das florestas e transportados para mercados distantes. As madeireiras atraíram novos colonos; vilarejos surgiram à medida que o número de trabalhadores empregados se multiplicava. Na década de 1930, o Oregon tornou-se o maior produtor de madeira do país.

Esta é uma estória conhecida. É a estória dos pioneiros, do progresso e da transformação de espaços "vazios" em campos de recursos industriais.

Em 1989, uma coruja-pintada de plástico foi enforcada de forma simbólica e pendurada em um caminhão madeireiro do Oregon.[5] Os ambientalistas haviam denunciado que a extração predatória de madeira estava destruindo as florestas do Noroeste Pacífico. "A coruja-pintada era como o canário na mina de carvão", explicou um deles. "Simbolizava um ecossistema à beira do colapso".[6] Quando um juiz federal impediu a extração de madeira nativa para proteger o habitat da coruja, os madeireiros ficaram furiosos; mas quantos deles ainda havia? Seus empregos tinham diminuído à medida que as empresas madeireiras se mecanizavam e a madeira de boa qualidade desaparecia. Em 1989, muitas usinas já haviam fechado; as madeireiras estavam se mudando para outras regiões.[7] As Cascatas Orientais, outrora um centro de riqueza em madeira, agora eram florestas desmatadas e seus antigos vilarejos estavam cobertos de mato.

Esta é uma estória que precisamos conhecer. A industrialização se mostrou uma bolha de promessas, seguida pela destruição de meios de vida e a devastação de paisagens. E, no entanto, esta estória não é

---

4. Capital do estado do Oregon.
5. "Spotted owl hung in effigy", *Eugene Register-Guard*, 3 maio 1989, p. 13.
6. Ivan Maluski, Oregon Sierra Club, citado em Taylor Clark, "The owl and the chainsaw", *Willamette Week*, 9 mar. 2005.
7. Em 1979, o preço da madeira do estado do Oregon caiu; fechamento de fábricas e fusões corporativas se seguiram. Gail Wells, "Restructuring the timber economy". Portland: Oregon Historical Society, 2006.

suficiente. *Se nos contentamos com a decadência como o seu desfecho, abandonamos qualquer esperança – ou dirigimos nossa atenção para outros locais de promessa e ruína, promessa e ruína.*

O que mais pode emergir em paisagens devastadas, além do apelo da promessa industrial e da ruína? Em 1989, outra atividade surgia nas florestas exauridas do Oregon: o comércio de cogumelos selvagens. Desde o início, ele estava ligado à ruína mundial: o desastre de Chernobyl em 1986 havia contaminado os cogumelos da Europa e os comerciantes vieram ao Noroeste Pacífico em busca de abastecimento. Quando o Japão começou a importar matsutake a preços altos – ao mesmo tempo em que refugiados indochineses desempregados se estabeleciam na Califórnia –, o comércio disparou. Milhares correram para as florestas do Noroeste Pacífico atrás do novo "ouro branco". Isso aconteceu no meio de uma disputa pelo uso das florestas: "defensores de empregos" versus "defensores do ambiente". No entanto, nenhum dos lados notou a presença dos caçadores de cogumelos. Os defensores de empregos só conseguiam imaginar contratos salariais para homens brancos e saudáveis; os catadores da floresta – veteranos de guerra brancos incapacitados, refugiados asiáticos, indígenas e latinos sem documentação – eram intrusos invisíveis. Os ambientalistas, por outro lado, lutavam para impedir a interferência humana nas florestas; se tivesse sido notada, a entrada de milhares de pessoas dificilmente seria bem-vinda. Mas os caçadores de cogumelos passaram quase despercebidos. No máximo, a presença asiática suscitou temores de invasão na população local: os jornalistas estavam preocupados com a violência.[8]

Alguns anos depois da virada para este século, o dilema entre empregos e ambiente tornou-se menos convincente. Com ou sem conservação ambiental, havia menos "empregos" – tal como eram concebidos no século XX – nos Estados Unidos; além disso,

8. Ver, por exemplo, Michael McRae, "Mushrooms, guns, and money", *Outside* 18, n. 10, 1993, pp. 64-69, 151-154; Peter Gillins, "Violence clouds: Oregon gold rush for wild mushrooms", *Chicago Tribune*, 8 jul. 1993, p. 2; Eric Gorski, "Guns part of fungi season", *Oregonian*, 24 set. 1996, pp. 1, 9.

parecia muito mais provável que a devastação ambiental mataria todos nós, com ou sem emprego. Estamos presos ao problema do viver apesar da ruína econômica e ecológica. As fábulas de progresso ou de ruína não nos ensinam como pensar sobre a sobrevivência colaborativa. É hora de prestarmos atenção na colheita de cogumelos. Não que isso vá nos salvar – mas pode abrir as portas da nossa imaginação.

Muitos geólogos passaram a chamar a nossa era de Antropoceno, a época em que a intervenção humana supera outras forças geológicas. Enquanto escrevo, o termo ainda é novo – e cheio de contradições promissoras. Assim, embora alguns intérpretes entendam que o nome sugere o triunfo do humano, o oposto parece ser mais preciso: sem planejamento ou intenção, os seres humanos fizeram do nosso planeta uma bagunça.[9] Além disso, apesar do prefixo *antropo-*, isto é, humano, a bagunça não é um resultado da biologia da nossa espécie. A linha do tempo mais convincente do Antropoceno não começa com a espécie, mas sim com o advento do capitalismo moderno, que tem causado a destruição em larga escala de paisagens e ecologias. Esta linha do tempo, no entanto, torna o *antropo-* ainda mais problemático. Imaginar o humano a partir da ascensão do capitalismo nos vincula a ideias de progresso e à difusão de técnicas de alienação que transformam tanto os humanos quanto outros seres em recursos. Tais técnicas

---

9. Donna Haraway, em "Anthropocene, Capitalocene, Chthulucene: Staying with the Trouble", apresentação para "Arts of Living on a Damaged Planet", Santa Cruz, CA, 9 maio 2014, argumenta que o "Antropoceno" acena para os deuses do céu; em vez disso, ela sugere que honremos os "tentaculares"– e emaranhados multiespécies – chamando nossa época de *Chthulucene*. De fato, o termo *antropoceno* evoca significados variados, como o debate de 2014 sobre os planos para um "bom" Antropoceno ilustrou. Ver, por exemplo, Keith Kloor, que acolhe o Antropoceno por meio de um "modernismo verde" em "Facing up to the Anthropocene".

têm segregado humanos e policiado identidades, ofuscando a sobrevivência colaborativa. O conceito do Antropoceno tanto evoca esse conjunto de aspirações, que poderíamos chamar de prepotência do humano moderno, como alimenta a esperança de que poderíamos nos desvencilhar dessa confusão. Será possível viver dentro desse regime ditado pelo humano e ainda assim superá-lo?

Esse é o impasse que me faz hesitar antes de oferecer uma descrição dos cogumelos e de seus catadores. A presunção do humano moderno não permitirá que uma descrição como essa seja mais do que uma nota de rodapé decorativa. Esse *antropo-* nos impede de dar a devida atenção para as manchas nas paisagens, as temporalidades múltiplas e as assembleias instáveis entre humanos e não humanos: a matéria mesma da sobrevivência colaborativa. Assim, para tornar a colheita de cogumelos uma história oportuna é preciso, antes, mapear a maneira como esse *antropo-opera* e investigar o terreno que ele se recusa a reconhecer.

Consideremos, então, a questão do que sobrou. Dada a eficácia da devastação estatal e capitalista das paisagens naturais, poderíamos perguntar como é que qualquer coisa exterior aos seus planos pôde sobreviver. Para respondermos a isso, precisaremos observar as margens indomáveis.[10] O que reúne os Mien e o matsutake no estado do Oregon? Tais indagações aparentemente banais podem mudar o rumo das coisas e trazer os encontros imprevisíveis para o centro da questão.

Nós ouvimos notícias sobre a precariedade todos os dias. As pessoas perdem seus empregos ou se revoltam porque nunca os tiveram. Gorilas e botos se encontram à beira da extinção. O aumento do nível do mar inunda ilhas inteiras no Pacífico. Mas a maior parte do tempo imaginamos tal precariedade como exceção ao modo de funcionamento do mundo. É o que "escapa" ao

---

10. A expressão "margens indomáveis", no original *unruly edges*, é o título de um artigo publicado pela autora e traduzido para o português por Pedro Castelo Branco Silveira e Thiago Mota Cardoso, originalmente publicado em *Ilha - Revista de Antropologia*, v. 17, n. 1, 2015: https://bit.ly/3N7F5aq; e mais tarde publicado, parcialmente, pela revista *Piseagrama*: https://bit.ly/3980AJa. [N.T.]

sistema. E se, como sugiro, a precariedade for a condição dominante do nosso tempo – ou se, em outras palavras, o momento se tornou propício para percebermos a precariedade? E se a precariedade, a indeterminação e o que imaginamos como sendo trivial forem o centro da sistematicidade que buscamos?

A precariedade é a condição de estarmos vulneráveis aos outros. Os encontros imprevisíveis nos transformam; não estamos no controle, nem de nós mesmos. Incapazes de contar com uma estrutura estável de comunidade, somos jogados em agenciamentos instáveis, que nos refazem e também transformam nossos outros. Não podemos confiar no *status quo*; tudo está em fluxo, incluindo nossa capacidade de sobreviver. Pensar a partir da precariedade muda a análise social. Um mundo precário é um mundo sem teleologia. A indeterminação – a natureza não planejada do tempo – é assustadora, mas pensar a partir da precariedade evidencia que a indeterminação também torna a vida possível.

A única razão para que tudo isso soe estranho é que a maioria de nós cresceu em meio a sonhos de modernização e progresso. Estes enquadramentos selecionam aquelas partes do presente que poderiam nos conduzir ao futuro. Todo o resto é trivial; "cai fora" da história. Eu imagino a sua resposta, leitor:[11] "Progresso? Esta é uma ideia do século XIX". O termo *progresso*, para caracterizar um estado de coisas, tornou-se raro; mesmo a noção de modernização do século XX começa a soar arcaica. Mas suas categorias e premissas de evolução estão conosco em todos os lugares. Imaginamos seus objetos todos os dias: democracia, crescimento, ciência, esperança. Por que deveríamos esperar que as economias cresçam e as ciências avancem? Mesmo sem qualquer referência explícita à noção de desenvolvimento, nossas teorias da história estão imersas nestas categorias. O mesmo acontece com os nos-

---

11. Esse modo de endereçamento explícito ao leitor não ocorre no original. Esta foi uma opção dos tradutores, especificamente neste trecho, para desambiguar o uso do pronome possessivo. A figura do leitor, no entanto, aparece nominalmente evocada mais para o final do livro, de modo que adiantamos aqui sua aparição. [N.T.]

sos sonhos. Devo admitir que tenho dificuldade até mesmo de dizer isso: talvez não haja um final coletivo feliz. Então por que se levantar todos os dias pela manhã?

A noção de progresso também está embutida em suposições amplamente aceitas sobre o que significa ser humano. Mesmo quando ela está mascarada por outros termos, como *agência, consciência* e *intenção*, nós aprendemos que os seres humanos são diferentes dos outros seres vivos: nós temos uma visão de futuro – enquanto outras espécies, que vivem um dia após o outro, tornaram-se dependentes de nós. Enquanto imaginarmos que os humanos são *fabricados* por meio do progresso, os não humanos estarão igualmente presos nesta estrutura imaginativa.

O progresso é uma marcha para a frente, que arrasta outras modalidades de tempo para o interior de seus ritmos. Se não fôssemos conduzidos por sua pulsação, poderíamos notar outros padrões de temporalidade. Cada ser vivo refaz o mundo a partir de ritmos sazonais de crescimento, padrões reprodutivos de vida e expansões geográficas. Também no interior de uma determinada espécie, encontramos múltiplos projetos de criação de temporalidades na medida em que organismos se recrutam uns aos outros e se coordenam na construção de paisagens. A rebrota da floresta cuja madeira fora extraída na cordilheira das Cascatas do Oregon e a radioecologia de Hiroshima nos mostram, cada uma a seu modo, criações de temporalidades multiespécies. A curiosidade que defendo persegue estas temporalidades múltiplas, revitalizando a descrição e a imaginação. Isto não é um simples empirismo no qual o mundo inventa suas próprias categorias. Em vez disso, descrentes da direção imposta pelo progresso, nós podemos olhar para o que tem sido ignorado por nunca ter se encaixado na sua linha do tempo.

Retomemos os trechos da história do Oregon com os quais comecei este capítulo. O primeiro, sobre as ferrovias, fala do progresso. Ele nos conduziu ao futuro: as ferrovias redefiniram nosso destino. O segundo já é uma interrupção, uma história em que a destruição das florestas é importante. Ele compartilha com o primeiro, no entanto, a suposição de que a figura do progresso é suficiente para conhecermos o mundo tanto no sucesso quanto no fracasso. A história do declínio não nos oferece sobras, nenhum excesso, nada que escape ao progresso. O progresso ainda nos controla, mesmo nos contos de ruína.

No entanto, a pretensão do humano moderno não é o único parâmetro usado para fazer mundos: estamos cercados por muitos projetos de fazer-mundos, humanos e não humanos.[12] Esses projetos de fazer-mundos surgem de atividades práticas do fazer da vida; no processo, eles transformam nosso planeta. Para percebê-los, à sombra do *antropo-* do Antropoceno, precisamos redirecionar nossa atenção. Do forrageio ao roubo, muitos modos de vida pré-industriais persistem até hoje, assim como novos meios emergem – inclusive a coleta de cogumelos comercializáveis –, mas nós os negligenciamos por não serem parte da narrativa do progresso. Estes meios de vida também fazem mundos – e nos mostram como olhar ao nosso redor, em vez de olhar para a frente.

Fazer mundos não se limita aos humanos. Sabemos que os castores modificam as correntes dos rios quando constroem barragens, canais e tocas; na realidade, todos os organismos criam habitações ecológicas, alterando a terra, o ar e a água. Sem a ha-

---

12. Fazer mundos pode ser entendido em diálogo com o que alguns acadêmicos estão chamando de "ontologia", isto é, filosofias do ser. Assim como esses acadêmicos, estou interessada em confrontar o senso comum, incluindo as suposições às vezes inconscientes da conquista imperial (por exemplo, Eduardo Viveiros de Castro, "Cosmological Deixis and Amerindian Perspectivism", *Journal of the Royal Anthropological Institute*, v. 4, n. 3, 1998, pp. 469-488). Projetos de fazer-mundo, assim como ontologias alternativas, nos mostram que outros mundos são possíveis. Fazer mundos, no entanto, enfatiza mais as atividades práticas do que as cosmologias. Portanto, é mais fácil discutir como os seres não humanos podem contribuir com as suas próprias perspectivas. Muitos acadêmicos usam a ontologia para entender as perspectivas humanas sobre os não humanos; que eu saiba, apenas "How Forests Think" de Eduardo Kohn (Berkeley: University of California Press, 2013), que trabalha com a semiótica de Pierce, permite a afirmação radical de que os outros seres têm suas próprias ontologias. No entanto, todos os organismos fazem mundos; os seres humanos não têm um status especial. Por fim, projetos de fazer-mundo se sobrepõem. Enquanto a maioria dos acadêmicos usa a ontologia para segregar perspectivas, analisando-as uma a uma, pensar a partir do fazer mundos permite analisar as camadas sobrepostas e as fricções históricas que delas decorrem. Uma abordagem pautada pelo fazer-mundo inscreve preocupações ontológicas na análise multiescalar que James Clifford denomina "realismo" (em "Returns", Cambridge: Harvard University Press, 2013).

bilidade de criar arranjos de vida eficazes, as espécies desapareceriam. No processo, cada organismo transforma o mundo de todos. As bactérias criaram nossa atmosfera de oxigênio e as plantas ajudam a mantê-la. As plantas conseguem viver na terra porque os fungos produzem solo a partir da digestão das rochas. Como esses exemplos sugerem, projetos de fazer-mundos podem se sobrepor, abrindo espaço para mais de uma espécie. Os seres humanos, também, sempre estiveram envolvidos na criação de mundos multiespécies. Os primeiros humanos não utilizavam o fogo apenas para cozinhar, mas também como uma ferramenta para queimar a paisagem, incentivando o crescimento dos bulbos comestíveis e gramíneas que atraíam animais de caça. Os humanos moldam mundos multiespécies quando nossos arranjos de vida abrem espaço para outras espécies. Isto não é apenas uma questão da agricultura, da criação de gado e de animais de estimação. Os pinheiros, com seus parceiros fúngicos, frequentemente prosperam em paisagens queimadas por humanos; pinheiros e fungos trabalham juntos para aproveitar as clareiras e os solos minerais expostos. Humanos, pinheiros e fungos criam arranjos de vida simultaneamente para si e para os outros: mundos multiespécies.

A produção acadêmica do século xx, levando adiante a presunção do humano moderno, conspirou contra a nossa habilidade de notar os projetos divergentes, sobrepostos e conjuntos que tecem mundos. Deslumbrados pela expansão de certos modos de vida em detrimento de outros, muitos pesquisadores ignoraram tudo o que neles não cabia. Contudo, na medida em que as fábulas do progresso perdem tração, torna-se possível construir um olhar diferente.

O conceito de assembleia[13] pode nos ser útil. Os ecólogos recorreram a essa noção para contornar as conotações por vezes demasiadamente fixas e limitadas de "comunidade" ecológica. A questão de como as várias espécies em assembleia influenciam umas às outras – quando isso ocorre – jamais se resolve: algu-

---

13. No original, *assemblage*. Ver "Nota dos tradutores". [N.T.]

mas reprimem (ou comem) umas às outras; outras trabalham juntas para tornar a vida possível; outras simplesmente vivem no mesmo lugar. Assembleias são agrupamentos abertos. Elas nos permitem indagar sobre os efeitos comunais sem tomá-los como dados. As assembleias tornam visíveis os processos de constituição de outras histórias possíveis. Para meus propósitos, no entanto, é preciso ir além do entendimento de organismos enquanto elementos que se reúnem. Eu preciso ver formas de vida – que incluem o mundo inanimado – em processos de convergência. Formas de vida não humanas, assim como humanas, se transformam ao longo da história. Com relação aos seres vivos, identidades de espécie costumam ser o ponto de partida, embora sejam insuficientes: modos de ser são efeitos que emergem a partir de encontros. Isso torna-se nítido quando consideramos os humanos. Coletar cogumelos constitui um meio de vida – mas não caracteriza todos os seres humanos. O mesmo se dá em relação a outras espécies. Os pinheiros buscam a ajuda dos cogumelos para ocupar os espaços abertos pelos humanos. As assembleias não se limitam a reunir formas de vida; elas as criam. Pensar a partir de assembleias nos convoca a perguntar: como os encontros às vezes se tornam "acontecimentos", isto é, maiores do que a soma de suas partes? Se a história sem progresso é indeterminada e multidirecional, poderiam as assembleias nos mostrar suas possibilidades?

    Padrões de coordenação não intencional se desenvolvem nas assembleias. Notar tais padrões significa observar a interação dos ritmos e escalas temporais nos diversos modos de vida reunidos. Surpreendentemente, isso torna-se um método que pode revitalizar a economia política, assim como os estudos ambientais. Assembleias arrastam a economia política para dentro de si, deslocando-a para fora do domínio estritamente humano. Plantas cultivadas em lavouras têm vidas muito diferentes daquelas das plantas selvagens; cavalos de carga não compartilham dos mesmos modos de vida dos cavalos de montaria, apesar de serem da mesma espécie. As assembleias não podem se esconder do capital ou do Estado;

são situações para se observar como a economia política funciona. Se o capitalismo não tem teleologia, precisamos examinar aquilo que converge – não apenas por meio da lógica da pré-fabricação, mas também a partir da perspectiva das justaposições.

Alguns autores usam o termo *assembleia* com outros sentidos.[14] A qualidade "polifônica" pode ajudar a explicar o meu entendimento de assembleia. Polifonia descreve uma música na qual melodias autônomas se entrelaçam. Na música ocidental, o madrigal e a fuga são exemplos de polifonia. Essas formas podem parecer arcaicas ou estranhas para muitos ouvintes contemporâneos porque foram substituídas por formas musicais nas quais ritmo e melodia unificados mantêm a composição unida. Na música clássica, substituta da música barroca, almejava-se a unidade; isso era o "progresso", exatamente no sentido que venho discutindo: uma coordenação unificada do tempo. No rock-and-roll do século xx, essa unidade assume a forma de uma batida forte, sugestiva do coração do ouvinte; estamos acostumados a ouvir música a partir de uma perspectiva única. Meu primeiro contato com a polifonia foi uma revelação; aprendi a distinguir suas melodias, separadas e simultâneas, e a escutar os momentos de harmonias e dissonâncias que se criam entre elas. Esse tipo de percepção é exatamente aquela necessária para se apreciarem os múltiplos ritmos e trajetórias temporais da assembleia.

---

14. Alguns cientistas sociais usam o termo *assemblage* para se referir a algo mais parecido com uma formação discursiva foucaultiana (por exemplo, Aihwa Ong e Stephen Collier [orgs.], *Global assemblages*. Hoboken: Wiley-Blackwell, 2005). Tais "agenciamentos" (como fora traduzido, no caso deste uso, para o português) se expandem pelo espaço e conquistam lugar; eles não são constituídos por meio da indeterminação. Como encontros constitutivos são chave para mim, meu uso de *assembleia* refere-se ao que se reúne em um lugar, em qualquer escala. Outros "agenciamentos" são redes, como na Actor-Network Theory (Bruno Latour, *Reassembling the social*. Oxford: Oxford University Press, 2007). Uma rede é uma cadeia de associações que estrutura outras associações; meu uso de *assembleia* refere-se aos modos de ser sem assumir aquela estrutura interacional. *Assemblage* traduz o agenciamento do filósofo Gilles Deleuze, e isso apoiou diversas tentativas de abrir o termo para o "social"; meu uso se junta a essa configuração.

Para aqueles sem inclinações musicais, pode ser útil imaginar as assembleias polifônicas em relação à agricultura. Desde o tempo das *plantations*, a agricultura comercial tem isolado uma única cultura e trabalhado para sua maturação simultânea, coordenando a colheita. Mas outros tipos de cultivo têm ritmos múltiplos. Na cultura de rotação, que eu estudei na ilha de Bornéu, na Indonésia, diversas espécies eram cultivadas juntas na mesma área, com cronogramas bastante distintos. Arroz, banana, inhame, batata-doce, palmito, cana de açúcar e árvores frutíferas se misturavam; os agricultores precisavam atender aos vários cronogramas de maturação dos plantios. Estes ritmos faziam parte da relação de cada uma dessas espécies com a colheita; se adicionarmos outras relações, como aquelas com polinizadores e outras plantas, por exemplo, os ritmos se multiplicam. A assembleia polifônica é a reunião destes ritmos, uma vez que eles resultam de projetos de criação de mundos – humanos e não humanos.

A assembleia polifônica também nos conduz ao território inexplorado da economia política moderna. O trabalho em fábricas é um exemplo do tempo progressivo e coordenado. No entanto, a cadeia de suprimentos está repleta de ritmos polifônicos. Considere a minúscula fábrica chinesa de roupas estudada por Nellie Chu; como seus muitos concorrentes, a empresa atendia a várias linhas de suprimento, alternando constantemente entre encomendas de marcas de butiques locais, falsificadores de marcas internacionais e produtores de peças genéricas que recebem a marca num segundo momento.[15] Cada cliente demandava o uso de diferentes normas, materiais e tipos de mão de obra. O trabalho da fábrica era coordenar a produção industrial com os ritmos complexos das cadeias de suprimentos. Para além das fábricas, os ritmos se multiplicam ainda mais quando observamos a coleta de um produto selvagem e imprevisível. Quanto mais adentramos

---

15. Nellie Chu, *Global supply chains of risks and desires: The crafting of migrant entrepreneurship in Guangzhou, China*. Santa Cruz: University of California, 2014. Tese de doutorado.

as periferias da produção capitalista, mais central se torna a coordenação entre agenciamentos polifônicos e processos industriais para a obtenção de lucro.

Como sugerem os últimos exemplos, abandonar os ritmos do progresso para observar as assembleias polifônicas não é uma questão de desejo virtuoso. O progresso era fantástico; havia sempre algo melhor adiante. Ele nos deu as causas políticas "progressistas" com as quais eu cresci. Eu mal consigo pensar sobre justiça sem a noção de progresso. O problema é que o progresso parou de fazer sentido. Um número cada vez maior de pessoas já refletiu sobre isso e se deu conta de que o rei estava nu. É neste dilema que novas ferramentas para a percepção parecem tão importantes.[16] De fato, a vida na Terra parece estar em questão. O capítulo 2 se volta para os dilemas da sobrevivência colaborativa.

---

16. Como método, pode-se pensar nisso como uma combinação de insights de Donna Haraway e Marilyn Strathern. Strathern nos mostra como o espanto causado pela surpresa desestabiliza o senso comum, permitindo-nos perceber diferentes projetos de criação de mundo no interior das assembleias. Haraway segue essa linha para chamar nossa atenção para a interação entre projetos divergentes. Ao juntar esses métodos, eu delineio assembleias informadas pelas desestabilizações desconcertantes de um tipo de projeto por outros. Pode ser útil ressaltar que essas pesquisadoras são as referências-chave para o pensar antropológico com a ontologia (Strathern) e o fazer-mundos (Haraway). Ver Marilyn Strathern, "The ethnographic effect", in: *Property, substance, and effect*. Londres: Athlone Press, 1999, pp. 1-28; Donna Haraway, *Companion species manifesto*. Chicago: Prickly Paradigm Press, 2003.

Conjurando o tempo, Iunã. O matsutake bordado no colete deste frequentador do mercado Yi evoca a promessa de riqueza e bem-estar. O colete simboliza a etnicidade (Yi) e a espécie (fúngica), tornando esses elementos disponíveis para o momento de atuar nas histórias flutuantes dos encontros.

Capítulo 2

Contaminação enquanto colaboração

> Eu queria que alguém me dissesse que tudo iria ficar bem, mas isso não aconteceu.
>
> MAI NENG MOUA, "Along the way to Mekong"

Como um encontro se transforma em "acontecimento", isto é, algo maior do que a soma de suas partes? Contaminação é uma possível resposta. Somos contaminados por nossos encontros; eles transformam o que somos na medida em que abrimos espaço para os outros. Ao mesmo tempo em que a contaminação transforma projetos de criação de mundos, outros mundos compartilhados – e novas direções – podem surgir.[1] Todos nós carregamos uma história de contaminação; a pureza não é uma opção. A importância de manter em vista a ideia de precariedade que proponho é o fato de ela nos lembrar que adaptar-se às circunstâncias é a matéria mesma de que é feita a sobrevivência.

Mas o que é sobrevivência? Na imaginação popular dos estadunidenses, sobrevivência diz respeito a salvar a própria vida, defendendo-se dos outros. A "sobrevivência", tal como apresentada em seriados televisivos ou em histórias de planetas alienígenas, é sinônimo de conquista e de expansão. Este livro argumenta que manter-se vivo – para todas as espécies – requer colaborações viáveis. Colaboração significa trabalhar por meio das diferenças, o que leva à contaminação. Sem colaborações, todos morreríamos.

---

1. A vida multicelular foi possibilitada por múltiplas e mútuas contaminações de bactérias. Lynn Margulis e Dorion Sagan, *What is life?*. Berkeley: University of California Press, 2000.

As fantasias populares não são o único problema: a sobrevivência do tipo um-contra-todos também mobiliza acadêmicos. Pesquisadores têm imaginado a sobrevivência em termos de avanços dos interesses individuais – sejam esses "indivíduos" espécies, populações, organismos ou genes – humanos ou não. Consideremos a dupla das grandes ciências do século passado, a economia neoclássica e a genética populacional. No início do século xx, cada uma delas tornou-se poderosa a partir de formulações suficientemente ousadas para redefinir o conhecimento moderno. A genética populacional estimulou a "síntese moderna" na biologia, unindo teoria evolucionista e genética. A economia neoclássica deu nova forma às políticas econômicas, criando a economia moderna a partir daquele imaginário. Embora os praticantes de cada uma delas tenham se relacionado pouco, as duas disciplinas construíram abordagens similares. No coração de cada uma, encontra-se um ator individual autossuficiente, trabalhando para maximizar seus interesses pessoais, seja para a sua reprodução ou para a sua prosperidade. O "gene egoísta" de Richard Dawkin elucida essa ideia, que é útil em muitas escalas: é a habilidade dos genes (ou organismos, ou populações) – para defender seus próprios interesses – que fomenta a evolução.[2] De forma parecida, a vida do *Homo economicus*, o homem econômico, estrutura-se a partir de uma série de decisões motivadas por seus interesses individuais.

A premissa de autossuficiência possibilitou uma explosão de novos conhecimentos. Pensar a partir da autossuficiência e, portanto, do interesse pessoal de indivíduos (em qualquer escala), tornou possível ignorar a contaminação, isto é, a transformação a partir do encontro. Indivíduos autossuficientes não são transformados pelo encontro. Maximizando seus interesses, eles tiram proveito dos encontros – mas se mantêm inalterados. As artes de notar não se aplicam a esses indivíduos autônomos. Um indivíduo "padrão" como esse pode representar a todos enquanto uma

---

2. Richard Dawkins, *O gene egoísta*, trad. bras. de Rejane Rubino. São Paulo: Companhia das Letras, 2007.

unidade de análise. Torna-se possível organizar o conhecimento usando apenas a lógica. Sem a possibilidade de encontros transformadores, a matemática pode substituir a história natural e a etnografia. Foi a produtividade advinda dessa simplificação que tornou a economia neoclássica e a genética populacional tão poderosas. A evidente falsidade de sua premissa original foi gradualmente esquecida.[3] Economia e ecologia se tornaram, assim, campos propícios para os algoritmos do progresso-como-expansão.

O problema da sobrevivência precária nos ajuda a ver o que está errado nessa premissa. A precariedade é um estado de reconhecimento da nossa vulnerabilidade aos outros. Para sobreviver, nós precisamos de ajuda, e a ajuda é sempre um serviço de outrem, intencional ou não. Quando torço meu tornozelo, um galho firme pode servir como bengala e me ajudar a caminhar. Torno-me então um encontro em movimento, uma mulher-e-galho. É difícil pensar no enfrentamento de qualquer desafio sem solicitar a ajuda de outros, sejam estes humanos ou não humanos. É o privilégio presunçoso que nos permite fantasiar – na contramão dos fatos – que cada um de nós pode sobreviver sozinho.

Se a sobrevivência sempre envolve alteridade, ela também está necessariamente sujeita à indeterminação das transformações de si e dos outros. Colaborações nos transformam, seja no interior de nossa espécie ou entre espécies distintas. Tudo o que é importante para a vida no planeta Terra acontece nessas transformações e não nos diagramas de decisão de indivíduos autônomos. Ao invés de atentar somente para as estratégias de expansão-e--conquista de indivíduos implacáveis, precisamos buscar as histórias que se desenvolvem por meio da contaminação. Como pode um encontro, então, transformar-se em "acontecimento"?

Colaboração é o trabalho que atravessa as diferenças. No entanto, não se trata da diversidade ingênua dos caminhos evolutivos independentes. A evolução da nossa "ideia de si" já está

---

3. Muitos críticos recusaram o "egoísmo" dessas suposições e inseriram o altruísmo nessas equações. O problema, no entanto, não é o egoísmo, mas a autossuficiência.

poluída por histórias de encontros; estamos misturados uns com os outros antes mesmo de iniciarmos qualquer colaboração nova. Pior ainda, essas misturas acontecem em projetos que muitas vezes nos prejudicam. A diversidade que nos permite entrar em novas colaborações por vezes emerge de histórias de extermínio, imperialismo, e todo o resto. Contaminação produz diversidade.

Isso muda a função que imaginamos para os nomes, incluindo aqueles usados para definir etnias e espécies. Se as categorias são instáveis, nós devemos observar sua emergência nos encontros. Usar nomes categóricos deve ser parte de um compromisso com rastrear as assembleias nas quais tais categorias ganham uma aderência momentânea.[4] Apenas então posso retornar para o encontro com os Mien e os matsutake em uma floresta das Cascatas Orientais do Oregon. O que significa ser *Mien* ou floresta? Estas identidades adentraram nosso encontro a partir de histórias de ruínas transformadoras, ainda que novas colaborações as tenham modificado.

As florestas nacionais do Oregon são mantidas pelo Serviço Florestal dos Estados Unidos, que visa conservar as florestas como um recurso nacional. No entanto, há cem anos o estatuto que garante a condição de reserva da paisagem tem se resumido a controlar a atividade madeireira e os incêndios. Florestas são criadas e transformadas por processos de contaminação. Por esse motivo, a observação atenta e o cuidado são necessários para conhecer a paisagem.

As florestas do Oregon tiveram um papel importante na formação do Serviço Florestal dos Estados Unidos no início do século XX, momento no qual silvicultores se empenharam para encontrar modos de conservação que receberiam apoio dos barões da ma-

---

4. Um nome de espécie é uma heurística útil para apresentar um organismo, mas o nome não captura a particularidade desse organismo nem sua posição dentro das muitas vezes rápidas transformações coletivas. Um nome étnico tem o mesmo problema. Mas ficar sem esses nomes é pior: ficamos imaginando que todas as árvores, ou asiáticos, se parecem. Preciso de nomes para dar substância à observação, mas preciso deles como nomes em movimento.

deira.⁵ O controle de incêndios foi o resultado mais importante: ele possibilitou que os madeireiros e os silvicultores entrassem num acordo. Enquanto isso, os madeireiros estavam sedentos por extrair os *Pinus ponderosa* que tanto impressionaram os pioneiros brancos nas Cascatas Orientais. Os grandes *ponderosa* já haviam sido extraídos na década de 1980. Sucedeu-se que eles não podiam se reproduzir sem os incêndios periódicos que o Serviço Florestal havia suprimido. No entanto, os abetos e os *Pinus contorta* proliferaram com a exclusão dos incêndios – isso se entendermos proliferação enquanto o alastramento de matagais que crescem cada vez mais densos e inflamáveis, formados por árvores vivas, mortas e moribundas.⁶ Por várias décadas, o manejo promovido pelo Serviço Florestal significou a tentativa de, por um lado, estimular o retorno dos *Pinus ponderosa*, e, por outro, diminuir, cortar, ou então controlar os abetos e matagais inflamáveis. Os *ponderosa*, os abetos e os *Pinus contorta*, cada qual encontrando os seus modos de vida a partir das perturbações humanas, são agora criaturas da diversidade contaminada.

Surpreendentemente, um novo valor surgiu nesta paisagem industrial em ruínas: o matsutake. Ele frutifica especialmente bem sob os *Pinus contorta* maduros e estes existem em grandes quantidades nas florestas de pinheiros das Cascatas Orientais por causa do controle dos incêndios. Com a extração dos *Pinus ponderosa* e a supressão dos incêndios, os *Pinus contorta* se espalharam. Isso porque, apesar de inflamáveis, a falta de incêndios permite a eles uma longa maturação. O matsutake do Oregon cresce apenas depois de quarenta ou cinquenta anos de maturação do *Pinus*

---

5. Harold Steen, *The U.S. Forest Service: A history*. Seattle: University of Washington Press, 1976 (centennial ed., 2004); William Robbins, *American forestry*. Lincoln: University of Nebraska Press, 1985.
6. Para as ecologias relacionadas às Montanhas Azuis do Oregon, ver Nancy Langston, *Forest dreams, forest nightmares*. Seattle: University of Washington Press, 1996. Para uma discussão mais completa da ecologia das Cascatas Orientais, consulte o capítulo 14.

contorta, que só se tornou possível por causa da contenção de incêndios.[7] A abundância do matsutake é uma criação histórica recente: diversidade contaminada.

E o que fazem os povos das montanhas do Sudeste Asiático no Oregon? Uma vez que me dei conta de que quase todos estavam na floresta por razões explicitamente "étnicas", descobrir o que a presença destas etnias implicava tornou-se urgente. Eu precisava saber o que criava as agendas comunitárias que incluíam a procura de cogumelos; assim, me guiei pelas etnias que me foram informadas pelos catadores. Estes, assim como as florestas, devem ser compreendidos – e não apenas contabilizados – em seu processo de devir. No entanto, quase toda a bibliografia estadunidense sobre refugiados do Sudeste Asiático ignora a questão da formação étnica no sudeste da Ásia. Para me contrapor a essa omissão, deixem-me contar uma história. Apesar da sua especificidade, a designação Mien é utilizada aqui para se referir a todos os catadores – e a todos nós também. A transformação inerente aos processos de colaboração, sejam eles tumultuados ou não, faz parte da condição humana.

Imagina-se que os ancestrais distantes da comunidade Mien de Kao já tenham nascido em meio à contradição e à fuga. Movendo-se através das montanhas do sul da China para se esconder do poder imperial, eles também valorizavam documentos imperiais que os eximiam de taxações e da servidão. Há pouco mais de cem anos, alguns deles se mudaram para regiões mais distantes – para o interior das montanhas do norte, onde hoje encontram-se o Laos, a Tailândia e o Vietnã. Eles possuíam um sistema de escrita distinto, baseado em caracteres chineses e usado para a comunicação com os espíritos.[8] Simultaneamente recusa e aceitação da autoridade chinesa, o sistema de escrita é uma expressão nítida da diversidade contaminada: os Mien são ao mesmo

---

7. Entrevista com o silvicultor Phil Cruz, outubro de 2004.
8. Jefery MacDonald, *Transnational aspects of Iu-Mien refugee identity*. Nova York: Routledge, 1997.

tempo chineses e não chineses. Mais tarde, eles aprenderiam a ser laosiano-tailandeses, mas também não laosiano-tailandeses; depois, estadunidenses, mas também não estadunidenses.

Os Mien não são especialmente respeitosos com as fronteiras nacionais; as comunidades têm cruzado-as repetidamente, de um lado para o outro, sobretudo quando ameaçadas pelas forças armadas (o tio de Kao aprendeu chinês e laosiano cruzando as fronteiras). No entanto, apesar dessa mobilidade, os Mien não chegam a constituir um povo autônomo, livre do controle do Estado. Hjorleifur Jonsson já demonstrou como o modo de vida dos Mien se transformou diversas vezes em sua relação com as políticas de Estado. Na primeira metade do século xx, por exemplo, os Mien organizaram suas comunidades em torno do comércio de ópio na Tailândia. Apenas as grandes famílias poligâmicas, controladas por homens velhos e poderosos, conseguiam manter os contratos ligados ao comércio do ópio. Algumas dessas famílias chegaram a ter cem membros. O Estado tailandês não regulamentava esse tipo de organização familiar; ela surgiu do encontro entre os Mien e o ópio. Em um processo similar e não planejado no final do século XX, os Mien vieram a se identificar como um "grupo étnico" com costumes distintos na Tailândia; a política do país com relação às minorias tornou essa identidade possível. Enquanto isso, ao longo da fronteira entre Laos e Tailândia, os Mien atravessavam de um lado para o outro, escapando das políticas estatais dos dois lados, ao mesmo tempo que eram moldados por elas.[9]

Estas montanhas asiáticas transfronteiriças conheceram muitos povos. As sensibilidades dos Mien se desenvolveram na relação com estes grupos em trânsito, uma vez que todos eles negociaram administração imperial e rebelião, comércio lícito e ilícito, e mobilização milenar. Para entender como os Mien se tornaram catadores de matsutake, precisamos levar em conta sua relação com outro grupo agora presente nas florestas de Oregon,

---

9. Hjorleifur Jonsson, *Mien relations: Mountain people and state control in Thailand*. Ithaca: Cornell University Press, 2005.

os Hmong. Em muitos sentidos, os Hmong são como os Mien. Eles também se deslocaram da China para o sul; eles também cruzaram fronteiras e ocuparam as grandes altitudes, adequadas ao cultivo de ópio; eles também valorizam seus dialetos e tradições distintas. Um movimento milenar de meados do século xx, iniciado por um agricultor analfabeto, produziu um sistema de escrita hmong completamente original. Isto aconteceu na época da Guerra da Indochina, e os Hmong estavam no cerne dela. Como o linguista William Smalley apontou, o material bélico descartado na região colocou este agricultor inspirado em contato com a escrita em inglês, russo e chinês; e ele ainda deve ter visto a escrita laosiana e tailandesa.[10] Nascida dos descartes da guerra, a escrita distinta e multiderivativa dos Hmong, assim como a dos Mien, é um ícone maravilhoso da diversidade contaminada.

Os Hmong são orgulhosos da organização patrilinear de seu clã e, de acordo com o etnógrafo William Geddes, os clãs têm sido centrais para a construção de vínculos a longa distância entre homens.[11] Relações de clã possibilitaram que líderes militares recrutassem soldados para além de suas redes imediatas. Isto se mostrou relevante quando os Estados Unidos assumiram a supervisão imperial após a derrota francesa para nacionalistas vietnamitas em 1954, herdando assim a lealdade de soldados hmong treinados por franceses. Um destes soldados se tornou o general Vang Pao, que mobilizou os Hmong no Laos para lutar ao lado dos Estados Unidos, tornando-se assim o que William Colby, diretor da CIA nos anos 1970, teria denominado "o maior herói da Guerra do Vietnã".[12] Vang Pao recrutou não apenas indivíduos, mas vilas e clãs inteiros para a guerra. Embora suas reivindicações de representação dos Hmong encubram o fato de que eles também

---

10. William Smalley, Chia Koua Vang e Gnia Yee Vang, *Mother of writing: The origin and development of a Hmong messianic script*. Chicago: University of Chicago Press, 1990.
11. William Geddes, *Migrants of the mountains: The cultural ecology of the Blue Miao (Hmong Nyua) of Thailand*. Oxford: Oxford University Press, 1976.
12. Citado por Douglas Martin, "Gen. Vang Pao, Laotian who aided U.S., dies at 81", *New York Times*, 8 jan. 2011, http://www.nytimes.com/2011/01/08/world/asia/08vangpao.html.

lutaram pelo comunista Pathet Lao, Vang Pao fez de sua causa simultaneamente uma causa Hmong e uma causa anticomunista estadunidense. Por meio de seu controle sobre o transporte do ópio, os alvos de bombardeio e os suprimentos de arroz da CIA, assim como por seu carisma, Vang Pao gerou uma enorme lealdade étnica, consolidando um novo tipo de "Hmong".[13] É difícil pensar em um exemplo melhor de diversidade contaminada.

Alguns Mien lutaram no exército de Vang Pao. Alguns seguiram os Hmong para o campo de refugiados de Ban Vinai, que Vang Pao ajudou a estabelecer na Tailândia depois de fugir do Laos, após a saída dos Estados Unidos, em 1975. Mas a guerra não forneceu aos Mien o senso de unidade étnico-política que propiciou aos Hmong. Alguns Mien lutaram por outros líderes políticos, incluindo Chao La, um general Mien. Alguns deixaram o Laos pela Tailândia muito antes da vitória comunista no Laos. As histórias orais de Jonsson acerca dos Mien nos Estados Unidos sugerem que aquilo que frequentemente pensamos como agrupamentos ingênuos e "regionais" de Mien laosianos – Mien do norte, Mien do sul – se refere a histórias divergentes de reassentamento forçado por Vang Pao e Chao La, respectivamente.[14] A guerra, ele argumenta, produz identidades étnicas.[15] A guerra força as pessoas a se moverem, mas também consolida os laços com culturas ancestrais reimaginadas. Os Hmong ajudaram a incentivar a mistura, e os Mien vieram para participar.

Nos anos 1980, os Mien que haviam atravessado do Laos para a Tailândia aderiram aos programas norte-americanos para trazer anticomunistas do Sudeste Asiático para os Estados Unidos e permitir que eles, por meio do status de refugiados, se tornassem

---

13. As fontes para essa história incluem Alfred McCoy, *The politics of heroin: CIA complicity in the global drug trade*. Chicago: Chicago Review Press, 2003; Jane Hamilton-Merritt, *Tragic mountains: The Hmong, the Americans, and the secret war in Laos, 1942-1992*. Indianapolis: Indiana University Press, 1999; Gary Yia Lee (org.), *The impact of globalization and transnationalism on the Hmong*. St. Paul: Center for Hmong Studies, 2006.
14. Comunicação pessoal, 2007.
15. Hjorleifur Jonsson, "War's ontogeny: Militias and ethnic boundaries in Laos and exile". *Southeast Asian Studies*, v. 47, n. 2, 2009, pp. 125-149.

cidadãos. Os refugiados chegaram no país no momento em que o Estado de bem-estar social estava sendo desarticulado, e receberam parcos recursos para sua sobrevivência e sua assimilação. A maioria dos que vieram do Laos e do Camboja não tinham nem dinheiro nem educação ocidental, e foram levados para empregos informais, como a colheita de matsutake. Nas florestas de Oregon, eles utilizam habilidades aprimoradas nas guerras da Indochina. Aqueles com experiência em combate na selva raramente se perdem, uma vez que sabem encontrar seu caminho em florestas desconhecidas. No entanto, a floresta não fomentou uma identidade genérica indochinesa ou estadunidense. Imitando a estrutura de campos de refugiados tailandeses, os Mien, Hmong, laosianos e Khmer mantêm seus lugares separados. Ainda assim, os habitantes do Oregon por vezes se referem a todos como "cambojanos", ou, numa confusão ainda maior, "hong kongs". Ao negociar múltiplas formas de discriminação e despossessão, a diversidade contaminada prolifera.

Espero que a esta altura você esteja dizendo, "Isto não é novidade! Eu posso pensar em muitos exemplos similares de paisagens e pessoas ao meu redor". Eu concordo; a diversidade contaminada está em toda parte. Se tais estórias são tão difundidas e bem conhecidas, a questão se torna: por que não usamos essas estórias para descrever a maneira como apreendemos o mundo? Uma razão é que a diversidade contaminada é complicada, muitas vezes turbulenta e intimidante. A diversidade contaminada implica sobreviventes em histórias de ganância, violência e destruição ambiental. A paisagem bagunçada surgida da atividade madeireira corporativa nos lembra dos gigantes insubstituíveis e graciosos que ali habitavam. Os sobreviventes de guerra nos lembram dos corpos que eles tiveram que sobrepujar – ou matar – para que chegassem até nós. Não sabemos se devemos amar ou odiar esses sobreviventes. De nada servem aqui julgamentos morais simplistas.

Pior ainda, a diversidade contaminada é recalcitrante ao tipo de "resumo" que se tornou a marca do conhecimento moderno. A diversidade contaminada está em constante transformação. Ela não é apenas específica e histórica, mas também relacional. Ela não é composta por unidades independentes; suas unidades provêm de colaborações baseadas em encontros. Sem unidades independentes, é impossível computar custos e ganhos, ou funcionalidades, para qualquer "um" dos envolvidos. No entanto, nenhum indivíduo ou grupo autossuficiente assegura seus interesses pessoais de forma alheia ao encontro. Sem algoritmos baseados na autossuficiência, pesquisadores e dirigentes talvez tenham que aprender sobre as histórias naturais e culturais em jogo. Isso leva tempo – e talvez seja um tempo excessivo para aqueles que sonham em abranger o todo com uma equação. Mas quem os colocou no comando? Se uma profusão de estórias conturbadas é a melhor maneira de contar sobre a diversidade contaminada, então é hora de tornar esta profusão parte de nossas práticas de conhecimento. Talvez, como os próprios sobreviventes de guerra, nós precisamos contar e contar repetidamente todas as nossas estórias de morte, quase--morte e da vida que nos é dada até que elas sejam assimiladas e nos ajudem a enfrentar os desafios do presente. É na escuta dessa cacofonia de estórias conturbadas que poderemos encontrar nossas melhores esperanças para a sobrevivência precária.

Este livro conta algumas dessas estórias, que me levam não apenas à região das cascatas no Oregon, mas também aos leilões em Tóquio, à região da Lapônia, na Finlândia, e à sala de jantar de um cientista, onde fico tão entusiasmada que derramo o meu chá. Seguir todas estas estórias de uma só vez é desafiador – ou, uma vez que se pega o jeito, simples como cantar um madrigal, no qual as melodias dos cantores se interpenetram e se diferenciam ritmadamente. Tais ritmos entrelaçados performam uma temporalidade vivaz, que se apresenta como uma alternativa ao tempo unificado do progresso – ao qual ainda ansiamos obedecer.

Conjurando o tempo, Tóquio. Arrumando o matsutake para o leilão no mercado atacadista de Tsukiji. Transformar cogumelos em estoque é trabalhoso: as mercadorias só aderem às temporalidades do mercado quando seus vínculos prévios são rompidos.

Capítulo 3
Alguns problemas com escala

> Não, não, você não está pensando; você está apenas sendo lógico.
>
> NIELS BOHR, físico, defendendo a "assustadora ação a distância"

Ouvir e contar uma profusão de estórias é um *método*. E por que não fazer uma afirmação mais contundente e chamar isso de ciência, um ganho na busca pelo conhecimento? Seu objeto de pesquisa é a diversidade contaminada; sua unidade de análise é o encontro indeterminado. Para aprender qualquer coisa, devemos revitalizar as artes de notar e incluir a etnografia e a história natural. Mas nós temos um problema com escalas. Uma profusão de estórias não pode ser resumida de maneira organizada. Suas escalas não se encaixam perfeitamente; elas chamam a atenção para temporalidades e geografias interrompidas. Essas interrupções suscitam mais estórias. Este é o poder da profusão de estórias como ciência. No entanto, são justamente essas interrupções que extrapolam os limites da maior parte da ciência moderna, que costuma demandar a possibilidade de expansão infinita sem alterar o enquadramento da pesquisa. As artes de notar são consideradas arcaicas por serem incapazes de "escalar" dessa maneira. A capacidade de fazer com que o enquadramento de uma pesquisa se aplique a escalas maiores sem alterar as questões da pesquisa tornou-se uma marca do conhecimento moderno. Se quisermos ter alguma esperança de pensar com os cogumelos, devemos abandonar essa expectativa. Nesse espírito, conduzo uma incursão nas florestas de cogumelos, entendidas aqui como *"antiplantations"*.

A expectativa de expansão não se limita à ciência. O próprio progresso tem sido frequentemente definido por sua capacidade de fazer projetos se expandirem sem mudar suas premissas de enquadramento. Essa qualidade se chama "escalabilidade". O termo é um pouco confuso, porque pode ser interpretado como "passível de ser discutido em termos de escala". No entanto, projetos escaláveis ou não podem ser discutidos em relação a sua escala. Quando Fernand Braudel explicou a "long durée" [longa duração] da história, ou Niels Bohr nos mostrou o átomo quântico, esses não eram projetos que tinham escalabilidade, embora cada um deles tenha revolucionado o pensamento sobre escala. A escalabilidade, em oposição, é a capacidade de um projeto de alterar escalas suavemente, sem qualquer mudança na sua abordagem. Um negócio escalável, por exemplo, não altera sua organização à medida que se expande. Isso só é possível se as relações de negócio não forem transformadoras, mudando os negócios à medida que novas relações acontecem. Da mesma forma, um projeto de pesquisa escalável aceita apenas dados que se encaixem no quadro da pesquisa. A escalabilidade exige que os elementos do projeto sejam alheios às indeterminações do encontro; é assim que eles permitem uma expansão fluida. Assim, também, a escalabilidade afasta a diversidade significativa, isto é, a diversidade que pode mudar a ordem das coisas.

A escalabilidade não é uma característica comum da natureza. Tornar projetos escaláveis exige muito trabalho. Mesmo depois desse trabalho, ainda haverá interações entre elementos escaláveis e não escaláveis de um projeto. Contudo, apesar das contribuições de pensadores como Braudel e Bohr, a conexão entre a ampliação de escala e o avanço da humanidade tem sido tão forte que elementos escaláveis recebem de nós mais atenção. O não escalável se torna um impedimento. É hora de chamar a atenção para o não escalável, não apenas como objeto de interesse para descrição, mas também como motivação para produzir teoria.

Uma teoria da não escalabilidade pode começar no trabalho demandado para criar escalabilidade – e na bagunça que ele gera.

Um ponto de partida pode ser aquele ícone inicial e influente para este trabalho: a *plantation* colonial europeia. Em suas plantações de cana-de-açúcar dos séculos XVI e XVII no Brasil, por exemplo, os fazendeiros portugueses se depararam com uma fórmula de expansão fluida. Eles criaram um projeto com elementos autônomos e intercambiáveis da seguinte maneira: exterminar pessoas e plantas locais; preparar a terra agora vazia e ainda não cercada; e trazer mão de obra e plantas para cultivo que fossem exóticas e isoláveis. Este modelo paisagístico de escalabilidade tornou-se uma inspiração para a posterior industrialização e modernização. O forte contraste entre esse modelo e as florestas de matsutake, que constituem o assunto deste livro, é uma plataforma útil para construir, a partir dela, uma distância crítica da escalabilidade.[1]

Considerem-se os elementos da plantação de cana pelos portugueses no Brasil colonial. Em primeiro lugar, a cana, como os portugueses a conheciam: a cana era plantada enfiando um talo na terra e esperando que ele brotasse. Todas as plantas eram clones e os europeus não tinham conhecimento para reproduzir essa planta originária da Nova Guiné. A permuta no plantio, que não era afetada pela reprodução, era uma característica da cana europeia. Transportada para o Novo Mundo, a cana estabelecia poucas relações interespécies. Em comparação com outras plantas, a cana apresentava uma característica autossuficiente e indisponível ao encontro.

Em segundo lugar, o trabalho no canavial: a exploração da cana pelos portugueses juntou-se ao seu poder recém-adquirido de trazer pessoas escravizadas da África. Como trabalhadores de cana no Novo Mundo, os africanos escravizados eram vantajosos

---

1. Uma rica literatura interdisciplinar (compreendendo antropologia, geografia, história da arte e agronomia histórica, entre outros campos) reuniu-se em torno da plantação de cana-de-açúcar. Veja especialmente Sidney Mintz, *Sweetness and power: The place of sugar in modern history*. Harmondsworth: Penguin, 1986; S. Mintz, *Worker in the cane*. New Haven: Yale University Press, 1960; J. H. Galloway, *The sugar cane industry*. Cambridge: Cambridge University Press, 1991; Jill Casid, *Sowing empire*. Minneapolis: University of Minnesota Press, 2005; e Jonathan Sauer, *A historical geography of crop plants*. Boca Raton: CRC Press, 1993.

para os interesses dos produtores: eles não tinham laços sociais locais e, portanto, não contavam com rotas estabelecidas para a fuga. Como a própria cana, que não possuía um histórico de relações com espécies companheiras ou doenças no Novo Mundo, os escravizados estavam isolados. Eles tendiam a se tornar autocontidos e, portanto, padronizáveis como mão de obra abstrata. As plantações foram organizadas para fomentar a alienação e melhorar o controle. Uma vez que a moagem passou a ser feita nas próprias fazendas, todas as operações eram ditadas pelo ritmo do engenho. Os trabalhadores tinham que cortar cana o mais rápido possível e com toda a atenção para evitar ferimentos. Sob essas condições, os escravizados de fato se tornaram unidades autossuficientes e intercambiáveis. Considerados mercadorias, eles recebiam tarefas que eram intencionalmente intercambiáveis, obedecendo aos ritmos coordenados impostos pela engenharia da cana.

A intercambiabilidade em relação aos quadros estruturais de um projeto, tanto para o trabalho humano quanto para as mercadorias vegetais, emergiu nestes experimentos históricos. Foi um sucesso: grandes lucros foram obtidos na Europa e a maioria dos europeus estava muito longe para ver seus efeitos. O projeto foi, pela primeira vez, escalável – ou, mais precisamente, aparentava ser escalável.[2] As plantações de cana-de-açúcar se expandiram e se espalharam pelas regiões quentes do mundo. Seus componentes contingentes (plantio clonal, trabalho forçado, território conquistado e, portanto, aberto) mostraram como a alienação, a intercambialidade e a expansão poderiam levar à obtenção de lucros sem precedentes. Essa fórmula moldou os sonhos que passamos a chamar de progresso e modernidade. Como Sidney Mintz argumentou, as plantações de cana-de-açúcar serviram de modelo para as fábricas da era industrial; ao estilo das plantações,

---

2. As plantações de cana-de-açúcar nunca foram tão escaláveis quanto os plantadores desejavam. Os trabalhadores escravizados escapavam para as comunidades quilombolas. Os fungos importados se espalharam com a cana. A escalabilidade nunca é estável; na melhor das hipóteses, demanda um trabalho colossal.

as fábricas incluíram em seu projeto o elemento da alienação.[3] O sucesso da expansão por meio da escalabilidade moldou o processo de modernização capitalista. Ao perceber cada vez mais o mundo através das lentes da *plantation*, os investidores conceberam todos os tipos de novas mercadorias. Logo eles propuseram que tudo na Terra – e além – poderia ser escalável e, portanto, passível de ser comercializado nos valores de mercado. Esse era o utilitarismo, que acabou se consolidando enquanto economia moderna e contribuiu para forjar mais escalabilidade – ou pelo menos sua aparência.

Compare-se a monocultura de cana-de-açúcar com a floresta de matsutake: ao contrário dos clones de cana, é evidente que os matsutake não podem viver sem as relações transformadoras com outras espécies. Os cogumelos matsutake são os corpos frutificados de um fungo subterrâneo que se associa a certas árvores da floresta. O fungo obtém seus carboidratos a partir de relações mutualísticas com as raízes de suas árvores hospedeiras, para quem ele também fornece nutrientes. O matsutake permite que as árvores hospedeiras vivam em solos pobres, sem húmus fértil. Em troca, eles são nutridos pelas árvores. Esse mutualismo transformador tornou impossível para os humanos o cultivo do matsutake. Instituições de pesquisa japonesas já investiram milhões de ienes para tornar possível o cultivo do cogumelo, mas até agora não obtiveram sucesso. O matsutake resiste às condições de plantio. Com sua relacionalidade contaminante, ele exige a diversidade dinâmica de múltiplas espécies da floresta.[4]

Além disso, os catadores de matsutake estão longe de ser os trabalhadores disciplinados e intercambiáveis dos canaviais. Sem a alienação disciplinada, nenhuma corporação escalável se forma na

---

3. S. Mintz, *Sweetness and power*, op. cit., p. 47.
4. Para uma introdução à biologia e ecologia do matsutake, ver Ogawa Makoto, *Matsutake no Seibutsugaku* [Matsutake Biology]. Tóquio: Tsukiji Shokan, 1991; David Hosford et al., *Ecology and management of the commercially harvested American matsutake mushroom*. USDA Forest Service General Technical Report PNW-412, 1997.

floresta. No Noroeste Pacífico dos Estados Unidos, os catadores migram para a floresta em busca da "febre dos cogumelos". Eles são independentes, encontrando seu caminho sem emprego formal.

No entanto, seria um erro ver o comércio de matsutake como sobrevivência primitiva; esta é a compreensão errônea que resulta da cegueira provocada pelo progresso. O comércio de matsutake não ocorre em algum tempo imaginado que teria vindo antes da escalabilidade. Ele depende da escalabilidade, – em ruínas. Muitos catadores no Oregon perderam suas funções na economia industrial e a floresta é o que lhes resta do trabalho com escalabilidade. Tanto o comércio quanto a ecologia do matsutake dependem das interações entre a escalabilidade e a sua reversão.

O Noroeste Pacífico foi a matriz das diretrizes e da prática do comércio de madeira dos Estados Unidos no século xx. A região atraiu a indústria madeireira depois que esta já havia destruído as florestas do meio-oeste – e justamente ao mesmo tempo em que a silvicultura científica tornava-se uma potência para o governo dos Estados Unidos. O conflito entre interesses privados e públicos (e, mais tarde, ambientais) ganhou tração no Noroeste Pacífico; a silvicultura científico-industrial, sobre a qual havia um acordo tênue, era uma criatura disposta a fazer múltiplas concessões. Ainda assim, esse acordo permitiu, talvez como em nenhum outro momento da história, que as florestas fossem tratadas como *plantations* escaláveis. Durante o auge do manejo florestal industrial que ocorreu nas décadas de 1960 e 1970 e reuniu os interesses público e privado, *plantations* escaláveis significavam o plantio de lotes de monoculturas de árvores da mesma idade e espécie.[5] Tal manejo exigia uma enorme quantidade de trabalho. Espécies de árvores indesejadas, e na verdade todas as outras espécies, foram pulverizadas com veneno. Os incêndios

---

5. Referências-chave incluem Paul Hirt, *A conspiracy of optimism: Management of the national forests since World War Two*. Lincoln: University of Nebraska Press, 1994; William Robbins, *Landscapes of conflict: The Oregon story, 1940-2000*. Seattle: University of Washington Press, 2004; Richard Rajala, *Clearcutting the Pacific rainforest: Production, science, and regulation*. Vancouver: ubc Press, 1998.

foram absolutamente excluídos. Equipes de trabalhadores alienados plantavam árvores de qualidade "superior". O desbaste foi brutal, assíduo e essencial para os fins propostos. O espaçamento adequado permitia taxas máximas de crescimento e colheita mecânica. As árvores cultivadas para extração de madeira eram um novo tipo de cana-de-açúcar: manejadas para o crescimento uniforme, sem interferências multiespécies, desbastadas e colhidas por máquinas e trabalhadores anônimos.

Apesar de sua proeza tecnológica, o projeto de transformar florestas em *plantations* funcionou, na melhor das hipóteses, de maneira desigual. Anteriormente, as madeireiras haviam cometido um crime ao priorizar o corte das árvores mais caras; após a Segunda Guerra Mundial, quando as florestas nacionais foram abertas para exploração da madeira, elas continuaram com a "alta classificação", uma prática tornada legal sob padrões que defendiam a substituição das árvores maduras por outras jovens de rápido crescimento. O corte raso, ou o "gerenciamento de acordo com a idade", foi introduzido para superar as ineficiências dessa colheita seletiva. Mas o reflorestamento feito a partir do manejo científico-industrial não era tão convidativo em termos de lucro. Nos lugares onde antes as espécies mais interessantes para a produção de madeira eram mantidas pelas queimadas dos indígenas norte-americanos, tornava-se difícil reproduzir as espécies "certas". As espécies de pinheiro abeto e *contorta* cresceram onde os grandes *Pinus ponderosa* haviam mantido o domínio. Foi então que o preço da madeira do Noroeste Pacífico despencou. Sem colheitas fáceis, as madeireiras começaram a procurar outros lugares que tivessem árvores mais baratas; e, sem a influência política e os recursos das grandes madeireiras, os distritos do Serviço Florestal da região perderam o financiamento e a manutenção de florestas de plantio tornou-se proibitiva em termos de custos. Os ambientalistas foram aos tribunais, pedindo mais rigor na conservação. Eles foram culpados pela derrocada da economia da madeira, mas as empresas madeireiras – e a maioria das árvores grandes – já haviam partido.[6]

Quando eu finalmente entrei nas Cascatas Orientais, em 2004, os abetos e *contorta* já tinham feito grandes avanços no território que antes era uma floresta quase que inteiramente constituída por pinheiros *ponderosa*. Embora as placas ao longo das rodovias ainda dissessem "madeira industrial", era difícil imaginar tal indústria. A paisagem estava coberta de moitas de abetos e *contorta*: pequenas demais para a maioria dos madeireiros; insuficientemente cênicas para recreação. Mas uma outra coisa havia surgido na economia regional: o matsutake. Pesquisadores do Serviço Florestal nos anos 1990 descobriram que o valor comercial anual dos cogumelos equivalia, pelo menos, ao valor da madeira.[7] O matsutake havia estimulado uma economia florestal não escalável nas ruínas da silvicultura industrial escalável.

O desafio de pensar a partir da precariedade é entender como os projetos de escalabilidade transformaram a paisagem e a sociedade, além de ver onde a escalabilidade falha – e onde relações ecológicas e econômicas não escaláveis irrompem. É fundamental observar as trajetórias de escalabilidade e não escalabilidade. Mas seria um grande erro pressupor que a escalabilidade é ruim e que a não escalabilidade é boa. Projetos não escaláveis podem ser tão terríveis em seus efeitos quanto os escaláveis. Madeireiros não regulamentados destroem as florestas mais rapidamente que os silvicultores científicos. A principal característica que distingue os projetos escaláveis dos não escaláveis não é a conduta

---

6. Para saber o que deu errado, ver Langston, *Forest dreams*, op. cit. Sobre as Cascatas Orientais, ver Mike Znerold, "A new integrated forest resource plan for *ponderosa* pine forests on the Deschutes National Forest", artigo apresentado no workshop Ontario Ministry of Natural Resources, "Tools for Site Specific Silviculture in Northwestern Ontario", Thunder Bay, Ontario, 18-20 abr. 1989.
7. Susan Alexander et al., "Mushrooms, trees, and money: Value estimates of commercial mushrooms and timber in the Pacific Northwest", *Environmental Management*, v. 30, n. 1, 2002, pp. 129-141.

ética, mas sim o fato de os últimos serem mais diversos, pois não foram articulados para a expansão. Projetos não escaláveis podem ser terríveis ou benignos; eles cobrem esse arco. Novas erupções de não escalabilidade não significam que a escalabilidade desapareceu. Em uma era de reestruturação neoliberal, a escalabilidade é cada vez mais entendida como um problema técnico, em vez de uma mobilização popular na qual cidadãos, governos e corporações deveriam trabalhar juntos. Como o capítulo 4 examina, a articulação entre contabilidade escalável e relações de trabalho não escaláveis é cada vez mais aceita como um modelo para a acumulação capitalista. A produção não precisa ser escalável, desde que as elites possam regularizar seus livros contábeis. Poderemos manter em vista a hegemonia contínua dos projetos de escalabilidade enquanto afundamos nas formas e táticas da precariedade?

A segunda parte deste livro traça a interação entre o escalável e o não escalável em formas do capitalismo nas quais a contabilidade escalável permite o trabalho não escalável e o gerenciamento de recursos naturais. Nesse capitalismo de "aproveitamento",[8] as cadeias de suprimentos nivelam – a partir de processos de tradução – formas de trabalho e natureza que são brutalmente diferentes. Tal procedimento obedece à lógica do capital. A terceira parte retorna às florestas de matsutake como *antiplantations*, onde os encontros transformadores criam possibilidades de vida. A diversidade contaminada das relações ecológicas ganha o centro do palco.

Mas, primeiro, uma incursão na indeterminação: a característica central das assembleias que sigo. Até agora, defini as assembleias em relação às suas características negativas: seus elementos estão contaminados e, portanto, instáveis; eles se recusam a escalar suavemente. No entanto, as assembleias são definidas tanto pela força daquilo que elas reúnem, quanto por sua possível dissipação. Elas fazem história. A combinação entre o que é inefável e presente torna-se evidente no cheiro: outra dádiva do cogumelo.

---

8. Tradução para o termo *salvage*. Ver "Nota dos tradutores". [N.T.]

Vida elusiva, Tóquio. Um chef examina, sente o aroma e prepara o matsutake, grelhado e disposto no prato com uma fatia de limão kabosu. O aroma é a presença do outro em nós. De difícil descrição, porém vibrante, o cheiro nos conduz ao encontro – e à indeterminação.

Interlúdio
Sentindo o aroma

> "Qual folha? Qual cogumelo?"
>
> *Versão de um poema clássico de Bashô, por*
> John Cage

Qual é a estória de um cheiro? Não uma etnografia do ato de cheirar, mas a estória do cheiro mesmo a adentrar as narinas de pessoas e animais, ou até mesmo a introduzir-se em raízes de plantas e membranas de bactérias do solo? O cheiro nos conduz para dentro dos fios emaranhados da memória e das possibilidades.

O matsutake serve de guia não apenas para mim, mas para muitos outros. Movidos pelo olfato, pessoas e animais, por todo o hemisfério norte, enfrentam paisagens selvagens em busca do cogumelo. Os cervos preferem o matsutake a outras opções. Ursos reviram troncos e cavam buracos a procura dele. E muitos caçadores de cogumelo do Oregon me contaram sobre como os alces ficam com os focinhos ensanguentados ao arrancar matsutake de terrenos rochosos de pedra-pome. O cheiro, me disseram, conduz os alces de uma mancha da paisagem a outra. E o que é o cheiro se não uma forma particular de sensibilidade química? Nesta interpretação, as árvores também são tocadas pelo cheiro do matsutake, permitindo que ele adentre suas raízes. Assim como com as trufas, insetos voadores são vistos sobrevoando seus esconderijos subterrâneos. Lesmas, outros fungos e diversos tipos de bactérias do solo, ao contrário, são repelidos por seu cheiro, movendo-se para fora do seu alcance.

Cheiros são elusivos. Seus efeitos nos surpreendem. Não sabemos bem como descrever um cheiro em palavras, mesmo quando as nossas reações são fortes e incontestáveis. Os humanos respiram e sentem cheiro pelo mesmo influxo de ar. Descrever cheiros parece ser tão difícil quanto descrever o ar. Mas o cheiro, diferente do ar, é um sinal da presença de um outro ao qual já começamos a responder. As reações nos levam a um lugar novo; não somos mais nós mesmos – ou, pelo menos, não como éramos: tornamo-nos nós mesmos no encontro com um outro. Encontros são, por sua natureza, indeterminados; somos transformados de forma imprevisível. Seria o cheiro, em sua mistura confusa de fugacidade e certeza, um guia útil para a indeterminação do encontro?

A indeterminação confere um rico legado à apreciação de cogumelos por seres humanos. O compositor estadunidense John Cage escreveu uma série de peças performáticas intitulada *Indeterminacy*,[9] muitas das quais celebram encontros com cogumelos. Buscar cogumelos selvagens, para Cage, exigia um tipo particular de atenção: atenção ao aqui e agora do encontro, incluindo todas as suas contingências e surpresas. A música de Cage era toda sobre esse aqui e agora "sempre diferente", que ele contrapunha à duradoura "mesmice" da composição clássica; ele compunha para fazer com que o público escutasse em igual medida os sons do ambiente e a composição musical. Em sua famosa peça *4'33"*, nenhuma música é tocada e o público é forçado a apenas escutar. Escutar as coisas enquanto ocorriam levou Cage a apreciar a indeterminação. A citação de Cage com a qual abri este capítulo é uma tradução sua do haicai: *"matsutake ya shiranu ki no ha no hebari tsuku"*, do poeta japonês do século XVII Matsuo Bashô, que já vi traduzido como: "Matsutake / E nele presa / A folha de uma árvore desconhecida."[10] Cage decidiu que a indeterminação do encontro não estava suficientemente clara nessa tradução. Primeiro, ele decidiu por: "Aquilo que é desconhecido traz para perto cogumelo e folha", que expressa bem a indeterminação do encontro. Mas é muito pesado, pensou. "Qual folha? Qual cogumelo?" também pode nos conduzir à abertura que Cage tanto valorizava no aprendizado com os cogumelos.[11]

---

9. Em português, "Indeterminação". [N.T.]
10. Essa tradução é encontrada na página 97 de R. H. Blyth, "Mushrooms in Japanese verse", *Transactions of the Asiatic Society of Japan*, 3a série, n. 11, 1973, pp. 93-106.
11. Para a discussão da tradução de Cage, ver https://bit.ly/3yH5x6P.

A indeterminação é igualmente importante no que cientistas aprendem com os cogumelos. O micólogo Alan Rayner considera a indeterminação do crescimento dos fungos um de seus atributos mais fascinantes.[12] Os corpos humanos atingem uma forma determinada cedo em suas vidas. Salvo no caso de lesões, nós nunca seremos tão diferentes em forma do que éramos quando adolescentes. Nós não podemos desenvolver novos membros e estamos presos ao único cérebro que temos. Em contraste, os fungos continuam crescendo e mudando de forma durante toda a sua vida. Os fungos são famosos por mudarem de forma de acordo com seus encontros e ambientes. Muitos são "potencialmente imortais", o que significa que morrem de doenças, lesões ou falta de recursos, mas não pela idade avançada. Esse simples fato nos alerta sobre como nosso pensamento a respeito do conhecimento e da existência aceita uma determinada forma de vida ou uma idade considerada avançada. Nós raramente imaginamos a vida sem estes limites – e, quando o fazemos, enveredamos para a magia. Rayner nos desafia a pensar com os cogumelos de outro modo. Alguns aspectos das nossas vidas são mais comparáveis com a indeterminação dos fungos, aponta ele. Nossos hábitos diários são repetitivos, mas também abertos, respondendo a oportunidades e encontros. E se a indeterminação das nossas formas de vida não estivesse no feitio de nossos corpos, mas nos nossos movimentos ao longo do tempo? Tal indeterminação expande nosso conceito de vida humana, mostrando-nos como somos transformados pelo encontro. Humanos e fungos compartilham essas transformações que acontecem aqui-e-agora, provocadas pelos encontros. Às vezes eles se encontram. Como diz outro haicai do século XVII: "Matsutake/ Levado por outra pessoa/ Bem na frente do meu nariz."[13] Qual pessoa? Qual cogumelo?

---

12. Alan Rayner, *Degrees of freedom: Living in dynamic boundaries*. Londres: Imperial College Press, 1997.
13. Kyorai Mukai, reproduzido e traduzido em R. H. Blyth, "Mushrooms in Japanese verse", op. cit., p. 98.

O cheiro do matsutake me transformou fisicamente. A primeira vez que os cozinhei, eles arruinaram um refogado que tinha tudo para ser delicioso. O cheiro era insuportável. Eu não consegui comer; não consegui nem separar o cogumelo das outras verduras que compunham a receita sem me incomodar com o cheiro. Joguei fora tudo o que estava na frigideira e comi meu arroz sem misturas. Depois disso, tomei mais cuidado: eu coletava, mas não comia. Um dia, finalmente, levei todo o meu estoque para uma colega japonesa, que ficou extasiada de felicidade. Ela nunca tinha visto tanto matsutake em sua vida. É claro que preparou alguns para o jantar. Primeiro, ela me mostrou como despedaçava cada cogumelo sem usar a faca. O metal da faca muda o sabor, me disse. Além do mais, o uso da faca, como lhe contara sua mãe, não agradava o espírito do cogumelo. Ela então grelhou o cogumelo numa frigideira quente e sem óleo. O óleo muda o cheiro, explicou. A manteiga é pior ainda, com seu cheiro forte. O matsutake tem que ser grelhado a seco ou adicionado a uma sopa; óleo e manteiga o estragam. Ela serviu o matsutake grelhado com um pouco de suco de limão. Estava maravilhoso! O cheiro começou a me encantar.

Ao longo das semanas seguintes, meus sentidos mudaram. Foi um ano excelente para o matsutake e eles estavam em todos os lugares. Agora, quando eu me deparava com o seu aroma, me sentia feliz. Eu vivi no Bornéu por muitos anos, onde tive uma experiência semelhante com o durião, aquela fruta tropical extraordinariamente fétida. A primeira vez que me serviram, eu pensei que fosse vomitar. Mas aquele foi um ano com uma boa safra de duriões e seu cheiro estava em todo lugar. Não demorou para eu ficar fascinada com o aroma, esquecendo completamente o que antes me deixava enjoada. Foi assim com o matsutake: eu não conseguia mais me lembrar o que tanto me incomodava. Seu aroma era agora uma alegria.

Eu não sou a única pessoa a reagir desse modo. Koji Ueda administra uma bela loja de verduras em um mercado tradicional de Quioto. Na época do matsutake, explicou ele, a maior parte das pessoas que entram na loja não está lá para comprar (seus matsutake são caros); elas querem apenas sentir o cheiro. As pessoas ficam felizes só de entrar na loja, disse. É por isso que ele vende matsutake, me contou: pelo mero prazer que ele oferece às pessoas.

Talvez seja a felicidade de sentir o cheiro do matsutake que motivou os engenheiros de aroma japoneses a criar um aroma artificial. Agora você pode comprar chips de batata e sopa instantânea de missô com sabor de matsutake. Eu provei e pude sentir uma vaga lembrança do matsutake na ponta da minha língua, mas não se compara à sensação que temos ao encontrar um cogumelo. Entretanto, muitos japoneses só conheceram o matsutake nessa forma, ou então pelos cogumelos congelados usados no arroz e na pizza de matsutake. Eles não entendem todo o alarde e respondem com desdém àqueles que expressam enfaticamente seu apreço pelo cogumelo. Não é possível que algo tenha um cheiro tão bom assim.

Os amantes do matsutake no Japão conhecem esse desdém e defendem a exuberância do cogumelo. O cheiro do matsutake, dizem, lembra tempos passados, que esses jovens não viveram, o que é uma lástima. O matsutake, segundo seus apreciadores, traz o perfume da vida nos vilarejos, da visita aos avós na infância, da caça às libélulas. O cogumelo lembra as florestas abertas de pinheiros, agora superpopulosas e moribundas. Muitas pequenas memórias se encontram nesse aroma. Ele evoca as folhas de papel usadas nas portas das casas de vilarejos no Japão, explicou uma mulher; sua avó substituía os papéis toda virada de ano, e os usava para embrulhar os cogumelos no ano seguinte. Era um tempo mais tranquilo, antes de a natureza se tornar degradada e tóxica.

A nostalgia pode ser útil. Assim me explicou Makoto Ogawa, a mais antiga autoridade na ciência do matsutake em Quioto. Quando o encontrei, ele acabara de se aposentar. E o pior: havia limpado seu escritório e jogado fora livros e artigos científicos. Mas ele era uma biblioteca ambulante da ciência e da história do matsutake. A aposentadoria tornou mais fácil falar sobre suas paixões. Sua ciência do matsutake, explicou, sempre envolveu a defesa das pessoas e da natureza. Seu sonho era que, ensinando as pessoas a cultivar florestas de matsutake, pudesse revitalizar as conexões entre a cidade e o interior rural. Assim, pessoas da cidade se interessariam pela vida rural, e os aldeões teriam um produto valioso para vender. Entretanto, ainda que subvencionada pelo entusiasmo com o seu aspecto econômico, a pesquisa do matsutake oferecia muitos benefícios para a ciência, especialmente na compreensão das relações entre os seres vivos nas ecologias em transformação. Se a nostalgia fizesse parte desse projeto, ainda melhor. Essa nostalgia era sua também. O dr. Ogawa levou minha equipe de pesquisa para ver o que antes era uma floresta próspera de matsutake nos fundos de um templo antigo. O que encontramos foi uma montanha que alternava entre áreas escuras com coníferas e outras áreas sufocadas com árvores perenifólias e latifoliadas, onde havia apenas alguns pinheiros. Não encontramos nenhum matsutake. Antigamente, lembrou, aquela encosta do morro era repleta de cogumelos. Como as *madeleines* de Proust, o matsutake possui a fragrância do *temps perdu*.

    O dr. Ogawa saboreia a nostalgia com consideráveis doses de ironia e risadas. Quando estávamos na chuva, diante da floresta do templo desprovida de matsutake, ele explicou a origem coreana da estima dos japoneses pelo matsutake. Antes de ouvir a estória, considere que não existe um amor desfeito entre nacionalistas japoneses e coreanos. Na contramão do desejo japonês, o dr. Ogawa nos lembra que foram aristocratas coreanos que iniciaram a civilização japonesa. Além disso, a civilização, em sua história, não é de todo boa. Muito antes de virem para a região central do Japão, relatou, os coreanos haviam desmatado suas florestas para construir templos e impulsionar a forja de ferro. As intervenções que haviam feito em sua terra natal, que produziriam as florestas abertas de pinheiro onde o matsutake cresce, aconteceram muito antes do que no Japão. Quando os coreanos expandiram seu território para o Japão, no século VIII, eles desmataram florestas. As florestas de pinheiros surgiram a partir do desmatamento e, com elas, o matsutake. Ao sentir o seu aroma, os coreanos sentiam o cheiro da sua terra natal. A primeira nostalgia era também o seu primeiro amor: o matsutake. Foi com essa saudade da Coreia que a nova aristocracia japonesa exaltou, pela primeira vez, o agora famoso aroma de outono, contou-nos o dr. Ogawa. Não é de surpreender, portanto, que os japoneses que estão fora do seu país sejam tão obcecados com o matsutake, acrescentou. Ele concluiu com uma estória engraçada sobre um catador de matsutake nipo-americano que conheceu no Oregon. Em uma mistura confusa de japonês e inglês, o catador saudou a pesquisa do dr. Ogawa, dizendo: "Nós japoneses somos loucos por matsutake!"

As estórias do dr. Ogawa me atraíram porque contextualizam a nostalgia, mas também porque iluminam outro ponto: o matsutake cresce apenas em florestas profundamente perturbadas. O matsutake e o pinheiro-vermelho são parceiros no Japão central e ambos crescem apenas onde a ação humana gera um desmatamento significativo. Em todo o mundo, de fato, o matsutake está associado com as florestas mais perturbadas, locais onde geleiras, vulcões, dunas de areia – ou ações humanas – acabaram com outras árvores e até mesmo com o solo orgânico. As planícies de pedra-pome que percorri na região central do Oregon são, de certa maneira, características do tipo de solo que o matsutake sabe habitar: um solo onde a maioria das plantas e outros fungos não se fixa. Em tais paisagens empobrecidas, as indeterminações dos encontros emergem. Qual espécie pioneira encontrou aqui o seu caminho e como conseguiu sobreviver? Mesmo a mais resistente das plantinhas dificilmente sobreviveria se não encontrasse um fungo igualmente vigoroso como parceiro para assim poder extrair nutrientes do solo rochoso. Qual folha? Qual cogumelo? O padrão fúngico de crescimento indeterminado também conta. Seria ele capaz de encontrar as raízes de uma árvore receptiva? Uma mudança no substrato ou nos nutrientes em potencial? Por meio de seu crescimento indeterminado, o fungo apreende a paisagem.

Humanos também participam desse encontro. Será que, enquanto cortam lenha e coletam matéria orgânica para usar como adubo, vão nutrir desavisadamente o fungo? Ou quando introduzem plantas hostis, importam doenças exóticas ou mesmo pavimentam uma área para o desenvolvimento suburbano? Os humanos fazem a diferença nessas paisagens. Assim como os fungos e as árvores, os humanos trazem consigo histórias que os ajudam a enfrentar os desafios do encontro. Essas histórias, tanto humanas como não humanas, nunca são programas robóticos, mas condensações no aqui e agora indeterminados; o passado que apreendemos, como formulou o filósofo Walter Benjamin, é uma memória "que relampeja em um momento de perigo".[14] Nós encenamos a história, escreve Benjamin, como "um salto de tigre em direção ao passado".[15] Helen Verran, pesquisadora dos estudos da ciência, nos oferece outra imagem: ela relata que, entre os Yolngu da Austrália, o resgate dos sonhos dos antepassados é condensado para o enfrentamento dos desafios do presente por meio de um rito, em cujo clímax uma lança é arremessada no centro do círculo do contador de estórias. O arremesso da lança faz o passado se fundir ao aqui e agora.[16] Pelo cheiro, todos nós conhecemos aquele arremesso de lança, aquele salto do tigre. O passado que trazemos aos nossos encontros é condensado no aroma. Sentir o cheiro da visita aos avós na infância condensa uma boa parte da história japonesa. Não apenas a vitalidade da vida camponesa em meados do século xx, mas o desmatamento do século xix, que veio antes, desnudando a paisagem, e a posterior urbanização e abandono das florestas.

---

14. Walter Benjamin, "On the concept of history", *Gesammelten Schrifen*, trad. Dennis Redmond. Frankfurt: Suhrkamp Verlag, 1974, sec. 6, 1:2.
15. Ibid., sec. 14. Ele está comparando moda e revolução aqui; cada uma colhe do passado para encontrar o presente.
16. Verran, comunicação pessoal, 2010. Verran desenvolve o conceito do aqui e agora em muitos de seus escritos sobre os Yolngu. Assim, por exemplo: "O conhecimento yolngu é a intrusão do *Dreaming* (sonhar) no secular. O *Dreaming* é trazido para o aqui e agora ao fazer coisas específicas em momentos específicos por pessoas específicas. [...] O conhecimento só pode ser uma atuação do *Dreaming*, um trazer à vida no aqui e agora dos elementos de outro domínio" (Verran citada em Caroline Josephs, "Silence as a way of knowing in Yolngu indigenous Australian storytelling", in: Elizabeth Coleman e Maria Fernandez-Dias (orgs.), *Negotiating the Sacred II*. Canberra: ANU Press, 2008pp.173-190).

Ainda que alguns japoneses possam sentir o aroma da nostalgia nas florestas criadas por suas ações, esse não é, obviamente, o único sentimento que leva as pessoas para esses lugares selvagens. Considere-se mais uma vez o cheiro do matsutake. É hora de contar-lhes que a maior parte das pessoas de origem europeia não suporta seu cheiro. Um norueguês deu à espécie da Eurásia seu primeiro nome científico, *Tricholoma nauseosum*, o fungo repugnante. Nos últimos anos, os taxonomistas criaram uma exceção para as regras convencionais de precedência para renomear o cogumelo, reconhecendo as predileções japonesas, como *Tricholoma matsutake*. Os estadunidenses de origem europeia tendem igualmente a não se impressionar com o cheiro do *Tricholoma magnivelare* do Noroeste Pacífico. "Bolor", "terebentina", "lama", disseram-me os catadores brancos quando lhes pedi que descrevessem o cheiro. Mais de um deles mudou a direção da nossa conversa para falar do cheiro desagradável do fungo em putrefação. Alguns conheciam a caracterização do cheiro feita pelo micólogo David Arora, da Califórnia, como "um meio-termo provocante entre *'red hots'*[17] e meias sujas".[18] Não parecia algo que alguém gostaria de comer. Quando os catadores brancos do Oregon preparam seus cogumelos para comer, eles os defumam ou fazem conservas. O processamento mascara o cheiro, tornando os cogumelos anônimos.

Talvez não seja de surpreender o fato de que cientistas estadunidenses tenham estudado o cheiro do matsutake para ver o que ele repele (lesmas), enquanto cientistas japoneses estudaram o cheiro para examinar o que ele atrai (alguns insetos voadores).[19] Será que é o "mesmo" cheiro, se as pessoas trazem sensibilidades tão diferentes ao seu encontro? Pode esse problema se estender às

---

17. Doce de canela industrializado e de aroma forte que é comum nos Estados Unidos. [N.T.]
18. David Arora, *Mushrooms Demystified*. Berkeley: Ten Speed Press, 1986, p. 191.
19. William F. Wood e Charles K. Lefevre, "Changing volatile compounds from mycelium and sporocarp of American matsutake mushroom, Tricholoma magnivelare", *Biochemical Systematics and Ecology*, n. 35, 2007, pp. 634-636. Eu não encontrei a pesquisa japonesa, mas o dr. Ogawa me contou sobre isso. Não sei se os mesmos produtos químicos foram isolados como a essência do cheiro.

lesmas e aos insetos, assim como às pessoas? E se o olfato – como em minha experiência – é algo que muda com o tempo? E se o cogumelo também puder se transformar a partir de seus encontros?

No Oregon, o matsutake se associa a muitas árvores hospedeiras. Os catadores do Oregon podem distinguir a árvore hospedeira com a qual um determinado matsutake cresceu – em parte pelo tamanho e pela forma, mas também pelo cheiro. O assunto veio à tona um dia em que eu examinava alguns matsutake realmente malcheirosos à venda. O catador explicou que encontrou aqueles cogumelos embaixo de um abeto branco, uma árvore hospedeira incomum para o matsutake. Os madeireiros chamam o abeto branco de "mijão", disse ele, por causa do cheiro ruim que seu tronco libera quando cortado. Os cogumelos tinham um cheiro tão ruim quanto um abeto branco ferido. Para mim, nem tinham cheiro de matsutake. Mas esse cheiro não seria uma combinação mijão-matsutake, produzida no encontro?

Há um nó intrigante entre natureza e cultura nessas indeterminações. Diferentes formas de sentir cheiro e diferentes qualidades de cheiro são aglutinadas. Parece impossível descrever o aroma do matsutake sem contar todas as histórias culturais-e-naturais nele condensadas. Qualquer tentativa de se desfazer desse nó – como talvez seja o caso do aroma artificial de matsutake – coloca em risco a experiência indeterminada do encontro, com seu salto tigrino na história. O que mais pode ser um aroma?

O cheiro de matsutake contém e entrelaça memória e história – e não apenas para os humanos. Ele reúne muitas maneiras de se estar em um entrelaçamento pleno de afetos, que, por sua vez, carrega sua própria força arrebatadora. Emergindo do encontro, ele nos mostra a história sendo feita. Sinta o aroma.

Efeitos marginais do capitalismo, Oregon. Um comprador se instala no acostamento de uma grande estrada. O comércio conecta recursos e uma mão de obra indisciplinada a locais centrais de estocagem, onde o valor capitalista é agregado por meio da tradução.

PARTE II

DEPOIS DO PROGRESSO: ACUMULAÇÃO POR APROVEITAMENTO

A primeira vez que ouvi falar sobre o matsutake foi por meio do micólogo David Arora, que estudou os acampamentos de matsutake do Oregon entre 1993 e 1998. Eu estava procurando por uma mercadoria global culturalmente rica, e as estórias de Arora sobre o matsutake me intrigaram. Ele me contou sobre os compradores montando tendas nas margens da rodovia para comprar cogumelos à noite: "Eles não têm nada para fazer o dia todo, então terão bastante disponibilidade para conversar com você."

E lá estavam os compradores – mas também muitas outras coisas! O acampamento maior se parecia com uma área rural do Sudeste Asiático. Alguns Mien vestindo sarongues ferviam água em latas de querosene sobre tripés de pedra e penduravam tiras de carne de caça e peixe sobre o fogareiro para desidratar. Hmongs da distante Carolina do Norte haviam trazido brotos de bambu enlatados de forma caseira para vender. Tendas de *noodle* laosianas vendiam não apenas o *pho*, mas também o *laap* mais autêntico que já comi nos Estados Unidos, com sangue cru, pimentas picantes e vísceras. O karaokê laosiano ecoava nos alto-falantes alimentados por bateria. Eu conheci até mesmo um catador Cham, ainda que ele não falasse cham. Cheguei a imaginar que talvez eu conseguisse me comunicar minimamente, dada a proximidade desse idioma com a língua malaia. Fazendo piada com minhas limitações linguísticas, um adolescente khmer com roupas sujas se gabava de falar quatro idiomas: khmer, laosiano, inglês e *ebonics*. Alguns indígenas locais por vezes vinham vender seus cogumelos. Havia também brancos e latinos, ainda que a maioria evitasse o acampamento oficial, permanecendo sozinhos na floresta ou em pequenos grupos. E visitantes: houve um ano em que um filipino de Sacramento veio junto com seus amigos mien, ainda que dissesse não entender o sentido daquilo tudo. Um coreano de Portland pensou na possibilidade de se juntar ao grupo.

Ainda assim, havia algo nada cosmopolita naquela cena: um abismo separava esses catadores e compradores de lojas e consumidores no Japão. Todos sabiam que os cogumelos (com exceção de uma pequena parte deles, que ia para os mercados nipo-americanos) estavam indo para o Japão. Todos os compradores e varejistas desejavam vender diretamente para o Japão – mas ninguém tinha ideia de como fazê-lo. Proliferavam equívocos sobre o mercado de matsutake, tanto no Japão quanto em outros locais de suprimento. Os catadores brancos juravam que os cogumelos eram utilizados como afrodisíaco no Japão. Embora o matsutake tenha, de fato, conotações fálicas no Japão, ninguém o consome como estimulante. Alguns reclamavam do Exército Vermelho chinês, que, diziam, havia recrutado pessoas para a colheita, contribuindo para uma baixa global nos preços. Os catadores na China são independentes, assim como no Oregon. Quando descobriram, pela internet, os preços extremamente altos em Tóquio, ninguém percebeu que esses valores se referiam ao matsutake *japonês*. Um varejista excepcional, de origem chinesa e fluente em japonês, me sussurrou sobre esses mal-entendidos – mas ele era um forasteiro. Com exceção deste homem, os catadores do Oregon, os compradores e os varejistas estavam completamente no escuro quanto ao lado japonês do negócio. Eles criaram cenários fantasiosos sobre o Japão e não sabiam como avaliá-los. Tinham seu próprio mundo de matsutake: um conjunto de práticas e significados que os uniam como fornecedores do cogumelo – mas que não determinava as etapas posteriores do comércio.

Essa divisão entre os segmentos estadunidenses e japoneses da cadeia produtiva orientou minhas investigações. Diferentes processos de criação e acesso a valores caracterizam cada um dos segmentos. Dada essa diversidade, o que os torna parte da economia global que chamamos de capitalismo?

Efeitos marginais do capitalismo, Oregon. Catadores fazem fila para vender matsutake para um comprador na beira da estrada. Meios de vida precários tornam-se visíveis nas margens do domínio capitalista. A precariedade é aquele aqui e agora no qual passados nem sempre nos conduzem a futuros.

Capítulo 4

Trabalhando nas margens

Pode parecer estranho querer enfrentar o capitalismo a partir de uma teoria que enfatiza assembleias efêmeras e histórias multidirecionais. Afinal, a economia global ocupa um lugar central no progresso e até mesmo seus críticos radicais descrevem seu movimento em direção ao futuro como algo que permeia o mundo inteiro. Como um trator gigante, o capitalismo parece aplainar o planeta de acordo com suas especificações. Mas tudo isso só faz aumentar as apostas ao perguntarmos o que mais está acontecendo – não em algum enclave protegido, mas em todo lugar, tanto dentro quanto fora.

Impressionado com a ascensão das fábricas no século XIX, Marx nos mostrou formas do capitalismo que exigiam a racionalização do trabalho assalariado e das matérias-primas. A maioria dos analistas seguiu esse precedente, imaginando um sistema industrial gerido por uma estrutura de governança coerente, construído em cooperação com Estados-nação. No entanto, ainda hoje – como outrora – grande parte da economia se dá em cenas radicalmente diferentes. As cadeias de suprimento oscilam de um lado para o outro, não apenas entre continentes, mas também entre normas e padrões; seria difícil identificar uma racionalidade única ao longo da cadeia. Mesmo assim, o acúmulo de ativos prossegue, visando novos investimentos. Como é que isso funciona?

Uma cadeia de suprimentos é um tipo particular de cadeia produtiva: nela, as empresas líderes exercem o controle do tráfego de mercadorias.¹ Ao longo desta parte do livro, eu investigo a cadeia de suprimentos que liga os catadores de matsutake nas florestas do Oregon àqueles que comem os cogumelos no Japão. A cadeia é surpreendente e repleta de diversidade cultural. O trabalho nas fábricas que caracteriza o capitalismo que conhecemos encontra-se praticamente ausente. Mas a cadeia ilumina algo importante sobre o capitalismo de hoje: é possível acumular riqueza sem racionalizar o trabalho e as matérias-primas. Em vez disso, tornam-se necessários atos de tradução em vários espaços sociais e políticos, que chamo de "manchas", um termo que tomo emprestado dos ecólogos. Traduzir, no sentido utilizado por Shiho Satsuka, consiste em inscrever um projeto de fazer-mundo em um outro.² Ainda que o termo *tradução* chame a atenção para a linguagem, é possível utilizá-lo também para se referir a outras formas de sintonização parcial. As traduções entre espaços heterogêneos são o próprio capitalismo: elas possibilitam que os investidores acumulem riqueza.

Como podem os cogumelos coletados como troféus da liberdade tornarem-se ativos capitalistas – e, depois, presentes sofisticados no Japão? Para responder a essa pergunta, é necessário prestar atenção nas assembleias inesperadas que se constituem nos elos da cadeia, bem como nos processos de tradução que unem esses elos em um circuito transnacional.

---

[1]. Uma cadeia produtiva é qualquer acordo que conecte produtores e consumidores de mercadorias. Cadeias de suprimentos são cadeias produtivas organizadas a partir da terceirização feita por empresas líderes. As empresas líderes podem ser produtoras, comerciantes ou varejistas. Ver Anna Tsing, "Supply chains and the human condition", *Rethinking Marxism*, v. 21, n. 2, 2009, pp. 148-176.

[2]. Shiho Satsuka, *Nature in translation*. Durham: Duke University Press, 2015. Satsuka baseia-se em significados expandidos de *tradução* na teoria pós-colonial e nos estudos científicos; para uma discussão mais aprofundada, ver capítulo 16.

O capitalismo é um sistema de concentração de riqueza que possibilita novos investimentos, os quais, por sua vez, concentram ainda mais riqueza. São processos de acumulação. Os modelos clássicos nos remetem para a lógica da fábrica: seus donos concentram riqueza pagando aos trabalhadores menos do que o valor dos bens que eles produzem diariamente. Os proprietários "acumulam" ativos de investimento a partir da mais-valia.

No entanto, existem outros componentes que participam dos processos de acumulação nas fábricas. No século XIX, quando pela primeira vez o capitalismo se tornou objeto de investigação, as matérias-primas eram imaginadas como uma herança infinita da Natureza, à disposição do Homem. Hoje, as matérias-primas já não podem mais ser consideradas como garantidas. Na indústria de alimentos, por exemplo, os capitalistas exploram as ecologias não apenas por meio de sua reformulação, mas também tirando proveito de suas potencialidades. Mesmo em fazendas industriais, os agricultores dependem de processos de vida que estão fora de seu controle, como a fotossíntese e a digestão animal. Nas fazendas capitalistas, os seres vivos criados em processos ecológicos são cooptados para dentro do sistema de concentração de riqueza. Isso é o que eu chamo de aproveitamento [*salvage*], ou seja, tirar proveito do valor que é produzido sem o controle capitalista. Muitas matérias-primas capitalistas (considerem-se o carvão e o petróleo) surgiram muito antes do capitalismo. Os capitalistas também não podem produzir a vida humana, o pré-requisito do trabalho. A "acumulação por aproveitamento" é o processo pelo qual as empresas líderes acumulam capital sem ter controle sobre as condições nas quais as mercadorias são produzidas. Tirar proveito não é um ornamento nos processos capitalistas comuns; é uma característica do funcionamento do capitalismo.[3]

---

3. O termo parte da "acumulação primitiva" de Marx, que descreve a violência com que os camponeses levados para o trabalho industrial são destituídos de seus direitos. Como na análise de Marx, não me limito às formações industriais para investigar o surgimento do capitalismo. Em contraste com a acumulação primitiva, o aproveitamento nunca é completo; a acumulação depende dessa continuidade. A acumulação por aproveitamento também é

Locais de aproveitamento estão simultaneamente dentro e fora do capitalismo; eu os chamo de pericapitalistas.[4] Todos os tipos de bens e serviços produzidos por atividades pericapitalistas, humanas e não humanas, são aproveitados pela acumulação capitalista. Se uma família camponesa cultivar uma lavoura que entra nas cadeias alimentares capitalistas, a acumulação de capital torna-se possível a partir do que se aproveita do valor criado na agricultura camponesa. Agora que as cadeias globais de suprimentos passaram a caracterizar o capitalismo mundial, vemos esse processo em todos os lugares. "Cadeias de suprimentos" são cadeias produtivas que traduzem valor em benefício das empresas dominantes; a tradução entre sistemas de valores não capitalistas e capitalistas é o que elas fazem.

A acumulação por aproveitamento a partir das cadeias de suprimentos globais não é nova e alguns exemplos de casos anteriores e bem conhecidos podem ajudar a entender como ela se dá. Considere-se a cadeia de suprimento do marfim do século XIX que conectava a África Central e a Europa, como é contado no romance *O coração das trevas*, de Joseph Conrad. A história gira em torno da descoberta do narrador de que o comerciante europeu – que ele muito admirava – adotou procedimentos selvagens para conseguir seu marfim. A selvageria é uma surpresa porque todos esperavam que a presença europeia na África fosse um impulso na direção da civilização e do progresso. Em vez disso, a civilização e o progresso acabam por revelar-se formas de encobrimento e mecanismos de tradução para conseguir acesso ao valor obtido a partir da violência: aproveitamento clássico.

---

necessária para a produção de força de trabalho. Operários são produzidos e reproduzidos a partir de processos de vida que nunca são totalmente controlados pelos capitalistas. Nas fábricas, os capitalistas usam as habilidades dos trabalhadores para produzir bens, mas eles mesmos não podem produzir todas essas habilidades. A transformação das habilidades dos trabalhadores em valor capitalista é a acumulação por aproveitamento.

4. Reservo a expressão "não capitalista" para formas de criação de valor fora da lógica capitalista. *Pericapitalista* é o meu termo para lugares que estão dentro e fora. Esta não é uma hierarquia classificatória, mas uma maneira de investigar a ambiguidade.

Para uma visão mais precisa de como a tradução opera na cadeia de suprimentos, considere o relato de Herman Melville sobre a aquisição do óleo de baleia no século XIX, a serviço dos investidores ianques. *Moby Dick* fala de um navio de baleeiros cujo cosmopolitismo desordenado contrasta nitidamente com nossos estereótipos da disciplina fabril; no entanto, o óleo que eles obtém matando baleias em todo o mundo entra em uma cadeia de suprimento capitalista baseada nos Estados Unidos. Estranhamente, todos os arpoadores no *Pequod* são indígenas não assimilados da Ásia, da África, da América ou do Pacífico. O navio é incapaz de matar uma única baleia sem a experiência dessas pessoas, que são totalmente alheias à disciplina industrial dos Estados Unidos. Mas os produtos desse trabalho devem por fim ser traduzidos em formas de valores capitalistas; o navio só navega por causa do financiamento capitalista. A conversão do conhecimento indígena em lucro capitalista é outro exemplo de acumulação por aproveitamento. O mesmo ocorre com a conversão da vida das baleias em investimentos.

Antes de você concluir que a acumulação por aproveitamento é arcaica, permita-me recorrer a um exemplo contemporâneo. Os avanços tecnológicos na gestão de estoques energizaram as cadeias globais de suprimentos da atualidade; o gerenciamento de estoques permite que as empresas líderes obtenham seus produtos a partir de todos os tipos de arranjos econômicos, capitalistas ou não. Uma empresa que ajudou a implementar tais inovações é a megavarejista Wal-Mart. Ela foi pioneira no uso obrigatório de códigos de produtos universais (UPCs), os códigos de barras pretas e brancas que permitem que os computadores reconheçam seus produtos como inventário.[5] A legibilidade do inventário, por sua vez, significa que o Wal-Mart é capaz de ignorar as condições trabalhistas e ambientais por meio das quais seus produtos são fabricados: métodos pericapitalistas, incluindo roubo e

---

5. Misha Petrovic e Gary Hamilton, "Making global markets: Wal-Mart and its suppliers", in: Nelson Lichtenstein (org.), *Wal-Mart: The face of twenty-first-century capitalism*. Nova York: W. W. Norton, 2006, pp. 107-142.

violência, podem fazer parte do processo de produção. Acenando para Woody Guthrie, podemos pensar no contraste entre produção e contabilidade a partir das duas faces da etiqueta do código de barras.[6] A face com as barras preto-e-brancas permite que o produto seja minuciosamente rastreado e avaliado. A outra está em branco, revelando a total despreocupação do Wal-Mart com a forma como o produto é feito, já que o valor pode ser traduzido pela contabilidade. O Wal-Mart tornou-se famoso por forçar seus fornecedores a fabricar produtos cada vez mais baratos, incentivando assim o trabalho selvagem e as práticas ambientais destrutivas.[7] Selvageria e aproveitamento[8] frequentemente andam juntos: aproveitamento traduz violência e poluição por lucro.

À medida que o estoque se torna cada vez mais controlável, a exigência de controle da mão de obra e da matéria-prima recua; as cadeias de suprimentos criam valor a partir da tradução de valores produzidos em circunstâncias bastante variadas para o estoque capitalista. Uma maneira de pensar sobre isso é a partir da escalabilidade, a proeza técnica que permite criar expansão sem qualquer distorção advinda das condições mutáveis do processo. A legibilidade do estoque possibilita a expansão do varejo escalável para o Wal-Mart sem exigir que a produção seja escalável. A produção é deixada para a diversidade desordenada da não escalabilidade, com seus sonhos e esquemas relacionais específicos. Vemos isso claramente no vale-tudo empresarial: o papel das cadeias produtivas globais na promoção do trabalho forçado, fábricas clandestinas perigosas, ingredientes substitutos tóxicos e práticas extrativistas irresponsáveis que causam grande

---

6. "Havia um muro alto ali que tentou me impedir. Uma placa pintada dizia: 'Propriedade particular', mas no verso não dizia nada – essa terra foi feita para você e para mim." Woody Guthrie, "This land," 1940, http://www.woodyguthrie.org/Lyrics / This_Land.htm.
7. Fontes incluem Barbara Ehrenreich, *Nickled and dimed: On (not) getting by in America*. Nova York: Metropolitan Books, 2001; N. Lichtenstein (org.), *Wal-Mart*, op. cit.; Anthony Bianco, *The bully of Bentonville: The high cost of Wal-Mart's everyday low prices*. Nova York: Doubleday, 2006.
8. Em inglês, a autora tira proveito da proximidade gráfica e sonora entre os dois termos: *savage and salvage*. [N.T.]

impacto ambiental. Onde as empresas líderes pressionam os fornecedores por produtos cada vez mais baratos, essas condições de produção são um resultado previsível. Como em O coração das trevas, a produção não regulamentada é traduzida para dentro da cadeia produtiva e é até mesmo reimaginada como progresso. Isso é assustador. Ao mesmo tempo, como J. K. Gibson-Graham argumenta em sua visão otimista na direção de uma "política pós-capitalista", a diversidade econômica pode trazer esperança.[9] As formas econômicas pericapitalistas podem ser instâncias para repensarmos a autoridade inquestionável do capitalismo em nossas vidas. Na pior das hipóteses, a diversidade nos oferece a possibilidade de múltiplos caminhos a seguir – não apenas um.

Em sua comparação perspicaz entre as cadeias de suprimento de vagem (*haricots verts*) que ligam a África Ocidental à França e a África Oriental à Grã-Bretanha, respectivamente, a geógrafa Susanne Freidberg mostra como as cadeias de suprimentos podem encorajar formas econômicas bastante diferentes.[10] Para isso, a autora recorre a uma variedade de histórias coloniais e nacionais. Os esquemas neocoloniais franceses mobilizam cooperativas camponesas; os padrões de supermercados britânicos estimulam operações fraudulentas de expatriados.[11] No interior diferenças como essas, e através delas, há espaço para a construção de uma política de enfrentamento e negociação da acumulação por aproveitamento. Mas chamar isso de política "pós-capitalista", como o fazem Gibson-Graham, parece-me prematuro. Por meio da acumulação por aproveitamento, vidas e produtos movem-se de um lado para outro entre formas capitalistas e não capitalistas; essas formas moldam-se umas às outras e se interpenetram. O termo *pericapitalista* reconhece que aqueles

9. J. K. Gibson-Graham, *A post-capitalist politics*. Minneapolis: University of Minnesota Press, 2006.
10. Susanne Freidberg, *French beans and food scares: Culture and commerce in an anxious age*. Oxford: Oxford University Press, 2004.
11. S. Freidberg, "Supermarkets and imperial knowledge", *Cultural Geographies*, v. 14, n. 3, 2007, pp. 321-342.

de nós que foram capturados em tais traduções nunca estarão completamente a salvo do capitalismo; espaços pericapitalistas são refúgios improváveis.

Ao mesmo tempo, a alternativa crítica mais proeminente – fechar os olhos para a diversidade econômica – parece ainda mais ridícula nesses tempos. A maioria dos críticos do capitalismo insiste na unidade e homogeneidade do sistema capitalista; muitos, como Michael Hardt e Antonio Negri, argumentam que não há mais lado de fora do império do capitalismo.[12] Tudo estaria dominado por uma lógica capitalista singular. Já para Gibson-Graham, trata-se de uma tentativa de construir uma posição política crítica: a possibilidade de transcender o capitalismo. Críticos que enfatizam a uniformidade da dominância do capitalismo no mundo querem superá-lo a partir de uma solidariedade única. Mas que falta de visão essa esperança requer! Por que não admitir a existência da diversidade econômica?

Meu objetivo ao trazer Gibson-Graham, Hardt e Negri não é descartá-los; na verdade, acredito que eles podem ser os críticos anticapitalistas mais incisivos do início do século XXI. Além disso, ao estabelecer referenciais fortemente contrastantes, com os quais podemos pensar e jogar, eles nos prestam um serviço importante. Seria o capitalismo um sistema único e sobrejacente, que tudo conquista, ou uma forma econômica particular entre muitas outras?[13] Entre essas duas posições, poderíamos ver como as formas capitalistas e não capitalistas interagem nos espaços pericapitalistas. As autoras Gibson-Graham nos advertem, de maneira precisa na minha opinião, que as ditas formas "não capitalistas" podem ser encontradas em todos os lugares do mundo capitalista – e não apenas em retiros arcaicos. Mas elas entendem essas formas como alternativas ao capitalismo. Em vez disso,

---

12. Michael Hardt e Antonio Negri, *Empire*. Cambridge: Harvard University Press, 2000.
13. A interação entre as obras *Commonwealth* (Cambridge: Harvard University Press, 2009), de Hardt e Negri, e *Postcapitalist politics*, de Gibson-Graham, é particularmente boa para se pensar. Ver também J. K. Gibson-Graham, *The end of capitalism (as we knew it): A feminist critique of political economy*. London: Blackwell, 1996.

eu procuraria os elementos não capitalistas dos quais o capitalismo depende. Assim, por exemplo, quando Jane Collins relata que os trabalhadores das fábricas de roupas mexicanas devem saber costurar antes de iniciar seus trabalhos, *porque são mulheres*, ela nos oferece uma mirada de formas econômicas não capitalistas e capitalistas trabalhando juntas.[14] Mulheres aprendem a costurar em suas casas; a acumulação por aproveitamento é o processo que traz essa habilidade para a fábrica em benefício dos proprietários. Para entender o capitalismo (e não apenas suas alternativas), portanto, não podemos ficar dentro das lógicas dos capitalistas; precisamos de um olhar etnográfico para ver a diversidade econômica a partir da qual a acumulação é possível.

Precisamos de histórias concretas para fazer qualquer conceito ganhar vida. E não seria a colheita de cogumelos um lugar a se olhar, depois do progresso? As conexões e rupturas na cadeia produtiva do matsutake, que vai do Oregon, nos Estados Unidos, ao Japão, nos mostram o que o capitalismo alcançou a partir da diversidade econômica. O matsutake, coletado e vendido em ações pericapitalistas, torna-se parte de um estoque capitalista no dia seguinte, quando é enviado para o Japão. Essa tradução é o problema central em muitas cadeias de suprimentos globais. Vou começar pela descrição da primeira parte da cadeia.[15]

Os estadunidenses não gostam de intermediários, os quais, dizem eles, só roubam valor. Mas os intermediários são tradutores consumados; sua presença nos aponta a acumulação por aproveita-

---

14. Jane Collins, *Threads: Gender, labor, and power in the global apparel industry*. Chicago: University of Chicago Press, 2003.
15. Lieba Faier oferece uma visão relacionada à cadeia produtiva do matsutake no Japão: "Fungi, trees, people, nematodes, beetles, and weather: Ecologies of vulnerability and ecologies of negotiation in matsutake commodities exchange", *Environment and Planning A*, n. 43, 2011, pp. 1079-1097.

mento. Considere-se o lado norte-americano da cadeia produtiva que traz o matsutake do Oregon para o Japão (o lado japonês, com seus muitos intermediários, será considerado mais adiante). Catadores independentes coletam os cogumelos nas florestas nacionais. Eles os vendem para compradores independentes, que, por sua vez, vendem-nos para agentes de campo dos atacadistas, que os vendem para outros revendedores ou exportadores, que os vendem e enviam, finalmente, para importadores no Japão. Por que tantos intermediários? A melhor resposta pode ser uma história.

Os comerciantes japoneses começaram a importar matsutake nos anos 1980, quando a escassez do cogumelo no Japão tornou-se evidente. O país estava explodindo com capital de investimento e o matsutake era um luxo primoroso, servido como regalia, presente ou suborno. O matsutake estadunidense era uma novidade em Tóquio e os restaurantes competiam para consegui-lo. Os mercadores de matsutake, emergentes no Japão, eram como outros comerciantes japoneses da época, prontos para usar seu capital para organizar cadeias de suprimentos.

Os cogumelos eram caros, então os incentivos para os fornecedores eram bons. Os comerciantes norte-americanos lembram dos anos 1990 como uma época de preços extraordinários – e apostas de alto risco. Se um fornecedor conseguisse atingir os mercados japoneses corretamente, a recompensa seria enorme. Mas com um produto florestal inconsistente, fácil de estragar e uma demanda instável, as possibilidades de fracasso também eram grandes. Todos falavam daqueles dias usando metáforas de cassino. Um comerciante japonês comparou os importadores de então com a máfia nos portos internacionais após a Primeira Guerra Mundial: os importadores não estavam apenas apostando, eles também alimentavam o jogo – e assim mantinham a jogatina viva.

Os importadores japoneses precisavam de conhecimento local e, assim, começaram a fazer alianças com os exportadores. No Noroeste Pacífico, os primeiros exportadores foram os canadenses imigrantes da Ásia que viviam em Vancouver – e, por causa desse precedente, a maior parte do matsutake dos Estados Unidos continua a ser exportada por suas empresas. Esses exportadores não estavam interessados apenas em matsutake. Eles enviavam frutos do mar, cerejas ou casas pré-fabricadas para o Japão; o matsutake foi adicionado a esses produtos. Alguns deles – especialmente os imigrantes japoneses – me disseram que incluíam o matsutake para cultivar relações de longo prazo com os importadores. Eles estavam dispostos a arcar com as despesas do envio de matsutake, diziam, pois assim mantinham suas relações intactas.

As alianças entre exportadores e importadores formaram uma base para o comércio transpacífico. Mas os exportadores – especialistas em peixe, frutas ou madeira – não sabiam nada sobre como obter cogumelos. No Japão, os matsutake chegam ao mercado por meio de uma cooperativa agrícola ou de agricultores individuais. Na América do Norte, os matsutake estão espalhados por enormes florestas nacionais (estadunidenses) ou comunitárias (canadenses). É aqui que entram as pequenas empresas que chamo de "granelistas"; vendedores a granel que armazenam cogumelos para vender aos exportadores. Os agentes de campo dos granelistas compram cogumelos dos "compradores" que, por sua vez, compram dos catadores. Os agentes de campo, assim como os compradores, devem conhecer o terreno e as pessoas que podem vasculhá-lo.

Nos primórdios do comércio de matsutake do Noroeste Pacífico dos Estados Unidos, a maioria dos agentes de campo, compradores e catadores eram homens brancos que encontravam refúgio nas montanhas, tal como os veteranos da Guerra do Vietnã, madeireiros deslocados e "tradicionalistas" rurais que rejeitavam a sociedade urbana liberal. Depois de 1989, um número crescente de refugiados do Laos e do Camboja chegou para a coleta e os agentes de campo tiveram que ampliar suas habilidades para trabalhar com os sudeste-asiáticos. Os sudeste-asiáticos acabaram se tornando compradores e alguns se tornaram agentes de campo. Trabalhando juntos, os brancos e os sudeste-asiáticos encontraram um vocabulário comum no termo *liberdade*, que poderia significar muitas coisas caras para cada um dos grupos, mesmo que não fossem as mesmas. Os indígenas norte-americanos encontraram ressonância, mas os catadores latinos não compartilharam da retórica da liberdade. Apesar dessas variações, a soma das inquietações dos brancos autoexilados e dos refugiados do Sudeste Asiático imprimiram a pulsação do negócio; a liberdade fez o matsutake emergir.

A partir de um interesse comum pela liberdade, o Noroeste Pacífico dos Estados Unidos se tornou uma das maiores áreas exportadoras de matsutake do mundo. No entanto, esse modo de vida era apartado do restante da cadeia produtiva. Granelistas e compradores ansiavam por exportar matsutake diretamente para o Japão, mas não conseguiam. Nenhum deles poderia ir além do já difícil intercâmbio com os exportadores canadenses de origem asiática, para quem o inglês não costumava ser a primeira língua. Reclamavam de práticas injustas, mas, na verdade, eram incapazes de realizar a tradução cultural necessária para a criação de estoques. Pois não é apenas a língua que separa os catadores, compradores e granelistas do Oregon dos comerciantes japoneses; são as condições de produção. Os cogumelos do Oregon estão contaminados com as práticas culturais de "liberdade".

A estória de um caso excepcional ilustra a questão. Nascido na China, "Wei" foi para o Japão estudar música; quando descobriu que não poderia ganhar a vida, entrou no comércio de importação de verduras japonesas. Ele se tornou fluente em japonês, embora ainda sem traquejo diante de alguns aspectos da vida no Japão. Quando a empresa onde trabalhava quis que alguém fosse para a América do Norte, ele se ofereceu. Foi assim que ele se tornou uma combinação idiossincrática de agente de campo, granelista e exportador. Assim como outros agentes de campo, ele vai para a área de matsutake para assistir à compra. A diferença é que ele tem uma linha direta com o Japão. Ao contrário dos outros agentes de campo, ele está constantemente ao telefone com os negociantes japoneses, avaliando oportunidades e preços. Ele também fala com exportadores nipo-canadenses, embora não venda seus cogumelos através deles; já que ele pode falar japonês, eles sempre lhe pedem para explicar a situação no campo de coleta, incluindo o comportamento dos agentes de campo cujos cogumelos eles compram. Enquanto isso, os outros agentes de campo se recusam a incluí-lo em sua empresa e conspiram contra seus compradores. Ele não é bem-vindo em suas discussões e, de fato, é evitado pelos homens da montanha, os amantes da liberdade.

Ao contrário dos outros agentes de campo, Wei paga um salário para os seus compradores em vez de uma comissão. Ele exige lealdade e disciplina dos funcionários, recusando-lhes a mobilidade independente que os outros compradores têm. Ele compra matsutake para remessas específicas, com características particulares, em vez de comprar pelo prazer e pela proeza da livre-concorrência, como os outros fazem. Ele faz o inventário diretamente nas barracas onde acontecem as compras. A diferença no seu modo de operar é o que evidencia, por contraste, o elemento da liberdade na constituição desta assembleia enquanto uma mancha.

Enquanto o comércio internacional de matsutake entrava para o século XXI, ocorria no Japão um processo de regularização. Com a consolidação dos modos de categorizar o matsutake estrangeiro, os preços se estabilizavam à medida que se desenvolviam as cadeias de suprimentos em outros países, as bonificações no Japão diminuíam e a demanda pelo cogumelo se tornava mais especializada. Os preços do matsutake do Oregon no Japão tornaram-se relativamente estáveis – considerando, é claro, que o matsutake ainda é um produto silvestre e de suprimento irregular. No entanto, essa estabilidade não se refletiu no Oregon, onde os preços continuaram instáveis como uma montanha-russa, mesmo que não retornassem às altas dos anos 1990. Quando conversei com importadores japoneses sobre essa discrepância, eles explicaram isso como uma questão de "psicologia" estadunidense. Um importador especializado em matsutake do Oregon ficou emocionado ao me mostrar fotografias de suas visitas e relembrar suas experiências no "faroeste" daquele estado. Os catadores e compradores brancos e do Sudeste Asiático, ele explicou, não trabalhariam com os cogumelos sem o entusiasmo do que ele chamava de "leilão" e, quanto mais o preço flutuasse, melhor seria a compra. Em contraste, ele disse, os catadores mexicanos no Oregon estavam dispostos a aceitar um preço constante, mas o comércio era dominado pelos outros. Seu trabalho era facilitar os negócios, levando em conta as peculiaridades estadunidenses; sua empresa tinha um especialista equivalente em matsutake chinês, cujo trabalho era acomodar as peculiaridades chinesas. Ao facilitar economias culturais variadas, sua empresa estava apta a incrementar seus negócios usando cogumelos do mundo todo.

A necessidade da tradução cultural, que estava na base das expectativas desse homem, foi o que me alertou pela primeira vez para o problema da acumulação por aproveitamento. Na década de 1970, os estadunidenses esperavam que a globalização do capital significasse a disseminação dos padrões de negócios dos Estados Unidos por todo o mundo. Em contraste, os negociantes japoneses se tornaram especialistas em construir cadeias de suprimentos internacionais e usá-las como mecanismos de tradução para trazer mercadorias para o Japão, sem precisar da estrutura de produção ou dos padrões de emprego japoneses. Desde que esses bens pudessem ser transformados em estoque legível em seu trânsito para o Japão, os comerciantes japoneses poderiam utilizá-los para acumular capital. No final do século, o poder econômico japonês havia caído e as inovações dos negócios japoneses do século xx foram eclipsadas pelas reformas neoliberais. Mas ninguém se importa com a reformulação da cadeia produtiva do matsutake; ela é muito pequena e muito "japonesa". Esta é, portanto, uma instância em que se pode procurar pelas estratégias de negociação japonesas que abalaram o mundo. No seu centro está a tradução entre diversas economias. Comerciantes-tradutores tornam-se mestres da acumulação por aproveitamento.

Antes de entrar no assunto da tradução, no entanto, preciso visitar a assembleia da liberdade.

Liberdade...

Agendas comunitárias, Oregon. Um acampamento de catadores mien. Ali, os Mien lembravam da vida nas vilas e escapavam do confinamento das cidades da Califórnia.

Capítulo 5
"Open Ticket, Oregon"

> No meio do nada
> *Slogan oficial de uma cidade candidata à*
> *produção de matsutake na Finlândia*

Em uma noite fria de outubro, no final dos anos 1990, três catadores de matsutake hmong-americanos amontoaram-se em sua barraca. Tremendo de frio, eles levaram seu fogão a gás para dentro para aquecer um pouco o ambiente. Eles dormiram com o fogão ligado. O fogo apagou. Na manhã seguinte, estavam todos mortos, asfixiados pelo gás. Sua morte deixou o acampamento vulnerável, assombrado por seus fantasmas. Fantasmas podem paralisar uma pessoa, levando embora sua habilidade para se mover ou falar. Os catadores hmong deixaram o acampamento e os outros também o fizeram em seguida.

O Serviço Florestal dos Estados Unidos não sabia sobre os fantasmas. Eles queriam racionalizar a área dos catadores no acampamento para torná-la acessível para a polícia e o atendimento emergencial, assim como para facilitar a fiscalização e a cobrança de diárias. No início dos anos 1990, catadores do Sudeste Asiático acampavam onde queriam, como todos os outros visitantes das florestas nacionais. Mas os brancos reclamavam que os asiáticos deixavam muito lixo. O Serviço Florestal respondeu restringindo a área dos catadores a uma estrada de acesso isolada. Quando as mortes ocorreram, eles estavam acampados ao longo da rodovia. Pouco depois, o Serviço Florestal demarcou a área do acampamento com espaços numerados, espalhou banheiros portáteis e, após muitas reclamações, instalou um grande tanque de água na (distante) entrada do acampamento.

As áreas de acampamento não ofereciam conforto, mas os catadores – escapando dos fantasmas – rapidamente se apropriaram delas. Replicando a estrutura dos campos de refugiados na Tailândia, onde muitos passaram mais de uma década, eles se dividiram por grupos étnicos: em um canto, os Mien; e então os Hmong que optaram por ficar; a meia milha de distância, os laosianos e então os Khmer; e, em uma clareira bastante afastada, alguns brancos. Os asiáticos construíram estruturas com varetas de pinheiro e lona e ergueram suas barracas dentro delas, por vezes se utilizando de fogões a lenha. Como no Sudeste Asiático rural, seus pertences eram pendurados nas vigas e um cercado privativo era reservado para o banho. No centro do acampamento, uma grande tenda vendia tigelas de *pho* quente. Enquanto eu degustava a comida, ouvia a música e observava a cultura material, pensei que estava nas montanhas do Sudeste Asiático e não nas florestas do Oregon.

A ideia do Serviço Florestal sobre o acesso para atendimento emergencial não funcionou como se imaginava. Alguns anos depois, alguém ligou para o atendimento emergencial reportando sobre um catador gravemente ferido. O regulamento do acampamento exigia que a ambulância aguardasse escolta policial para entrar na área. A ambulância esperou por horas. Quando a polícia finalmente apareceu, o homem já estava morto. O acesso emergencial não foi limitado pelo terreno, mas pela discriminação.

Esse homem também deixou um fantasma perigoso e ninguém mais dormiu nas proximidades do seu espaço no acampamento, com exceção de Oscar, homem branco e um dos poucos residentes da floresta a se aproximar dos asiáticos – e ele fez isso uma única vez, bêbado, após ter sido desafiado. O sucesso de Oscar em sobreviver àquela noite o levou a tentar coletar cogumelos numa montanha próxima, sagrada para a população indígena local e lar de seus fantasmas. Mas os asiáticos que conheci se mantinham longe daquela montanha. Eles sabiam dos fantasmas.

Na primeira década do século XXI, o centro do comércio de matsutake no Oregon não constava em qualquer mapa, era um lugar "no meio do nada". Todos os envolvidos no negócio (ou nas trocas) sabiam onde ficava, mas não era um município ou um local de uso recreativo; era invisível oficialmente. Os compradores estabeleceram um aglomerado de tendas ao longo da estrada e todas as noites os catadores, compradores e agentes de campo lá se reuniam, transformando o espaço em um teatro vibrante de suspense e ação. Como o local está deliberadamente fora do mapa, eu decidi inventar um nome para proteger a privacidade das pessoas e acrescentar algumas características do local de comercialização do matsutake que se encontra em uma área próxima. Chamarei esse espaço compósito que configura o meu campo de "Open Ticket, Oregon".

Na verdade, *open ticket* (bilhete aberto) é o nome de uma prática de compra de cogumelos. No final do dia, após retornarem da floresta, os catadores vendem seus cogumelos pelo preço estabelecido pelo comprador, por peso, de acordo com o tamanho e o estágio de maturidade do cogumelo – isto é, a sua "nota de avaliação". A maior parte dos cogumelos selvagens tem um preço estável. Mas o preço do matsutake sobe e desce. Durante a noite, o preço pode facilmente ter uma variação de 10 dólares a cada meio quilo. Durante a temporada, a variação de preços é ainda maior. Entre 2004 e 2008, os preços dos melhores cogumelos tiveram variação de 2 a 60 dólares por cada meio quilo – e essa variação não é nada se comparada com a dos anos anteriores. *Open ticket* significa que um catador pode voltar ao comprador para receber a diferença entre o preço pago originalmente e uma oferta mais alta na mesma noite. Os compradores – que ganham uma comissão baseada na quantidade comprada – oferecem o *open ticket* para incentivar os catadores a vender cedo na noite, em vez de esperarem para ver se o preço vai subir. O *open ticket* é uma prova do poder dos catadores de negociar a condição de compra. E também demonstra as estratégias dos compradores, que tentam o tempo todo excluir seus concorrentes do negócio. *Open ticket* é uma prática de criação e afirmação de liberdade, tanto para catadores quanto para compradores. Parece-me, assim, um nome adequado para um lugar onde se performa a liberdade. Pois o que se troca todas as noites não é apenas cogumelos e dinheiro. Catadores, compradores e agentes de campo se engajam em encenações dramáticas da liberdade, tal como a entendem, cada um a seu modo. Em um clima de encorajamento mútuo, as encenações são partilhadas, junto de seus troféus: o dinheiro e os cogumelos. Algumas vezes, pareceu-me que a troca mais importante era a da liberdade, com os troféus de cogumelo e dinheiro como extensões – ou evidências – do desempenho de cada um. Afinal, era o sentimento de liberdade animando a "febre de cogumelos" que estimulava os compradores a encenarem os seus melhores atos e também o que pressionava os catadores a se levantarem no próximo nascer do sol para procurar por cogumelos outra vez.

Mas o que é esta liberdade sobre a qual falavam os catadores? Quanto mais eu perguntava sobre ela, mais ela se tornava estranha para mim. Não era a liberdade imaginada pelos economistas, que usam o termo para falar sobre a regularidade da escolha racional exercida por indivíduos. Ou mesmo liberalismo político. A liberdade dos "cogumeleiros" é irregular e escapa à racionalização; é performativa, varia de acordo com as especificidades de cada comunidade e é sempre efervescente. Tem algo a ver com o cosmopolitismo caótico do lugar; a liberdade surge da interação cultural aberta, cheia de conflitos potenciais e desentendimentos. Parece-me que ela existe apenas em relação aos fantasmas. A liberdade é uma forma de negociação dos fantasmas em uma paisagem assombrada; ela não exorciza a assombração, mas ajuda a sobreviver a ela e negociá-la com habilidade.

Open Ticket é assombrado por muitos fantasmas: não apenas pelos "fantasmas verdes" dos catadores que morreram precocemente, nem apenas pelas comunidades indígenas removidas pelas leis e exércitos estadunidenses; não apenas pelos tocos de árvores imensas e insubstituíveis que foram derrubadas por madeireiros sedentos, nem apenas pelas memórias assombrosas da guerra que parecem não desaparecer nunca; mas também pela aparição fantasmagórica de formas de poder – mantidas em suspenso – que adentram o cotidiano de trabalho na coleta e na compra. Alguns tipos de poder estão ali e, ao mesmo tempo, não estão; essa assombração constitui um lugar por onde é possível começar a entender a encenação, de múltiplas camadas culturais, da liberdade. Considerem-se as seguintes ausências, que fazem de Open Ticket o que é:

Open Ticket está longe da concentração de poder; é o oposto de uma cidade. Falta-lhe ordem social. Como disse Seng, um catador laosiano, "Buda não está aqui". Catadores são egoístas e gananciosos, disse ele; estava ansioso para retornar ao templo onde as coisas eram organizadas apropriadamente. Mas enquanto isso, explicou Dara, uma adolescente khmer, esse é o único lugar onde se pode crescer longe da violência das gangues. Thong, no entanto, é membro (ou ex-membro?) de uma gangue laosiana; imagino que ele esteja fugindo de mandados de prisão. Open Ticket é uma miscelânea de deserções urbanas. Veteranos brancos da Guerra do Vietnã me disseram que queriam ficar longe das multidões, uma vez que provocavam *flashbacks* da guerra e ataques de pânico incontroláveis. Os Hmong e os Mien me disseram que estavam decepcionados com a América, que haviam recebido a promessa de liberdade e no entanto foram colocados em apartamentos minúsculos e superlotados; apenas nas montanhas é que podiam relembrar a liberdade que tinham no Sudeste Asiático. Os Mien, em particular, esperavam poder reconstituir, na floresta de matsutake, a vida de vilarejo que mantinham na lembrança. A coleta de matsutake era um momento para rever amigos distantes e ficar longe das pressões das famílias numerosas. Nai Tong, uma avó mien, explicou que sua filha ligava diariamente implorando que voltasse para casa para cuidar dos netos. Mas ela repetia pacientemente que precisava ao menos conseguir dinheiro suficiente para compensar os gastos que tivera com seu alvará para a coleta; ela ainda não podia voltar. Detalhes importantes foram omitidos naquelas ligações: ao escapar da vida de apartamento, ela tinha a liberdade das montanhas. O dinheiro era menos importante do que a liberdade. A coleta de matsutake difere da vida na cidade, ainda que seja assombrada por ela. Catar cogumelos não é um emprego – nem mesmo um trabalho. Sai, um coletor laosiano, explicou que "emprego" significa obedecer ao seu chefe, fazer o que ele manda. A coleta de matsutake é uma "busca". É a busca da sua fortuna, não um trabalho. Uma senhora branca, proprietária de uma área do acampamento, contou-me sobre como os catadores mereciam ganhar mais, pois trabalhavam duro, acordando com o nascer do sol e enfrentando sol e neve. Apesar da sua simpatia pelos catadores, algo sobre sua perspectiva me incomodou. Eu nunca havia ouvido um catador falar daquele jeito. Nenhum dos catadores que conheci imaginava o dinheiro que ganhava com o matsutake como um pagamento por seu trabalho. Até mesmo cuidar dos netos, para Nai Tong, era mais próximo de um trabalho do que a coleta de matsutake. Tom, um agente de campo branco que havia passado anos como catador, era particularmente assertivo na sua rejeição ao trabalho. Ele havia trabalhado em uma grande madeireira, mas um dia colocou seu equipamento no armário, foi embora e nunca mais olhou para trás. Ele se mudou com a família para a floresta e passou a ganhar apenas o que a terra lhe dava. Juntava pinhas para empresas de sementes e fazia armadilhas para castores, visando suas peles. Ele coletava todo tipo de cogumelos – não para comer, mas para vender, e levou suas habilidades para a negociação. Tom conta como os liberais haviam arruinado a sociedade estadunidense; os homens não sabiam mais como ser homens. A melhor resposta seria então negar o que os liberais entendiam por "empregos convencionais".

Tom se esforça para me explicar que os compradores com quem ele trabalha não são funcionários, mas empresários independentes. Mesmo que ele entregue grandes quantidades de dinheiro para eles diariamente, na compra de cogumelos, eles podem vender para qualquer agente de campo – e eu sei que eles o fazem. É um negócio feito com dinheiro vivo e sem contratos; então, se um comprador decide sumir com seu dinheiro, diz ele, não há nada que se possa fazer sobre isso. Impressionantemente, os compradores que o fazem costumam voltar para negociar com outro agente de campo. Mas as balanças que empresta para pesar os cogumelos, diz, são dele, e poderíamos chamar a polícia por causa delas. Ele conta a história de um comprador que fugiu com muitos milhares de dólares – mas cometeu o erro de levar a balança. Tom pegou a estrada na direção que acreditava que comprador havia seguido, e lá estava a balança, abandonada na beira da estrada, como ele imaginara. O dinheiro sumiu, é claro; mas esse era o risco de um negócio independente.

Coletores trazem muitos tipos de bagagem cultural em sua rejeição ao trabalho. Mad Jim celebra seus ancestrais indígenas por meio da coleta de matsutake. Depois de ter tido muitos empregos diferentes, contou, ele estava trabalhando como garçom no litoral. Uma mulher indígena entrou no bar com uma nota de 100 dólares; chocado, ele perguntou onde ela havia conseguido o dinheiro. "Catando cogumelos", ela disse. Jim foi tentar a sorte no dia seguinte. Não foi fácil aprender: ele rastejou pela mata e seguiu animais. Hoje ele sabe como fazer a busca nas dunas para chegar aos matsutake que se encontram sob o solo. Ele sabe como procurar sob as raízes emaranhadas dos rododendros nas montanhas. E nunca mais voltou a trabalhar por um salário.

Quando não está catando matsutake, Lao-Su trabalha em um depósito do Wal-Mart, na Califórnia, e recebe 11,50 dólares por hora. No entanto, para receber esse valor, teve que concordar em trabalhar sem benefícios médicos. Quando machucou suas costas no serviço e não tinha mais condições de carregar mercadorias, recebeu uma longa licença para se recuperar. Embora deseje que a empresa o aceite de volta, ele diz conseguir mais dinheiro com a coleta de matsutake do que no Wal-Mart – mesmo que a temporada de cogumelos dure apenas dois meses. Além disso, ele e sua esposa esperam o ano inteiro para encontrar a animada comunidade mien em Open Ticket. Eles consideram esse momento como férias; em alguns finais de semana, seus filhos e netos os visitam para se juntarem à coleta.

A coleta de matsutake não é um "trabalho", mas é assombrada pelo trabalho. É assombrada também pela propriedade: os catadores de matsutake agem como se a floresta fosse uma extensão do que é de uso comum, mas a terra não é oficialmente de uso comum. Trata-se, na maior parte, de floresta nacional, e também de terras privadas protegidas pelo Estado. Mas os catadores procuram ignorar questões de propriedade. Os catadores brancos ficam particularmente incomodados com as propriedades federais e não medem esforços para contrariar suas restrições de utilização. Já os catadores do Sudeste Asiático são geralmente mais receptivos ao governo, expressando seu desejo de que este venha a fazer mais por eles. Ao contrário dos catadores brancos, muitos dos quais se orgulham de catar cogumelos sem autorização, a maior parte dos sudeste-asiáticos fazem seus registros no Serviço Florestal para obter permissão para a coleta. No entanto, o fato de que as autoridades tendem a indiciar os asiáticos por infrações, mesmo sem evidências – ou como um comprador khmer diz, o problema de "dirigir sendo asiático" –, torna vão o esforço em agir dentro da lei. E poucos o fazem.

A vastidão das terras e a falta de demarcação de limites tornam bastante difícil para os catadores se manterem em zonas autorizadas para a coleta, como descobri por experiência própria. Uma vez, um xerife vigiou meu carro estacionado para me flagrar sem permissão quando eu retornava com cogumelos. Mesmo sendo uma leitora ávida de mapas, eu não consegui entender se esse lugar estava dentro ou fora dos limites.[1] Eu tive sorte; estava exatamente na fronteira. Mas não havia marcação. Em outra situ-

---

1. Quando os catadores compram licenças de coleta do Serviço Florestal, recebem mapas que mostram as zonas de coleta e não coleta. No entanto, as zonas são marcadas apenas no espaço abstrato. Os mapas mostram apenas as principais vias de circulação e nenhuma topografia, ferrovias, estradas pequenas ou vegetação. É quase impossível, mesmo para o leitor mais determinado, entender o mapa aplicado ao território. Além disso, muitos

ação, depois de insistir por dias para que uma família laosiana me levasse para catar cogumelos, eles cederam com a condição de que eu dirigisse. Nós adentramos a floresta por estradas de terra sem sinalização. Pareceu levar horas até que me dissessem que havíamos chegado no lugar onde queriam fazer a coleta. Quando encostei o carro, eles me perguntaram por que eu não estava tentando escondê-lo. Só então percebi que havíamos certamente ultrapassado a área permitida.

As multas são exorbitantes. Quando fiz meu trabalho de campo, a multa por coletar cogumelos em um parque nacional era de 2 mil dólares no primeiro delito. Mas os fiscais são escassos, e são muitas as estradas e trilhas. A floresta nacional é atravessada por estradas abandonadas; elas permitem que os catadores viagem por extensas áreas florestais. Os homens mais jovens estão dispostos a caminhar por muitos quilômetros procurando pelos focos de cogumelos mais isolados – talvez em terras proibidas, talvez não. Quando os cogumelos chegam até os compradores, ninguém pergunta sobre sua procedência.[2]

Mas o que é "propriedade pública", se não um oxímoro? Certamente, o Serviço Florestal tem problemas com isso hoje em dia. A legislação requer que as florestas públicas sejam desbastadas para evitar incêndios no perímetro de uma milha quadrada em torno de áreas privadas;[3] isso demanda muito dos fundos públicos para economizar alguns ativos privados. Enquanto isso, as madeireiras fazem esse desbaste, obtendo lucro de florestas públicas. E, embora a exploração madeireira seja permitida nas reservas, os catadores são proibidos de executar sua atividade

---

catadores não conseguem ler mapas. Um coletor do Laos me mostrou uma zona de não coleta em seu mapa, indicando um lago. Alguns catadores usam os mapas como papel higiênico, que é escasso nos acampamentos.

2. Um regulamento exige que os compradores registrem o local onde o matsutake é coletado; no entanto, nunca vi esses registros sendo feitos. Em outras áreas de compra de matsutake, esse regulamento é aplicado por meio de declarações pessoais dos catadores.

3. Essa é a proteção contra incêndios promovida pela indústria e exigida pela Lei de Restauração de Florestas Saudáveis, de 2003. Jacqueline Vaughn e Hanna Cortner, *George W. Bush's healthy forests*. Boulder: University Press of Colorado, 2005.

nelas, porque ninguém conseguiu fundos para uma avaliação do impacto ambiental da coleta de cogumelos. Se os catadores têm dificuldade em entender quais áreas estão fora dos limites, eles não estão sozinhos nessa confusão. A diferença entre os dois tipos de confusão é instrutiva. O Serviço Florestal é solicitado a defender a *propriedade*, mesmo que isso signifique negligenciar o *público*. Os catadores fazem o que podem para manter a legislação em suspenso enquanto perseguem um uso comum do território, assombrados pela possibilidade de sua própria exclusão.

Liberdade/assombração: dois lados da mesma experiência. Conjurando um futuro cheio de passados, uma liberdade habitada por fantasmas é tanto uma condição para seguir adiante quanto uma maneira de se lembrar. Na sua febre, a coleta escapa à separação, tão cara à produção industrial, entre pessoas e coisas. Os cogumelos não são ainda mercadorias alienadas; são produtos da liberdade dos catadores. No entanto, essa possibilidade só existe porque os envolvidos na experiência fazem da compra um comércio de tipo estranho. Os compradores traduzem troféus de liberdade em comércio, por meio de performances dramáticas da "competição de livre-mercado". Assim, a liberdade de mercado adentra a confusão da liberdade, fazendo com que a suspensão do poder concentrado, do trabalho, da propriedade e da alienação pareça forte e efetiva.

É hora de voltar às compras em Open Ticket. É final de tarde e alguns dos agentes de campo brancos estão sentados contando piadas. Eles acusam uns aos outros de mentir, chamando-se de "urubus" e "Willy Coiote".[4] Estão certos. Eles concordam em

---

4. Willy Coiote é um dos personagens ficcionais do *Looney Tunes*, série de desenhos animados dos Estados Unidos. [N.T.]

abrir o comércio ao preço de dez dólares por libra para os cogumelos de classificação 1, mas quase ninguém o faz. Assim que as tendas abrem, a competição começa. Os agentes de campo avisam seus compradores para oferecer preços de abertura – talvez doze ou quinze dólares, se o acordado foi dez. A decisão de reportar ou não sobre o que está acontecendo nas tendas de compra fica a cargo dos compradores. Os catadores entram e perguntam os preços. Mas o preço é um segredo – a não ser que você seja um vendedor regular, ou que já esteja mostrando seus cogumelos. Outros compradores mandam seus amigos, disfarçados de catadores, para descobrir os preços, sinal de que se trata de algo que não se revela a qualquer um. Assim, quando um comprador quer subir o preço para vencer seus concorrentes, ele ou ela deve chamar o agente de campo. Se não fizer isso, o comprador terá que pagar a diferença de sua comissão – mas essa é uma tática que muitos estão dispostos a adotar. Rapidamente, as chamadas pipocam entre catadores, compradores e agentes de campo. Os preços estão mudando. "É perigoso!", um agente de campo me disse enquanto percorria a área de compra, assistindo à cena. Ele não podia conversar comigo durante a compra, pois ela demandava toda a sua atenção. Berrando instruções em seus celulares, cada um tentava manter a dianteira – e derrubar os outros. Ao mesmo tempo, os agentes de campo ficam ao telefone com seus empregadores e as empresas exportadoras para saber o limite da negociação. Tirar os concorrentes do negócio tanto quanto possível é um trabalho ao mesmo tempo excitante e desgastante.

"Imagine quando não havia celulares!", recordou um agente. Todos faziam fila nas duas cabines telefônicas públicas tentando se comunicar enquanto os preços mudavam. Mesmo agora, cada agente de campo vigia a área de compras como um general em um campo de batalha à moda antiga – com seu telefone colado ao ouvido como um rádio portátil. Eles mandam espiões. Precisam reagir rápido. Se um agente subir os preços na hora certa, seus compradores vão conseguir os melhores cogumelos. Melhor ainda, ele pode incentivar um competidor a subir o preço em demasia, forçando-o a comprar muitos cogumelos. E, se tudo der certo, fechar por alguns dias. Existem muitos tipos de truques. Se o preço subir, um comprador pode convencer os catadores a levar seus cogumelos para vender a outros compradores: melhor o dinheiro do que os cogumelos. Haverá risadas infames por dias e combustível para outra rodada de acusações de mentiras. Ainda assim, apesar de todos os esforços, ninguém vai à falência.[5] Essa é uma performance de competição – não uma necessidade do negócio. O *ponto* é o drama.

Digamos que esteja escuro e os catadores façam fila para vender seus cogumelos em uma tenda de compra. Eles escolheram esse comprador não só por causa de seus preços, mas porque sabem que ele é um especialista na avaliação de variedades. Classificar variedades é tão importante quanto os preços, porque um comprador dá nota para cada cogumelo, e o preço depende da nota. É a arte da classificação! Avaliar é uma dança veloz dos braços que seduz o olhar enquanto as pernas ficam firmes, sem se mover. Homens brancos fazem parecer malabarismo; mulheres laosianas – outras compradoras de destaque – fazem parecer a dança real do Laos. Um bom avaliador entende os cogumelos só de tocá-los. Um matsutake com larvas de inseto pode estragar o lote antes de chegar ao Japão. É essencial que os compradores o recusem. Mas apenas um comprador inexperiente corta o cogumelo para procurar por larvas. Bons compradores percebem pelo tato. Podem também sentir o cheiro da proveniência do cogumelo: sua árvore hospedeira, a região de onde vem; outras plantas, como o rododendro, afetam o tamanho e a forma. Todo mundo gosta de assistir à avaliação de um bom comprador. É uma performance pública cheia de proezas. Por vezes, os catadores fotografam a avaliação. Às vezes, eles também fotografam seus melhores cogumelos; ou o dinheiro, especialmente quando se trata de notas de 100 dólares. São troféus da caça.

5. Durante as quatro temporadas em que assisti às compras, vi dois compradores saindo, no meio da temporada, por causa de brigas com seus respectivos agentes de campo; outro fugiu. Ninguém foi forçado a sair do negócio por causa da concorrência.

Os compradores buscam formar *crews*, isto é, grupos de catadores leais, mas os catadores não se sentem obrigados a continuar vendendo para um mesmo comprador. Assim, os compradores cortejam catadores por meio de vínculos de parentesco, língua e etnicidade, ou por meio de bônus especiais. Os compradores oferecem aos catadores comida e café, ou mesmo bebidas mais fortes, como tônicas alcoólicas curtidas em ervas e escorpiões. Os catadores comem e bebem sentados ao redor das tendas dos compradores, onde compartilham experiências comuns de guerra, e a camaradagem pode durar até tarde da noite. Mas tais grupos são fugazes; basta o rumor de um preço ou de um negócio especial e os catadores seguem para outra tenda, outro círculo. No entanto, os preços não são tão diferentes. Pode a performance fazer parte do nexo? Competição e independência significam liberdade para todos.

Às vezes, os catadores esperam sentados em suas caminhonetes com seus cogumelos porque estão insatisfeitos com os preços. Mas eles devem vender antes que a noite termine, não podem ficar com os cogumelos. Esperar é também parte da performance da liberdade: liberdade de procurar onde quiser – mantendo sua propriedade, trabalho e posses ao alcance dos braços. Liberdade de levar os próprios cogumelos para qualquer comprador, e, no caso dos compradores, para qualquer agente de campo. Liberdade de levar outros compradores à falência; liberdade para fazer muito dinheiro ou mesmo perder tudo.

Uma vez contei a um economista sobre essa cena da compra. Ele ficou empolgado e me disse que essa era a forma básica e verdadeira do capitalismo, sem a interferência de interesses poderosos e desigualdades. Este era o capitalismo real, disse ele, onde o campo de negociação era nivelado como deveria ser. Mas podemos considerar a coleta e o comércio de matsutake em Open Ticket como uma atividade capitalista? O problema é que não há capital. O que existe é muito dinheiro trocando de mãos. Mas ele escapa e nunca forma um investimento. A única acumulação está acontecendo de forma derivativa, em Vancouver, Tóquio e Kobe, onde os exportadores e importadores se utilizam do comércio de matsutake para construir suas firmas. Nessas situações, os cogumelos de Open Ticket se inscrevem nos fluxos de capital, mas sua obtenção não me parece ocorrer a partir de uma formação capitalista.

Contudo, existem "mecanismos de mercado" claros. Existem mesmo? A grande questão para os mercados competitivos, de acordo com os economistas, é a baixa dos preços, que leva os fornecedores a procurarem produtos de modos mais eficientes. Mas a competição da compra em Open Ticket tem o objetivo explícito de *subir* os preços. Todos dizem isso: catadores, compradores, varejistas. O sentido de jogar com os preços é ver se o valor pode ser aumentado, para que todos em Open Ticket possam ser beneficiados. Muitos parecem assumir que existe um fluxo de dinheiro sempre florescente no Japão e que o objetivo do teatro competitivo é forçar a abertura dos canais para que o dinheiro flua para Open Ticket. Os mais antigos se lembram de 1993, quando o preço do matsutake decolou subitamente para 600 dólares o meio quilo na mão dos catadores. Bastava encontrar um cogumelo robusto, e você tinha 300 dólares![6] Nos anos 1990, dizem, mesmo depois dessa alta, um único catador poderia fazer milhares de dólares em apenas um dia. Como o canal para esse fluxo de dinheiro poderia ser aberto novamente? Os compradores e atacadistas de Open Ticket apostam na competição para subir os preços.

Parece-me que existem duas circunstâncias estruturais que permitem o florescimento desse conjunto de crenças e práticas. Primeiro, os empresários estadunidenses naturalizaram a expectativa de que o governo utilizará seu poder a favor deles: enquanto eles atuarem de maneira competitiva, o governo vai fazer de tudo para garantir que os negócios internacionais favoreçam as companhias estadunidenses, de modo que elas consigam os preços e a fatia de mercado que desejarem.[7] O comércio de matsutake

---

6. O livro de Jerry Guin oferece o diário de um catador de 1993: *Matsutake mushroom: "White" goldrush of the 1990s*. Happy Camp: Naturegraph Publishers, 1997.
7. Veja, por exemplo, o relato da história de Marlboro em Richard Barnet, *Global dreams: Imperial corporations and the new world order*. Nova York: Touchstone, 1995.

de Open Ticket é demasiado pequeno e discreto para conseguir esse tipo de atenção do governo. Ainda assim, é com essa expectativa nacional que os compradores e atacadistas se envolvem em performances competitivas para fazer com que os japoneses lhes ofereçam os melhores preços. Enquanto se mostrarem devidamente "estadunidenses", eles esperam ser bem-sucedidos.

Em segundo lugar, os comerciantes japoneses estão dispostos a aceitar tais negociações como um sinal daquilo que o importador que mencionei anteriormente chamou de "psicologia americana". Os comerciantes japoneses esperam trabalhar com performances estranhas ou em meio a elas – se isso traz as mercadorias, deve ser encorajado. Posteriormente, os exportadores e importadores podem traduzir os produtos exóticos da liberdade estadunidense em estoque japonês – e, por meio do estoque, em acumulação.

O que é essa "psicologia americana", então? Há pessoas e histórias demais em Open Ticket para que recorramos automaticamente à coerência pela qual costumamos imaginar a "cultura". O conceito de assembleia – um emaranhado aberto de formas de ser – é mais útil. Em uma assembleia, trajetórias variadas aderem umas às outras, mas a indeterminação é importante. Para aprender sobre uma assembleia, deve-se desemaranhar seus nós. As performances de liberdade que ocorrem em Open Ticket requerem a investigação de histórias que se estendem para muito além do Oregon, mas revelam como os seus emaranhados podem ter se formado.[8]

---

8. Outros relatos surpreendentes de trabalho precário nas florestas do Noroeste Pacífico dos Estados UnidosEstados Unidos incluem: Rebecca McLain, *Controlling the forest understory: Wild mushroom politics in central Oregon*. Seattle: University of Washington, 2000. Tese de PhD; Beverly Brown e Agueda Marin-Hernández (orgs.), *Voices from the woods: Lives and experiences of non-timber forest workers*. Wolf Creek: Jefferson Center for Education and Research, 2000; Beverly Brown et al., *Contract forest laborers in Canada, the U.S., and Mexico*. Portland: Jefferson Center for Education and Research, 2004; Richard Hansis, "A political ecology of picking: Non-timber forest products in the Pacific Northwest", *Human Ecology*, v. 26, n. 1, 1998, pp. 67-86; Rebecca Richards and Susan Alexander, *A social history of wild huckleberry harvesting in the Pacific Northwest*. USDA Forest Service PNW-GTR-657, 2006.

Agendas comunais, Oregon. Forrageando com um rifle. A maioria dos catadores tem estórias terríveis de sobrevivência à guerra. A liberdade dos campos de cogumelos surge de uma variedade de histórias de trauma e deslocamento.

Capítulo 6
Histórias de guerra

> Na França eles têm dois tipos, liberdade
> e comunista. Nos Estados Unidos eles
> têm apenas um tipo: liberdade.
>
> *Comprador laosiano em Open Ticket,*
> *explicando por que foi para os Estados*
> *Unidos e não para a França*

A liberdade sobre a qual tantos catadores e compradores de matsutake falam tem referências remotas e locais. Em Open Ticket, a maioria explica seu compromisso com a liberdade como decorrente de experiências aterrorizantes e trágicas durante a guerra Estados Unidos-Indochina e as guerras civis que se seguiram. Quando os catadores falam sobre fatores determinantes em suas vidas, incluindo a colheita de cogumelos, a maioria fala sobre sobreviver à guerra. Eles estão dispostos a enfrentar os muitos perigos da floresta de matsutake porque fazê-lo é prolongar sua rotina de sobrevivência de guerra, uma forma de liberdade assombrada que os persegue por todos os lugares.

No entanto, as relações com a guerra são culturalmente, nacionalmente e racialmente específicas. As paisagens construídas pelos catadores variam com seus legados de envolvimento com a guerra. Alguns catadores se enfiam em histórias de guerra sem nunca ter passado por uma. Um irônico ancião laosiano explica por que até mesmo os jovens catadores do Laos usam camuflagem: "Essas pessoas não eram soldados; estão apenas fingindo ser soldados." Quando perguntei sobre os perigos de se tornarem invisíveis para os caçadores brancos, que estão em busca de veados, um catador hmong evocou um imaginário diferente: "Nós usamos camuflagem para nos escondermos quando vemos os caçadores primeiro." Se os vissem, os caçadores poderiam caçá-los, ele sugeriu. Os catadores navegam pela liberdade da floresta em meio a um labirinto de diferenças. A liberdade, como descrevem, é tanto um eixo de comunalidade quanto um ponto a partir do qual as agendas comunitárias específicas se dividem. Apesar de haver outras diferenças em tais agendas, algumas perspectivas podem sugerir as várias maneiras pelas quais a caça ao matsutake é energizada pela liberdade. Este capítulo amplia minha investigação do que os catadores e compradores entendiam por liberdade, recorrendo às histórias que contavam sobre a guerra.

O romantismo da fronteira é exacerbado nas montanhas e florestas do Noroeste Pacífico. É comum que as pessoas brancas glorifiquem os indígenas estadunidenses e, paradoxalmente, identifiquem-se com os colonizadores que tentaram exterminá-los. Autossuficiência, individualismo bruto e a força estética da masculinidade branca são motivos de orgulho. Muitos catadores brancos são defensores das conquistas dos Estados Unidos no exterior, de um Estado mínimo e da supremacia branca. No entanto, o noroeste rural do país também tem reunido hippies e iconoclastas. Veteranos brancos da guerra Estados Unidos-Indochina trazem suas experiências para este amálgama bruto e independente, adicionando uma combinação particular de ressentimento e patriotismo, trauma e ameaça. Memórias de guerra são simultaneamente perturbadoras e produtivas na formação deste nicho. A guerra é prejudicial, eles nos dizem, mas também produz homens. A liberdade pode ser encontrada na guerra assim como contra ela.

Dois veteranos brancos sugerem a amplitude de modos de expressão da liberdade. Alan sentiu que teve sorte quando uma lesão de infância se agravou e fez com que ele fosse mandado da

Indochina de volta para casa. Nos seis meses seguintes, ele serviu como motorista em uma base estadunidense. Um dia ele recebeu ordens para retornar ao Vietnã. Ele dirigiu seu jipe de volta até o depósito e deixou a base, desertou. Passou os quatro anos seguintes escondido nas montanhas do Oregon, onde passou a ter um novo objetivo: morar na floresta e nunca mais pagar aluguel. Mais tarde, a chegada da onda do matsutake lhe caiu como uma luva. Alan se imagina como um hippie gentil que trabalha contra a cultura de combate de outros veteranos. Uma vez ele foi para Las Vegas e teve um terrível flashback quando se viu cercado por asiáticos no cassino. A vida na floresta é sua maneira de evitar o perigo psicológico.

Nem toda experiência de guerra é tão benigna. Quando conheci Geoff, fiquei muito feliz de encontrar alguém com tanto conhecimento sobre a floresta. Contando-me sobre os prazeres de sua infância no leste de Washington, ele descreveu o meio rural com um olhar apaixonado por detalhes. No entanto, meu entusiasmo em trabalhar com Geoff se transformou quando conversei com Tim, que explicou que Geoff tivera uma longa e difícil jornada no Vietnã. Certa vez, seu grupo saltou de um helicóptero e caiu dentro de uma emboscada. Muitos dos homens foram mortos e Geoff foi baleado no pescoço, mas, milagrosamente, sobreviveu. Quando Geoff voltou para casa, estava tão atordoado que gritava durante a noite. Ele não conseguiu ficar e acabou voltando para a floresta. Mas seus anos de guerra não haviam acabado. Tim descreveu uma época em que ele e Geoff surpreenderam um grupo de catadores cambojanos em um canteiro de pedregulhos que era um dos lugares prediletos de Geoff. Ele abriu fogo, e os cambojanos correram em fuga para os arbustos. Certa vez, Tim e Geoff se hospedaram em uma mesma cabana, e Geoff passou a noite inquieto, afiando sua faca. "Você sabe quantos homens eu matei no Vietnã?", ele perguntou a Tim. "Mais um não faria a menor diferença."

Os catadores brancos imaginam-se não apenas como veteranos violentos, mas também como homens autossuficientes da montanha: solitários, durões e engenhosos. Um ponto de conexão com aqueles que não lutaram na guerra é a caça. Um comprador branco, muito velho para ter lutado no Vietnã – embora fosse um forte defensor das guerras dos Estados Unidos –, explicou que a caça, assim como a guerra, constrói o caráter. Nós falamos do então vice-presidente Cheney, que tinha atirado em um amigo enquanto caçava pássaros; é através da vulgaridade de acidentes como esse que a caça nos torna homens, disse ele. A partir da caça, até mesmo os não combatentes podem experimentar a paisagem florestal como um local para se cultivar a liberdade.

Os refugiados cambojanos têm dificuldade de se integrar a esse legado do Noroeste Pacífico; eles tiveram de criar suas próprias histórias de liberdade nos Estados Unidos. Tais histórias são guiadas não apenas pelo bombardeio estadunidense e pelos terrores subsequentes do regime do Khmer Vermelho e da guerra civil, mas também pelo momento de seu ingresso nos Estados Unidos, nos anos 1980, quando se encerrou o Estado de bem-estar social no país. Naquela época, ninguém oferecia aos cambojanos empregos estáveis e com benefícios. Como outros refugiados do Sudeste Asiático, eles tiveram que fazer algo com o que tinham – incluindo suas experiências de guerra. O *boom* do matsutake fez da coleta, com suas oportunidades intrépidas de ganhar a vida na floresta, uma opção atraente.

O que é, então, liberdade? Um agente de campo branco, exaltando os prazeres da guerra, sugeriu que eu falasse com Ven, um cambojano que, segundo ele, me mostraria que até os asiáticos amam a guerra imperial dos Estados Unidos. Como Ven conversou comigo depois dessa apresentação, não me surpreendeu que ele endossasse a ideia da liberdade estadunidense como uma jornada militar. Contudo, nossa conversa tomou rumos talvez inesperados para o agente de campo e, ainda assim, repercutiu a perspectiva de outros cambojanos da floresta. Primeiro, nas confusões da guerra civil cambojana, nunca ficou claro de que lado se estava lutando. Enquanto os veteranos brancos imaginavam a liberdade uma paisagem racial completamente dividida, os cambojanos contavam histórias de um lado para o outro sem conhecimento. Em segundo lugar, enquanto os veteranos brancos às vezes iam para as colinas para viver a liberdade traumática da guerra, os cambojanos ofereciam uma visão mais otimista de regeneração e cura nas florestas da liberdade estadunidense.

Aos treze anos de idade, Ven deixou sua aldeia no Camboja para se juntar à luta armada. Seu objetivo era expulsar os invasores vietnamitas. Ele diz que não conhecia as filiações nacionais de seu grupo; mais tarde, descobriu que este era filiado ao Khmer Vermelho. Por ser muito jovem, o comandante fez amizade com ele e o manteve em segurança, perto dos líderes. Mais tarde, porém, o comandante perdeu sua influência, e Ven tornou-se um preso político. Seu grupo de prisioneiros foi enviado à selva, abandonado à própria sorte. Felizmente, ele já conhecia essa área desde os dias de luta. Onde os outros viam a selva fechada, Ven conhecia os caminhos escondidos e os recursos da floresta. Neste ponto da estória, eu esperava que ele dissesse que escapou, especialmente porque ele estava radiante de orgulho por seu conhecimento da selva. Mas não: ele mostrou ao grupo uma fonte escondida, sem a qual não teriam água fresca. Talvez houvesse algo de empoderador nessa prisão florestal, mesmo em suas coerções. Seu retorno à floresta é atiçado por essa centelha – mas somente na segurança proporcionada pela liberdade imperial estadunidense, explicou.

Outros cambojanos falaram sobre a coleta de cogumelos como uma forma de cura para os traumas da guerra. Uma mulher descreveu como ela era fraca quando veio pela primeira vez aos Estados Unidos; suas pernas eram tão frágeis que ela mal conseguia andar. A coleta de cogumelos trouxe de volta sua saúde. Sua liberdade, ela explicou, é a liberdade de movimento.

Heng me contou sobre suas experiências em uma milícia cambojana. Ele liderava um grupo de trinta homens. Mas um dia, enquanto patrulhava, pisou em uma mina que explodiu sua perna. Ele implorou aos colegas que atirassem nele, já que a vida de um homem sem uma perna no Camboja era demasiado degradante. Por sorte, no entanto, ele foi resgatado por uma missão da ONU e transportado para a Tailândia. Nos Estados Unidos, ele se dá bem com sua perna mecânica. Ainda assim, quando disse a seus parentes que iria colher cogumelos na floresta, eles zombaram da ideia. Se recusaram a levá-lo junto, pois achavam que ele nunca seria capaz de acompanhar seu ritmo. Finalmente, uma tia deixou-o na base de uma montanha, dizendo-lhe para encontrar seu próprio caminho. E ele encontrou cogumelos! Desde então, a colheita do matsutake tem sido uma afirmação de sua mobilidade. Um de seus amigos perdeu a outra perna e ele brinca que, juntos nas montanhas, eles estão "completos".

As montanhas do Oregon são tanto uma cura de antigos hábitos e sonhos quanto uma conexão com eles. Fiquei surpresa ao constatar isso no dia em que perguntei a Heng sobre os caçadores de veados. Eu estava sozinha na colheita naquela tarde quando, de repente, escutei tiros nas proximidades. Fiquei apavorada; não sabia qual caminho seguir. Perguntei a Heng sobre isso mais tarde. "Não corra!", ele disse. "Correr mostra que você está com medo. Eu nunca correria. É por isso que eu sou um líder entre os homens." Os bosques ainda estão repletos de fantasmas da guerra, e a caça nos lembra sobre isso. O fato de que quase todos os caçadores são brancos e tendem a desprezar os asiáticos torna mais visíveis os paralelos com a guerra. Este tema é ainda mais importante para os catadores hmong, que, ao contrário da maioria dos cambojanos, identificam-se como caçadores, assim como caçados.

Durante a guerra Estados Unidos-Indochina, os Hmong se tornaram a linha de frente da invasão estadunidense do Laos. Recrutados pelo general Vang Pao, aldeias inteiras desistiram da agricultura para viver dos alimentos lançados por aviões da CIA. Os homens convocaram os bombardeiros estadunidenses, colocando-se em risco para que os norte-americanos pudessem destruir o país com ataques aéreos.[1] Não é de surpreender que essa política tenha exacerbado as tensões entre os Hmong e os laosianos, alvos do bombardeio. Os refugiados hmong têm se adaptado relativamente bem aos Estados Unidos, mas as memórias do combate são fortes. As paisagens do tempo de guerra no Laos estão muito vivas para os refugiados hmong, e isso molda tanto a política quanto as atividades diárias de liberdade.

Considere-se o caso de Chai Soua Vang, caçador hmong e também atirador de precisão do Exército dos Estados Unidos. Em novembro de 2004, ele se aventurou em um esconderijo usado para a caça de veados em uma floresta de Wisconsin, no mesmo momento em que os proprietários brancos estavam fazendo uma ronda por seu terreno. Os proprietários confrontaram o caçador, mandando-o sair. Ao que parece, fizeram-no por meio de insultos de cunho racial e alguém atirou nele. Em resposta, ele atirou em oito deles com seu rifle semiautomático, matando seis pessoas.

A estória virou notícia e foi contada sobretudo com tom de indignação. A CBS News citou o delegado local, Tim Zeigle, que disse que Vang estava "perseguindo [os proprietários] para matar. Ele os caçou".[2] Os porta-vozes da comunidade hmong imediatamente se afastaram de Vang e se concentraram em salvar a reputação de seu povo. Embora os jovens hmong tenham se manifestado contra o racismo no julgamento que se seguiu à prisão de Vang, ninguém indagou publicamente por que Vang poderia ter assumido a postura de um franco-atirador para eliminar seus adversários.

Todos os Hmong com quem falei no Oregon pareciam saber do caso e demonstraram empatia por Vang. O que ele havia feito lhes parecia totalmente familiar; poderia ter acontecido

---

1. Para um relato detalhado de um apoiador de Vang Pao, ver J. Hamilton-Merritt, *Tragic mountains: The Hmong, the Americans, and the secret war in Laos, 1942-1992*, op. cit. (citado no cap. 2, n. 57).
2. "Deer hunter charged with murder", CBS News, 29 nov. 2004.

com um irmão ou um pai. Embora ele fosse jovem demais para ter participado da Guerra Estados Unidos-Indochina, suas ações mostraram quão bem ele havia se adaptado às paisagens daquela guerra. Lá todo homem que não era um colega era um inimigo, e a guerra significava matar ou morrer. Os homens mais velhos da comunidade hmong ainda estão muito apegados ao mundo dessas batalhas; em seus encontros, a logística de batalhas particulares – a topografia, o *timing* e as surpresas – é o assunto da conversa entre os homens. Um ancião hmong, a quem perguntei sobre sua vida, aproveitou a oportunidade para me contar sobre como lançar granadas e o que fazer se você for baleado. A logística da sobrevivência em tempos de guerra *era* a matéria da vida dele.

Para os Hmong que vivem nos Estados Unidos, a caça remete à familiaridade do Laos. O ancião hmong me contou sobre o seu amadurecimento no Laos: quando menino, aprendera a caçar e usava essa habilidade em lutas na selva. Agora, nos Estados Unidos, ele ensina seus filhos a caçar. A caça traz os homens hmong para um mundo de perseguição, sobrevivência e masculinidade.

Os catadores de cogumelos hmong se sentem confortáveis na floresta por causa da caça. Os Hmong raramente se perdem; eles usam as habilidades de localização na floresta que aprenderam com a caça. Para os homens mais velhos, a paisagem da floresta remete ao Laos: muita coisa é diferente, mas há colinas selvagens e a necessidade de manter-se alerta. Tal familiaridade faz com que a geração mais velha volte para a colheita de cogumelos a cada ano; como a caça, esta é uma chance de relembrar as paisagens florestais. Sem os sons e cheiros da floresta, o ancião me disse, um homem míngua. A colheita de cogumelos sobrepõe o Laos e o Oregon, guerra e caça. A paisagem arrasada do Laos em guerra se embaralha com a experiência do presente. O que inicialmente parecia não fazer sentido me surpreendeu a partir da percepção dessas camadas: perguntei sobre cogumelos e os catadores hmong responderam contando-me sobre o Laos, a caça ou a guerra.

Tou e seu filho Ger gentilmente levaram minha assistente Lue e a mim em muitas coletas de matsutake. Ger era um professor extrovertido, e Tou era um ancião quieto. Por isso, eu valorizava ainda mais as coisas que ele dizia. Uma tarde, depois de uma longa e prazerosa coleta, Tou desabou no banco da frente do carro com um suspiro. Lue traduziu o que ele disse em hmong. "É como o Laos", disse Tou, contando-nos sobre sua casa. Seu comentário seguinte não fazia sentido para mim: "Mas é importante ter seguro". Precisei de meia hora para entender o que ele queria dizer. Ele contou uma estória: um parente seu havia retornado ao Laos para uma visita, mas as colinas daquele país o atraíram tanto que ele deixou uma de suas almas para trás quando retornou para os Estados Unidos. Como resultado, ele morreu logo. A nostalgia pode causar a morte, por isso é importante ter seguro de vida, ele permite que a família compre os bois que costumam ser sacrificados no funeral. Tou estava experimentando a nostalgia de uma paisagem que se tornara familiar a partir das caminhadas e da coleta. Essa é também a paisagem da caça – e da guerra.

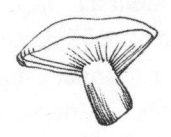

Por serem budistas, os laosianos tendem a se opor à caça. Ao invés de dedicar-se a ela, são os empresários dos acampamentos. A maioria dos compradores de cogumelos do Sudeste Asiático é laosiana. Nos acampamentos, eles abriram tendas de macarrão, gamão, karaokê e churrasqueiras. Muitos dos catadores do Laos que conheci eram nativos das cidades laosianas ou foram deslocados para elas. Eles frequentemente se perdem na floresta, mas gostam dos riscos da coleta de cogumelos e se referem a ela como um esporte de empreendedorismo.

Comecei a pensar sobre as relações culturais com a guerra quando convivi com os catadores laosianos. A camuflagem é popular entre os homens. A maioria ainda tem seus corpos cobertos por tatuagens protetoras – algumas adquiridas no exército, outras em gangues e outras ainda nas artes marciais. A indisciplina laosiana é a justificativa para a existência de regras do Serviço Florestal que proíbem o porte de armas nos acampamentos. Comparado com outros grupos de catadores, os laosianos que conheci pareciam menos feridos pelo evento mesmo da guerra – e, ainda assim, pareciam mais envolvidos na sua simulação na floresta. Mas o que é uma ferida? O bombardeio estadunidense no Laos deslocou 25% da população rural, forçando o êxodo para as cidades – e, quando possível, para o exterior.³ Se os refugiados do Laos nos Estados Unidos compartilham particularidades com os moradores dos acampamentos, não seria a ferida uma dessas particularidades?

Alguns catadores laosianos cresceram em famílias de militares. O pai de Sam serviu no Exército Real do Laos; ele estava pronto para seguir os passos de seu pai ao alistar-se no Exército dos Estados Unidos. No outono anterior ao seu recrutamento, ele encontrou alguns amigos para catar cogumelos e se despedir. Ele fez tanto dinheiro que cancelou seus planos do exército e até levou seus pais para a colheita. Além disso, descobriu também os prazeres da coleta ilegal em uma temporada na qual, invadindo terras de parques nacionais, conseguiu ganhar 3 mil dólares em um único dia.

Assim como os catadores brancos, os laosianos que conheci procuravam matsutake em locais escondidos e fora dos limites de coleta. (Em contraste, os cambojanos, os Hmong e os Mien se dedicavam, na maior parte das vezes, à observação cuidadosa em áreas mais conhecidas). Os catadores do Laos – outra vez como os brancos – também gostavam de se vangloriar de suas ações fora da lei e da sua capacidade de escapar ilesos. (Já outros catadores agiam fora da lei com maior discrição.) Como empreendedores, os laosianos eram mediadores, com todos os prazeres e perigos que a mediação implicava. Em minha inexperiência, a perspectiva empreendedora prontidão para o combate me parecia um confuso de justaposições. No entanto, percebi que ela funcionava como um estímulo para empreendimentos de alto risco.

---

3. "The Refugee Population", in: *Laos: A country study*. Library of Congress, Country Studies.

Thong, um homem forte e bonito de trinta e poucos anos, parecia-me uma pessoa cheia de contradições: lutador, dançarino refinado, pensador reflexivo, crítico taxativo. Por causa de sua força, Thong cata cogumelos em lugares altos e inacessíveis. Ele me contou sobre seu encontro com um policial, que uma noite o parou por excesso de velocidade, a mais de sessenta quilômetros do acampamento dos catadores. Ele disse que o policial que podia apreender seu carro, ele caminharia pela noite fria. O policial cedeu, disse ele, e o deixou seguir. Quando Thong falou que os catadores de cogumelos estão na floresta para escapar dos mandados de prisão, pensei que ele poderia estar falando de sua própria experiência. Até bem recentemente, ele era casado. No processo de divórcio, deixou um emprego bem remunerado para colher cogumelos. Imagino que ele visava, no mínimo, fugir das obrigações de pai. As contradições se multiplicam. Ele desviou do assunto para expressar desdém por catadores que abandonam seus filhos pela floresta. Ele mesmo não está em contato com seus filhos.

Meta pensa muito sobre o budismo. Ele passou dois anos em um mosteiro; voltou ao mundo e tem se empenhado em renunciar às coisas materiais. A colheita de cogumelos é uma maneira de fazer esse trabalho de renúncia. A maioria de seus pertences está em seu carro. O dinheiro chega a ele facilmente, mas desaparece com a mesma facilidade. Ele não se apega às posses. Isso não significa que ele seja ascético em um sentido ocidental. Quando está bêbado, canta um karaokê com sua voz de tenor suave.

Apenas entre os laosianos conheci filhos de catadores de cogumelos que, quando adultos, tornaram-se também catadores de cogumelos. A primeira vez que Paula veio catar cogumelos foi com seus pais, que mais tarde se mudaram para o Alasca. Mas ela mantém os laços sociais de seus pais nas florestas do Oregon, ganhando assim o espaço de negociação reivindicado por catadores muito mais experientes. Paula é ousada. Ela e o marido chegaram prontos para a colheita dez dias antes de o Serviço Florestal abrir a temporada. Quando a polícia os pegou com cogumelos em sua caminhonete, o marido fingiu que não sabia falar inglês, enquanto

Paula repreendia os oficiais. Paula é fofa e parece uma criança; ela pode se safar com mais malícia do que outras pessoas. Ainda assim, fiquei surpresa com a sua ousadia. Ela disse que desafiou o policial a interferir em suas atividades. Eles perguntaram onde ela encontrara os cogumelos. "Sob árvores verdes." Onde estavam essas árvores verdes? "Todas as árvores são verdes", ela insistiu. Então ela pegou o celular e começou a ligar para seus aliados.

O que é liberdade? A política de imigração dos Estados Unidos diferencia "refugiados políticos" de "refugiados econômicos", concedendo asilo apenas para os primeiros. Isso exige que os imigrantes aceitem a "liberdade" como uma condição para sua entrada. Os imigrantes do sudeste asiático tiveram a oportunidade de aprender essa condição nos campos de refugiados da Tailândia, onde muitos passaram anos se preparando para a imigração para os Estados Unidos. Como brincou o comprador do Laos citado no início do capítulo, ao explicar o motivo de sua escolha pelos Estados Unidos, e não pela França: "Na França, eles têm dois tipos: liberdade e comunismo. Nos Estados Unidos, eles só têm um tipo: a liberdade". Disse também que, por causa da liberdade, prefere a coleta de cogumelos a um emprego fixo – ele trabalhava como soldador – com uma boa renda.

As estratégias dos laosianos para encenar a liberdade contrastam nitidamente com as do outro grupo de coletores que disputam o título de "mais assediados pela lei": os latinos. Os catadores latinos tendem a ser imigrantes sem documentos que se engajam na atividade de coleta em regime de trabalho ao ar livre durante o ano todo. Durante a estação da coleta de cogumelos, muitos vivem escondidos na floresta, em vez de ficar nos acampamentos e motéis legalmente exigidos, onde as identificações e permissões para a coleta podem ser verificadas. Aqueles que conheci tinham vários nomes, endereços e documentos. A prisão por coleta ilegal de cogumelos pode resultar não só em multa, mas também na perda de veículos (por documentos falsificados) e na deportação. Ao invés de desafiar a lei, os catadores latinos tentavam ficar fora do seu radar; e, se pegos, faziam malabarismos com papéis e estratégias de legitimação e apoio. A maioria dos catadores laosianos, ao contrário dos latinos, é composta de refugiados e, portanto, cidadãos. Ao aderir à liberdade, eles lutam pela ampliação de seu espaço.

Contrastes como esses motivaram minha tentativa de entender as relações culturais com a guerra que moldam as práticas de liberdade dos veteranos brancos e dos refugiados cambojanos, Hmong e laosianos. Veteranos e refugiados negociam a cidadania estadunidense por meio do endosso e da encenação da liberdade. Nesta prática, o militarismo é internalizado. O militarismo incute-se na paisagem e inspira estratégias de coleta e empreendedorismo.

Entre os catadores comerciais de matsutake no Oregon, a liberdade é um "objeto fronteiriço". Isto é, uma preocupação compartilhada que, no entanto, assume muitos significados e aponta para direções variadas.[4] Todos os anos, os catadores de matsutake chegam em Open Ticket movidos por suas relações divergentes e sobrepostas com a liberdade da floresta, alimentando assim as cadeias de suprimentos financiadas por japoneses. Suas experiências de guerra os motivam a voltar ano após ano para reviver suas estratégias de sobrevivência. Os veteranos brancos reencenam o trauma; os Khmer curam feridas de guerra; os Hmong lembram-se das paisagens de luta; e os laosianos se aventuram. Cada uma dessas vertentes históricas mobiliza a prática de colher cogumelos como prática de liberdade. Desse modo, sem qualquer recrutamento, treinamento ou disciplina corporativa, montanhas de cogumelos são reunidas e enviadas para o Japão.

---

4. Susan Star e James Griesemer, "Institutional ecology, 'translations' and boundary objects", *Social Studies of Science*, v. 19, n. 3, 1989, pp. 387-420.

Agendas comunitárias, Oregon. Preparativos para um jantar de sukiyaki em uma igreja budista frequentada predominantemente por nipo-americanos. Para eles, a coleta de matsutake é um legado cultural e uma ferramenta para a construção de laços comunitários transgeracionais.

Capítulo 7

O que aconteceu com o Estado?
Dois tipos de asiático-americanos

> Vestindo trajes leves, amigos do *shigin*
> seguiram em direção à montanha,
> Uma selva escura repleta de pinheiros.
> Estacionamos nossos carros e
> avançamos montanha adentro para
> procurar cogumelos.
> De repente, um assobio quebrou a
> desolação da floresta.
> Corremos em sua direção, gritando de
> alegria.
> À luz do outono, lado a lado, nos
> sentimos como crianças outra vez.[1]
>
> SANOU URIUDA, "A procura de matsutake
> no monte Rainier"[2]

Tudo sobre Open Ticket me surpreendeu, mas especialmente a sensação de estar em uma vila do Sudeste Asiático no meio da floresta do Oregon. Minha desorientação cresceu ainda mais quando encontrei um grupo diferente de catadores de matsutake: os nipo-americanos. Apesar de muitas diferenças com relação à minha origem sino-americana, os nipo-americanos me pareciam

---

1. Em inglês: "*Lightly dressed* shigin *friends went up to the mountain | A shady wilderness crowded with pines. | We parked our cars and went into the mountains to look for mushrooms. | Suddenly, a whistle broke the desolation of the forest. | All rushing there, we shouted for joy. | In the autumn light, being beside ourselves, we felt like children again.*" [N.T.]

2. *Shigin* refere-se à recitação de poesia clássica no Japão. Este poema foi distribuído, em japonês e com tradução para o inglês, por Kokkan Nomura, em 18 de setembro de 2005 por ocasião da celebração da herança matsutake no Oregon Nikkei Legacy Center. Miyako Inoue ajudou a criar esta nova tradução para o inglês.

familiares, como família mesmo. Essa suposta facilidade, no entanto, me impactou de forma brusca, como um balde de água fria. Eu me dei conta de que algo imenso e espantoso havia acontecido com a cidadania americana[3] entre as imigrações do início e do final do século XX. Um cosmopolitismo radicalmente novo transformou o que significa ser americano: uma colisão de fragmentos não assimilados de agendas culturais e causas políticas de todo o mundo. Minha surpresa, então, não foi o choque ordinário da diferença cultural. A precariedade estadunidense – viver nas ruínas – encontra-se nessa multiplicidade desestruturada, nessa liquefação confusa. Não vivemos mais um *melting pot*, vivemos agora alteridades irreconhecíveis. E, embora eu narre essa estória no contexto dos mundos asiático-americanos, não pense que ela se limita a eles. Essa cacofonia é a sensação da vida precária para americanos brancos e não brancos – com repercussões ao redor do mundo. Ela é mais claramente visível, no entanto, em relação às suas alternativas, como a assimilação.

Os primeiros a ficarem "malucos por matsutake" no Oregon foram os japoneses que vieram para a região naquela curta janela de oportunidade entre a proibição da entrada dos chineses, em 1882, e o "Gentlemen's Agreement", que interrompeu a imigração japonesa em 1907.[4] Alguns dos primeiros imigrantes japoneses trabalharam como madeireiros e encontraram matsutake na floresta. Mesmo depois de estabelecidos na agricultura, eles voltavam para a floresta a cada estação: pelo xaxim *warabi* na primavera, pelos brotos de *fuki* no verão e pelo matsutake no outono.

---

3. Neste livro, optamos pelo adjetivo *estadunidense* para designar o que é relativo aos Estados Unidos. Em alguns momentos deste capítulo, no entanto, vamos usar *americano*, por mera fluência do texto, já que é uma expressão de uso mais corrente para definir essa cidadania. [N.T.]

4. Esse acordo, que forçou o Japão a parar de emitir novos passaportes para potenciais imigrantes, não abrangia esposas e familiares de homens que já moravam nos Estados Unidos. Essa exceção incentivou a prática de encontrar "noivas de fotografia", uma prática que foi interrompida pelo "Ladies' agrément", de 1920.

Já no início do século XX, as saídas de matsutake – piqueniques acompanhados da busca pelos cogumelos – eram atividades de lazer populares, tal como celebra o poema que abre este capítulo. O poema de Uriuda é uma sinalização útil de prazeres e dilemas. Os catadores de matsutake dirigem seus carros montanha acima; são americanos entusiastas, ainda que mantenham uma sensibilidade japonesa. Como outros que se aventuraram fora do Japão da Era Meiji, os imigrantes eram legítimos tradutores, aprendendo sobre culturas diferentes. Lado a lado, eles se tornaram crianças – nos modos americano e japonês. Então algo mudou: a Segunda Guerra Mundial.

Desde sua chegada aos Estados Unidos, os japoneses enfrentaram proibições relativas à obtenção da cidadania e à posse de terras. Apesar disso, eles foram bem-sucedidos na agricultura – especialmente com frutas e verduras que demandam trabalho intensivo, como a couve-flor, que precisa de abrigo da luz, e as frutas vermelhas, que devem ser colhidas manualmente. A Segunda Guerra interrompeu essa trajetória, tirando-os de suas fazendas. Os nipo-americanos do Oregon foram aprisionados em "Campos de Realocação de Guerra". Seus dilemas de cidadania foram virados pelo avesso.

Eu ouvi o poema de Uriuda pela primeira vez em 2006, cantado em japonês, em estilo clássico, durante um encontro de nipo-americanos celebrando sua tradição de matsutake. O cantor havia aprendido canto clássico quando esteve preso nos campos. Certamente, muitos hobbies "japoneses" floresceram ali. Mas, ainda que fosse possível encontrar hobbies japoneses, os campos mudaram o que significava ser japonês nos Estados Unidos. Quando voltaram às suas vidas após a guerra, a maioria dos nipo-americanos havia perdido o acesso às suas propriedades e fazendas. (Juliana Hu Pegues observa que, no mesmo ano em que os agricultores nipo-americanos foram enviados para os campos, os Estados Unidos iniciaram o programa "Bracero" para trazer agricultores mexicanos.)[5] Eles eram tratados com suspeita. Em resposta, fizeram de tudo para se tornar americanos exemplares. Como um homem lembrou, "Nós mantinhamos distância de qualquer coisa 'japonesa'. Se tivesse um par de chinelos [japoneses], você os deixava na porta quando saía de casa". Os hábitos cotidianos japoneses não deviam ser vistos publicamente. Os jovens pararam de aprender japonês. Esperava-se uma imersão total na cultura americana, sem extensões biculturais, e as crianças abriram o caminho. Os nipo-americanos se tornaram "200% americanos".[6] Ao mesmo tempo, as artes japonesas afloraram durante o confinamento nos campos. A poesia e a música tradicionais, em declínio antes da guerra, foram retomadas. As atividades nesses campos se tornaram a base para os clubes do pós-guerra. Elas se tornariam atividades de lazer privadas. A cultura japonesa, inclusive a coleta de matsutake, tornou-se cada vez mais popular, mas constituiu um detalhe à parte da performance de identidade americana. O "japonismo" floresceu apenas como um hobby estadunidense.

Talvez você possa entender um pouco do meu desconforto. Os catadores de matsutake nipo-americanos são bastante diferentes dos refugiados do Sudeste Asiático – e eu não posso explicar a diferença pela "cultura" ou pelo "tempo" de permanência nos Estados Unidos, explicações sociológicas recorrentes para as diferenças entre imigrantes. Americanos de segunda geração de origem sudeste-asiática não se parecem em nada em sua performance de nacionalidade com os nisseis nipo-americanos. A diferença tem a ver com eventos históricos – encontros indeterminados, se assim posso dizer – nos quais se constituem as

---

5. Pegues escreve: "A Ordem Executiva 9066 é assinada em 19 de fevereiro de 1942, e a maior parte da realocação e internação/encarceramento ocorrem entre março e junho. Em agosto, o Comando de Defesa Ocidental anunciou que a remoção e a internação dos nipo-americanos estavam completas. Por outro lado, o México declarou guerra às potências do Eixo em 1º de junho, e os Estados Unidos estabeleceram o Programa Bracero em julho de 1942 por ordem executiva". (Comunicação pessoal, 2014.)
6. O termo vem de Lauren Kessler, *Stubborn twig: Three generations in the life of a Japanese American family*. Corvallis: Oregon State University Press, 2008, cap. 13.

relações entre os grupos imigrantes e as demandas da nacionalidade. Os nipo-americanos foram submetidos a uma assimilação forçada. Os campos lhes ensinaram que ser americano exigia um grande trabalho de transformação de si mesmos, de dentro para fora. A assimilação forçada me mostrou seu avesso: os refugiados do Sudeste Asiático se tornaram cidadãos em um momento de multiculturalismo neoliberal. O amor pela liberdade pode ser suficiente para que uma pessoa se junte à multidão americana.

O contraste me tocou de forma pessoal. Minha mãe veio da China para estudar nos Estados Unidos logo após a Segunda Guerra, quando os dois países eram aliados; depois do triunfo do comunismo na China, o governo estadunidense não a deixou mais voltar para casa. Durante os anos 1950 e o início dos anos 1960, nossa família, assim como as de outros sino-americanos, estava sob vigilância do FBI. Éramos tidos como possíveis estrangeiros inimigos. Assim, minha mãe também aprendeu a assimilação sob coerção. Ela aprendeu a preparar hambúrgueres, almôndegas e pizza e quando teve filhos, não nos deixou aprender chinês, ainda que ela tivesse dificuldades com o inglês. Ela acreditava que, se falássemos chinês, nosso inglês poderia expressar um sotaque "não estadunidense". Não era seguro ser bilíngue, assim como comportar-se de modo errado ou comer as comidas erradas.

Quando eu era criança, minha família usava o termo *American* como sinônimo de "branco", e nós observávamos os estadunidenses com atenção, como fontes de referências tanto de emulação quando de moralidade. Nos anos 1970, juntei-me a grupos de estudantes asiático-americanos cujos participantes eram de ascendência chinesa, japonesa e filipina; mesmo as nossas políticas mais radicais naturalizavam a assimilação forçada que cada um desses grupos experienciou.* Assim, minha bagagem havia me preparado para uma empatia fácil com os catadores de matsutake nipo-americanos que encontrei no Oregon: eu me sentia confortável com o seu modo de ser asiático-americano. Os mais velhos eram imigrantes da segunda geração que não falavam uma palavra de japonês e que poderiam igualmente comprar comida chinesa barata ou preparar pratos tradicionais japoneses. Eles eram orgulhosos de sua origem japonesa – como pude ver por sua devoção ao matsutake. Mas aquele orgulho se manifestava de forma tensa e estadunidense. Mesmo os pratos de matsutake que preparamos juntos eram híbridos cosmopolitas que violavam todos os princípios da culinária japonesa.

Por outro lado, eu estava totalmente despreparada para descobrir as culturas asiático-americanas dos acampamentos de matsutake de Open Ticket. Os acampamentos mien me impactaram de forma particular porque me lembravam não da América asiática que eu conhecia, mas de uma combinação da China das memórias de minha mãe e das vilas do Bornéu, onde fiz trabalho de campo. Os Mien vêm para as florestas em grupos multigeracionais de parentes e vizinhos com o objetivo explícito de recuperar a vida da aldeia. Eles mantêm um engajamento com as diferenças que operavam no Laos; se os laosianos se sentam no chão, os Mien se sentam em bancos baixos, dos quais minha mãe ainda mantém uma memória afetiva, como uma lembrança da China. Os Mien recusam vegetais crus – isso é para os laosianos – mas preparam sopas e refogados com hashi, como fazem os chineses. Não se cozinha almôndega e hambúrguer em acampamentos mien. Por haver tantos sudeste-asiáticos reunidos, chegam com frequência entregas de legumes asiáticos provenientes de hortas familiares da Califórnia. No final do dia, refeições são trocadas com vizinhos, e visitantes conversam enquanto fumam cachimbos noite adentro. Quando vi uma de minhas anfitriãs mien se abaixar com um sarongue e descascar feijão-chicote ou afiar o facão, senti-me nas aldeias nas montanhas da Indonésia, onde aprendi sobre o Sudeste Asiático pela primeira vez. Esse não era os Estados Unidos que eu conhecia.

Os outros grupos de catadores do Sudeste Asiático em Open Ticket são menos dedicados em recriar a vida da aldeia; alguns vêm de cidades e não de aldeias. Ainda assim, eles têm algo em comum com os Mien: uma falta de interesse, ou mesmo de familiaridade, com o tipo de assimilação americana com a qual eu cresci. Eu me perguntava: como é que eles conseguiram escapar impunes? A princípio, fiquei espantada, talvez com um pouco de inveja. Mais tarde, reconheci que a assimilação também fora exigida deles, mas de outra forma. É aí que a liberdade e a precariedade retornam a essa estória: a liberdade coordena expressões radicalmente diferentes da cidadania estadunidense, provendo o único leme oficial para a vida precarizada. Mas isso significa que entre a chegada dos nipo-americanos e a chegada dos cambojanos e laosianos-americanos algo de importante havia mudado na relação entre o Estado e seus cidadãos.

A qualidade difusa da assimilação nipo-americana foi moldada pelas políticas culturais do Estado de bem-estar social dos Estados Unidos – o *New Deal* – até o final do século xx. O Estado tinha poder para ordenar a vida das pessoas por meio de medidas atrativas e também pela coerção. Os imigrantes foram persuadidos a integrar o *melting pot* e se tornarem integralmente americanos por meio do apagamento de seu passado. As escolas públicas eram espaços para produzir americanos. As ações afirmativas dos anos 1960 e 1970 não apenas abriram escolas, mas também tornaram possível que minorias educadas em escolas públicas pudessem encontrar espaços profissionais, apesar da exclusão racial das redes de influência. Os nipo-americanos foram seduzidos para participar do rebanho americano, mas também constrangidos a fazê-lo.

É a erosão desse aparato do Estado de bem-estar social que nos ajuda a explicar de forma simplificada por que os americanos de origem sudeste-asiática de Open Ticket desenvolveram relações tão diferentes com a cidadania estadunidense. Desde meados dos anos 1980, quando chegaram como refugiados, todos os programas do governo vêm sofrendo desmontes. As ações afirmativas foram criminalizadas, os fundos para escolas públicas cortados, os sindicatos perseguidos e o emprego formal tornou-se um ideal em extinção para todos, ainda mais para os trabalhadores não especializados. Mesmo que eles conseguissem se tornar cópias perfeitas dos estadunidenses brancos, haveria poucas recompensas. E os desafios imediatos do sustento dão as caras.

Nos anos 1980, os refugiados tinham poucos recursos e precisavam de assistência pública. No entanto, o Estado de bem-estar social estava diminuindo radicalmente. Na Califórnia, destino de muitos dos refugiados do Sudeste Asiático de Open Ticket, a assistência do governo durava apenas dezoito meses. Muitos laosianos e cambojanos-americanos de Open Ticket receberam aulas de inglês e algum treinamento profissional, mas raramente do tipo que os ajudou a conseguir um emprego de fato. Eles foram abandonados à própria sorte na sociedade americana.[7] Para aqueles poucos que tinham recebido educação ao estilo ocidental, que falavam inglês ou tinham dinheiro, havia opções. Os demais estavam na difícil situação de encontrar uma forma de aplicar os recursos e competências que possuíam, como, por exemplo, sobreviver a uma guerra. A liberdade que endossaram para conseguir entrar nos Estados Unidos deveria ser traduzida em estratégias de meios de vida.

Histórias de sobrevivência moldaram as competências que essas pessoas puderam usar para sobreviver. O fato de as terem utilizado é um tributo à sua inventividade. Mas isso também criou diferenças entre os refugiados. Vamos considerar algumas delas. Uma compradora laosiana de uma família de mulheres empresárias da capital, a cidade de Vientiane, contou que decidiu deixar o país porque o comunismo era ruim para os lucros. Vientiane fica no rio Mekong, do lado oposto à Tailândia, e, para ir embora, ela precisou cruzar o rio a nado à noite. Ela poderia ter levado um tiro, e tinha uma filha pequena para carregar. Ainda assim, apesar do perigo, a experiência ensinou-lhe que ela deveria aproveitar as oportunidades. A liberdade que a levara para os Estados Unidos era a liberdade de mercado.

Por outro lado, os catadores hmong eram categóricos em relação à liberdade como uma combinação de anticomunismo e autonomia étnica. Os Hmong mais velhos de Open Ticket ha-

---

7. Muitos catadores de Open Ticket vindos do Sudeste Asiático recebem cheques por invalidez e/ou auxílio do governo para crianças e dependentes; no entanto, estes não cobrem todas as suas despesas.

viam lutado no Laos com o exército do general Vang Pao, ligado à CIA. Os de meia idade haviam passado anos indo e vindo entre os campos de refugiados na Tailândia e os campos de rebeldes no Laos depois da vitória comunista. Ambas as trajetórias de vida combinam sobrevivência na selva e lealdade étnico-política. Essas eram aptidões que poderiam ser utilizadas nos Estados Unidos para investimentos baseados em parentesco, pelos quais os americanos hmong se tornaram conhecidos. Às vezes esses compromissos precisam ser resgatados – pela vida na selva.

Todas as pessoas com quem conversei sonhavam com estratégias de sobreviência ligadas às suas histórias étnicas e políticas de forma autoconsciente. Ninguém em Open Ticket pensava que emigrar significava apagar seu passado para se tornar estadunidense. Um homem da etnia laosiana do nordeste do Camboja, por exemplo, poderia ser motorista de caminhão entre o Camboja e o Laos. Um khmer do Vietnã, cuja família cruzou a fronteira para defender o Camboja, poderia achar que o patriotismo de sua família o tornava um bom candidato à carreira militar. Embora muitos desses sonhos continuassem não realizados, eles me diziam algo sobre sonhar: não se trata aqui do novo começo que ainda chamamos de "sonho americano".

Quanto mais você se debruça sobre a questão, mais estranha parece a ideia de que você *deveria* começar de novo para se tornar estadunidense. O que era esse sonho americano, então? Claramente, era mais do que um efeito da política econômica. Pode ter sido uma versão da conversão cristã, mas ao estilo estadunidense, em que o pecador se abre a Deus e resolve apagar sua vida pregressa pecaminosa? O sonho americano exige uma renúncia da identidade, e talvez isso seja uma forma de conversão.

O renascimento protestante tem sido central para a composição da unidade política estadunidense desde a Revolução Americana.[8]

---

8. O primeiro Grande Despertar Cristão do século XVIII foi um precursor da Revolução Americana. O segundo, do início do século XIX, é creditado à criação da cultura política da fronteira americana, bem como à Guerra Civil. O terceiro, no final do século XIX, deu origem ao evangelho social do nacionalismo americano e seu movimento missionário

Além disso, o protestantismo conduziu o projeto de secularização estadunidense no século xx – destinado a rejeitar o cristianismo intolerante ao promover formas liberais não aparentes. Susan Harding mostrou como a educação pública dos Estados Unidos de meados daquele século foi concebida por projetos de secularização, em que algumas versões do cristianismo foram exaltadas como exemplos de "tolerância", enquanto outras foram paroquializadas, entendidas como remanescentes exóticos de tempos antigos.[9] Em suas formas seculares, assim, essa política cosmológica vai além do cristianismo; para ser estadunidense, você deve se converter não ao cristianismo, mas à democracia estadunidense.

Em meados do século xx, a assimilação era um projeto desse secularismo protestante estadunidense. Esperava-se que os imigrantes se "convertessem" por meio da incorporação de toda uma gama de práticas corporais e hábitos de fala praticados pelos estadunidenses brancos. A fala era particularmente importante – a "nossa" fala. Por isso minha mãe não me deixou aprender chinês. Seria um sinal do diabo, por assim dizer, despontando do meu *habitus* americano. Essa foi a onda de conversão que se abateu sobre os nipo-americanos depois da Segunda Guerra.

Isso não significava necessariamente tornar-se cristão. Os nipo-americanos com quem trabalhei são em sua maioria budistas. De fato, "igrejas" budistas (como alguns participantes se referem a elas) ajudam a manter a comunidade unida. A que eu visitei era um híbrido curioso. O salão do culto semanal tem à frente um altar budista colorido. Mas o resto do espaço é o modelo exato de uma igreja protestante americana. Tem fileiras de bancos de madeira, acrescidas de suportes para hinários e anúncios. O porão tem espaço para as aulas de domingo e para jantares

---

mundial. Alguns chamam o movimento *Born-Again* do final do século xx de O Quarto Grande Despertar. Essas renovações cristãs não são o único tipo de mobilização cívica nos Estados Unidos, mas pode ser útil vê-las como formadoras de um *padrão* a partir do qual a mobilização para moldar a cultura pública pode ser bem-sucedida.

9. Susan Harding, "Regulating religion in mid-20th century America: The 'Man: A Course of Study' curriculum", trabalho apresentado em "Religion and Politics in Anxious States", University of Kentucky, 2014.

beneficentes e venda de doces. O núcleo da congregação é nipo-americano, mas eles são orgulhosos de ter um pastor branco, cujo budismo evidencia sua identidade estadunidense. A conversão "americana" da congregação promove sua legibilidade religiosa.

Façamos uma comparação com os refugiados do Sudeste Asiático de Open Ticket. Pensando por meio de políticas cosmológicas, eles também foram "convertidos" à democracia estadunidense. Cada um deles teve um ritual de conversão em um campo de refugiados tailandês – a entrevista que permitiu que eles entrassem nos Estados Unidos. Nessa entrevista, foi pedido que endossassem a "liberdade" e demonstrassem suas credenciais anticomunistas. De outro modo, eles seriam inimigos estrangeiros: ficariam fora do rebanho. Para entrar no país, uma asserção rigorosa da liberdade era necessária. Os refugiados podiam não saber muito de inglês, mas precisavam saber uma palavra: *freedom*.

Além do mais, alguns dos americanos hmong e mien de Open Ticket se converteram ao cristianismo. Porém, como demonstrou Thomas Pearson sobre os refugiados Montagnard-Dega, nativos vietnamitas que se estabeleceram na Carolina do Norte, pela perspectiva do protestantismo estadunidense, eles têm um tipo estranho de prática cristã.[10] O ponto de conversão para um protestante americano é poder dizer: "Eu estava perdido, mas agora aceitei Deus". Os refugiados, no entanto, dizem: "Os soldados comunistas miraram em mim, mas Deus me tornou invisível". "A guerra dispersou minha família na floresta, mas Deus nos reuniu novamente." Deus opera como espíritos indígenas, afastando o perigo. Ao invés de precisar de transformação interior, os convertidos que conheci se tornaram protegidos ao defender a *liberdade*.

Outra vez o contraste: uma lógica de conversão centrípeta (girando em direção ao interior) arrastou minha família e meus amigos nipo-americanos para dentro de uma versão do Estados Unidos inclusiva e expansiva de americanização assimiladora.

---

10. Thomas Pearson, *Missions and conversions: Creating the Montagnard-Dega refugee community*. Nova York: Palgrave Macmillan, 2009.

Uma lógica de conversão centrífuga (girando em direção ao exterior), unida por um único objeto fronteiriço, a liberdade, formou os refugiados do sudeste asiático de Open Ticket. Esses dois tipos de conversão podem coexistir. No entanto, cada um deles se deu em um momento histórico distinto das políticas de cidadania.

Parece bastante previsível, assim, que esses dois tipos de catadores não se misturem. Os nipo-americanos coletavam comercialmente no início do boom da importação japonesa, mas, no final dos anos 1980, eles foram superados por catadores brancos e sudeste-asiáticos. Agora eles catam cogumelos para os amigos e a família, não para a venda. O matsutake é um presente valioso e uma comida que reafirma as raízes culturais japonesas. E a coleta de matsutake é divertida: é uma oportunidade para os mais velhos exibirem seus conhecimentos, para as crianças brincarem na floresta e para todo mundo dividir bentôs deliciosos.

Esse tipo de lazer é possível porque os nipo-americanos que acompanhei haviam se estabelecido na classe dos trabalhadores urbanos. Quando voltaram dos campos depois da Segunda Guerra, como expliquei, haviam perdido o acesso às suas terras. Ainda assim, muitos se estabeleceram o mais próximo que puderam dos lugares que conheciam. Alguns se tornaram operários em fábricas e puderam se associar a sindicatos recém-fundados. Outros abriram pequenos restaurantes ou trabalharam em hotéis. Era um período de enriquecimento nos Estados Unidos. Seus filhos estudaram em escolas públicas e se tornaram dentistas, farmacêuticos e gerentes de lojas. Alguns se casaram com estadunidenses brancos. Ainda assim, eles se mantêm informados uns sobre os outros, a comunidade cultiva a proximidade. O matsutake ajuda a manter a comunidade, ainda que ninguém dependa dele para custear as despesas da vida.

Uma das florestas de matsutake mais apreciadas por essa comunidade se encontra em um vale coberto por pinheiros e musgo, tão suave e limpo quanto o entorno de um templo japonês. Os nipo-americanos são orgulhosos cuidado com que mantêm a área para as pessoas e plantas. Mesmo as áreas onde os já falecidos forrageavam são lembradas e respeitadas. Em meados dos anos 1990, um ambicioso comprador branco de Open Ticket levou um grupo de catadores comerciais para lá. Os catadores comerciais não estavam acostumados com a coleta cuidadosa; eles precisavam dar conta de um terreno grande para atingir a meta diária. Eles destruíram o musgo e deixaram o lugar uma bagunça. Um confronto se seguiu. Os nipo-americanos trouxeram o Serviço Florestal, que avisou ao comprador que o comércio no interior das florestas nacionais é proibido. O comprador acusou a agência de discriminação racial. "Por que os japoneses têm direitos especiais?", lembrou ele, ainda magoado. Por fim, o Serviço Florestal fechou a área para a coleta comercial. O comprador voltou para Open Ticket. Mas na falta de fiscalização, os catadores comerciais ainda entram na área e hostilidades entre os nipo-americanos e os americanos de origem sudéste-asiática ainda ocorrem. Evidentemente, são dois tipos distintos de asiático-americanos. Como um catador nipo-americano brincou, sem se dar conta: "As florestas eram ótimas até a chegada dos asiáticos". Quais?

Retornemos à liberdade dos catadores sudeste-asiáticos. Certamente, ela inclui entrar em locais proibidos sempre que possível. Mas a liberdade é algo maior do que a ousadia individual, é um engajamento com uma formação política emergente. Tenho certeza de que não sou a única pessoa marcada por esse programa de integração que foi surpreendida pela força do ressentimento que ele suscitou no século XXI, particularmente por brancos da zona rural, que se sentem deixados de fora e passados para trás. Alguns catadores e compradores brancos chamam seu posicionamento de "tradicionalismo". Eles se opõem à integração, querem vivenciar seus valores, sem a contaminação de outros. Eles também chamam isso de "liberdade". Não se trata de um plano multicultural. E, ainda assim, ajudou a dar vida à formação mais cosmopolita que os Estados Unidos já conheceram. Os novos tradicionalistas rejeitam a mistura racial e o forte legado deixado pelo Estado de bem-estar, que tornou a mistura possível – pela assimilação forçada. Uma vez desmantelada a assimilação, novas formações culturais surgiram. Sem planejamento central, imigrantes e refugiados se apegaram aos melhores instrumentos de que dispunham para garantir o seu sustento: sua experiência de guerra, sua língua e sua cultura. Eles adentram a sociedade americana por meio daquela única palavra: *liberdade*. São livres, é verdade, para continuar com as políticas transnacionais e o comércio; podem conspirar para derrubar regimes externos e torrar suas fortunas em roupas de grifes internacionais. Diferentemente de imigrantes anteriores, eles não precisam estudar para se tornarem americanos de dentro para fora. Na esteira do Estado de bem-estar social, essa conjunção de agendas de liberdade – em toda sua diversidade indomável – apreendeu seu tempo.

E que ótimos participantes das cadeias de suprimentos globais! Aqui se encontram elos de empreendedores disponíveis e determinados, com e sem capital, capazes de mobilizar seus companheiros étnicos e religiosos para atender a quase qualquer tipo de nicho econômico. Salários e benefícios não são necessários. Comunidades inteiras podem ser mobilizadas – e por razões comunais. Padrões universais de bem-estar não importam muito. Esses são projetos de liberdade. Capitalistas à procura de acumulação por aproveitamento, tomem nota.

...em tradução

Traduzindo valores, Tóquio. Matsutake, calculadora, telefone: "natureza-morta" em um estande de vendas de um atacadista.

Capítulo 8
Entre o dólar e o iene

Tenho defendido que a colheita comercial de cogumelos exemplifica a condição geral de precariedade – e, em particular, de um meio de vida sem "empregos formais". Mas como chegamos a uma situação em que tão poucos empregos com salários e benefícios estão disponíveis, mesmo no país mais rico do mundo? Pior ainda, como perdemos a expectativa e o gosto por tais empregos? Esta é uma situação recente; muitos catadores brancos conheceram tais empregos ou expectativas quando mais jovens. Algo mudou. Este capítulo ousa afirmar que a perspectiva de uma cadeia produtiva negligenciada pode iluminar essa mudança surpreendentemente abrupta – e global.

Mas não seria o matsutake um produto insignificante do ponto de vista econômico? Não ofereceria ele uma visão limitada, incapaz de revelar um panorama mais amplo? Ao contrário, o modesto sucesso da cadeia produtiva do matsutake que liga o Oregon ao Japão é a ponta de um iceberg. Segui-la até a sua porção submersa revela histórias esquecidas ainda hoje relevantes em suas implicações planetárias. Coisas que parecem pequenas acabam muitas vezes revelando-se grandes. É a própria insignificância da cadeia produtiva do matsutake que a escondeu da visão dos reformistas do século XXI, ocultando assim uma história do final do século XX que abalou o mundo. Trata-se da história dos encontros entre o Japão e os Estados Unidos que moldaram a economia global. Meu argumento é que as relações instáveis entre os capitais dos Estados Unidos e do Japão levaram à criação das cadeias globais de suprimentos – e também ao fim das expectativas de um progresso voltado para o avanço do bem-estar coletivo.

As cadeias de suprimentos globais acabaram com as expectativas de progresso porque permitiram que corporações líderes abandonassem seu compromisso com o controle da mão de obra. A padronização da mão de obra exigia educação e empregos formalizados, conectando assim lucro e progresso. Nas cadeias de suprimentos, por outro lado, os bens coletados a partir de uma variedade de acordos podem gerar lucro para a empresa líder; o compromisso com empregos, educação e bem-estar já não é mais necessário, nem mesmo no plano da retórica. Cadeias de suprimentos requerem um tipo específico de acumulação por aproveitamento, envolvendo traduções entre manchas. A história moderna das relações entre os Estados Unidos e o Japão é um contraponto de oferta-e-demanda que dissemina essa prática ao redor do mundo.

Essa estória tem dois lados. Em meados do século xix, navios estadunidenses ameaçaram a baía de Edo (atual Tóquio) para "abrir" a economia japonesa para os seus empresários. Isso desencadeou uma revolução que derrubou a economia política nacional e empurrou o Japão para o comércio internacional. Os japoneses se referem a essa reviravolta indireta do Japão por meio dos icônicos "Barcos Negros" que carregavam a ameaça dos Estados Unidos. Esse ícone é útil para considerar o que aconteceu – na direção inversa – 150 anos depois, quando a ameaça do poder comercial do Japão subverteu indiretamente, no final do século xx, a economia dos Estados Unidos. Assustados com o sucesso dos investimentos japoneses, os maiores empresários estadunidenses desmontaram o sistema corporativo enquanto instituição social e impulsionaram a economia dos Estados Unidos para o mundo das cadeias de suprimento ao estilo japonês. Poder-se-ia chamar isso de "Barcos Negros ao Contrário". Na grande onda de fusões e aquisições da década de 1990, com suas reestruturações corporativas, a expectativa de que os líderes corporativos dos Estados Unidos provessem empregos desapareceu. Em vez disso, o trabalho seria terceirizado em outro lugar – em situações cada vez mais precárias.

A cadeia produtiva do matsutake que une o Oregon ao Japão é apenas um dos muitos arranjos globais de terceirização inspirados pelo sucesso do capital japonês entre as décadas de 1960 e 1980.
   Essa história foi rapidamente encoberta. Na década de 1990, os empresários estadunidenses recuperaram o protagonismo na economia mundial, enquanto a economia japonesa caiu drasticamente. No século XXI, o poder econômico do Japão havia sido esquecido, e o progresso, impulsionado pela engenhosidade estadunidense, parecia explicar a mudança global na direção das terceirizações. É aqui que entra uma modesta cadeia produtiva para nos ajudar a enxergar através da neblina. Quais modelos econômicos permitiram a emergência de suas formas organizacionais? A única maneira de responder a essa pergunta é acompanhar as inovações econômicas japonesas do século XX. Elas não foram criadas de forma isolada: formaram-se a partir de tensões e diálogos através do Pacífico. A cadeia produtiva do matsutake nos coloca precisamente nas interações econômicas entre os Estados Unidos e o Japão. A partir daqui podemos retomar esse pedaço de história esquecida. A seguir, deixo o fio da história se desenrolar para muito longe do matsutake. No entanto, é preciso que retomemos essa cadeia a cada passo, para que sua recordação resista aos efeitos do apagamento no presente. Não se trata apenas de uma estória, mas também de um método: as grandes histórias são sempre melhor contadas a partir de detalhes que, embora pequenos, se mostram insistentes.
   Podemos começar a contar essa história pelo dinheiro. Tanto o dólar estadunidense quanto o iene surgiram em um mundo dominado pela moeda espanhola, cunhada desde o século XVI a partir da exploração da prata latino-americana. Nem os Estados Unidos nem o Japão participavam do jogo, pois os Estados Unidos só surgiram no século XVIII e o Japão era governado por senhores que olhavam apenas para dentro do próprio país, regulando rigorosamente o comércio exterior do século XVII até o XIX. O grande

futuro do dólar ou do iene não era evidente quando essas moedas surgiram. Em meados do século XIX, no entanto, o dólar adquiriu o poder das canhoneiras imperiais que foram postas a seu serviço.

Os empresários estadunidenses ressentiam-se com o rígido controle exercido sobre o comércio exterior pelo xogunato Tokugawa.[1] Em 1853, Matthew Perry, comandante da Marinha dos Estados Unidos, assumiu sua causa, liderando uma frota de navios armados até a Baía de Edo. Intimidado por essa demonstração de força, em 1854, o xogunato assinou a Convenção de Kanagawa, abrindo os portos para o comércio com os Estados Unidos.[2] As elites japonesas estavam cientes da submissão da China em relação à Grã-Bretanha, em razão da oposição chinesa ao ópio de "livre--comércio" britânico. Para evitar a guerra, eles assinaram a entrega dos seus direitos. Mas a crise interna se instaurou, resultando na derrubada do xogunato. Uma nova era começou com a breve guerra civil conhecida como a Restauração Meiji. O grupo vencedor encarou a modernidade ocidental como modelo. Em 1871, o governo Meiji estabeleceu o iene como moeda nacional japonesa. A intenção era adentrar os circuitos europeus e estadunidenses. Assim, indiretamente, o dólar ajudou a dar origem ao iene.

As elites da Era Meiji, no entanto, não estavam satisfeitas com a possibilidade de o comércio ser controlado por estrangeiros. Elas trabalharam rapidamente para aprender as convenções ocidentais e estabelecer suas próprias firmas para fazer frente às estrangeiras. O governo contratou especialistas estrangeiros e enviou jovens para estudar idiomas ocidentais, leis e práticas comerciais. Em seu retorno para casa, esses jovens consolidaram profissões e abriram indústrias, bancos e empresas que floresceram na busca do Japão pelo "moderno". A nova moeda estava embutida em novas leis de contrato, formas políticas e debates sobre valor.

1. Os interesses dos Estados Unidos impulsionaram essa iniciativa, que exigia assistência aos seus navios baleeiros (Alan Christy, comunicação pessoal, 2014). Moby-Dick me espanta.
2. O Tratado Harris, de 1858, abriu mais portos, liberou cidadãos estrangeiros das leis japonesas e os colocou como encarregados dos impostos de importação e exportação. As potências europeias impuseram tratados semelhantes.

O Japão do período Meiji estava repleto de energias empreendedoras e o comércio internacional rapidamente emergiu como um setor importante da economia.[3] Uma vez que faltavam recursos naturais para industrializar o país, a importação de matérias-primas foi vista como essencial para a construção da nação. O comércio estava entre as atividades mais bem-sucedidas e se associou ao surgimento de novas indústrias, como a de fios de algodão e têxteis. Os comerciantes da Era Meiji se viam como mediadores entre o Japão e os contextos econômicos estrangeiros. Foram treinados por meio da experiência em outros países, ganhando uma agilidade cultural dupla que lhes permitia negociar em meio a diferenças radicais. Seu trabalho exemplifica o conceito de "tradução" de Satsuka, segundo o qual aprender outra cultura tanto cria pontes quanto preserva diferenças.[4] Os novos comerciantes aprenderam como eram negociadas as mercadorias em outros lugares e usavam esse conhecimento para fazer contratos vantajosos para o Japão. Nos termos usados pelos economistas, eles eram especialistas em "mercados imperfeitos", isto é, mercados nos quais a informação não está disponível para todos os compradores e vendedores. Os comerciantes da Era Meiji não apenas coordenavam mercados transpondo fronteiras nacionais, como também trabalhavam com sistemas de valores incomensuráveis. Como os japoneses continuaram a imaginar um "Japão" que existe em uma diferença dinâmica em relação a algo chamado "Ocidente", essa compreensão do comércio internacional como tradução tem persistido, informando práticas comerciais contemporâneas. O comércio *cria* o valor capitalista a partir do seu trabalho de tradução.

Os comerciantes da Era Meiji associaram-se a empreendimentos industriais. A indústria precisava de matéria-prima adquirida por meio do comércio; indústria e comércio floresceram juntos. No início do século xx, a economia próspera associada à Primeira

---

3. Kunio Yoshihara, *Japanese economic development*. Oxford: Oxford University Press, 1994; Tessa Morris-Suzuki, *A history of Japanese economic thought*. Londres: Routledge, 1989.
4. S. Satsuka, *Nature in translation*, op. cit. (citado no cap. 4, n. 80)

Guerra Mundial permitiu a formação de grandes conglomerados, abrangendo bancos, mineração, indústria e comércio exterior.[5] Diferente dos gigantes corporativos dos Estados Unidos do século XX, esses conglomerados – os *zaibatsus* – eram comandados pelo capital financeiro e não pela produção: os bancos e o comércio eram centrais em sua missão. Desde o início, eles estavam envolvidos com os negócios do governo (a Mitsui, por exemplo, forneceu o dinheiro para derrubar o xogunato).[6] Pressionados pelos nacionalistas japoneses, os *zaibatsus* tornaram-se cada vez mais envolvidos com a expansão imperial no período que antecedeu a Segunda Guerra Mundial. Quando o Japão perdeu a guerra, os *zaibatsus* foram os primeiros alvos da ocupação estadunidense.[7] O iene perdeu seu valor, a economia japonesa estava arrasada.

Nos primeiros dias da ocupação, tinha-se a impressão de que os Estados Unidos estavam favorecendo as empresas menores e até mesmo os avanços trabalhistas. Logo, porém, os ocupantes estadunidenses organizaram a ressurreição de nacionalistas que haviam sido desacreditados e reconstruíram a economia japonesa como uma trincheira contra o comunismo. Foi nesse clima que as associações de bancos, empreendimentos industriais e especialistas em comércio se formaram novamente, embora de maneira menos formal, como "grupos empresariais" *keiretsu*.[8] No cerne da maioria desses grupos havia uma empresa comer-

---

5. Hidemasa **M**orikawa, *Zaibatsu: The rise and fall of family enterprise groups in Japan*. Tóquio: University of Tokyo Press, 1992.
6. E. Herbert Norman, *Japan's emergence as a modern state*. Vancouver: UBC Press, 2000, p. 49.
7. Havia uma lista com cerca de trezentos *zaibatsu* a serem desmantelados, mas apenas dez, ou algo em torno disso, foram dissolvidos antes da ocupação do governo mudar de rumo. Ainda assim, foram criadas regras que tornaram a integração vertical pré-guerra difícil de sustentar. (Alan Christy, comunicação pessoal, 2014.)
8. Kenichi **M**iyashita e David Russell, *Keiretsu: Inside the hidden Japanese conglomerates*. Nova York: McGraw-Hill, 1994; Michael Gerlach, *Alliance capitalism: The social organization of Japanese business*. Berkeley: University of California Press, 1992. Em *The fable of the keiretsu*, Yoshiro **M**iwa e J. Mark Ramseyer reafirmam a ortodoxia neoclássica e chamam o *keiretsu* de uma ficção presente no imaginário do marxismo japonês e do orientalismo ocidental (Yoshiro **M**iwa e J. Mark Ramseyer, *The fable of the keiretsu*. Chicago: University of Chicago Press, 2006.).

cial associada a um banco.⁹ O banco transferia dinheiro para a empresa comercial, que, por sua vez, fazia empréstimos menores para as empresas associadas. Assim, não precisava monitorar os pequenos empréstimos que as empresas comerciais usavam para facilitar a formação de cadeias de suprimentos. Esse modelo se adequa muito bem à expansão que cruza fronteiras nacionais. As empresas de comércio realizaram empréstimos – ou enviaram equipamentos e assessoria técnica, ou fizeram acordos especiais de marketing – para seus parceiros da cadeia de suprimentos no exterior. O trabalho da empresa comercial era traduzir para um inventário os bens encontrados em diversos arranjos culturais e econômicos. É difícil não ver nesses arranjos as raízes da atual hegemonia das cadeias globais de suprimentos, com a sua forma associada de acumulação por aproveitamento.¹⁰

Tomei conhecimento das cadeias de suprimento estudando a extração de madeira na Indonésia, onde é possível perceber como funciona o modelo japonês.¹¹ Durante o boom do Japão nos anos 1970 e 1980, os japoneses importaram árvores indonésias para fazer moldes de construção em compensado. Mas nenhum japonês derrubou árvores na Indonésia. As empresas de comércio geral japonesas ofereciam empréstimos, assistência técnica e acordos comerciais a empresas de outros países, que, por sua vez, cortavam toras seguindo as especificações japonesas. Esse arranjo

9. Alexander Young, *The sogo shosha: Japan's multinational trading companies*. Boulder: Westview, 1979; Michael Yoshiro e Thomas Lifson, *The invisible link: Japan's sogo shosha and the organization of trade*. Cambridge: MIT Press, 1986; Yoshihara, *Japanese economic development*, op. cit., pp. 49-50, 154-155.
10. Quando pela primeira vez as cadeias globais de mercadorias chamaram a atenção dos sociólogos estadunidenses nos anos 1980, eles ficaram impressionados com as novas cadeias "orientadas para o comprador" (roupas, sapatos) e as compararam com as cadeias anteriores "orientadas para o produtor" (computadores, carros). A história econômica japonesa sugere igual atenção às cadeias "orientadas por comerciantes".(Gary Gerrefi e Miguel Korzeniewicz [orgs.], *Commodity chains and global capitalism*. Westport: Greenwood Publishing Group, 1994.).
11. Anna Tsing, *Friction*. Princeton: Princeton University Press, 2005; Peter Dauvergne, *Shadows in the forest: Japan and the politics of timber in Southeast Asia*. Cambridge: MIT Press, 1997; Michael Ross, *Timber booms and institutional breakdown in Southeast Asia*. Cambridge: Cambridge University Press, 2001.

trouxe muitas vantagens para os comerciantes japoneses. Primeiro, evitou o risco político. Os empresários japoneses estavam cientes das dificuldades políticas dos sino-indonésios que, melindrados por sua riqueza e pela disponibilidade em cooperar com as políticas mais implacáveis do governo indonésio, tornaram-se alvos frequentes de motins. Os japoneses escaparam dessas dificuldades oferecendo dinheiro aos sino-indonésios, que por sua vez fizeram acordos com os generais indonésios e assumiram os riscos. Em segundo lugar, o arranjo facilitou a mobilidade transnacional. Os negociantes japoneses já haviam desmatado as Filipinas e grande parte do Bornéu malaio quando chegaram à Indonésia. Em vez de se adaptar a um novo país, eles precisavam apenas contratar agentes dispostos a trabalhar em outra localidade. De fato, os madeireiros filipinos e malaios, financiados por comerciantes japoneses, estavam prontos e aptos a trabalhar para derrubar árvores indonésias. Terceiro, os arranjos da cadeia de suprimentos facilitaram os padrões comerciais japoneses, ignorando, ao mesmo tempo, as consequências ambientais. Os ambientalistas que buscavam responsáveis só conseguiam encontrar algumas poucas e dispersas empresas, muitas delas da própria Indonésia; nenhum japonês podia ser encontrado nas florestas. Em quarto lugar, os arranjos da cadeia de suprimentos compreendiam a extração ilegal de madeira a partir de uma estratégia que consistia na subcontratação para derrubar árvores protegidas pela regulamentação ambiental. Os madeireiros ilegais vendiam suas toras para empresários maiores, que as repassavam para o Japão. Ninguém precisava ser responsabilizado. Mesmo depois que a Indonésia abriu suas próprias fábricas de compensados, em uma hierarquia da cadeia de suprimentos baseada no comércio japonês, a madeira era muito barata! O custo podia ser calculado sem levar em conta a vida e a subsistência dos madeireiros, das árvores ou dos moradores da floresta.

As empresas comerciais japonesas possibilitaram a extração de madeira no Sudeste Asiático. Elas estavam igualmente ocupadas com o comércio de outras mercadorias e investindo em outras partes do mundo.[12] Voltemos ao pós-Segunda Guerra Mundial, quando esses arranjos estavam surgindo, para ver como esse sistema se desenvolveu. Algumas das primeiras cadeias de suprimento japonesas do pós-guerra tiraram proveito dos laços do Japão com a Coreia, sua ex-colônia. Naquela época, os Estados Unidos eram o país mais rico do mundo e o melhor destino para os produtos de todos os demais países, mas impuseram uma taxa expressiva sobre as mercadorias importadas do Japão. O historiador Robert Castley conta a história de como o Japão ajudou a construir a economia da Coreia do Sul com a finalidade de evitar os impostos estadunidenses.[13] Ao transferir a sua indústria leve para a Coreia do Sul, os empresários japoneses puderam exportar seus produtos para os Estados Unidos com maior liberdade. No entanto, o investimento direto japonês na Coreia gerou ressentimentos. Assim, o Japão adotou o que Castley chama de abordagem de terceirização, que "envolvia comerciantes (ou empresas) que forneciam empréstimos, crédito, maquinário e equipamento para que subempreiteiros produzissem ou finalizassem produtos que seriam vendidos pelo comerciante em mercados distantes".[14] Castley chama a atenção para o poder dos comerciantes e banqueiros nessa estratégia: "os japoneses ofereciam contratos de longo prazo e frequentemente empréstimos para fornecedores estrangeiros usarem no desenvolvimento de recursos".[15] Essa forma de expansão, ele diz, era uma maneira de garantir segurança política e econômica no Japão.

O sistema de terceirização transferiu setores de produção menos lucrativos e tecnologias mais antigas do Japão para a Coreia do Sul, abrindo caminho para que as empresas japonesas se modernizassem. Segundo esse modelo, posteriormente ilustrado

---

12. Sobre o salmão no Chile, ver Heather Swanson, *Caught in comparisons: Japanese salmon in an uneven world*. Santa Cruz: University of California, 2013. Tese de PhD.
13. Robert Castley, *Korea's economic miracle: The crucial role of Japan*. Nova York: Palgrave Macmillan, 1997.
14. Ibid., p. 326.
15. Ibid., p. 69.

pelos por seus proponentes japoneses com a imagem de "gansos voadores", as empresas coreanas estariam sempre um ciclo de inovação atrás do Japão.[16] Mas tudo "voaria para a frente", em parte porque os coreanos poderiam transferir seus próprios setores de manufatura obsoletos para os países mais pobres do Sudeste Asiático, permitindo que os coreanos herdassem os novos ciclos de inovação japonesa. As elites sul-coreanas estavam felizes por se beneficiar do capital japonês – parte do qual fora transferido como reparação de guerra. As redes de negócios resultantes formaram modelos para a expansão transnacional do capital no Japão, incluindo o trabalho do Banco de Desenvolvimento Asiático, controlado pelos japoneses.

Na década de 1970, muitos tipos de cadeias de suprimentos entraram e saíram do Japão. As empresas de comércio geral organizaram cadeias intercontinentais de fornecimento de matéria prima, entrando para o grupo das empresas mais ricas do mundo. Os bancos patrocinaram empresas de toda a Ásia que tivessem vínculo com o Japão. Enquanto isso, os produtores organizavam suas próprias cadeias de suprimentos, às vezes chamadas de "*keiretsu* vertical" na literatura de língua inglesa. Empresas de automóveis, por exemplo, subcontrataram o desenvolvimento e a fabricação de peças, reduzindo custos. Pequenos fornecedores fabricavam componentes industriais em casa. A acumulação por aproveitamento e a subcontratação da cadeia de suprimentos cresceram juntas.

O resultado combinado foi tão bem-sucedido que as empresas dos Estados Unidos e aqueles que apoiavam o governo puderam sentir o aquecimento da economia. O sucesso dos carros japoneses foi particularmente doloroso para os analistas estadunidenses, que se acostumaram a pensar na economia do país usando seus automóveis como parâmetro. A aparição de carros japoneses nos Estados Unidos e o consequente declínio das empresas automobilísticas de Detroit evidenciaram a crescente fortuna do Japão.

---

16. Kaname Akamatsu, "A historical pattern of economic growth in developing countries", *Journal of Developing Economies*, v. 1, n. 1, 1962, pp. 3-25.

Alguns empresários buscaram aprender com o sucesso japonês, demonstrando interesse no "controle de qualidade" e na "cultura corporativa".[17] Outros tentaram fazer represálias contra o Japão. Surgiu uma onda de pavor, manifestada, entre outras coisas, pelo assassinato do sino-americano Vincent Chin, em 1982, confundido com um japonês por trabalhadores automotivos brancos e desempregados em Detroit.[18]

A ameaça representada pelo Japão desencadeou uma revolução nos Estados Unidos. O "Barco Negro ao Contrário" desfez a ordem vigente, mas a partir dos esforços do próprio país. Impulsionado pelo temor público do declínio, um pequeno grupo de ativistas – formado por acionistas e professores de escolas de administração –, que de outra forma talvez nunca teria sido ouvido, foi autorizado a reestruturar as corporações estadunidenses.[19] Os ativistas da "revolução dos acionistas" dos anos 1980 reagiram ao que entendiam como a erosão do poder dos Estados Unidos. Para retomá-lo, eles pretendiam devolver as corporações a seus proprietários, os acionistas, em vez de deixá-las nas mãos de administradores profissionais. Eles começaram a comprar corporações para destituí-las de ativos e revendê-las. Na década de 1990, o movimento foi bem-sucedido; o *radical chic* das "aquisições alavancadas" tornou-se a principal estratégia de investimento das "fusões e aquisições". À medida que as corporações se desfaziam de seus setores menos lucrativos, a maior parte do pessoal que tinha passado por essas corporações foi contratada por fornecedores distantes. As cadeias de suprimento, e assim o compromisso com sua forma distinta de acumulação por

---

17. O "controle de qualidade" fazia parte desse diálogo transnacional: uma ideia estadunidense que foi adotada no Japão durante a racionalização da indústria japonesa liderada pelos estadunidenses após a Segunda Guerra Mundial, e depois reimportada pelos Estados Unidos nas décadas de 1970 e 1980. William M. Tsutsui, "W. Edwards Deming and the origins of quality control in Japan", *Journal of Japanese Studies*, v. 22, n. 2, 1996, pp. 295-325.
18. Para um exemplo do jornalismo econômico antijaponês dos Estados Unidos no período, veja Robert Kearns, *Zaibatsu America: How japanese firms are colonizing vital U.S. industries*. Nova York: Free Press, 1992.
19. Minha análise é inspirada por Karen Ho, *Liquidated*. Durham: Duke University Press, 2009.

aproveitamento, decolaram e tornaram-se a forma dominante de capitalismo nos Estados Unidos. Isso funcionou tão bem para os investidores que, na virada do século, os empresários estadunidenses esqueceram que essa guinada foi parte de uma disputa, forjando uma narrativa em que assumiam a dianteira de um processo evolutivo. Eles estavam ocupados demais impondo esse processo mundo afora, e tinham conseguido até mesmo avançar na implementação de uma versão estadunidense no Japão.[20]

Entender como a ameaça do Japão esvaneceu requer um recuo maior no tempo, para que o dinheiro surja como protagonista da história. Nos anos 1980 e 1990, muita coisa mudou devido aos confrontos entre o dólar e o iene.

Em 1949, o iene estava atrelado ao dólar estadunidense como parte dos acordos de Bretton Woods. O florescimento da economia japonesa, em parte devido às exportações não recíprocas para os Estados Unidos, impactou a balança de pagamentos com o Japão.[21] Do ponto de vista dos Estados Unidos, o iene estava "subvalorizado", tornando os produtos japoneses baratos , e as exportações estadunidenses para o Japão muito caras. A ansiedade dos Estados Unidos em relação ao iene foi apenas uma pequena parte da conjuntura que, em 1971, levou o país a abandonar o padrão ouro. Em 1973, o iene foi autorizado a flutuar. Então, em 1979, os Estados Unidos elevaram as taxas de juros, atraindo investimentos no dólar e mantendo seu valor alto. Como a economia japonesa continuou a exportar para os Estados Unidos, o governo japonês comprou e vendeu dólares para manter o preço do iene baixo. Na primeira metade dos anos 1980, a saída de capital do Japão manteve o iene fraco em relação ao dólar. Em 1985, empresários estadunidenses entraram em pânico com a situação. Em resposta, os Estados Unidos elaboraram um acordo interna-

---

20. Para um exemplo das reformas no estilo estadunidense promovidas por um economista japonês, veja Hiroshi Yoshikawa, *Japan's lost decade*, trad. Charles Stewart, Long-Term Credit Bank of Japan Intl. Trust Library Selection 11. Tóquio: International House of Japan, 2002. O livro argumenta que as pequenas e médias empresas constituem um fardo para a economia.

21. Robert Brenner, *The boom and the bubble: The U.S. in the world economy*. Londres: Verso, 2003.

cional, o Plaza Accord. O valor do dólar baixou, e o iene subiu. Em 1988, o iene dobrou de valor em relação ao dólar. Os consumidores japoneses podiam comprar quase tudo no exterior – incluindo matsutake. O orgulho nacional cresceu; foi o momento do "Japão que pode dizer não".[22] No entanto, a situação dificultou a exportação dos produtos japoneses, que agora estavam com preços muito altos.

As empresas japonesas responderam enviando mais mercadorias para o exterior. Seus fornecedores na Coreia do Sul, em Taiwan e no Sudeste Asiático fizeram o mesmo, também se recuperando da mudança nos valores da moeda. As cadeias de suprimentos viajaram para toda parte. Veja como dois sociólogos estadunidenses descrevem a situação:

> Confrontados com o súbito aumento do valor em dólares de seus insumos e ansiosos por manter seus preços baixos e, assim, manter seus contratos com os varejistas estadunidenses, os negócios asiáticos rapidamente começaram a se diversificar. A maioria das indústrias leves de Taiwan [...] mudou-se para a [...] China continental, mas também para o Sudeste Asiático [...]. Grandes segmentos das indústrias japonesas voltadas para a exportação se mudaram para o Sudeste Asiático. Além disso, algumas empresas, como Toyota, Honda e Sony estabeleceram partes de seus negócios na América do Norte. As empresas sul-coreanas também transferiram operações que exigem mão de obra intensiva para o Sudeste Asiático, bem como para outros países em desenvolvimento na América Latina e Europa central. Em cada lugar que eles estabeleceram seus novos negócios, redes de fornecedores de baixo custo começaram a se formar.[23]

A economia nacional japonesa entrou em choque – primeiro com a "economia de bolha" caracterizada pela inflação dos preços de imóveis e ações no final dos anos 1980; depois com a recessão nos anos 1990, a "década perdida"; e ainda com a crise financeira de 1997.[24] Mas as cadeias de suprimentos decolaram como nunca: não apenas

---

22. Shintaro Ishihara, *The Japan that can say no*, trad. Frank Baldwin (1989, com Akio Morita; Nova York: Touchstone Books, 1992).
23. Petrovic e Hamilton, "Making global markets", op. cit., p. 121 (citado no cap. 4, n. 85).
24. De acordo com Robert Brenner (*The boom*), o Reverse Plaza Accord de 1995, com o qual

cadeias patrocinadas por japoneses, mas também cadeias de todos os fornecedores do Japão, que agora tinham suas próprias cadeias. O capitalismo das cadeias de suprimentos tornou-se uma presença em todo o mundo. Mas o Japão não estava mais no comando.

A história de uma empresa registra nitidamente a passagem da liderança japonesa para a estadunidense nas cadeias de suprimento globais: a Nike, marca que dita tendências em calçados esportivos. A Nike começou como um posto avançado nos Estados Unidos de uma cadeia de distribuição japonesa de calçados esportivos. (A distribuição é um elemento de muitas cadeias de suprimentos japonesas.) Sujeita à disciplina do regime de comércio japonês, a Nike aprendeu o modelo da cadeia de suprimentos. Mas a empresa começou a transformá-lo lentamente ao estilo estadunidense. Em vez de gerar valor a partir do comércio como tradução, a Nike usaria vantagens estadunidenses em publicidade e *branding*. Quando os fundadores da empresa conquistaram sua independência da cadeia japonesa, eles acrescentaram estilo – o *swoosh* da Nike e os anúncios com heróis do esporte negros e estadunidenses. Apesar do aprendizado de sua experiência japonesa, nunca lhes ocorreu fabricar calçados. "Não sabemos nada sobre fabricação. Somos marqueteiros e designers", explicou um vice-presidente da Nike.[25] Em vez disso, eles contrataram as redes de fornecimento que proliferavam e se desenvolviam na Ásia, fazendo bom uso da profusão de "redes de fornecedores de baixo custo" do pós-1985 mencionada acima. No início do século XXI, a empresa tinha contratos com mais de novecentas fábricas e se tornara um símbolo da excitação e do terror do capitalismo das cadeias de suprimentos. Falar na Nike evoca, por um lado, os horrores das fábricas clandestinas e, por outro, os prazeres das grifes. A Nike foi bem-sucedida em fazer com que essa contradi-

---

as potências mundiais interromperam a ascensão do iene, desencadeou uma mudança na economia mundial, matando a manufatura dos Estados Unidos e desencadeando a crise financeira asiática.

25. Citado em Miguel Korzeniewicz, "Commodity chains and marketing strategies: Nike and the global athletic footwear industry", in: Gerrefi e Korzeniewicz (orgs.), *Commodity chains*, op. cit., p. 247-266, on 252.

ção parecesse particularmente estadunidense. Mas a ascensão da empresa a partir de uma cadeia de suprimentos japonesa nos lembra do vasto legado do Japão.

Tal legado é evidente na cadeia de suprimentos do matsutake, pequena e especializada demais para atrair a intervenção das grandes empresas estadunidenses. No entanto, a rede se estende até a América do Norte, inscrevendo estadunidenses como fornecedores e não como diretores da rede. A Nike de cabeça para baixo! Como os estadunidenses foram convencidos a assumir um papel tão modesto? Como já expliquei, ninguém no Oregon se considera funcionário de uma empresa japonesa. Os catadores, compradores e agentes de campo estão lá pela liberdade. Mas a ideia de liberdade só passou a mobilizar os mais pobres por meio da "libertação" do modo de vida estadunidense que incluía a expectativa de um emprego formal – um resultado do diálogo transpacífico entre o capital dos Estados Unidos e do Japão.

Na cadeia produtiva de matsutake encontramos, assim, a história que tenho descrito: comerciantes japoneses em busca de parceiros locais; trabalhadores estadunidenses libertos da esperança de um emprego formal; traduções entre diferentes aspirações, possibilitando que a liberdade estadunidense produza estoques japoneses. Eu tenho defendido que a organização das cadeias produtivas nos permite perceber essa história que, de outra forma, poderia ficar obscurecida pela euforia com a liderança global dos Estados Unidos. Quando se permite que mercadorias singelas iluminem grandes histórias, a economia mundial é revelada, emergindo no interior de conjunturas históricas: as indeterminações do encontro.

Se conjunturas fazem história, tudo se ampara em momentos de coordenação: as traduções que permitem aos investidores japoneses lucrar com a coleta nas florestas estadunidenses, ao mesmo tempo em que os catadores se aproveitam da riqueza japonesa. Como é que cogumelos colhidos em nome da liberdade se transformam em estoque? Volto para Open Ticket e sua cadeia produtiva.

Traduzindo valores, Oregon. Um marido hmong filma as mãos da sua esposa com o dinheiro conseguido na venda de cogumelos daquele dia. Na tenda de compra, os cogumelos e o dinheiro são troféus da liberdade. É só depois, com a triagem, que seus laços se rompem e eles se tornam mercadorias capitalistas.

Capítulo 9
De dádivas a mercadorias – e vice-versa

É hora de retornar ao problema da alienação. Na lógica capitalista da mercadorização, as coisas são arrancadas de seus contextos de vida para se tornarem objetos de troca. Esse é o processo que chamo de alienação. Uso esse termo como uma característica potencial de não humanos e humanos. O surpreendente sobre a coleta de matsutake no Oregon é que ela não envolve alienação na relação entre catadores e cogumelos. Os cogumelos são de fato arrancados de seus corpos fúngicos (ainda que, enquanto fruto, este seja seu objetivo). Mas, em vez de se tornarem mercadorias alienadas, prontas para a conversão em dinheiro e capital, eles se tornam troféus de caça – embora sejam vendidos. Os catadores irradiam orgulho enquanto exibem seus cogumelos, não conseguem deixar de narrar os perigos e prazeres da busca. Os cogumelos se tornam parte dos catadores, como se eles os tivessem comido. Isso significa que, de alguma forma, esses troféus devem ser convertidos em mercadorias. Se os cogumelos são coletados enquanto troféus da liberdade, tornando-se parte dos catadores no processo, então como é que são convertidos em mercadorias capitalistas?

Minha abordagem para essa questão é guiada por um legado antropológico de atenção às especificidades das dádivas enquanto forma de troca social. Essa atenção foi catalisada pela troca de colares e braceletes feitos por melanésios do leste da Nova Guiné, descrita por Bronislaw Malinowski como o círculo do *kula*.[1] Para gerações de sociólogos, a troca *kula* inspirou reflexões sobre as

---

1. Bronislaw Malinowski, *Argonauts of the Western Pacific*. Londres: Routledge, 1922.

diversas formas de se criar valor. O aspecto surpreendente desses ornamentos é que eles não são particularmente úteis, nem símbolos das trocas em geral ou mesmo interessantes em si mesmos; eles possuem valor *apenas* por causa de seu papel no *kula*. Como dádivas, eles criam relações e reputações, esse é o seu valor. Esse tipo de valor incomoda o senso comum econômico – e é por essa razão que ele nos ajuda nessa reflexão.

De fato, pensar por meio do *kula* tornou possível identificar a alienação como uma característica enigmática e extraordinária do capitalismo. O *kula* nos lembra que, sob o capitalismo, as coisas e também as pessoas são alienadas. Da mesma forma que os trabalhadores nas fábricas são alienados das coisas que fazem – possibilitando que essas coisas sejam vendidas sem referência aos seus criadores –, também as coisas são alienadas das pessoas que as fazem e trocam. As coisas se tornam objetos isolados, para serem usados ou trocados; não carregam consigo qualquer relação com as redes pessoais nas quais são feitas e disponibilizadas.[2] E, ainda que essa situação parecer ordinária para nós, que vivemos no interior de mundos capitalistas, estudar o *kula* faz com que ela pareça estranha. No *kula*, coisas e pessoas se constituem juntas através de dádivas, pelas quais coisas são extensões de pessoas e pessoas extensões de coisas. Os objetos de valor no *kula* são conhecidos pelas relações pessoais que constroem; pessoas notáveis, por sua vez, são conhecidas por suas dádivas no *kula*. As coisas, assim, não têm valor apenas no uso e na troca de mercadorias; elas podem ter valor por meio das relações sociais e reputações de que fazem parte.[3]

A diferença entre a produção de valor no *kula* e no capitalismo pareceu tão discrepante que alguns sociólogos argumentaram

---

2. Minha capacidade de pensar em objetos, alienados ou não, baseia-se em: Marilyn Strathern, *The gender of the gift*. Berkeley: University of California Press, 1990; Amiria Henare, Martin Holbraad, e Sari Wastell (orgs.), *Thinking through things*. Londres: Routledge, 2006; David Graeber, *Toward an anthropological theory of value*. Londres: Palgrave Macmillan, 2001.

3. As mercadorias capitalistas, diferentemente dos objetos do *kula*, não suportam o peso de histórias e compromissos que resultam dos entrelaçamentos. Não é simplesmente a *troca* que define as mercadorias capitalistas, a alienação é necessária.

que o mundo poderia ser dividido entre "economias de dádiva" e "economias mercantis", com lógicas distintas de produção de valor.[4] Como na maior parte das dicotomias, o contraste entre dádiva e mercadoria diminui quando analisamos uma situação concreta; a maior parte das situações justapõe e confunde esses tipos ideais – ou se expande para fora deles. Ainda que simplista, o contraste é uma ferramenta útil porque nos impele a procurar a diferença. Ao invés de nos conformarmos a um senso econômico comum, ele nos alerta para as distinções entre regimes de valores. Para investigar como o capitalismo faz uso de sistemas não capitalistas de valores – e como estes funcionam no interior do capitalismo –, pode ser útil testar uma ferramenta para perceber essas diferenças. A distinção entre dádiva e mercadoria pode substituir a ausência ou a presença da alienação, a qualidade necessária para transformar coisas em ativos capitalistas.

Ao considerar a cadeia produtiva do matsutake, essa ferramenta se torna ainda mais interessante, especialmente quando analisamos o seu destino final. O matsutake no Japão é quase sempre um presente. Os tipos menos valiosos do cogumelo são vendidos em supermercados e utilizados como ingredientes na manufatura de alimentos, mas os melhores tipos, pelos quais o produto é conhecido, são presentes por excelência. Quase ninguém compra um bom matsutake só para comer. O matsutake constrói relacionamentos e, como presente, ele não pode ser separado desses relacionamentos. Os matsutake tornam-se extensões da pessoa, a característica definidora do valor em uma economia de dádiva.

Talvez tenha havido momentos e lugares em que a dádiva era direta de um catador para um consumidor; quando camponeses davam matsutake aos seus senhores no Japão medieval, por exemplo, os cogumelos tinham apenas que ser colhidos e oferecidos para expressar a força do presente na construção de relações.

---

4. Marilyn Strathern parafraseia Christopher Gregory: "Se, numa economia mercantil, as pessoas e as coisas assumem a forma social de coisas, numa economia de dádivas elas assumem a forma social de pessoas". (Strathern, op. cit., 134, citando Christopher Gregory, *Gifts and commodities*. Waltham: Academic Press, 1982, p. 41.)

Hoje, no entanto, os presentes são em grande parte obtidos nas cadeias de mercadorias capitalistas. Aqueles que dão os cogumelos de presente compram-nos em mercearias sofisticadas ou levam seus convidados de honra para comê-los em restaurantes chiques; as mercearias e restaurantes os obtêm em uma cadeia de atacadistas que, por sua vez, compra-os em importadoras ou cooperativas agrícolas domésticas. Como as dádivas são criadas a partir de mercadorias? Podem essas mercadorias ter sido feitas a partir de dádivas em um momento prévio da cadeia? O restante deste capítulo examina esse quebra-cabeça, que nos leva ao âmago das traduções necessárias para a aproximação do capitalismo com as outras lógicas que o constituem.

Comecemos pelo Japão e a chegada do matsutake do exterior. Certamente, esses cogumelos tão cuidadosamente resfriados, embalados e separados são uma mercadoria capitalista. Eles são o mais próximo que se pode chegar da alienação, de objetos isolados; identificados apenas pelo país exportador, ninguém pode ter qualquer ideia das condições em que foram coletados ou vendidos.[5] Eles não têm nenhuma conexão com as pessoas que os admiraram e trocaram anteriormente. E agora compõem um estoque: ativos por meio dos quais os importadores constroem suas empresas. Mas, assim que os cogumelos chegam ao Japão, inicia-se, quase que imediatamente, sua transformação de mercadoria em dádiva. Essa é a mágica da tradução, especialidade dos mediadores em todos os elos da cadeia japonesa. Vale a pena segui-los.

Os importadores enviam remessas de matsutake diretamente para atacadistas licenciados pelo governo, que recebem uma comissão para supervisionar as vendas que se seguem. Os atacadistas conduzem o matsutake importado por um dos seguintes caminhos: vendem-nos para atacadistas intermediários por meio

---

5. Muitos matsutake coletados no Noroeste Pacífico dos Estados Unidos são rotulados como canadenses porque os exportadores os enviam da Colúmbia Britânica. Os exportadores põem etiquetas indicando o aeroporto exportador. A lei japonesa proíbe que produtos alimentícios estrangeiros sejam rotulados por região, um privilégio para os produtos japoneses. Somente a procedência nacional é permitida.

de negociação ou em leilões. Em ambos os casos, para minha surpresa, eles não entendem seu trabalho como uma mera transferência eficiente de bens ao longo de uma cadeia de suprimentos. São mediadores ativos e veem seu trabalho como curadores que devem encontrar os melhores compradores para cada lote. Um homem que gerenciava o matsutake em um centro atacadista contou: "Eu nunca durmo durante a temporada de matsutake". Sempre que uma remessa chega, ele deve avaliá-la. Quando termina sua avaliação sobre a qualidade e as características particulares do lote, ele chama os compradores certos – aqueles que podem fazer uso daquele tipo de matsutake. Ele já atribuiu aos cogumelos o poder de construir relações: os poderes da qualidade.

Depois de ouvir muitos relatos de experiências desse tipo nas entrevistas que fizemos, minha colaboradora Shiho Satsuka me explicou o papel dos atacadistas como *matchmakers*. Seu trabalho é combinar os produtos com os compradores apropriados e conseguir o melhor preço possível pelo arranjo. Um atacadista de verduras falou sobre como ele visita agricultores para ver as condições de suas plantações; ele quer saber exatamente quais compradores essas safras vão satisfazer. A tradução entre mercadoria e dádiva já está acontecendo no momento em que o atacadista identifica essa correspondência entre produtor e comprador. O atacadista investiga as qualidades relacionais em seus produtos, o que, por sua vez, os torna naturalmente compatíveis com compradores específicos. A partir de então, a venda de matsutake envolve a construção e manutenção de relações pessoais. Os cogumelos assumem qualidades relacionais; eles recebem o poder de estabelecer laços pessoais.

Atacadistas intermediários que compram matsutake em leilões são ainda mais hábeis em fazer essas combinações. Ao contrário dos atacadistas, que ganham comissão pelas vendas, eles não ganham nada se não encontrarem a combinação certa. Quando compram, muitas vezes já estão pensando em um determinado cliente. Sua habilidade inclui avaliar a qualidade, pois ela forja relacionamentos. A exceção aqui são os agentes que trabalham com supermercados, que estão mais preocupados com a quantidade e a confiança do que com a qualidade. Os supermercados compram matsutake de baixo valor. Mas os matsutake de qualidade são privilégio dos pequenos varejos, que compram de atacadistas intermediários, e suas relações temperam o comércio inteiro. A habilidade de avaliar adequadamente os cogumelos é o ingrediente essencial desse tempero; ela permite que os vendedores estendam recomendações pessoais – não apenas mercadorias genéricas – aos compradores. A recomendação é a dádiva que vem com o cogumelo, estendendo-o para além do uso ou valor de troca.

Os melhores matsutake são vendidos em mercearias especiais e restaurantes caros, que se orgulham de conhecer sua clientela. Um lojista explicou que conhece os seus melhores clientes muito bem: ele sabe quando se aproxima um evento que poderia servir matsutake, como um casamento. Quando ele compra do atacadista intermediário, ele também já está pensando em clientes específicos. Ele entra em contato com esses clientes, cultivando um relacionamento, e não apenas vendendo um produto. Há uma dádiva no matsutake antes mesmo de ele sair da esfera da mercadoria.

Indivíduos que compram matsutake estão quase sempre pensando em construir relacionamentos.[6] Um colega me contou sobre ter se juntado a um grupo de amigos ansiosos por uma celebração que poderia resolver um antigo desentendimento em uma família. "Eles vão trazer o matsutake?", seus amigos perguntavam. Se o objetivo era resolver o desentendimento, haveria matsutake – e lá estava ele. Assim, o matsutake é o presente ideal para se dar a alguém com quem se busca um relacionamento de longa duração. Fornecedores dão matsutake para empresas com que fecham negócios. Um lojista comentou que religiosos recém-convertidos passaram a comprar matsutake para presentear seus líderes espirituais. O matsutake sinaliza um compromisso sério.

---

6. O matsutake não é o único alimento fino utilizado dessa maneira. Melões e salmões especiais estão entre os produtos que entram nessa economia de dádiva e, como o matsutake, marcam a sazonalidade. Esses presentes são geralmente vistos como uma afirmação dos modos de vida "japoneses"; seu status de dádiva impacta suas classificações e preços.

O lojista também me disse que ele pensa que o matsutake é central para se entender o modo de vida dos japoneses. "Você pode entender a França sem ser conhecedor de trufas, mas não pode entender o Japão sem conhecer o matsutake", brincou. Ele estava se referindo à qualidade relacional do cogumelo. Não foi apenas o cheiro ou o sabor, mas a capacidade do cogumelo de construir laços pessoais que o tornaram tão poderoso. É aqui também que entra o trabalho do lojista como *matchmaker*; ele precisa fazer com que o matsutake se torne relacional muito antes de estar pronto para ser comido.

É também a força relacional do cogumelo que evoca seu oposto: fantasias selvagens sobre se empanturrar de matsutake, muito além da saciedade. Muitas pessoas me contaram maliciosamente sobre tais fantasias, sabendo que eram impossíveis. Não se trata apenas do preço do matsutake, mas do frisson de quebrar seu papel fundamental: o de construir relacionamentos. Empanturrar-se com um monte de cogumelos seria um ato completa e deliciosamente inapropriado.

O valor do matsutake, assim, deriva não apenas de seu uso e valor comerciais; ele é produzido no ato de presentear. E isso é possível porque os mediadores, em toda a extensão da cadeia, já estão dando a seus clientes a qualidade do matsutake como um presente pessoal. Talvez essa personalização se assemelhe a outros bens aristocráticos em outros lugares. O cavalheiro quer um terno feito sob medida, e não o de um cabide qualquer. Mas esse paralelo torna a conversão entre mercadoria e dádiva ainda mais reveladora. Em muitos setores e culturas, os mediadores estão preparados para converter mercadorias capitalistas em outras formas de valor. Tais intermediários estão engajados nos atos de tradução de valores através dos quais o capitalismo passa a coabitar com outros modos de produzir pessoas e coisas.

Mas há um conjunto de relações que nunca é incluído nos matsutake oferecidos como presente no Japão: as relações de coleta e compra em outros países. Nem os intermediários, nem os consumidores se preocupam com as relações pelas quais seu matsutake é adquirido. Os matsutake estrangeiros são classificados de acordo com um conjunto de preferências japonesas que nada tem a ver com as condições em que os cogumelos cresceram e foram coletados e vendidos. Quando chegam a um depósito de importação, não guardam a conexão que tiveram com catadores e compradores, e muito menos com as ecologias vivas de seus ambientes de origem. Por um momento, são mercadorias totalmente capitalistas. Mas como chegaram a isso? Aqui se encontra outra história de tradução de valores.

Vamos, uma última vez, até a cena da compra em Open Ticket para presenciar o quebra-cabeça da alienação e suas alternativas na criação de valor. Eu tenho argumentado que, apesar das histórias e agendas diversas dos participantes, o que os mantém unidos é o espírito que eles chamam de liberdade. Várias versões de liberdade são negociadas na compra, potencializando-se mutuamente. Os catadores trazem seus troféus de liberdade política e de sua liberdade na floresta para trocar com os defensores da liberdade de mercado – e, assim, ganhar mais liberdade para voltar à floresta novamente. Seria a liberdade, assim como o dinheiro e os cogumelos, o que produz valor na troca? No círculo melanésio do *kula*, mencionado anteriormente, os participantes levam coisas comuns como porcos e inhames para trocar, assim como objetos de valor no *kula*; os negócios comuns ganham valor por meio de sua associação com a troca de colares e braceletes, que torna esses adereços tão famosos. Da mesma forma, os cogumelos e o dinheiro em Open Ticket são símbolos e troféus de um comércio da liberdade e, ao mesmo tempo, valores em si mesmos. Eles ganham valor por meio de suas conexões com a liberdade. Não são objetos isolados para possuir, mas atributos que constituem pessoas. É nesse sentido que, apesar de não haver presentes explícitos aqui, se eu tivesse que julgar essa economia em uma dicotomia que opõe dádiva a mercadoria, eu a posicionaria ao lado da dádiva. Valor pessoal e valor de objeto são forjados juntos em trocas de liberdade: a liberdade como valor pessoal se constitui a partir do dinheiro e da busca por cogumelos, assim como o valor do dinheiro e dos cogumelos é avaliado pelos participantes a partir da liberdade adquirida por compradores e catadores. Dinheiro e cogumelos têm mais do que valor de uso ou valor de troca capitalista, eles são parte da liberdade que catadores, compradores e agentes de campo valorizam.

No entanto, na segunda metade da noite, os cogumelos e o dinheiro que os rodeia se tornam algo completamente distinto. No momento em que os cogumelos são embalados em caixas resfriadas e repousam para serem transportados para o Japão, fica difícil encontrar qualquer traço da economia de liberdade que os produziu como troféus. O que aconteceu? Em Open Ticket, por volta das onze da noite, caminhões levam os cogumelos encaixotados para os armazéns de varejistas no Oregon, em Washington, e em Vancouver, na província da Colúmbia Britânica. Nesses lugares, algo estranho acontece: os cogumelos são classificados novamente. Isso é particularmente intrigante porque os compradores de Open Ticket são especialistas em classificação. A classificação é a proeza dos compradores, é a expressão de sua conexão profunda com os cogumelos. Mais estranho ainda, os novos avaliadores são funcionários comuns, sem qualquer interesse por cogumelos. São trabalhadores de meio período, sem benefícios: pessoas que querem aumentar sua renda por não terem um emprego em período integral. No Oregon, eu vi hippies defensores do movimento de "retorno à terra" avaliando cogumelos sob luz neon no amanhecer. Em Vancouver, eram donas de casa que migraram de Hong Kong. São trabalhadores no sentido clássico do termo: trabalho alienado, sem interesse no que se produz. E, ainda assim, são tradutores no estilo estadunidense. É precisamente porque eles não têm qualquer conhecimento ou interesse sobre como os cogumelos ali chegaram que podem purificá-los para que assumam a forma de estoque. A liberdade que trouxe os cogumelos para o armazém é obliterada nessa nova classificação. Agora os cogumelos são apenas bens, organizados por estágio de maturação e por tamanho.

Por que classificar de novo? A classificação do armazém é orquestrada por varejistas: pequenos empresários dispostos a se colocar entre exportadores orientados por convenções econômicas japonesas e compradores comprometidos com uma economia local de dádiva e troféus – de guerra e liberdade. Eles trabalham por meio de agentes de campo que se juntam à briga entre os compradores. Entre os agentes de campo e os exportadores, eles devem transformar os cogumelos em uma mercadoria de exportação aceitável. Precisam reconhecer o que estão enviando e apresentá-lo para os exportadores. A reclassificação ajuda-os a *conhecer* os cogumelos.

Um detalhe é ilustrativo. É ilegal coletar, comprar e exportar matsutake quando ainda muito pequenos, conhecidos no Oregon como "bebês". Ainda que as autoridades estadunidenses digam que essa proibição se justifica pela preservação do matsutake, a verdade é que o mercado japonês não se interessa pelos cogumelos menores.[7] Os catadores de matsutake os coletam mesmo assim, e os compradores alegam que eles os *obrigam* a comprá-los.[8] Os "bebês" são removidos na reclassificação dos armazéns. Por serem pequenos, duvido que isso resulte em grande diferença na pesagem. As autoridades estadunidenses nunca verificam as caixas de cogumelos em busca dos cogumelos bebês. Mas descartá-los ajuda a trazer os cogumelos para os padrões do comércio. Retirados do comércio de liberdade entre catadores e compradores, os cogumelos se tornam mercadorias de tamanho e classe específicos.[9] Estão prontos para o uso ou para as trocas comerciais.

O matsutake é então uma mercadoria capitalista que inicia e encerra sua vida como uma dádiva. Ele passa apenas algumas

---

7. Se todos os cogumelos são colhidos antes que seus esporos amadureçam, não há razão – em termos de sucesso reprodutivo do fungo – para proteger os bebês.

8. Por convenção, os cogumelos bebês são classificados como "número 3" (de cinco), embora os catadores de cogumelos às vezes intervenham para colocar alguns no caixote mais caro, o "número 1".

9. Os compradores na região central da Cordilheira das Cascatas classificam o matsutake por maturidade, em cinco graus de preço. Atacadistas os reorganizam por tamanho; os cogumelos exportados são embalados tanto por tamanho quanto por estágio de maturação.

horas como uma mercadoria totalmente alienada: o tempo em que espera como estoque em caixas de transporte no aeroporto e quando viaja dentro de um avião. Mas essas horas contam. As relações entre exportadores e importadores que dominam e estruturam a cadeia de suprimentos são consolidadas pelas possibilidades dessas horas. Como estoque, o matsutake permite cálculos que canalizam lucros para exportadores e importadores, tornando o trabalho de organização da cadeia produtiva vantajoso para eles. Isso é acumulação por aproveitamento: a criação de valor capitalista a partir de regimes de valores não capitalistas.

Traduzindo valor, Oregon. Compradores khmer classificam os matsutake de um catador para determinar os preços. A diversidade econômica possibilita o capitalismo, mas também enfraquece sua hegemonia.

Capítulo 10
Ritmos de aproveitamento: perturbações e negócios

Um colega que estuda populações e florestas no Bornéu me contou a seguinte estória: a comunidade com a qual ele trabalhava morava no interior e ao redor de uma grande floresta. Uma madeireira veio e derrubou a floresta. Quando não havia mais árvores, a empresa partiu, deixando para trás uma porção de máquinas em processo de degradação. Os moradores não podiam mais ganhar a vida com a floresta, nem com a empresa. Eles desmontaram as máquinas e venderam o metal como sucata.[1]

Essa estória, para mim, contém a ambivalência da ideia de aproveitamento: por um lado, tenho muita admiração pelas pessoas que encontraram uma forma de sobreviver, apesar da destruição de sua floresta. Por outro lado, não posso deixar de me preocupar pois, quando a sucata acabar, não se sabe se haverá recursos suficientes nas ruínas para possibilitar a continuidade da sobrevivência. E, embora nem todos tenhamos tido a experiência tão literal de viver em ruínas, a maioria de nós precisa conviver com a desorientação e a angústia da contínua negociação necessária para vivermos em ambientes devastados por humanos. Sigamos os ritmos de aproveitamento, sejam eles do mercado de sucata ou do emaranhado de histórias presente na coleta de cogumelos matsutake. Por "ritmos" quero dizer formas de arranjos temporais. Sem a pulsação singular do progresso, o que temos é a coordenação irregular do aproveitamento.

---

1. Daisuke Naito, comunicação pessoal, 2010.

Durante a maior parte do século xx, muitas pessoas – talvez particularmente os estadunidenses – pensavam que os negócios impulsionavam o progresso. Os negócios cresciam constantemente. Tinha-se a impressão de que a riqueza do mundo aumentava. O mundo dos negócios estava efetivamente remodelando o planeta de acordo com seus objetivos e necessidades, de modo que as pessoas podiam empoderar-se com dinheiro e coisas para uso e trocas comerciais. Parecia que tudo o que as pessoas tinham que fazer – até mesmo as pessoas comuns, sem capital de investimento – era atrelar seus próprios ritmos à pulsação dos negócios, e assim todos avançariam juntos. Isso funcionou por meio da escalabilidade; as pessoas e a natureza poderiam unir-se ao progresso, tornando-se unidades em seu algoritmo expansionista. O avanço, sempre em expansão, chegaria em tempo para todos.

Agora tudo isso parece cada vez mais estranho. Ainda assim, especialistas no mundo dos negócios parecem incapazes de lidar com a ausência desse aparato para produzir conhecimento. O sistema econômico nos é apresentado como um conjunto de abstrações baseado em pressupostos sobre seus participantes (investidores, trabalhadores, matérias-primas), que nos levam diretamente às noções de escalabilidade e expansão do século xx, vistas então como sinônimos de progresso. Seduzidos pela elegância dessas abstrações, são poucos os que acham importante olhar mais de perto para o mundo que esse sistema econômico supostamente organiza. Etnógrafos e jornalistas têm nos dado relatos de sobrevivência, prosperidade e angústia, aqui e acolá. No entanto, há um abismo entre o que os especialistas nos dizem sobre o crescimento econômico, de um lado, e as estórias e modos de vida, de outro. Isso só torna as coisas mais difíceis. É hora de recompor a nossa compreensão da economia com as artes de notar.

Pensar a partir dos ritmos de aproveitamento transforma nossa visão. O trabalho industrial já não decide o futuro. Os meios de vida são diversos, improvisados e muitas vezes temporários. As pessoas os adotam por razões diversas, e raramente por oferecerem os pacotes estáveis de salários e benefícios típicos e tão desejados no século xx. Propus que observássemos o surgimento de meios de vida enquanto manchas formadas a partir de assembleias. Seus integrantes vêm com várias agendas, desempenhando o seu singelo papel na condução de projetos de criação de mundos. Para os catadores de cogumelos de Open Ticket, esses projetos incluem sobreviver a traumas de guerra e ainda negociar uma relação de trabalho compatível com a cidadania estadunidense. Tais projetos mobilizam a coleta comercial, atraindo catadores para a floresta em busca da "febre do cogumelo". Apesar das diferenças entre esses projetos, objetos fronteiriços se formaram – em especial um compromisso com o que os catadores chamam de liberdade. A partir desse terreno comum imaginado, a colheita comercial ganha coerência enquanto cena, e um agrupamento se torna um acontecimento. Histórias multidirecionais tornam-se possíveis por meio de suas qualidades emergentes. Sem disciplina hierárquica ou sincronização, e sem expectativas de progresso, as manchas de meios de vida ajudam a constituir a economia política global.

Ao coletar bens e pessoas em todo o mundo, o próprio capitalismo adquire as características de uma assembleia. No entanto, parece-me que o capitalismo tem *também* as características de uma máquina, uma engenhoca limitada à soma de suas partes. Essa máquina não é uma instituição total, no interior da qual passamos nossas vidas; em vez disso, ela se traduz em arranjos de vida, transformando diferentes mundos em ativos econômicos. Mas nem toda tradução é possível no capitalismo. O tipo de agrupamento que ele apoia não é completamente aberto. Um exército de técnicos e gerentes está sempre à espreita, pronto para remover as partes ofensivas – e ele tem poder jurídico e armas para tal. Isso não significa que a máquina tenha um formato estático. Tal como argumentei ao traçar a história das relações comerciais entre o Japão e os Estados Unidos, novas formas de tradução capitalista surgem o tempo todo. É importante que haja algum grau de incerteza e encontros indeterminados na formação do capitalismo. Mas uma profusão selvagem seria inaceitável. Alguns compromissos devem se manter intactos, mesmo que de maneira forçada.

Dois deles foram particularmente importantes para o pensamento que construo neste livro. Primeiro, a alienação é uma forma de desarticulação que permite a criação de ativos capitalistas. Mercadorias capitalistas são removidas de seus mundos para servirem como moeda na produção de novos investimentos. Necessidades infinitas compõem um dos resultados possíveis, não há limite para a quantidade de ativos que os investidores desejam. Assim, também, a alienação possibilita a acumulação – o acúmulo de capital de investimento. Esta é a segunda das minhas preocupações. A acumulação é importante porque converte a posse em poder. As pessoas que detêm o capital podem derrubar comunidades e ecologias inteiras. Enquanto isso, porque o capitalismo é um sistema de comensuração, as formas capitalistas de valoração prosperam mesmo quando há uma grande diversidade em seus circuitos. O dinheiro se torna capital de investimento, que pode produzir mais dinheiro. O capitalismo é uma máquina de tradução para produzir capital a partir de toda a diversidade de meios de vida, sejam eles humanos ou não humanos.[2]

Minha aptidão para pensar a partir de manchas e traduções é nutrida por um corpo robusto de pesquisa sobre essas questões, particularmente aquelas que emergem da antropologia feminista. As pesquisadoras feministas demonstraram que a formação de classes é também uma formação cultural: a origem do que eu

---

2. A acumulação de capital depende de traduções nas quais locais pericapitalistas são trazidos para as linhas de suprimentos capitalistas. Aqui estão novamente algumas das minhas principais reivindicações: (1) a acumulação por aproveitamento é o processo pelo qual o valor criado em formas de valor não capitalista é traduzido em ativos capitalistas, permitindo a acumulação; (2) espaços pericapitalistas são locais em que as formas de valor capitalista e não capitalista podem florescer simultaneamente - permitindo assim traduções; (3) as cadeias de suprimentos são organizadas por meio dessas traduções, que vinculam o estoque de empresas líderes a locais pericapitalistas, onde prosperam todos os tipos de práticas, capitalistas e outras; (4) a diversidade econômica torna possível o capitalismo - e oferece locais de instabilidade e recusa da governança capitalista.

chamo de manchas.³ Elas também foram pioneiras no estudo das transações que ocorrem entre paisagens heterogêneas: o que chamo de traduções.⁴ Se há algo que acrescento a essa discussão é a atenção para os meios de vida que estão simultaneamente dentro e fora do capitalismo. Em vez de focarmos nossa atenção apenas no imaginário capitalista, com seus trabalhadores disciplinados e gestores experientes, tenho tentado demonstrar a vida precária em cenas que, ao mesmo tempo, usam e recusam a administração capitalista. Tais assembleias nos falam sobre aquilo que restou, a despeito dos danos causados pelo capitalismo.

Antes de chegarem às mãos dos consumidores, a maioria das mercadorias transita para dentro e para fora de formações capitalistas. Pense no seu celular. No fundo dos seus circuitos internos, você encontra o coltan, que foi extraído por garimpeiros africanos, alguns deles crianças, que se enfiam em buracos escuros sem garantia de salários ou benefícios. Nenhuma empresa os contrata; eles fazem esse trabalho perigoso por causa da guerra civil, das

---

3. Alguns exemplos: em seu influente estudo sobre trabalhadores do setor de eletrônica na Malásia, Aihwa Ong descobriu que trajetórias contingentes de governança colonial e pós-colonial produziam o tipo de mulher rural malaia que as fábricas queriam contratar (Aihwa Ong, *Spirits of resistance and capitalist discipline*. Albany: State University of New York Press, 1987). Sylvia Yanagisako mostrou como proprietários e gerentes de fábricas baseavam suas decisões em ideais culturais. Em vez de um sistema neutro de eficiência, ela argumenta, os negócios capitalistas se desenvolvem dentro de histórias culturais. Os proprietários, assim como os trabalhadores, desenvolvem interesses de classe por meio de agendas culturais (Sylvia Yanagisako, *Producing culture and capital*. Princeton: Princeton University Press, 2002).

4. O estudo de Jane Guyer sobre transações econômicas na África Ocidental mostra como as trocas monetárias não precisam ser um sinal de equivalência já estabelecida; o dinheiro pode ser usado para realinhar as economias culturais e traduzir suas lógicas de uma mancha à outra (Jane Guyer, *Marginal gains*. Chicago: University of Chicago Press, 2004). As transações podem incorporar lógicas de fora do mercado, mesmo quando o dinheiro é trocado. A pesquisa de Guyer mostra como os sistemas econômicos incorporam a diferença. As cadeias transnacionais de mercadorias são um local privilegiado para ver isso: Lisa Rofel e Sylvia Yanagisako exploram a forma como as empresas italianas de seda negociam a criação de valor com os produtores chineses através de lacunas de compreensão e prática ("Managing the new silk road: Italian-Chinese collaborations", palestra de Lewis Henry Morgan, University of Rochester, 20 out. 2010). Ver também: Aihwa Ong, *Neoliberalism as Exception*. Durham: Duke University Press, 2006; Neferti Tadiar, *Things fall away*. Durham: Duke University Press, 2009; Laura Bear, *Navigating austerity*. Stanford: Stanford University Press, 2015.

migrações e da perda de outros meios de vida, em consequência da degradação ambiental. Seu trabalho dificilmente é o que os especialistas imaginam como trabalho capitalista; no entanto, esse produto entra no seu telefone, uma mercadoria capitalista.[5] A acumulação por aproveitamento, com seu aparato de tradução, converte os minérios que foram extraídos em ativos legíveis para os negócios capitalistas. E o meu computador? Após sua curta vida útil (uma vez que eu certamente devo substituí-lo por um modelo mais novo), talvez eu o doe para uma organização de caridade. O que acontece com esses computadores? É provável que passem por um processo de queima, que facilita a extração de alguns de seus componentes. Seguindo os ciclos de aproveitamento, crianças os desmontam para extrair cobre e outros metais.[6] Muitas mercadorias frequentemente terminam o seu ciclo de vida útil em operações de resgate e aproveitamento para serem usadas na fabricação de outras mercadorias, que por sua vez são novamente recuperadas pelo capitalismo a partir da mesma estratégia. Se quisermos que nossas teorias do "sistema econômico" se relacionem de alguma forma com as práticas constitutivas dos meios de vida, é melhor conhecermos tais ritmos de aproveitamento.

Os desafios são enormes. A acumulação por aproveitamento revela um mundo de diferenças, onde políticas de oposição não se encaixam facilmente nos planos utópicos de solidariedade. Cada meio de vida, enquanto mancha, tem sua própria história e dinâmica, não havendo, portanto, uma urgência imediata para se discutir de forma *conjunta* – a partir dos pontos de vista que emergem das múltiplas manchas – sobre os ultrajes oriundos da acumulação e do abuso de poder. Já que nenhuma mancha é "representativa", nenhuma luta específica, se considerada isoladamente, terá força para fazer frente ao capitalismo. No entanto,

---

5. Jeffrey Mantz, "Improvisational economies: Coltan production in the eastern Congo", *Social Anthropology*, v. 16, n. 1, 2008, pp. 34-50; James Smith, "Tantalus in the digital age: Coltan ore, temporal dispossession, and 'movement' in the eastern Democratic Republic of the Congo", *American Ethnologist*, v. 38, n. 1, 2011, pp. 17-35.
6. Peter Hugo, "A global graveyard for dead computers in Ghana", *New York Times Magazine*, 4 ago. 2010.

esse não é o fim da política. As assembleias, em sua diversidade, mostram-nos o que mais tarde chamarei de "comuns latentes", isto é, agrupamentos que podem ser mobilizados a partir de uma causa comum. Como a habilidade para colaborar sempre esteve conosco, podemos criar estratégias a partir disso. Precisamos de uma política com força para criar coalizões que sejam mutáveis e que incluam a diversidade – e não apenas para os humanos.

Os negócios ligados ao progresso dependiam da conquista de uma natureza infinitamente rica por meio da alienação e da escalabilidade. Se a natureza se tornou finita, até mesmo frágil, não surpreende que os empreendedores tenham se apressado em se apropriar de tudo que puderem antes que os produtos acabem, enquanto os ambientalistas tentam desesperadamente preservar o que ainda resta. A próxima parte deste livro propõe uma política alternativa de entrelaçamentos mais-que-humanos.

Interlúdio
Seguindo a trilha

As trilhas de cogumelos são elusivas e enigmáticas; ao segui-las, sou conduzida por um passeio selvagem – cruzando todos os tipos de fronteiras. As coisas tornam-se ainda mais estranhas quando saio do ambiente comercial onde acontecem as trocas nos acampamentos para adentrar a "ribeira de emaranhados" de Darwin,[7] onde se encontram múltiplas formas de vida. Aqui, a biologia que imaginávamos conhecer fica de ponta-cabeça. Os emaranhados transbordam categorias e viram identidades do avesso.

Os cogumelos são os corpos de frutificação dos fungos. Diversos e frequentemente adaptáveis, os fungos vivem em muitos lugares, desde correntes oceânicas até as unhas dos pés. Mas muitos fungos vivem no solo, onde seus filamentos de células,

---

7. Charles Darwin termina *On the origin of species* ([London: John Murray, 1st ed., 1859], 490) com a imagem de uma "ribeira de emaranhados", "a partir de um começo tão humilde foram desenvolvidas e continuam a desenvolver-se uma quantidade infinita de formas do mais belo e maravilhoso que há". (DARWIN, 1859, cap. XIV, Conclusão)

Vida elusiva, Oregon. Os rastros de cervos e alces guiam catadores de matsutake até as manchas. Nelas, fendas sinalizam cogumelos profundamente entranhados que crescem atravessando o solo. Seguir a trilha significa perseguir entrelaçamentos mundanos.

chamados hifas, se espalham em leques, formando fios que se infiltram na terra. Se o solo fosse líquido e transparente e você nele mergulhasse, ficaria completamente envolvido por malhas de hifas fúngicas. Siga os fungos até essa cidade subterrânea e você encontrará os estranhos e múltiplos prazeres da vida interespécies.[8]

Muitas pessoas pensam que os fungos são plantas, mas na verdade eles estão mais próximos dos animais. Os fungos não produzem seu alimento a partir da luz do sol, como fazem as plantas. Em vez disso, eles precisam encontrar algo para comer, como os animais. No entanto, seu ato de se alimentar é geralmente generoso, pois cria condições de vida para outras espécies. Isso ocorre porque os fungos têm digestão extracelular. Eles excretam ácidos digestivos para fora de seus corpos, decompondo seus alimentos em nutrientes. É como se eles tivessem exteriorizado seus estômagos, digerindo a comida do lado de fora, e não dentro de seus corpos. Os nutrientes são então absorvidos por suas células, permitindo que o corpo fúngico cresça. Ao mesmo tempo, outros corpos de outras espécies se beneficiam. Só há plantas crescendo em terra firme (e não apenas na água) porque, ao longo da história de nosso planeta, os fungos digeriram rochas, tornando seus nutrientes disponíveis para as plantas. Os fungos (junto com as bactérias) produziram o solo no qual as plantas crescem. Eles também digerem madeira. Se não o fizessem, as árvores mortas se acumulariam na floresta para sempre. Os fungos as decompõem em nutrientes que podem ser reciclados e gerar novas vidas. Assim, moldando ambientes para si e para os outros, eles constroem mundos.

Alguns fungos aprenderam a viver em associações íntimas com as plantas e, uma vez que lhes seja dado tempo suficiente para se adaptar às relações interespécies de um lugar, a maioria das plan-

---

8. Para uma amostra de introduções, ver Nicholas Money, *Mr. Bloomfield's orchard* (Oxford: Oxford University Press, 2004) [exposição geral]; G. C. Ainsworth, *Introduction to the history of mycology* (Cambridge: Cambridge University Press, 2009) [história]; J. André Fortin, Christian Plenchette, e Yves Poché, *Mycorrhizas: The new green revolution* (Quebec: Editions Multimondes, 2009) [agronomia]; Jens Pedersen, *The kingdom of fungi* (Princeton, NJ: Princeton University Press, 2013) [fotografia].

tas se associa a eles. Os fungos endofíticos e endomicorrízicos vivem dentro das plantas. Muitos não possuem corpos frutíferos; eles desistiram do sexo há milhões de anos. Embora a maioria das plantas esteja repleta deles, é provável que nunca os vejamos, a menos que examinemos o interior das plantas com um microscópio. Os fungos ectomicorrízicos envolvem-se em torno das suas raízes e penetram o espaço entre as suas células. Muitos dos cogumelos mais apreciados ao redor do mundo – porcini, chanterelles, trufas e certamente o matsutake – são os corpos frutíferos das ectomicorrizas que se associam às plantas. Eles são deliciosos e difíceis de manipular por humanos, pois prosperam a partir das relações que estabelecem com árvores hospedeiras. Sua existência é completamente dependente de relações interespécies.

O termo *micorriza* é composto das palavras gregas que significam *fungo* e *raiz*; fungos e raízes de plantas tornam-se intimamente emaranhados nas relações micorrízicas. Nem o fungo nem a planta podem prosperar isoladamente. Do ponto de vista fúngico, o objetivo é conseguir uma boa refeição. O fungo estende seu corpo até as raízes da planta hospedeira para sugar alguns carboidratos por meio de estruturas de interfaces especializadas, criadas a partir do encontro. Ele depende desse alimento, mas não é totalmente egoísta. Os fungos estimulam o crescimento das plantas: primeiro, fornecendo mais água e, segundo, tornando disponíveis os nutrientes da digestão extracelular. As plantas obtêm cálcio, nitrogênio, potássio, fósforo e outros minerais a partir das micorrizas. De acordo com a pesquisadora Lisa Curran, as florestas só existem por causa dos fungos ectomicorrízicos.[9] Apoiando-se em companheiros fúngicos, as árvores crescem fortes e numerosas, criando florestas.

Benefícios mútuos não resultam em uma harmonia perfeita. Às vezes, o fungo parasita a raiz em uma fase do seu ciclo de vida. Ou, se a planta já tem muitos nutrientes, pode rejeitar o fungo.

---

9. Lisa Curran, *The ecology and evolution of mast-fruiting in Bornean* Dipterocarpaceae: A general ectomycorrhizal theory. Princeton: Princeton University, 1994. Dissertação de PhD.

Sem uma planta colaboradora, o fungo micorrízico morre. Mas muitas ectomicorrizas não estão limitadas a apenas uma colaboração; os fungos formam uma malha entre diversas plantas. Em uma floresta, os fungos conectam não apenas árvores de uma mesma espécie, mas também, e frequentemente, de espécies variadas. Se você cobrir uma árvore na floresta, privando suas folhas de luz e, portanto, de alimento, suas associadas micorrízicas podem alimentá-la com os carboidratos de outras árvores da rede.[10] Alguns estudiosos comparam as malhas micorrízicas à internet, escrevendo sobre a *"woodwide web"*. As micorrizas formam uma infraestrutura de interconexão entre espécies, transportando informações pela floresta. Elas também têm algumas características de um sistema rodoviário. Os micróbios do solo que, de outra forma, ficariam no mesmo local, podem viajar nos canais e encadeamentos da interconexão micorrízica. Alguns desses micróbios são importantes para a restauração ambiental.[11] As teias micorrízicas permitem assim que as florestas respondam a possíveis ameaças.

Por que o trabalho de construção-de-mundo dos fungos é tão pouco reconhecido? Em parte, porque as pessoas não podem se aventurar no subsolo para ver a incrível arquitetura da cidade subterrânea. Mas também porque, até recentemente, muitas pessoas – talvez especialmente os cientistas – imaginavam a vida como uma questão de reprodução intraespecífica. As interações entre espécies mais importantes, nessa visão de mundo, eram relações predador-presa, nas quais a interação significava o extermínio de uma das partes. Relações mutualísticas eram anomalias interessantes, mas não realmente necessárias para entender a vida. A vida emergia da autorreplicação de cada espécie, que enfrentava desafios evolutivos e ambientais por conta própria. Nenhuma espécie precisava de outra para garantir sua vitalidade; elas se auto-organizavam. Essa narrativa baseada na autocriação encobriu as

---

10. Paul Stamets, *Mycelium running*. Berkeley: Ten Speed Press, 2005. Nesse livro, o autor oferece essa e outras histórias sobre fungos.
11. S. Kohlmeier et al., "Taking the fungal highway: Mobilization of pollutant-degrading bacteria by fungi", *Environmental Science and Technology*, n. 39, 2005, pp. 4640-4646.

estórias da cidade subterrânea. Para recuperá-las, poderíamos reconsiderar a visão de mundo que isola as espécies e contemplar as novas evidências que começaram a transformar essa abordagem.

Quando Charles Darwin, no século xix, propôs uma teoria da evolução a partir da seleção natural, ele não tinha uma explicação para a hereditariedade. Foi somente com a retomada do trabalho de Gregor Mendel sobre genética, em 1900, que se considerou um mecanismo pelo qual a seleção natural poderia produzir seus efeitos. No século xx, os biólogos combinaram genética e evolução e criaram a "síntese moderna", uma estória poderosa sobre como as espécies surgem por meio da diferenciação genética. No início daquele século, a descoberta de cromossomos, estruturas dentro das células que carregam informações genéticas, tornou a estória palpável. Unidades de hereditariedade – os genes – estavam armazenadas nos cromossomos. Nos vertebrados com reprodução sexuada, descobriu-se uma linha especial de "células germinativas" para conservar os cromossomos que dão origem à próxima geração. (Espermatozóides e óvulos humanos, por exemplo, são células germinativas.) Mudanças no resto do corpo – até mesmo mudanças genéticas – não deveriam ser transmitidas aos descendentes uma vez que não afetam os cromossomos das células germinativas. Assim, a autorreprodução das espécies seria protegida das vicissitudes do encontro ecológico e da história. Enquanto as células germinativas não fossem afetadas, o organismo se refazia, estendendo a continuidade das espécies.

Esse é o coração da estória da autocriação das espécies: a reprodução de uma espécie é autocontida, auto-organizada e separada da história. Chamar isso de "síntese moderna" é bastante correto em relação às questões da modernidade que discuti aqui em termos de escalabilidade. Coisas autorreplicantes são modelos do tipo de natureza que a proeza técnica pode controlar: são coisas modernas. Elas são intercambiáveis entre si, porque a variabilidade é contida por sua autocriação. Assim, elas também são escaláveis. Os traços hereditários são expressos em múltiplas escalas: células, órgãos, organismos, populações de indivíduos que se cruzam e, é claro, a própria espécie. Cada uma dessas escalas é uma variação da expressão de herança genética autossuficiente e é, portanto, intrínseca e escalável. Desde que se permaneça dentro da expressão dos mesmos traços genéticos, a pesquisa pode ir para frente ou para trás nessas escalas sem que haja atrito. O excesso na aplicação desse paradigma trouxe alguns problemas: quando os pesquisadores usaram a escalabilidade literalmente, produziram estórias novas e bizarras do gene que seria responsável por tudo. Genes para a criminalidade e para a criatividade foram propostos, deslizando livremente ao longo de escalas do cromossomo até o mundo social. "O gene egoísta", encarregado da evolução, não precisava de colaboradores. A vida escalável, nessas versões, capturou a herança genética em uma modernidade autocontida e autorreplicante, à imagem da jaula de aço de Max Weber.

Na década de 1950, a descoberta da capacidade de estabilidade e autorreplicação do DNA marcou, ao mesmo tempo, o auge da síntese moderna e o início de seu declínio. O DNA, com proteínas associadas, é o material dos cromossomos. A estrutura química de seus filamentos de hélice dupla é estável e, surpreendentemente, capaz de se replicar com exatidão em um novo filamento. Que modelo incrível para a replicação independente! A reprodução do DNA era fascinante; ela se tornou um ícone para a própria ciência moderna, que requer a replicação de resultados e, portanto, objetos de pesquisa que sejam estáveis e intercambiáveis em repetidos experimentos – isto é, sem história. Os resultados da replicação do DNA podem ser rastreados em todas as escalas biológicas (proteína, célula, órgão, organismo, população, espécie). À escalabilidade biológica foi dado um mecanismo, reforçando a estória de uma vida absolutamente moderna, governada pela expressão genética e isolada da história.

No entanto, a pesquisa de DNA tomou direções inesperadas. Considere-se a trajetória da biologia evolutiva do desenvolvimento. Esse campo foi um dos muitos que surgiram da revolução do DNA; ele estuda a mutação e a expressão genética no desenvolvimento dos organismos, assim como as implicações disso para a especiação. No estudo do desenvolvimento, no entanto, os pesquisadores não conseguiram evitar a história dos encontros entre um organismo e seu ambiente. Em conversas com ecólogos, eles perceberam que havia evidências de um tipo de evolução inesperado pela síntese moderna. Na contramão da ortodoxia moderna, eles descobriram que muitos tipos de efeitos ambientais poderiam ser transmitidos à prole a partir de uma variedade de mecanismos, alguns afetando a expressão genética e outros influenciando a frequência de mutações ou a dominância das formas varietais.[12]

Uma de suas descobertas mais surpreendentes foi a de que muitos organismos se desenvolvem apenas por meio de interações com outras espécies. Uma minúscula lula havaiana, *Euprymna escolopes*, tornou-se um modelo para pensar sobre esse processo.[13] A "lula de rabo cortado" é conhecida por seu órgão de luz, a partir do qual imita o luar, escondendo sua sombra dos predadores. Mas, quando jovem, a lula só desenvolve esse órgão se tiver contato com uma espécie particular de bactéria, a *Vibrio fischeri*. As lulas não nascem com essas bactérias, elas devem encontrá-las na água do mar. Sem elas, o órgão de luz nunca se desenvolve. Mas talvez você ache que os órgãos de luz são supérfluos. Considere a vespa parasita *Asobara tabida*. As fêmeas são completamente incapazes de produzir óvulos sem as bactérias do gênero *Wolbachia*.[14] Enquanto isso, as larvas da mariposa *Maculinea arion* são incapazes de sobreviver sem serem levadas por uma colônia de formigas.[15] Mesmo nós, seres humanos orgu-

---

12. No capítulo 10 de *Ecological developmental biology*, Scott Gilbert e David Epel detalham alguns dos mais importantes mecanismos. (S. Gilbert e D. Epel, *Ecological developmental biology*. Sunderland: Sinauer, 2008.)

13. Margaret McFall-Ngai, "The development of cooperative associations between animals and bacteria: Establishing détente among domains", *American Zoologist* v. 38, n. 4, 1998, pp. 593-608.

14. Gilbert e Epel, *Ecological developmental biology*, op. cit., p. 18. A infecção por *Wolbachia* também causa problemas para muitos insetos por causa da forma como modela a reprodução. John Thompson, *Relentless evolution*. Chicago: University of Chicago Press, 2013, pp. 104-106, 192.

15. J. A. Thomas, D. J. Simcox e R. T. Clarke, "Successful conservation of a threatened

lhosamente independentes, somos incapazes de digerir a nossa comida sem bactérias benéficas, primeiramente obtidas à medida que deslizamos pelo canal vaginal na hora do parto. Das células em um corpo humano, 90% são bactérias. Nós não sobrevivemos sem elas.[16]

Como o biólogo Scott Gilbert e seus colegas escrevem, "quase todo desenvolvimento pode ser considerado codesenvolvimento. Por codesenvolvimento, nos referimos à capacidade das células de uma espécie auxiliarem a construção normal do corpo de outra espécie".[17] Esse insight transforma a unidade da evolução. Alguns biólogos começaram a falar da "Teoria da Evolução do Hologenoma", referindo-se ao complexo de organismos e seus simbiontes como uma unidade evolutiva: o "holobionte".[18] Eles descobriram, por exemplo, que as associações entre bactérias específicas e moscas-da-fruta influenciam a escolha de acasalamento da mosca-da-fruta, moldando assim o caminho para o desenvolvimento de uma nova espécie.[19] Para enfatizar a importância do desenvolvimento, Gilbert e seus colegas usam o termo *simbiopoiese*, o codesenvolvimento do holobionte. O termo põe em xeque, a partir das descobertas, o entendimento anterior da vida como sistemas internamente auto-organizados, autoformados a partir da "autopoiese". "Cada vez mais, a simbiose parece ser a 'regra', não a exceção [...]. Pode ser que a natureza esteja selecionando 'relacionamentos' em vez de indivíduos ou genomas", escrevem eles.[20]

Maculinea butterfly", *Science*, v. 203, 2009, pp. 458-461. Para entrelaçamentos relacionados, ver Thompson, *Relentless evolution*, op. cit., pp. 182-183; Gilbert e Epel, *Ecological developmental biology*, op. cit., cap. 3.
16. Gilbert e Epel, *Ecological developmental biology*, op. cit., pp. 20-27.
17. Scott F. Gilbert et al., "Symbiosis as a source of selectable epigenetic variation: Taking the heat for the big guy", *Philosophical Transactions of the Royal Society B*, n. 365, 2010, pp. 671-678, em 673.
18. Ilana Zilber-Rosenberg e Eugene Rosenberg, "Role of microorganisms in the evolution of animals and plants: The hologenome theory of evolution", FEMS *Microbiology Reviews*, n. 32, 2008, pp. 723-735.
19. Gil Sharon et al., "Commensal bacteria play a role in mating preferences of *Drosophila melanogaster*", *Proceedings of the National Academy of Science*, 1 nov. 2010.
20. Gilbert et al., "Symbiosis as a source of selectable epigenetic variation", op. cit., pp. 672, 673.

As relações interespécies reinscrevem a evolução de volta na história porque dependem das contingências do encontro. Elas não formam um sistema de autorreplicação interna. Pelo contrário, os encontros interespécies são sempre eventos, "coisas que acontecem", as unidades da história. Os eventos podem até conduzir a situações relativamente estáveis, mas sem a mesma garantia de estabilidade que as unidades autorreplicantes oferecem; eventos históricos são sempre enquadrados por contingência e tempo. A história cria muitos problemas para a escalabilidade. A única maneira de gerar escalabilidade é reprimir a mudança e o encontro. Se eles não podem ser reprimidos, toda a relação entre as escalas deve ser repensada. Quando ecologistas britânicos tentaram salvar a mariposa *Maculinea arion*, mencionada acima, eles não poderiam supor que uma população de acasalamento pudesse por si só reproduzir a espécie – mesmo que, de acordo com a síntese moderna, as populações sejam formadas a partir dos genes dos seus indivíduos. Eles não poderiam ter deixado de fora as formigas, sem as quais as larvas não sobrevivem.[21] As grandes populações dessas mariposas não são, portanto, um efeito escalável do seu DNA. Elas formam complexos não escaláveis de encontros entre espécies. Esse é um problema para a síntese moderna, porque as populações genéticas estavam no centro da ideia de uma evolução-sem-história desde o início do século XX. Deveriam as ciências da população dar lugar para a emergente ecologia histórica multiespécies? Podem as artes de notar que discuto estar em seu núcleo?[22]

A reintrodução da história no pensamento evolutivo já começou em outras escalas biológicas. A célula, outrora um emblema

21. Thomas et al.,"Successful conservation of a threatened *Maculinea* butterfly", op. cit.
22. Os geneticistas populacionais estudam mutualismos, incluindo aqueles que envolvem fungos e árvores ectomicorrízicos. Mas a estrutura da disciplina exige que a maioria dos estudos veja cada organismo como analiticamente autossuficiente, em vez de emergente na interação histórica. Como uma análise recente explica: "Mutualismos são explorações recíprocas que, no entanto, aumentam a aptidão de cada parceiro" (Teresa Pawlowska, "Population genetics of fungal mutualists of plants", in: Jianping Xu (org.), *Microbial population genetics*, Norfolk: Horizon Scientific Press, 2010, pp. 125-138. O objetivo do estudo do mutualismo é, então, medir custos e benefícios para cada espécie autossuficiente, com

de unidades replicáveis, acaba por ser o resultado histórico da simbiose entre bactérias de vida independente.[23] Até o DNA acaba por ter mais história nas suas sequências de aminoácidos do que se pensava. O DNA humano é parcialmente um vírus; os encontros virais marcam momentos históricos no processo de nos tornarmos humanos.[24] A pesquisa do genoma assumiu o desafio de identificar a importância desses encontros na criação do DNA. As ciências da população não poderão evitar a história por muito mais tempo.[25]

Fungos são guias ideais. Sempre foram recalcitrantes à jaula de aço da autorreplicação. Como as bactérias, alguns têm o dom de trocar genes em encontros não reprodutivos ("transferência horizontal de genes"); muitos também parecem avessos a manter seu material genético classificado em termos de "indivíduos" e "espécies", para não falar de "populações". Quando pesquisadores estudaram os corpos frutíferos do que eles consideravam uma espécie, o valioso "fungo da lagarta" tibetano, encontraram, na verdade, muitas espécies entrelaçadas.[26] Quando examinaram os filamentos da *Armillaria* presentes nas raízes em decomposição, encontraram mosaicos genéticos que confundiam a identificação de um indivíduo.[27] Entretanto, os fungos são famosos por seus anexos simbióticos. Os líquens são fungos que vivem em conjunto com algas e cianobactérias. Tenho discutido colaborações

atenção especial à "trapaça". Os pesquisadores poderiam se perguntar como as variantes mais ou menos mutualísticas de uma espécie emergem para explorar benefícios, mas não conseguem ver as sinergias transformadoras.
23. Margulis e Sagan, *What is life?*, op. cit. (citado no cap. 2, n. 45).
24. Masayuki Horie, Tomoyuki Honda, Yoshiyuki Suzuki, Yuki Kobayashi, Takuji Daito, Tatsuo Oshida, Kazuyoshi Ikuta, Patric Jern, Takashi Gojobori, John M. Coffin, e Keizo Tomonaga, "Endogenous non-retroviral RNA virus elements in mammalian genomes", *Nature*, n. 463, 2010, pp. 84-87.
25. Uma vantagem promissora da genética populacional utiliza técnicas de sequenciamento de DNA para diferenciar alelos variantes dentro de uma única população. Estudar diferenças entre os alelos requer um conjunto de marcadores de DNA diferente do de quando se estudam espécies. A especificidade da escala é importante. A teoria da não escalabilidade acolhe histórias que podem ser contadas sobre diferenças alélicas e observa que elas não se traduzem facilmente nos métodos e resultados da pesquisa para outras escalas.
26. Daniel Winkler, entrevista, 2007.
27. R. Peabody et al., "Haploid vegetative mycelia of *Amillaria gallica* show among-cell-line variation for growth and phenotypic plasticity", *Mycologia*, v. 97, n. 4, 2005, pp. 777-787.

fúngicas com plantas, mas os fungos também vivem com animais. Por exemplo, os cupins *Macrotermes* só digerem sua comida com a ajuda de fungos. Os cupins mastigam madeira, mas não conseguem digeri-la. Ao invés disso, eles criam "jardins para fungos" nos quais a madeira mastigada é digerida pelos *Termitomyces*, produzindo nutrientes que se tornam aproveitáveis. O pesquisador Scott Turner aponta que, embora se possa dizer que os cupins cultivam o fungo, poderíamos dizer, igualmente, que o fungo cultiva os cupins. Num processo colaborativo, os *Termitomyces* se aproveitam do ambiente do cupinzeiro para se protegerem da competição com outros fungos; enquanto isso, o fungo regula o cupinzeiro, mantendo-o aberto por meio da frutificação anual de cogumelos – de modo a criar, assim, uma interferência que ajuda na conservação dos cupinzeiros.[28]

Nossa linguagem metafórica (aqui, o "cultivo" de cupim) às vezes atrapalha, e às vezes produz insights inesperados. Uma das metáforas mais comuns nas falas sobre simbiose é "terceirização". É possível dizer que os cupins terceirizam sua digestão para os fungos, ou então que os fungos terceirizam a coleta de alimentos e a construção de nichos para os cupins. Há muitos equívocos na comparação de processos biológicos com acordos comerciais contemporâneos; demasiados, na verdade, para catalogar. Mas talvez exista um insight aqui. Como acontece no interior das cadeias de suprimentos capitalistas, essas malhas de engajamento não são escaláveis. Seus componentes não podem ser reduzidos a objetos intercambiáveis e autorreplicantes, sejam eles empresas ou espécies. Em vez disso, eles exigem atenção para as histórias específicas dos encontros que sustentam a cadeia. A descrição da história natural, e não a modelagem matemática, é a primeira etapa a se considerar – como na economia. A curiosidade radical nos acena. Talvez a antropologia, uma das poucas ciências que ainda valorizam a observação e a descrição, possa nos ser útil aqui.

---

28. Scott Turner, "Termite mounds as organs of extended physiology", State University of New York College of Environmental Science and Forestry.

Paisagens ativas, Iunã. Paisagens ativas são um quebra-cabeça, invertendo a ideia de natureza tal qual a conhecemos. Aqui, pinheiros, carvalhos, cabras e humanos: por que o matsutake prospera em meio a um tráfego tão intenso?

PARTE III

A PERTURBAÇÃO COMO COMEÇO: DESIGN NÃO INTENCIONAL

Quando Kato-san me apresentou ao trabalho de restauração que ele estava fazendo para o serviço de pesquisa florestal da província, fiquei chocada. Como uma estadunidense educada sobre as sensibilidades da vida selvagem, eu pensava que as florestas eram as melhores restauradoras de si mesmas. Kato-san discordou: se você quiser matsutake no Japão, ele explicou, você precisa ter pinheiros; e, se quer pinheiros, é necessário que haja perturbação humana. Ele estava supervisionando o trabalho de remoção das árvores latifoliadas da encosta que me mostrou. Até mesmo a camada superficial do solo havia sido removida e carregada para longe, de modo que a encosta íngreme agora parecia revirada e nua ao meu olhar americano. "E a erosão?", eu perguntei. "A erosão é boa", respondeu ele. Então eu fiquei realmente espantada. Não seriam a erosão e a perda de solo sempre ruins? Ainda assim, eu estava disposta a ouvir: o pinheiro floresce em solos minerais, e a erosão os revela.

Trabalhar com manejadores florestais no Japão mudou minha maneira de pensar sobre o papel da perturbação nas florestas. A perturbação deliberada como forma de revitalizar as florestas me surpreendeu. Kato-san não estava plantando um jardim. A floresta que ele almejava teria que crescer sozinha. Mas ele queria contribuir criando um certo tipo de bagunça: uma bagunça que favorece o pinheiro.

O trabalho de Kato-san se engaja em uma causa popular e científica: a restauração dos bosques *satoyama*. Os *satoyama* são paisagens camponesas tradicionais e combinam a agricultura de arroz e o manejo da água com florestas. Os bosques – o cerne do conceito *satoyama* – foram outrora perturbados e assim mantidos, para que fornecessem lenha e carvão, bem como produtos florestais não madeireiros. Hoje, o produto mais valioso do bosque *satoyama* é o matsutake. Restaurar bosques em prol do matsutake favorece uma variedade de outros seres vivos: pinheiros e carvalhos, ervas do sub-bosque, insetos e pássaros. A restauração requer perturbação – mas uma perturbação que visa aumentar a diversidade e o funcionamento saudável dos ecossistemas. Alguns tipos de ecossistemas, argumentam os restauradores, florescem a partir de atividades humanas.

O emprego da ação humana para o reordenamento de paisagens naturais é utilizado por programas de restauração ecológica no mundo todo. O que distingue a revitalização das *satoyama*, para mim, é a ideia de que as atividades humanas devem fazer parte da floresta da mesma forma que as atividades não humanas. Nesse projeto, humanos, pinheiros, matsutake e outras espécies devem construir a paisagem juntos. Um cientista japonês explicou o matsutake como resultado de um "cultivo não intencional", porque a perturbação humana torna a presença do matsutake mais provável – ainda que os humanos não sejam capazes de cultivar o cogumelo. Na verdade, pode-se dizer que pinheiros, matsutake e humanos se cultivam por acaso. Eles tornam possíveis, assim, seus respectivos projetos de fazer-mundo. Esse idioma me permitiu considerar como as paisagens, de maneira geral, são produtos de um *design não intencional*. Ou seja, produtos da atividade de muitos agentes, humanos e não humanos, que de forma concomitante tecem mundos. O design é evidente no ecossistema da paisagem. Mas nenhum dos agentes planejou esse efeito. Os humanos se juntam a outras espécies na criação de paisagens de design não intencional.

Enquanto local para dramas mais-que-humanos, as paisagens são ferramentas radicais para descentralizar a arrogância humana. As paisagens não são apenas cenários para a ação histórica: elas são ativas. Observar paisagens em formação mostra humanos se articulando com outros seres vivos no processo de modelar mundos. Cogumelos matsutake e pinheiros não apenas crescem em florestas, eles fazem florestas. As florestas de matsutake constituem agrupamentos que constroem e transformam paisagens. Esta parte do livro começa com a perturbação – e eu faço da perturbação um começo, isto é, uma abertura para a ação. A perturbação realinha as possibilidades para um encontro transformador acontecer. Manchas de paisagem emergem a partir de perturbações. Assim, a precariedade é encenada em uma socialidade mais-que-humana.

Paisagens ativas, província de Quioto. Uma floresta satoyama *em dezembro. Às vezes, a vida da floresta se torna mais evidente quando ela supera contratempos. Os camponeses desmatam; o inverno arrefece: ainda assim, a vida surge.*

Capítulo 11
A vida da floresta

Caminhar atentamente por uma floresta, mesmo que ela esteja danificada, é ser pego pela abundância da vida: antiga e nova, sob os pés e se esgueirando em direção à luz. Mas como narrar a vida da floresta? Podemos começar buscando drama e aventura para além da atividade humana. No entanto, não estamos acostumados a ler histórias sem heróis humanos. Esse é o quebra-cabeça de que fala esta seção do livro. Seria possível conceber a paisagem como protagonista de uma aventura na qual os humanos são apenas um tipo de participante, entre muitos outros?

No decorrer das últimas décadas, pesquisadores de diferentes áreas têm demonstrado que admitir apenas os seres humanos como protagonistas em nossas estórias não é só um preconceito humano ordinário; é uma agenda cultural atrelada ao sonho do progresso pela modernização.[1] Existem outros modos de fazer mundos. Antropólogos têm se interessado, por exemplo, em como caçadores de subsistência reconhecem outros seres vivos como "pessoas", isto é, protagonistas de histórias.[2] E, de fato,

1. Reflexões sobre esse problema surgiram a partir de estudos científicos (por exemplo, Bruno Latour, "Where are the missing masses?", in: Deborah Johnson e Jameson Wetmore (orgs.), *Technology and society*. Cambridge: MIT Press, 2008, pp. 151-180); estudos indígenas (por exemplo, Marisol de la Cadena, "Indigenous cosmopolitics in the Andes: Conceptual reflections beyond 'politics' ", *Cultural Anthropology*, v. 25, n. 2, 2010, pp. 334-370); teoria pós--colonial (por exemplo, Dipesh Chakrabarty, *Provincializing Europe*. Princeton: Princeton University Press, 2000); novo materialismo (por exemplo, Jane Bennett, *Vibrant matter*. Durham: Duke University Press, 2010); e folclore e ficção (por exemplo, Ursula Le Guin, *Buffalo gals and other animal presences*. Santa Barbara: Capra Press, 1987).
2. Richard Nelson, *Make prayers to the raven: A Koyukon view of the northern forest*. Chicago: University of Chicago Press, 1983; Rane Willerslev, *Soul hunters: Hunting, animism, and personhood among the Siberian Yukaghirs* . Berkeley: University of California Press, 2007; Viveiros de Castro, "Cosmological deixis and Amerindian Perspectivism", op. cit. (citado no cap. 1, n. 40)

como poderia ser diferente? Ainda assim, as expectativas do progresso restringem este insight: animais falantes são estórias de crianças e povos primitivos. Com suas vozes silenciadas, nós imaginamos o nosso bem-estar sem eles. Passamos por cima deles para poder avançar, e esquecemos que a sobrevivência colaborativa exige coordenação entre as espécies. Para expandir o possível, precisamos de outros tipos de estórias – inclusive de aventuras protagonizadas por paisagens.[3]

Um lugar para começar é um nematoide – e uma tese sobre habitabilidade.

"Me chame de *Bursaphelenchus xylophilus*. Sou uma criatura minúscula, similar a uma minhoca – um nematoide – e passo a maior parte de meu tempo triturando as partes internas de pinheiros. Mas meus parentes são tão viajados quanto qualquer baleeiro a navegar os sete mares. Venha comigo e lhe contarei sobre algumas viagens curiosas."

Mas espere: quem iria querer ouvir sobre o mundo de um verme? Essa foi, de fato, a pergunta respondida por Jakob von Uexküll em 1934, quando ele descreveu o mundo tal como experienciado por um carrapato.[4] Trabalhando com suas habilidades sensoriais, Uexküll demonstrou que um carrapato conhece e cria

---

3. Alguns humanistas se preocupam com a política da palavra *paisagem*, porque uma de suas genealogias leva à pintura de paisagem, com sua distância entre espectador e cena. Como Kenneth Olwig nos lembra, no entanto, outra genealogia leva àquela unidade política na qual as discussões poderiam ser convocadas ("Recovering the substantive nature of landscape", *Annals of the Association of American Geographers*, v. 86, n. 4, 1996, pp. 630-653). Minhas paisagens são lugares para assembleias irregulares, isto é, para discussões que incluem participantes humanos e não humanos.
4. Jakob von Uexküll, *A foray into the world of animals and humans*, trad. Joseph D. O'Neil. Minneapolis: University of Minnesota Press, 2010 (1936).

mundos. Sua abordagem trouxe vida às paisagens enquanto cenas de atividade sensual; criaturas não deveriam ser tratadas como objetos inertes, mas como sujeitos do conhecimento.

No entanto, o horizonte de possibilidades que Uexküll criou para o seu carrapato restringiu a experiência do mundo a uma bolha, limitada por seus poucos sentidos. Apreendido em um pequeno recorte de espaço e tempo, o carrapato não era um participante nos ritmos mais amplos e nas histórias da paisagem.[5] Isso não é suficiente, como evidenciam as viagens do *Bursaphelenchus xylophilus*, o nematoide-da-madeira-do-pinheiro. Vejamos uma das mais impressionantes.

O nematoide-da-madeira-do-pinheiro não é capaz de se deslocar de uma árvore para a outra sem a ajuda de besouros serra-pau, que os carregam sem obter benefícios para si. Em um determinado estágio de sua vida, os nematoides podem tirar vantagem das jornadas dos besouros, pegando carona como passageiros clandestinos. Mas essa não é uma transação casual. Os nematoides devem se aproximar dos besouros em um estágio particular de seu ciclo de vida, no momento em que estes devem sair das cavidades de seu pinheiro e se deslocar para uma nova árvore. Os nematoides são transportados na traqueia dos besouros. Quando se dirigem para outra árvore para depositar seus ovos, os nematoides deslizam para a nova toca do besouro, no tronco da árvore. Esta é uma façanha de coordenação extraordinária, na qual os nematoides sincronizam-se com o ritmo de vida dos besouros.[6] Para imergir nesta malha de coordenações, os mundos-bolha de Uexküll não são suficientes.

Apesar dessa breve incursão na vida de um nematoide, não perdi de vista o matsutake. Uma das grandes razões da atual

---

5. Os mundos das bolhas de Uexküll inspiraram a ideia de Martin Heidegger de que animais não humanos são "pobres de mundo". Martin Heidegger, *The fundamental concepts of metaphysics: World, finitude, solitude*, trad. W. McNeill e N. Walker. Indianapolis: Indiana University Press, 2001 (1938).
6. Lilin Zhao, Shuai Zhang, Wei Wei, Haijun Hao, Bin Zhang, Rebecca A. Butcher, Jianghua Sun, "Chemical signals synchronize the life cycles of a plant-parasitic nematode and its vector beetle", *Current biology*, 10 out. 2013.

raridade do matsutake no Japão é o menor número de pinheiros no país, resultado da ação do nematoide-da-madeira-do-pinheiro. Da mesma forma que os baleeiros matam baleias, esses nematoides matam pinheiros e seus fungos companheiros. No entanto, os nematoides nem sempre estiveram envolvidos neste modo de vida. Assim como com os baleeiros e as baleias, os nematoides só se tornam matadores de pinheiros pelas contingências circunstanciais da história. Sua viagem ao interior da história japonesa é tão extraordinária quanto as teias coordenadas que tecem.

Para os pinheiros estadunidenses, que evoluíram junto com esses nematoides, eles não passam de doenças menores. Os nematoides se tornaram exterminadores de árvores apenas quando viajaram para a Ásia, onde os pinheiros estavam despreparados e vulneráveis. Surpreendentemente, os ecólogos mapearam esse processo com muita precisão. Os primeiros nematoides vindos dos Estados Unidos desembarcaram no porto japonês de Nagasaki, carregados por pinheiros estadunidenses, na primeira década do século xx.[7] A madeira era um recurso para a industrialização do Japão, onde as elites estavam ávidas por recursos vindos dos quatro cantos do mundo. Muitos hóspedes não convidados chegaram com esses recursos, inclusive o nematoide-da-madeira-do-pinheiro. Logo após seu desembarque, ele viajou com os besouros serra-pau locais; seus movimentos podem ser rastreados de forma concêntrica a partir de Nagasaki. Juntos, o besouro local e o nematoide estrangeiro transformaram a paisagem japonesa.

Ainda assim, um pinheiro infectado pode sobreviver se estiver vivendo em boas condições, de modo que essa ameaça iminente mantém o matsutake – implicado enquanto dano colateral – na incerteza. Os pinheiros estressados pela densa aglomeração florestal, falta de luz solar e fertilização excessiva do solo tornam-se presas fáceis para os nematoides.[8] Árvores latifoliadas aglomeram-

---

7. Kazuo **Suzuki**, entrevista, 2005; Kazuo Suzuki, "Pine Wilt and the Pine Wood Nematode", in: Julian Evans e John Youngquist (orgs.), *Encyclopedia of forest sciences*. Waltham: Elsevier Academic Press, 2004, pp. 773-777.
8. Yu **W**ang, Toshihiro Yamada, Daisuke **S**akaue, e Kazuo Suzuki, "Influence of fungi on

-se e fazem sombra para o pinheiro japonês. Fungos da mancha azul às vezes crescem nas fissuras no tronco dos pinheiros, alimentando os nematoides. A elevação das temperaturas ligada à mudança climática gerada pela atividade humana ajuda na disseminação dos nematoides.[9] Muitas histórias se cruzam aqui; elas nos levam além do mundo das bolhas, para malhas cambiantes de colaboração e complexidade. O modo de vida do nematoide – e o pinheiro que ele ataca, e o fungo que tenta salvá-lo – é aperfeiçoado no interior de assembleias instáveis, na medida em que oportunidades se apresentam e velhas habilidades ganham novos usos. O matsutake japonês entra nessa disputa: seu destino depende do aperfeiçoamento ou da debilidade dos nematoides-da-madeira-do-pinheiro, tal como narrado por Uexküll.

Rastrear o matsutake por meio da jornada dos nematoides me permite retornar às questões relativas à narração das aventuras das paisagens, dessa vez com uma tese. Em primeiro lugar, ao invés de limitar nossas análises a uma criatura por vez (incluindo humanos), ou mesmo a uma relação, se queremos saber o que torna os lugares habitáveis devemos estudar as assembleias polifônicas, os entrelaçamentos dos modos de vida. Assembleias são performances da habitabilidade. As estórias do matsutake nos conduzem às estórias dos pinheiros e dos nematoides; em seus momentos de articulação mútua, criam situações habitáveis – ou mortíferas.

Em segundo lugar, as agilidades específicas de cada espécie são aperfeiçoadas a partir das articulações das assembleias. Uexküll nos coloca no caminho certo ao notar o modo como mesmo as mais singelas criaturas participam na criação de mundos. Para ampliar seus insights, devemos seguir as sintonizações multiespécies, nas quais cada organismo encontra o seu próprio tom. O matsutake não é nada sem os ritmos da floresta de matsutake.

multiplication and distribution of the pinewood nematode", in: Manuel Mota e Paolo Viera (orgs.), *Pine wilt disease: A worldwide threat to forest ecosystems*, Berlim: Springer, 2008, pp. 115-128.
9. T. A. Rutherford e J. M. Webster, "Distribution of pine wilt disease with respect to temperature in North America, Japan, and Europe", *Canadian Journal of Forest Research*, v. 17, n. 9, 1987, pp. 1050-1059.

Em terceiro lugar, coordenações ocorrem e deixam de existir a partir das contingências suscitadas por transformações históricas. A continuidade da colaboração entre o matsutake e o pinheiro no Japão depende em grande parte de outras colaborações impulsionadas pela chegada dos nematoides-da-madeira-do-pinheiro.

Para juntar tudo isso, pode ser útil relembrar a música polifônica mencionada brevemente no primeiro capítulo. Apreciar a polifonia, ao contrário da apreciação das harmonias e ritmos unificados do rock, do pop ou da música clássica, exige escutar ao mesmo tempo as linhas da melodia e sua junção em momentos inesperados de harmonia e dissonância. Da mesma forma, para se apreciar uma assembleia é preciso prestar atenção nos seus modos distintos de ser, ao mesmo tempo em que se observa como estes se encontram em combinações esporádicas, mas consequentes. Além disso, em contraste com a previsibilidade de uma peça de música escrita, que pode ser repetida uma e outra vez, a polifonia da assembleia muda à medida que as condições mudam. Essa é a prática de escuta que esta seção do livro busca suscitar.

Ao tomar como objeto as assembleias baseadas em paisagens, posso atentar para a relação entre as ações de muitos organismos. Não fico restrita ao rastreamento das relações entre os humanos e seus aliados favoritos, como na maioria dos estudos sobre animais. Organismos não precisam mostrar seus equivalentes humanos (enquanto agentes conscientes, comunicadores intencionais ou sujeitos éticos) para serem levados em conta. Se estamos interessados em habitabilidade, impermanência e emergência, devemos observar as ações das assembleias na paisagem. As assembleias coalescem, se transformam e se dissolvem: essa *é* a estória.

A estória das paisagens é, ao mesmo tempo, fácil e difícil de se contar. Às vezes ela é relaxante ao ponto da sonolência, fazendo-nos acreditar que não estamos aprendendo nada de novo. Isso é consequência da lamentável barreira que construímos entre conceitos e estórias. É possível ver isso acontecer, por exemplo, na lacuna entre a história ambiental e os estudos da ciência. Pesquisadores dos estudos da ciência, desacostumados a ler conceitos por meio de estórias, não se importam com a história ambiental. Consideremos, por exemplo, o belo trabalho de Stephen Pyne sobre o papel do fogo na criação de florestas: uma vez que seus conceitos estão integrados em suas histórias, os pesquisadores dos estudos da ciência se mantêm imunes às suas sugestões radicais sobre a ação geoquímica.[10] A análise incisiva de Pauline Peter sobre o modo como a lógica do sistema de cercamentos da Inglaterra foi parar na administração de terras de Botsuana, ou as descobertas surpreendentes de Kate Showers sobre o controle da erosão em Lesoto poderiam revolucionar nossas noções de ciência, mas isso não aconteceu.[11] Essas recusas empobrecem os estudos da ciência, incentivando a reprodução de conceitos em um espaço reificado. Destilando princípios gerais, os teóricos esperam que outros pesquisadores venham a completá-los com informações específicas – mas "completar" nunca é tão simples. Esse é um aparato intelectual que dá suporte ao muro erguido entre conceitos e estórias, drenando, assim, a relevância da sensibilidade que os pesquisadores dos estudos da ciência buscam refinar. Nesse sentido, desafio os leitores a notar os conceitos e métodos nas histórias da paisagem que apresento a seguir.

---

10. Stephen Pyne, *Vestal fire*. Seattle: University of Washington Press, 2000.
11. Pauline Peters, *Dividing the commons*. Charlottesville: University of Virginia Press, 1994; Kate Showers, *Imperial gullies*. Athens: Ohio University Press, 2005.

Contar estórias da paisagem requer conhecer seus habitantes humanos e não humanos. Isso não é fácil, e eu procuro utilizar todas as práticas de aprendizagem possíveis, inclusive formas combinadas de atenção plena, mitos e contos, modos de vida, arquivos, relatórios científicos e experimentos. Mas essa mistura gera suspeitas – e, particularmente, com os aliados que convoquei ao aproximar-me de antropólogos que estudam formas alternativas de fazer mundos. Para muitos antropólogos culturais, a ciência é melhor entendida como a falácia do espantalho, contra a qual é preciso buscar alternativas, tais como as práticas indígenas.[12] Misturar formas científicas e vernaculares de evidência é um convite a acusações de submissão à ciência. No entanto, essa acusação parte da premissa de uma ciência monolítica que digere todas as práticas em uma mesma agenda. Em vez disso, eu proponho a construção de estórias por meio de práticas de conhecimento e de vida díspares e sobrepostas. Se houver choque entre os componentes dessas estórias, isso só expande seu potencial.

No coração das práticas que defendo estão as artes da etnografia e da história natural. A nova aliança que proponho é baseada no compromisso com a observação e com o trabalho de campo – e também no que chamo de notar.[13] As paisagens perturbadas por humanos são espaços ideais para uma percepção humanista e naturalista. Precisamos conhecer as histórias da atividade humana nesses locais *e* as histórias dos participantes não humanos que as integram. Nesse sentido, os defensores da restauração das *satoyama* são professores excepcionais; eles revitalizaram meu

---

12. Enquanto Bruno Latour trabalhou duro para separar as reivindicações da verdade da ciência, por um lado, e as práticas da ciência, por outro, sua implantação do legado do estruturalismo francês para opor as lógicas estruturais incentivou dicotomias acentuadas entre ciência e pensamento indígena. Ver Bruno Latour, *We have never been modern*. Cambridge: Harvard University Press, 1993.

13. Aqui evoco a "nova aliança" de *La nouvelle aliance*, de Ilya Prigogine e Isabelle Stengers, infelizmente traduzida para o inglês como *Order in the chaos* (Nova York: Bantam Books, 1984). Prigogine e Stengers argumentam que a apreciação da indeterminação e do tempo irreversível pode levar a uma nova aliança entre as ciências naturais e humanas. O desafio que elas lançam inspira meus esforços.

entendimento de "perturbação" como coordenação e história. Eles me mostraram como a perturbação pode dar início a uma estória da vida da floresta.[14]

A perturbação é uma mudança nas condições ambientais que gera uma mudança expressiva em um ecossistema. Inundações e incêndios são formas de perturbação; humanos e outros seres vivos também produzem perturbações. A perturbação pode renovar as ecologias, assim como destruí-las. O quão terrível uma perturbação pode ser depende de muitos fatores, inclusive da escala. Algumas perturbações são pequenas: uma árvore cai na floresta, criando uma brecha de luz. Outras são enormes: um tsunami destrói uma usina nuclear. Escalas temporais também são importantes: danos de curta duração podem gerar uma retomada do crescimento de maneira exuberante. A perturbação abre o terreno para encontros transformadores, tornando possíveis novas assembleias na paisagem.[15]

Os humanistas, desacostumados a pensar por meio da perturbação, associam o termo à degradação. Mas a perturbação, tal como entendida pelos ecólogos, nem sempre é ruim – e nem sempre é humana. A perturbação humana não é única em sua

---

14. Uma referência de língua inglesa mais útil sobre *satoyama* é K. **Takeuchi**, R. D. **Brown**, I. **Washitani**, A. **Tsunekawa**, e M. **Yokohari**, *Satoyama: The traditional rural landscape of Japan*. Tóquio: Springer, 2008. Para uma amostra de literatura extensa, ver também **Arioka Toshiyuki**, *Satoyama*. Tóquio: Hosei University Press, 2004 (em japonês); T. **Nakashizuka** e Y. **Matsumoto** (orgs.), *Diversity and interaction in a temperate forest community: Ogawa Forest Reserve of Japan*. Tóquio: Springer, 2002; Katsue Fukamachi e Yukihuro Morimoto, "Satoyama management in the twenty-first century: The challenge of sustainable use and continued biocultural diversity in rural cultural landscapes", *Landscape and Ecological Engineering*, v. 7, n. 2, 2011, pp. 161-162; Asako Miyamoto, Makoto Sano, Hiroshi Tanaka, e Kaoru Niiyama, "Changes in forest resource utilization and forest landscapes in the southern Abukuma Mountains, Japan during the twentieth century", *Journal of Forestry Research*, n. 16, 2011, pp. 87-97; Björn E. Berglund, "Satoyama, traditional farming landscape in Japan, compared to Scandinavia", *Japan Review*, n. 20, 2008, pp. 53-68; Katsue Fukamachi, Hirokazu Oku, e Tohru Nakashizuka, "The change of a satoyama landscape and its causality in Kamiseya, Kyoto Prefecture, Japan between 1970 and 1995", *Landscape Ecology*, n. 16, 2001, pp. 703-717.

15. Para uma introdução à perturbação, ver Seth Reice, *The silver lining: The benefits of natural disasters*. Princeton: Princeton University Press, 2001. Para uma tentativa de trazer histórias de perturbações para a teoria social (aqui psicanálise), ver Laura Cameron "Histories of disturbance", *Radical History Review*, n. 74, 1999, pp. 4-24.

capacidade de suscitar relações ecológicas. Além disso, enquanto um , está sempre no meio das coisas: o termo não nos remete a um estado de harmonia anterior à perturbação. Perturbações seguem outras perturbações. Todas as paisagens, portanto, são perturbadas; a perturbação é ordinária. Mas isso não limita o termo. Trazer a questão da perturbação não encerra a discussão, mas a abre, permitindo-nos investigar as dinâmicas da paisagem. Se a perturbação é sustentável ou insustentável é uma questão que só pode ser resolvida por meio do que ela suscita: a renovação das assembleias.

A perturbação surgiu como um conceito-chave na ecologia no mesmo momento em que os acadêmicos das humanidades e das ciências sociais começavam a se preocupar com a instabilidade e a mudança.[16] Dos dois lados da oposição entre humanistas e naturalistas, as preocupações acerca da instabilidade seguiram o entusiasmo pelos sistemas de autorregulação do pós-Segunda Guerra: uma forma de estabilidade em meio ao progresso. Nas décadas de 1950 e 1960, a ideia de equilíbrio dos ecossistemas pareceu promissora; por meio da sucessão natural, pensou-se que as formações ecológicas alcançariam um ponto de equilíbrio relativamente estável. Nos anos 1970, no entanto, a atenção se voltou para a perturbação e a mudança que produzem a heterogeneidade da paisagem. Ainda nos anos 1970, humanistas e cientistas sociais passaram a se preocupar com os encontros transformadores da história, da desigualdade e do conflito. Olhando para trás, essas mudanças coordenadas na moda acadêmica podem ter constituído um aviso antecipado de nossa escorregada comum para dentro da precariedade.

Como uma ferramenta analítica, a perturbação requer uma consciência da perspectiva do observador – assim como o fazem as melhores ferramentas na teoria social. A decisão sobre o que

---

16. Histórias do pensamento ecológico incluem Frank Golley, *A history of the ecosystem concept in ecology*. New Haven: Yale University Press, 1993; Stephen Bocking, *Ecologists and environmental politics*. New Haven: Yale University Press, 1997; Donald Worster, *Nature's economy: A history of ecological ideas*. Cambridge: Cambridge University Press, 1994.

conta como perturbação é sempre uma questão de ponto de vista. Do ponto de vista humano, a perturbação que destrói um formigueiro é muito diferente daquela que destrói uma cidade humana. Do ponto de vista de uma formiga, outras coisas estão em jogo. Os pontos de vista também variam no interior das espécies. Rosalind Shaw demonstrou de forma elegante o modo como homens e mulheres, urbanos e rurais, ricos e pobres, conceitualizam os "alagamentos" de forma diferente em Bangladesh, pois são afetados de formas diferentes pela elevação das águas; para cada grupo, a elevação excede o tolerável e torna-se, assim, um alagamento, em um momento distinto.[17] Não é possível nenhum critério absoluto para determinar uma perturbação; a perturbação só ganha significado em sua relação com o modo como vivemos. Isso significa que precisamos prestar atenção às apreciações pelas quais conhecemos as perturbações. Uma perturbação nunca é uma questão de "sim" ou "não"; a perturbação se refere a um leque aberto de fenômenos desestabilizadores. Onde está a linha que indica quando os limites foram ultrapassados? Com a perturbação, essa é sempre uma questão de perspectiva, que, por sua vez, é baseada em modos de vida.

Visto que está imbuído de atenção à perspectiva, fico à vontade para usar o termo *perturbação* para me referir às formas distintas com que esse conceito é usado em lugares diferentes. Aprendi esse uso em camadas com os cientistas e manejadores de florestas japoneses, que utilizam as convenções europeias e estadunidenses, mas constantemente as estendem. A perturbação é uma boa ferramenta para iniciar a sobreposição irregular de camadas de conhecimento global e local, especializados e vernaculares, como prometi.

A perturbação nos leva à heterogeneidade, uma lente fundamental para as paisagens. A perturbação cria manchas, de modo que cada uma é moldada por conjunturas diversas. As conjuntu-

---

17. Rosalind Shaw, "'Nature,' 'culture,' and disasters: Floods in Bangladesh", in: Elisabeth Croll e David Parkin (orgs.), *Bush base: Forest farm*. Londres: Routledge, 1992, pp. 200-217.

ras podem ser iniciadas por perturbações causadas por seres não vivos (inundações e incêndios, por exemplo), ou por perturbações provocadas por seres vivos. À medida que os organismos criam espaços intergeracionais de vida, eles redesenham o ambiente. Os ecólogos chamam os efeitos produzidos pelos organismos em seus ambientes de "engenharia de ecossistemas".[18] Uma árvore pode segurar em suas raízes pedras que, de outro modo, seriam carregadas por um riacho; uma minhoca enriquece o solo. Cada um desses casos é um exercício de engenharia de ecossistemas. Se olharmos para as interações entre diversos atos de engenharia de ecossistemas, padrões emergem e ganham a forma de assembleias: design não intencional. Essa é a soma da engenharia biótica e abiótica dos ecossistemas – intencionais ou não intencionais; benéficos, prejudiciais ou sem impacto expressivo – no interior de uma mancha.

Espécies nem sempre são as melhores unidades para se narrar a vida da floresta. O termo *multiespécies* é uma solução temporária para nos movermos para além do excepcionalismo humano. Às vezes, organismos individuais produzem intervenções drásticas. Em outras situações, unidades muito mais abrangentes são mais capacitadas para nos mostrar a ação histórica. Considero que este seja o caso do carvalho e do pinheiro, assim como do matsutake. O carvalho, que se reproduz facilmente entre outras espécies e produz frutos férteis, confunde nossa dedicação às espécies. Mas é claro que as unidades que utilizamos dependem da história que queremos contar. Para contar a história da formação e dissolução das florestas de matsutake por meio de deslocamentos continentais e eventos glaciais, eu preciso do pinheiro como

18. Clive Jones, John Lawton, e Moshe Shachak, "Organisms as ecosystems engineers", *Oikos*, v. 69, n. 3, 1994, pp. 373-386; Clive Jones, John Lawton e Moshe Shachak, "Positive and negative effects of organisms as physical ecosystems engineers", *Ecology*, v. 78, n. 7, 1997, pp. 1946-1957.

protagonista – em toda a sua diversidade extraordinária. O pinheiro é o hospedeiro mais comum do matsutake. Quando se trata do carvalho, eu esgarço ainda mais a categoria para envolver o *Notholithocarpus* (tanoak) e o *Castanopsis* (chinquapin), assim como o *Quercus* (carvalhos). Esses gêneros de folhas largas, intimamente relacionados, são os hospedeiros mais comuns do matsutake. Em minha abordagem, os carvalhos, os pinheiros e o matsutake não são idênticos no interior de seu grupo; eles se dispersam e transformam suas narrativas, assim como os humanos na diáspora.[19] Isso me ajuda a visualizar a ação na estória da assembleia. Eu rastreio sua difusão, atenta aos mundos que eles produzem. Ao invés de formarem uma assembleia por serem de um determinado "tipo", os carvalhos, pinheiros e matsutake que descrevo se tornam eles mesmos a partir da assembleia.[20]

Tendo isso em mente durante minhas viagens, pesquisei florestas de matsutake em quatro locais distintos: no Japão central, no Oregon (Estados Unidos), em Iunã (sudeste da China) e na Lapônia (norte da Finlândia). Minha pequena imersão na restauração da *satoyama* me ajudou a ver que os silvicultores de cada local adotavam modos diferentes de "fazer" florestas. Ao contrário do que acontece com as *satoyama*, no manejo do matsutake nos Estados Unidos e na China os humanos não eram parte das assembleias da floresta; seus administradores expressavam inquietação com o excesso de perturbação humana, e não com a falta dela. Também diferentemente do trabalho com as *satoyama*, a silvicultura de outros locais era avaliada por meio do parâmetro do avanço racional: poderia a floresta construir futuros de produtividade científica e industrial? Uma *satoyama* japonesa, por outro lado, visa um aqui e agora habitável.[21]

---

19. Considere-se um mundo com vários hominídeos miscigenados; nesse mundo, é possível imaginar com mais facilidade as semelhanças além das espécies. Nossa solidão sem primos mais próximos molda nossa disposição de permitir que cada espécie se destaque em um quadro bíblico.

20. Esse processo é o que Donna Haraway oportunamente chama de "tornar-se com" (*When species meet*. Minneapolis: University of Minnesota Press, 2007).

21. Mais contrastes: o matsutake que vi nos Estados Unidos e na Finlândia cresceu em

No entanto, mais do que conduzir um estudo comparativo, procuro histórias em que humanos, matsutake e pinheiros fazem florestas. Isto é, eu trabalho com as conjunturas para levantar questões de pesquisa não respondidas, não para criar categorias estanques. Eu investigo uma mesma floresta a partir de suas múltiplas versões. Elas transparecem a partir de jogos de sombras. Ao investigar essa formação, ao mesmo tempo única e múltipla, os quatro capítulos que se seguem me conduzem aos pinheiros. Cada um ilustra como as formas de vida se desenvolvem a partir da coordenação na perturbação. À medida que modos de vida se reúnem, as assembleias se formam nas manchas. Vou mostrar que as assembleias são cenas para se examinar a habitabilidade – a possibilidade da vida comum em uma terra perturbada por humanos.

Viver precariamente é sempre uma aventura.

madeira industrial; na China, como no Japão, cresceram em bosques camponeses. Em Iunã e no Oregon, o matsutake cresce em florestas consideradas mal gerenciadas e bagunçadas; na Lapônia e no Japão, as florestas de matsutake são esteticamente idealizadas. As tabelas 2 × 2 seriam possíveis, mas eu não queria definir cada local como um tipo. Meu interesse está no modo como as assembleias se formam.

Emergindo entre os pinheiros...

Paisagens ativas, Lapônia. Quando me viram fotografando essas renas entre os pinheiros, meus anfitriões se desculparam porque o chão da floresta estava sujo. Ela havia sido recentemente podada, disseram, e ninguém teve tempo de coletar toda a madeira. Por meio dessa limpeza, as florestas tornam-se parecidas com as plantations. *Eis o sonho dos seus donos: interromper a história.*

Capítulo 12
História

Era setembro quando visitei, pela primeira vez, as florestas de pinheiros no norte da Finlândia. Eu viajei no trem noturno de Helsinque, passando pelo Círculo Polar Ártico, vendo as placas de sinalização que indicavam a casa do Papai Noel. Ao longo do percurso, as bétulas iam ficando cada vez menores, até que me vi cercada por pinheiros. Eu estava surpresa. Eu pensava que essas florestas naturais seriam cheias de árvores altas e pequenas, todas misturadas, de muitas espécies e idades. Aqui, todas as árvores eram exatamente as mesmas: uma espécie, uma idade, bem cuidadas e uniformemente espaçadas. Até o chão estava limpo e claro, sem qualquer obstáculo ou restos de madeira podada. Parecia uma plantação industrial. "Ah", pensei, "como as linhas divisórias foram borradas." Essa é a disciplina moderna, ao mesmo tempo natural e artificial. E havia ali o contraste: eu estava perto da fronteira com a Rússia e as pessoas me disseram que, do outro lado, a floresta estava uma bagunça. Eu perguntei o que entendiam por bagunça e eles me disseram que as árvores estavam desiguais e o chão cheio de madeira morta; ninguém limpava. A floresta na Finlândia era limpa. Até mesmo as renas faziam uma poda drástica no líquen. No lado russo, dizem, grandes bolas de líquen crescem até a altura dos joelhos.

As linhas divisórias foram borradas. Uma floresta natural no norte da Finlândia parece muito com uma plantação industrial de árvores. As árvores tornaram-se um recurso moderno e a maneira de gerenciar um recurso é interromper a autonomia da sua ação histórica. Se as árvores fizerem história, elas ameaçam o empreendimento industrial. Limpar a floresta faz parte do trabalho para interromper essa história. Mas desde quando as árvores fazem história?

"História" é tanto uma prática humana de narração quanto aquele conjunto de remanescentes do passado que transformamos em estórias. Convencionalmente, os historiadores olham apenas para os restos humanos, como os arquivos e os diários, mas não há razão para não estender nossa atenção para os rastros e traços de não humanos, pois eles contribuem para as nossas paisagens comuns. Tais caminhos e traços falam dos entrelaçamentos entre espécies em contingências e conjunturas, os componentes do tempo "histórico". Para participar desse emaranhado, não é preciso fazer história de um único modo.[1] Independente do fato de outros organismos "contarem estórias" ou não, eles contribuem para a sobreposição de caminhos e traços que entendemos como história.[2] A história é, assim, o registro dos muitos percursos do fazer-mundo, humanos e não humanos.

No entanto, o cultivo moderno de florestas tem se baseado na redução das árvores – e particularmente dos pinheiros – a objetos autônomos, equivalentes e imutáveis.[3] A silvicultura moderna administra os pinheiros como um recurso potencialmente constante e estável, a fonte de produção sustentável de madeira. Seu objetivo é remover os pinheiros de seus encontros indeterminados e, assim,

---

1. Desde que não se prenda aos estereótipos, é possível misturar "mitologia" e "história". A história não é apenas teleologia nacional; mitologia não é apenas eterno retorno. Para se entrelaçar na história, não é preciso compartilhar uma cosmologia. Renato Rosaldo e Richard Price oferecem exemplos de entrelaçamento de variadas cosmologias e práticas de criação de mundo ao fazer história (R. Rosaldo, *Ilongot headhunting*. Stanford: Stanford University Press, 1980; R. Price, *Alabi's World*. Baltimore: Johns Hopkins University Press, 1990). Morten Pedersen mostra histórias na elaboração da cosmologia (M. Pedersen, *Not quite shamans*. Ithaca: Cornell University Press, 2011). Muitos outros, no entanto, enfatizam contrastes entre mitologia e história. Ao limitar o significado de "história" por meio desse contraste, eles perdem a capacidade de ver o hibridismo, as camadas e as contaminações das cosmologias de qualquer história em construção – e vice-versa.

2. Thom van Dooren argumenta que os pássaros contam estórias através da maneira como transformam lugares em casas (T. van Dooren, *Flight ways*. Nova York: Columbia University Press, 2014). Nesse sentido de *estória*, muitos organismos contam estórias. Esses são alguns dos traços de *história* que observo.

3. Chris Maser, *The redesigned forest*. San Pedro: R. & E. Miles, 1988.

sua capacidade de fazer história. Com a silvicultura moderna, esquecemos que as árvores são agentes históricos. Como podemos remover as amarras da gestão moderna de recursos para recuperar a sensação de dinamismo, tão central na vida da floresta?

A seguir, ofereço duas estratégias. Primeiro, eu me aprofundo nas habilidades dos pinheiros, ao longo de muitas épocas e lugares, para alterar um determinado contexto com sua presença marcante e, assim, transformar a trajetória de outros organismos – isto é, fazer história. Para isso, tomo como guia um livro, o tipo de volume pesado que, quando escorrega da bicicleta em uma curva, faz um estrondo e se esborracha, interrompendo o trânsito. Trata-se do livro organizado por David Richardson, *Ecology and biogeography of* Pinus.[4] Apesar do seu peso e de seu título despretensioso, é uma história de aventura. Os autores reunidos por Richardson celebram a variedade e a agilidade dos pinheiros, tornando-os um assunto vivo no espaço e no tempo, um assunto histórico. Essa provocação me convenceu de que o *Pinus*, em vez de ser apenas um tipo particular de pinheiro, seria o meu assunto. Acompanhar os pinheiros e os desafios que apresentam é uma forma de história.

Em segundo lugar, volto ao norte da Finlândia para acompanhar os pinheiros em encontros interespécies e, portanto, as assembleias das quais são os arquitetos. O cultivo industrial de florestas retorna, mas com ele também os incidentes que reduzem suas chances de interromper a história. O matsutake me ajuda na construção dessa narrativa, pois, independente dos esforços contrários dos silvicultores, ele ajuda os pinheiros a sobreviver. Pinheiros só prosperam a partir de encontros. O manejo florestal moderno pode captar um momento da história do pinheiro, mas não pode impedir a indeterminação do tempo baseado no encontro.

---

4. David Richardson (org.), *Ecology and biogeography of* Pinus. Cambridge: Cambridge University Press, 1998.

Se você quiser se impressionar com a força histórica das plantas, comece com os pinheiros. Eles estão entre as árvores mais ativas da terra. Em muitas florestas, se você construir uma estrada, as mudas de pinheiro provavelmente surgirão em suas bordas nuas. Se você abandonar um campo qualquer, os pinheiros serão as primeiras árvores a colonizá-lo. Quando um vulcão entra em erupção ou uma geleira recua, ou o vento e o mar criam bancos de areia, os pinheiros podem estar entre os primeiros a encontrar um ponto de apoio. Até o momento em que os humanos começaram a interferir na ordem das coisas, o pinheiro crescia apenas no hemisfério norte. Foi então que as pessoas passaram a transportar pinheiros e os cultivar em plantações no sul global. Mas o pinheiro pulou a cerca das plantações e espalhou-se pela paisagem.[5] Na Austrália, os pinheiros tornaram-se um grande fator de incêndio. Na África do Sul, eles são uma ameaça aos processos endêmicos que ocorrem no raro bioma do fynbos. Em paisagens abertas e devastadas, é difícil conter o pinheiro.

Pinheiros precisam de luz. Eles podem ser invasores agressivos ao ar livre, mas recuam na sombra. Além disso, os pinheiros são concorrentes fracos em locais geralmente considerados muito favoráveis para outras plantas: locais com solo fértil, umidade adequada e temperaturas altas. Lá, os pinheiros jovens perdem para as plantas de folhas largas, cujas mudas crescem rapidamente e contêm os pinheiros.[6] Como resultado, os pinheiros

---

5. David Richardson e Steven Higgins, "Pines as invaders in the southern hemisphere", in: D. Richardson (org.), *Ecology and biogeography of* Pinus, op. cit., pp. 450-474.
6. Peter Becker, "Competition in the regeneration niche between conifers and angiosperms: Bond's slow seedling hypothesis", *Functional Ecology*, v. 14, n. 4, 2000, pp. 401-412.

se especializaram em lugares sem essas condições ideais. Pinheiros crescem em ambientes extremos: lugares altos e frios, quase desertos, em areia e rocha.

Os incêndios são benéficos para os pinheiros. O fogo os ajuda a exibir a sua diversidade; há muitas e variadas adaptações dos pinheiros ao fogo. Alguns pinheiros passam por um "estágio de grama", vivendo vários anos parecendo tufos de grama, enquanto seus sistemas radiculares crescem fortes. Só então disparam loucamente até que seus brotos possam ficar acima das chamas que estão por vir. Alguns pinheiros desenvolvem cascas tão grossas e coroas tão altas que tudo pode queimar ao seu redor sem causar mais danos do que uma cicatriz. Outros pinheiros queimam como fósforos – mas têm maneiras de garantir que suas sementes sejam as primeiras a brotar na terra queimada. Alguns armazenam sementes por anos em cones que abrem somente quando queimados: essas sementes serão as primeiras a atingir as cinzas do solo.[7]

Os pinheiros vivem em ambientes extremos devido à ajuda que recebem dos fungos micorrízicos. Fósseis de 50 milhões de anos foram encontrados, mostrando associações entre pinheiros e fungos; os pinheiros evoluíram junto com fungos.[8] Onde não há solo orgânico disponível, os fungos mobilizam nutrientes das rochas e da areia, possibilitando o crescimento dos pinheiros. Além de fornecer nutrientes, as micorrizas protegem os pinheiros de metais nocivos e outros fungos que comem raízes. Em troca, os pinheiros sustentam os fungos micorrízicos. Até mesmo a anatomia das raízes dos pinheiros foi formada em associação com fungos. Os pinheiros dispõem de "raízes curtas", que é onde ocorre a associação micorrízica. Se nenhum fungo os encontrar, as raízes curtas são abortadas. Os fungos, por sua vez, evitam cobrir as pontas das "raízes longas", que são anatomicamente

---

7. James Agee, "Fire and pine ecosystems", in: D. Richardson (org.), *Ecology and biogeography of* Pinus, op. cit., pp. 193-218.
8. David Read, "The mycorrhizal status of *Pinus*", in: D. Richardson (org.), *Ecology and biogeography of* Pinus, op. cit., pp., 324-340.

diferentes e usadas para exploração. Ao se espalhar por paisagens devastadas, os pinheiros fazem história, mas apenas a partir de sua associação com os companheiros micorrízicos.

Os pinheiros fizeram alianças tanto com os animais quanto com os fungos. Alguns pinheiros são completamente dependentes de pássaros para espalhar suas sementes – assim como algumas aves são completamente dependentes de sementes do pinheiro para a sua alimentação. Do outro lado do hemisfério norte, pássaros como o gaio, o corvo, a pega-rabuda e o quebra-nozes têm uma associação próxima com os pinheiros. Às vezes, o relacionamento é específico: as sementes do pinheiro-branco de alta altitude são o principal alimento dos quebra-nozes de Clark; por outro lado, os esconderijos de sementes não consumidas dos quebra-nozes são a única maneira de os pinheiros espalharem suas sementes.[9] Esconderijos de pequenos mamíferos, como as tâmias e os esquilos, também desempenham um papel importante na disseminação de sementes de pinheiro, mesmo para aqueles cujas sementes também são espalhadas pelo vento.[10] Mas nenhum mamífero espalhou as sementes de pinheiro tão amplamente quanto os seres humanos.

Os humanos disseminam os pinheiros de duas maneiras diferentes: plantando-os, ou criando os tipos de perturbação na qual essas árvores prosperam. No segundo caso, as interferências ocorrem geralmente sem qualquer intenção consciente; pinheiros gostam de alguns tipos de perturbação humana, mesmo que não sejam intencionais. Pinheiros colonizam campos abandonados e encostas erodidas. Quando os humanos derrubam as outras árvores, os pinheiros chegam. Às vezes, o plantio e a avaria andam juntos. As pessoas plantam pinheiros para remediar os danos que causaram. Como alternativa, podem manter as coisas radicalmente degradadas para beneficiar o pinheiro. Essa tem

---

9. Ronald Lanner, *Made for each other: A symbiosis of birds and pines*. Oxford: Oxford University Press, 1996.
10. Ronald Lanner, "Seed dispersal in pines", in: D. Richardson (org.), *Ecology and biogeography of* Pinus, op. cit., pp. 281-295.

sido a estratégia dos produtores industriais, quer eles plantem ou simplesmente manejem os pinheiros espontâneos: o corte raso e as agressões ao solo são justificados como estratégias para favorecer o pinheiro.

Em alguns ambientes mais extremos, o pinheiro não aceita um parceiro fúngico qualquer. É preciso que seja o matsutake. O cogumelo secreta ácidos fortes que quebram rocha e areia, liberando nutrientes para o crescimento de pinheiros e fungos.[11] Nas paisagens hostis onde o matsutake e o pinheiro crescem juntos, raramente encontram-se outros tipos de fungo. Além disso, o matsutake forma um denso tapete de filamentos fúngicos, excluindo assim outros fungos e muitas bactérias do solo. Os agricultores japoneses e, seguindo-os, os cientistas chamam isso de tapete *shiro*, um "castelo". Pensar em um castelo de matsutake nos leva a imaginar suas alas e guardas.[12] Sua defesa também é um ataque. O tapete é repelente à água, permitindo que o fungo concentre os ácidos de que necessita para decompor as rochas.[13] As alianças matsutake-pinheiro se estabelecem em locais com pouco solo orgânico, onde, juntos, transformam a rocha em alimento.

No entanto, no curso normal dos acontecimentos, o solo orgânico acumula-se ao longo do tempo a partir do crescimento e da morte da vida vegetal e animal. Os organismos mortos apodrecem, tornando-se solo orgânico, que, por sua vez, torna-se a base para uma nova vida. Em lugares sem solo orgânico, esse ciclo de vida e morte foi quebrado por alguma ação contingente; tal ação sinaliza o tempo irreversível, isto é, história. Ao colonizar paisagens perturbadas, o matsutake e o pinheiro fazem história juntos – e nos mostram como o fazer história se estende para além do que os humanos fazem. Ao mesmo tempo, humanos

---

11. Charles Lefevre, entrevista, 2006; Charles Lefevre, *Host associations of* Tricholoma magnivelare, *the American matsutake*. Corvallis: Oregon State University, 2002. Tese de doutorado.
12. Ogawa Makoto, *Matsutake no Seibutsugaku*, op. cit. (citado no cap. 3, n. 63).
13. C. Lefevre, *Host associations of* Tricholoma magnivelare, *the American matsutake*, op. cit.

causam uma grande quantidade de perturbações nas florestas. Juntos, cogumelos matsutake, pinheiros e humanos dão forma à história dessas paisagens.

Dois tipos de paisagens perturbadas por humanos produzem a maior parte do matsutake que entra no comércio mundial. Em primeiro lugar, há pinheiros cultivados de forma industrial – e algumas outras coníferas – nas florestas produtoras de madeira. Em segundo lugar, há paisagens camponesas onde os agricultores cortaram as árvores de folhas largas, às vezes desnudando completamente as encostas, de modo a favorecer o pinheiro. Nas florestas camponesas, o pinheiro cresce frequentemente junto com o carvalho e seus parentes, que por vezes hospedam o matsutake. Este capítulo seguirá contando a história de uma floresta industrial, onde o pinheiro cresce sem outras árvores; aqui, fazer histórias envolve todo o aparato da produção capitalista de madeira. Não apenas a propriedade, mas também os altos e baixos da indústria madeireira e da mão de obra, bem como o aparato estatal de regulação, incluindo a supressão de incêndios. O próximo capítulo avança na análise das interações entre pinheiros e carvalhos em florestas camponesas. Juntos, eles mostram histórias feitas em sincronia por humanos, plantas e fungos.

Humanos e pinheiros (com seus aliados micorrízicos) têm aproximadamente a mesma extensão de história na Finlândia: assim que as geleiras recuaram, cerca de 9 mil anos atrás, tanto os seres humanos quanto os pinheiros começaram a aparecer.[14] Do ponto de vista humano, isso foi há muito tempo e há pouca razão para

---

14. Os pinheiros estão na Finlândia há 9 mil anos (Katherine Willis, Keith Bennett e John Birks, "The late Quaternary dynamics of pines in Europe", in: D. Richardson (org.), *Ecology and biogeography of* Pinus, op. cit., pp. 107-121). O primeiro artefato que indica presença humana é uma rede de pesca careliana de 8300 a.C. (Vaclav Smil, *Making the modern world: Materials and dematerialization*. Hoboken: John Wiley and Sons, 2013, p. 13).

lembrar. Pensando em termos de florestas, no entanto, a linha do tempo a partir do final da Idade do Gelo ainda é curta. Nesse embate de perspectivas, vemos as contradições do manejo florestal: os silvicultores finlandeses passaram a se relacionar com as florestas enquanto sistemas estáveis, cíclicos e renováveis, mas as florestas são abertas ao imprevisto e historicamente dinâmicas.

A bétula foi a primeira árvore a chegar depois do período das geleiras; mas o pinheiro veio logo atrás. O pinheiro – com seus fungos – sabia como lidar com o amontoado de rocha e areia que as geleiras deixaram para trás. Apenas uma espécie de pinheiro veio, o *Pinus sylvestris*, com agulhas curtas e eriçadas e casca marrom-avermelhada. Atrás da bétula e do pinheiro também vieram outras espécies de folhas largas, mas a maioria nunca chegou ao extremo norte. Finalmente, o abeto da Noruega chegou, o retardatário. Para aqueles habituados a florestas temperadas ou tropicais, essa variedade de árvores pode parecer muito pequena. Na Lapônia, entre as árvores que formam a floresta, há uma espécie de pinheiro, uma de abeto e dois tipos de bétula.[15] Isso é tudo. É da perspectiva desse número tão restrito de espécies que a era das geleiras parece tão próxima. Outras árvores ainda não chegaram. A floresta pode parecer predestinada a ser uma monocultura industrial: algumas áreas possuíam apenas uma espécie, mesmo antes de serem manejadas.

No entanto, as pessoas na Finlândia nem sempre valorizaram a mesmice da floresta. No início do século xx, o roçado (cultivo itinerante baseado no fogo) era uma prática comum; por meio dele, os fazendeiros transformavam as florestas em cinzas para as suas plantações.[16] A partir dos roçados, criaram áreas de

---

15. Simo Hannelius e Kullervo Kuusela, *Finland: The country of evergreen forest*. Tampere: Forssan Kirkapiano Oy, 1995. Também faço viagens de campo com silvicultores.
16. Agricultores medievais na Finlândia cercaram pinheiros e abetos para transformar paisagens em rotações agroflorestais de folhas largas (Timo Myllyntaus, Mina Hares e Jan Kunnas, "Sustainability in danger? Slash-and-burn cultivation in nineteenth-century Finland and twentieth-century Southeast Asia", *Environmental History*, v. 7, n. 2, 2002, pp. 267-302). Para uma vívida descrição do roçado finlandês, ver Stephen Pyne, *Vestal fire*, op. cit., pp. 228-234 (citado no cap. 11, n. 189)

pastagem e bosques com vegetação latifoliada de diferentes idades; estimulou-se assim a heterogeneidade da floresta. Essa floresta camponesa mais biodiversa era uma das formas admiradas por artistas do século XIX que amavam a natureza.[17] Enquanto isso, grandes quantidades de pinheiros eram cortadas para produzir alcatrão e suprir um capitalismo marítimo que importava seus produtos do mundo todo.[18] A história do manejo em pequena escala das florestas finlandesas não começa com a longa duração da floresta, mas com as inquietações de uma leva emergente de especialistas no século XIX. Em um relatório de 1858, o silvicultor alemão assume um tom francamente agressivo:

> A destruição das florestas, da qual os finlandeses se tornaram adeptos, é favorecida pelo pastoreio descuidado e descontrolado de gado, práticas de roça e incêndios florestais destrutivos. Em outras palavras, esses três meios são usados para o mesmo objetivo principal, ou seja, a destruição das florestas. [...] Os finlandeses vivem na e da floresta, mas por estupidez e ganância – como a senhora do conto de fadas – matam a galinha dos ovos de ouro.[19]

Em 1866, uma lei florestal abrangente foi aprovada e o manejo cuidadoso das florestas teve início.[20]

Foi só depois da Segunda Guerra Mundial, no entanto, que a Finlândia se tornou um vasto terreno para a silvicultura moderna.

---

17. Timo Myllyntaus, "Writing about the past with green ink: The emergence of Finnish environmental history", H-Environment.
18. Em meados do século XIX, a madeira ultrapassou o alcatrão como exportação. Sven-Erik Åstrom, "From tar to timber: Studies in northeast European forest exploitation and foreign trade, 1660-1860", *Commentationes Humanarum Litterarum*, n. 85. Helsinki: Finnish Society of Sciences and Letters, 1988.
19. Ibid. Essa tradução é de Martti Ahtisaari, "Sustainable forest management in Finland: Its development and possibilities", *Unasylva* 200, 2000, pp. 56-59.
20. A madeira bruta e processada representou três quartos do valor das exportações finlandesas em 1913 (David Kirby, *A concise history of Finland*. Cambridge: Cambridge University Press, 2006). Os assentamentos do século XX se dispersaram nas florestas em busca de trabalho, um padrão que continuou até a década de 1970, quando os empregos nas fábricas diminuíram devido à competição com a madeira tropical (Jarmo Kortelainen, "Mill closure-options for a restart: A case study of local response in a Finnish mill community", in: Cecily Neil e Markku Tykkläinen (orgs.), *Local economic development*. Tóquio: United Nations University Press, 1998, pp. 205-225.

Dois eventos chamaram a atenção para a madeira. Primeiro, mais de 400 mil carelianos atravessaram a fronteira com a União Soviética depois que a Finlândia cedeu a Carélia, após a guerra. Eles precisavam de casas e infraestrutura, e o governo construiu estradas e abriu as florestas para recebê-los. As estradas possibilitaram a atividade madeireira em novas áreas. Em segundo lugar, a Finlândia concordou em pagar 300 milhões de dólares à União Soviética em reparações pela guerra. A madeira parecia o caminho certo para fazer dinheiro – e impulsionar a economia do pós-guerra na Finlândia.[21] Grandes empresas se envolveram no manejo das florestas, mas a maioria delas ainda pertence a pequenos proprietários e o compromisso da população com a madeira como o produto finlandês por excelência ajudou a fazer da silvicultura científica uma causa nacional. As associações florestais têm sido regidas por padrões nacionais.[22] As normas consagraram a floresta como um ciclo constante de madeira renovável – um recurso supostamente estático e sustentável. Fazer história seria uma atividade para os humanos, apenas.

Mas como parar uma floresta em transformação? Considerem-se os pinheiros. À medida que os fungos mobilizam mais nutrientes e a matéria orgânica se acumula, os solos do norte se compactam e às vezes ficam encharcados. É provável que os abetos brotassem sob o pinheiro e, quando os pinheiros morriam, eles os sucediam. Os responsáveis pelo manejo florestal determinaram a interrupção desse processo. Primeiro, faz-se um corte drástico, que os silvicultores chamam de manejo por semelhança de idade. Na Finlândia, o corte drástico tem como objetivo imitar os efeitos dos incêndios florestais que, cerca de uma vez a cada século, substituíam bosques inteiros nas florestas boreais, antes de serem controlados por humanos. Os pinheiros retornam depois

---

21. Um terço das reparações foram pagas diretamente em produtos florestais e de papel; os outros dois terços envolviam produtos e máquinas agrícolas. O fornecimento desses últimos ajudou a Finlândia a construir sua indústria no pós-guerra (Max Jacobson, *Finland in the new Europe*. Westport: Greenwood Publishing, 1998, p. 90).

22. S. Hannelius e K. Kuusela, *Finland: The country of evergreen forest*, op. cit., p. 139.

de grandes incêndios porque sabem como usar espaços abertos e solos nus; da mesma forma, os pinheiros colonizam as clareiras abertas pelos cortes drásticos. Entre as podas drásticas, há várias rodadas de desbaste que eliminam outras espécies, além de garantir uma floresta aberta para o rápido crescimento do pinheiro. A madeira em decomposição favorece as sementes do abeto, de modo que a madeira morta é removida. Finalmente, após a colheita da madeira, os tocos são removidos e o chão é arado para quebrar o solo, beneficiando uma nova geração de pinheiros. A partir dessas técnicas, os engenheiros florestais pretendem criar um ciclo de renovação no qual apenas o pinheiro participa, mesmo quando não é plantado.

Tais técnicas têm sido criticadas na Finlândia, assim como em outros lugares. Mesmo as florestas de pinheiros, como os críticos nos lembram, não eram tão homogêneas no passado.[23] Os silvicultores reagem defensivamente, lembrando da biodiversidade que eles fomentam. O *Gyromitra*, ou "cogumelo de cérebro", é um alimento popular na Finlândia (embora considerado venenoso nos Estados Unidos). Ele aparece em diversos panfletos promocionais como um ícone dessa biodiversidade; o *Gyromitra* muitas vezes frutifica no solo perturbado que resulta dos cortes drásticos.[24] O que o matsutake pode acrescentar a essa conversa?

O mais curioso sobre o matsutake no norte da Finlândia é o ciclo habitual de expansão e retração de sua frutificação. Em alguns anos, o solo fica coberto de cogumelos matsutake. Então, nos anos seguintes, nenhum matsutake frutifica. Em 2007, um guia ambiental em Rovaniemi, no Círculo Polar Ártico, afirma ter encontrado pessoalmente mil quilos de matsutake. Ele os empilhou em grandes pirâmides ou simplesmente os deixou sobre o chão. No ano seguinte, não encontrou nada e, no ano seguinte, apenas

---

23. Timo Kuuluvainen, "Forest management and biodiversity conservation based on natural ecosystem dynamics in northern Europe: The complexity challenge", *Ambio*, n. 38, 2009, pp. 309-315.

24. Por exemplo, S. Hannelius e K. Kuusela, *Finland: The country of evergreen forest*, op. cit., p. 175.

um ou dois botões. Esse hábito de frutificação se assemelha ao de algumas árvores, que alocam recursos para frutificar apenas esporadicamente – mas, em seguida, em função dos ciclos de longo prazo e dos estímulos ambientais, frutificam maciçamente e todas juntas em uma mesma área.[25] Tal processo de frutificação em massa[26] não é definido apenas a partir das mudanças climáticas a cada ano; requer também um planejamento estratégico de vários anos para que os carboidratos armazenados em um determinado ano possam ser investidos na frutificação posterior. Além disso, esse tipo de processo de frutificação só ocorre em árvores com parceiros micorrízicos; o armazenamento e o gasto de energia parecem ser coordenados entre as árvores e seus fungos. São os fungos que armazenam carboidratos para a futura frutificação das árvores. A partir da constatação dessa interdependência, seriam as árvores também corresponsáveis pela frutificação esporádica dos fungos? Não conheço nenhuma pesquisa que acompanhe como a frutificação de fungos está relacionada com a das árvores, mas há um mistério atraente aqui. Poderiam os ciclos de expansão e retração na frutificação do matsutake nos contar algo sobre a historicidade das florestas de pinheiros no norte da Finlândia?

Os pinheiros no norte da Finlândia não produzem sementes todos os anos. Os silvicultores reconhecem isso como um problema para a regeneração florestal; nem sempre é possível esperar que os cortes drásticos façam surgir novas florestas imediatamente, apesar do fato de que, quando os pinheiros produzem sementes, eles as produzem em grandes quantidades. No norte da Suécia, os pesquisadores observaram a regeneração "em ondas" e "episódica" em florestas de pinheiros mesmo na ausência do fogo; as histórias de produção de sementes tornam-se histórias de florestas a partir de mudas escassas ou abundantes.[27] Seguramente,

---

25. L. Curran, *Ecology and evolution of mast-fruiting in Bornean* Dipterocarpaceae: *A general ectomycorrhizal theory*, op. cit. (citado no interlúdio "Seguindo a trilha", n. 160).
26. Em inglês, chama-se *masting*. Manteremos o termo original nas notas de rodapé. [N.T.]
27. O clima e as condições deficientes de crescimento também fazem uma diferença no brotar e no estabelecimento das sementes e das mudas. Para a regeneração em ondas do

os parceiros micorrízicos têm um papel determinante no ritmo da produção de sementes de pinheiros. A frutificação fúngica pode ser uma indicação da coordenação de tais ritmos complexos, nos quais o pinheiro e o fungo compartilham recursos para a reprodução periódica e faseada.

Esta é uma escala de tempo que os humanos podem entender. Certamente, poderíamos dizer, os pinheiros cobriram novos territórios desde a retração das geleiras, mas isso é muito lento para fazer diferença para nós. No entanto, os padrões históricos de regeneração florestal são outra questão: conhecemos esse tipo de tempo. Ele não segue os ciclos previsíveis e desejados pelos manejadores das florestas. Isso gera uma evidente tensão entre o ideal de florestas cíclicas e eternas desejado pelos manejadores e as florestas históricas realmente existentes. A frutificação irregular oferece um ritmo não tão cíclico, respondendo às diferenças ambientais entre anos e à coordenação plurianual entre fungos e árvores. Para especificar esses ritmos, falamos em datas, não em ciclos: 2007 foi um bom ano para o matsutake no norte da Finlândia. Na coordenação entre a frutificação fúngica e a frutificação da árvore hospedeira, podemos começar a apreciar a construção da história da floresta, ou seja, o acompanhamento do tempo irreversível e cíclico. Ritmos irregulares produzem florestas irregulares. Manchas se desenvolvem em diferentes trajetórias, criando paisagens florestais irregulares. E ainda que a

---

pinheiro escocês do norte da Suécia, sem fogo, ver Olle Zackrisson et al., "Regeneration pulses and climate-vegetation interactions in nonpyrogenic boreal Scots pine stands", *Journal of Ecology*, v. 83, n. 3, 1995, pp. 469-483; Jon Agren e Olle Zackrisson, "Age and size structure of *Pinus sylvestris* populations on mires in central and northern Sweden", *Journal of Ecology*, v. 78, n. 4, 1990, pp. 1049-1062. Os autores não consideram o *masting*. Outros pesquisadores relatam: "Os anos de *masting* são relativamente frequentes, mas, no limite da floresta boreal, a maturação das sementes é impedida pelo curto período de crescimento; anos de *masting* podem ocorrer muito raramente, uma ou duas vezes a cada 100 anos" (Csaba Matyas, Lennart Ackzell e C.J.A. Samuel, EUFORGEN *technical guidelines for genetic conservation and use of Scots pine* (Pinus sylvestris). Roma: International Genetic Resources Institute, 2004, p. 1.

administração forçada contra a irregularidade possa levar algumas espécies à extinção, ela nunca poderá ser bem-sucedida em seu ímpeto de transformar árvores em criaturas sem história.

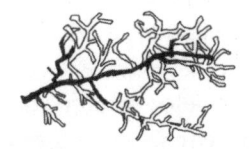

A maioria dos cogumelos na Finlândia é coletada em florestas de propriedade privada. No entanto, além dos proprietários, muitas pessoas têm acesso a esses cogumelos. Os catadores têm permissão para acessar florestas particulares sob a lei comum antiga, *jokamiehenoikeus*, algo como "direito de todo homem". Desde que não incomode os moradores, a floresta está aberta para caminhadas e colheita. Da mesma forma, as florestas estaduais estão abertas aos catadores. Isso expande o terreno no qual eles podem se encontrar com os cogumelos.

Um dia, meus anfitriões me levaram para uma reserva florestal, onde observamos pinheiros com marcas de fogo de trezentos anos. As árvores tinham cerca de quinhentos anos de idade. Novas pesquisas sugerem que havia muitas áreas na floresta boreal onde os incêndios de substituição eram raros e as árvores antigas prosperavam. Sob as árvores, colhemos cogumelos e falamos daquelas espécies que não prosperam nas florestas mais novas, onde é feito o manejo moderno da madeira. Mas o matsutake tem sorte. Pesquisadores japoneses sugerem que o matsutake frutifica melhor – pelo menos no centro do Japão – em associação com pinheiros de 40 a 80 anos.[28] Não haveria razão para que os pinheiros manejados da Lapônia finlandesa, planejados para

---

28. Hiromi Fujita, "Succession of higher fungi in a forest of *Pinus densiflora*" (em japonês), *Transactions of the Mycological Society of Japan*, n. 30, 1989, pp. 125-147.

colheitas de cem anos, não ficassem cheios de matsutake.[29] O fato de que em muitos anos isso não ocorra pode ser entendido como uma dádiva: uma abertura para a irregularidade temporal das histórias que as florestas tecem. A frutificação intermitente e espasmódica nos lembra da precariedade da coordenação – e das curiosas conjunturas da sobrevivência colaborativa.

Nos dilemas gerados pelos esforços da silvicultura moderna para deter a história, os conservacionistas passaram a acreditar que as florestas precisam de intervalos no seu manejo. Mas, paradoxalmente, para que as florestas sobrevivam, esses intervalos teriam que ser manejados. Talvez uma técnica para a arte zen do não-manejo manejado seja observar os parceiros dos pinheiros, em vez dos pinheiros em si.

---

29. O estudo da ecologia de matsutake na Europa nórdica está em seus primórdios. Para uma introdução, ver Niclas Bergius e Eric Darnell, "The Swedish matsutake (*Tricholoma nauseosum* syn. *T. matsutake*): Distribution, abundance, and ecology", *Scandinavian Journal of Forest Research*, n. 15, 2000, pp. 318-325.

Paisagens ativas, Iunã. Retratados com o charme desconcertante de um conto de fadas, os catadores representados nesta parede de um mercado da cidade procuram por cogumelos em bosques de carvalho e pinheiro. Mas onde está o poder misterioso da floresta, que pode se regenerar mesmo depois da devastação? Em celebrações da sustentabilidade, o ressurgimento persistente da floresta se esconde aos nossos olhos.

Capítulo 13
Ressurgimento

Uma das coisas mais milagrosas sobre as florestas é que elas às vezes crescem de novo depois de serem destruídas. Podemos pensar nisso como resiliência ou remediação ecológica. Os dois conceitos são úteis. Mas e se levássemos a questão ainda mais adiante, pensando por meio da noção de ressurgimento? O ressurgimento é a força da vida da floresta, sua habilidade de espalhar sementes, raízes e brotos para recuperar lugares que foram desmatados. Geleiras, vulcões e incêndios têm sido alguns dos desafios enfrentados pelas florestas por meio do ressurgimento. O mesmo acontece quando as agressões são humanas. O desmatamento e o ressurgimento florestal têm respondido um ao outro por muitos milênios. No mundo contemporâneo, nós sabemos como impedir o ressurgimento. Mas isso não me parece motivo suficiente para deixarmos de notar suas possibilidades.

Muitos hábitos práticos são entraves. Em primeiro lugar, as expectativas de progresso: o passado parece distante. Os bosques, onde as árvores crescem com a perturbação humana, recolhem-se às sombras, uma vez que os camponeses que os cultivam, como nos dizem muitos autores, são figuras de tempos arcaicos.[1] É um constrangimento trazê-los para a conversa; nossa vida já está entre os códigos de barra e o *big data*. (No entanto, como pode qualquer catálogo se equiparar à força da floresta?) Assim, em

1. Os estudos acadêmicos sobre o desaparecimento do campesinato começam com histórias sobre a formação do moderno (por exemplo, Eugen Weber, *Peasants into Frenchmen*. Stanford: Stanford University Press, 1976). Na discussão da vida contemporânea, o tropo é usado para sugerir nossa entrada na era pós-moderna (por exemplo, Michael Kearney, *Reconceptualizing the peasantry*. Boulder: Westview Press, 1996; Michael Hardt e Antonio Negri, *Multitude*. Nova York: Penguin, 2004).

segundo lugar, imaginamos que – ao contrário dos camponeses – o Homem moderno está no controle de todo o seu trabalho. A selva é o único lugar onde a natureza mantém sua soberania; nas paisagens com perturbações humanas, vemos apenas os efeitos daquele Homem modernista caricato. Deixamos de acreditar que a vida da floresta é forte o suficiente para se fazer sentir entre os humanos. Talvez a melhor forma de reverter esse curso seja reivindicar os bosques camponeses como figuras do aqui e agora – e não relegadas ao passado.

Para reivindicar a imagem do bosque, eu tive que visitar o Japão, onde os projetos de revitalização das *satoyama* fazem as perturbações humanas parecerem boas, pois permitem o contínuo ressurgimento de novas florestas. Os projetos de *satoyama* reconstituem a perturbação camponesa para ensinar os cidadãos modernos a viver em meio a uma natureza ativa. Esse não é o único tipo de floresta que eu quero ver na Terra, mas é um tipo importante: uma floresta na qual prosperam modos de vida humana em escala doméstica. A revitalização da *satoyama* é o tema do capítulo 18. Aqui, eu sigo a vida da floresta, uma vez que ela nos leva a uma socialidade mais-que-humana, no interior do Japão e fora dele. A trilha passa por entre pinheiros e carvalhos. Em locais onde fazendeiros criaram seus próprios enclaves provisórios, nos domínios de Estados e impérios, pinheiros e carvalhos (em um sentido amplo) são companheiros frequentes.[2] Aqui, o ressurgimento segue a destruição: a resiliência dos bosques de pinheiros e carvalhos remedia o desmatamento excessivo operado por humanos, regenerando a paisagem camponesa mais-que-humana.

Os carvalhos e os camponeses têm histórias extensas em muitas partes do mundo. O carvalho é útil. Além da sua força como material de construção, carvalhos (diferentemente dos pinheiros) duram um bom tempo na queima e produzem lenha e carvão da melhor qualidade. Além disso, os carvalhos abatidos (em con-

---

2. Como discutido no capítulo 11, quando falo em *carvalho*, eu incluo *Quercus*, *Lithocarpus*, e *Castanopsis*.

traste com os pinheiros) tendem a sobreviver; suas raízes e tocos brotam novamente, gerando novas árvores. A prática camponesa do abate de árvores com a expectativa de que elas cresçam novamente de seus tocos é denominada "talhadia", e os bosques de carvalhos talhados são exemplos de florestas camponesas.[3] Árvores talhadas são sempre jovens e crescem com rapidez, mesmo quando vivem por muito tempo. Elas são mais competitivas do que as mudas novas, estabilizando assim a composição da floresta. Uma vez que as florestas talhadas são abertas e iluminadas, elas costumam deixar espaço para pinheiros. Os pinheiros (com seus fungos) colonizam espaços abertos e, dessa forma, ocupam também outras partes do continuum da perturbação camponesa. No entanto, sem a perturbação humana, o pinheiro pode dar lugar ao carvalho e outras árvores de folhas largas. É essa interação pinheiro-carvalho-humano que produz a integridade da floresta camponesa: à medida que o crescimento rápido dos pinheiros em clareiras de encostas continuamente perturbadas por humanos cede espaço para os carvalhos trabalhados por talhadia, os ecossistemas florestais são regenerados e mantidos.

As associações entre carvalhos e pinheiros definem e ancoram a diversidade florestal camponesa. A vida longa dos carvalhos talhados, combinada à rápida colonização de espaços vazios pelos pinheiros, produz uma estabilidade provisória na qual muitas espécies prosperam, não apenas os humanos e suas culturas domésticas, mas também companheiros familiares aos camponeses, como coelhos, pássaros canoros, falcões, ervas, *berries*, formigas,

---

3. Oliver Rackham, *Woodlands*, Londres: Collins, 2006. Alguns biólogos especulam que os carvalhos podem ter desenvolvido sua habilidade de gestão por talhadia devido a uma longa associação com elefantes, que já foram comuns no norte global (George Monbiot, *Feral*. Londres: Penguin, 2013). Mesmo a sugestão evidencia a nova importância do pensamento evolutivo entre espécies discutido no interlúdio "Seguindo a trilha".

sapos e fungos comestíveis.[4] Como em um terrário, onde uma criatura produz oxigênio para que outra possa respirar, a diversidade das paisagens camponesas pode ser autossustentável.

No entanto, a história está sempre viva, cultivando e minando o terrário simultaneamente. Poderia a estabilidade imaginada das paisagens camponesas sobreviver aos grandes cataclismas – e à destruição que chamo de "paisagens arrasadas" – que as produzem? Penso que sim. As comunidades camponesas são definidas por sua subordinação no interior de Estados e impérios; é preciso poder e violência para mantê-las no lugar. As assembleias multiespécies que se formam são também criaturas do jogo de poder imperial, com suas formas de propriedade, seus impostos e guerras. No entanto, isso não é motivo para menosprezar os ritmos que se desenvolvem em torno da vida camponesa. As florestas camponesas domesticam as paisagens devastadas para torná-las locais de vida multiespécies – e de renda para os camponeses. O modo de vida camponês canaliza e aproveita um ressurgimento florestal que não pode controlar totalmente. Ao fazê-lo, ele recupera os projetos destrutivos de grande escala, trazendo vida para paisagens devastadas.

No Japão, as águias-de-cara-cinza (*Butastur indicus*), amantes das *satoyama* – e não os humanos – são um bom ponto de partida. Essas águias são migratórias. Elas se acasalam na Sibéria e depois vêm ao Japão para criar seus filhotes durante a primavera e o verão, antes de seguir em direção ao Sudeste Asiático. Os machos alimentam as fêmeas no ninho durante a choca dos ovos. Eles

---

4. Sobre o Japão: Hideo **Tabata**, "The future role of *satoyama* woodlands in Japanese society", in: Y. **Yasuda** (org.), *Forest and civilisations*, Nova Delhi: Roli Books, 2001, pp.155-162. Sobre a coexistência de espécies de árvores na *satoyama*, ver T. **Nakashizuka** e Y. **Matsumoto** (orgs.), *Diversity and interaction in a temperate forest community: Ogawa Forest Reserve of Japan*, op. cit. (citado no cap. 11, n. 193)

repousam no alto dos pinheiros, sondando a paisagem, procurando por répteis, anfíbios e insetos. Em maio, os arrozais estão alagados e as águias procuram por sapos. Quando o crescimento do arroz impede a caça, as águias buscam por insetos nos bosques camponeses. Um estudo revelou que, quando não avistam comida, os machos não ficam em uma mesma árvore por mais de catorze minutos.[5] A paisagem camponesa deve ser disposta como uma despensa, com sapos e insetos propriamente distribuídos, para que esses pássaros prosperem.

As águias-de-cara-cinza adaptaram seus padrões migratórios à paisagem camponesa no Japão. Ao mesmo tempo, toda a sua alimentação é igualmente dependente desse regime de perturbação. Sem a manutenção do sistema de irrigação, a população de sapos diminui.[6] E muitos insetos se desenvolveram só para conviver com as árvores camponesas! O carvalho *konara* (*Quercus serrata*) tem ao menos 85 borboletas específicas que dependem dele para se alimentar. A *Sasakia charonda*, uma borboleta colorida, se alimenta da seiva dos carvalhos jovens, mantidos pela talhadia camponesa; e quando a talhadia não é realizada, os carvalhos envelhecem, diminuindo o número de borboletas.[7]

Como é que as relações ecológicas de florestas camponesas se tornaram objeto de tantas pesquisas – especialmente agora que os bosques no Japão foram amplamente abandonados, uma vez que os combustíveis fósseis substituíram a lenha e que a geração mais jovem se deslocou para as cidades? Alguns pesquisadores

---

5. Atsuki Azuma, "Birds of prey living in yatsuda and satoyama", in: K. Takeuchi et al. (orgs.), *Satoyama: The traditional rural landscape of Japan*, op. cit., pp. 102-109 (citado no cap. 11, n. 193)

6. Ibid., pp. 103-104.

7. As formas larvais dessa borboleta comem *Celtis sinensis*, uma das espécies dos bosques de talhadia. Os adultos comem a seiva de *Quercus acutissima*, outro carvalho camponês trabalhado nesse regime (Izumi Washitani, "Species diversity in satoyama landscapes", in: K. Takeuchi et al. (orgs.), *Satoyama: The traditional rural landscape of Japan*, op. cit., pp. 89-93). A talhadia suporta uma alta diversidade de plantas e insetos; em comparação, abandonar uma área pode permitir o domínio de algumas espécies agressivas. Ver Wajirou Suzuki, "Forest vegetation in and around Ogawa Forest Reserve in relation to human impact", in: T. Nakashizuka e Y. Matsumoto (orgs.), *Diversity and interaction in a temperate forest community: Ogawa Forest Reserve of Japan*, op. cit., pp. 27-42.

são diretos: a sustentabilidade futura é mais bem modelada com a ajuda da nostalgia. Ao menos essa era a visão do professor K, um economista ambiental de Quioto.

O professor K me contou que se tornou economista porque pensava que poderia ajudar as pessoas pobres. Mas dez anos de uma carreira bem-sucedida fizeram-no perceber que sua pesquisa não estava ajudando ninguém. Pior ainda, ele notou os olhares distraídos de seus alunos. Ao conversar com os estudantes, percebeu que não eram apenas as suas aulas; os alunos também haviam perdido o contato com as questões que importavam. Assim, o professor K reconsiderou sua trajetória de vida. Lembrou de suas visitas de garoto ao vilarejo de seus avós: como se sentia vivo quando explorava a zona rural! Ao invés de consumir as forças das pessoas, aquela paisagem as alimentava. Ele então voltou seu trabalho profissional para a restauração das paisagens camponesas do Japão. Debateu e insistiu até que sua universidade tivesse acesso a uma área de florestas e campos abandonados e passou a levar seus estudantes até lá – não apenas para olhar, mas também para estudar as aptidões da vida camponesa. Juntos, eles aprenderam: limparam os canais de irrigação, plantaram arroz, abriram clareiras em florestas, construíram um forno para produzir carvão e encontraram seu caminho para as práticas de cuidado da floresta, com os olhos e ouvidos de camponeses. Quão motivadores se tornaram seus seminários desde então!

Ele me mostrou a floresta que se apinhava no entorno dos campos em que trabalhavam, abandonada e coberta de vegetação alta. Havia muito trabalho ainda por fazer para estimular o surgimento de uma floresta camponesa sustentável daquele emaranhado. O bambu *moso*, explicou, se tornou selvagem aqui. Trazido da China há cerca de trezentos anos pela excelência de seu broto, suas plantações, no entorno das casas dos camponeses, eram sempre cuidadosamente podadas. Mas a negligência com as florestas e os campos tornou o bambu um invasor agressivo, que tomou conta da floresta. Ele me mostrou como o bambu estava sufocando os pinheiros que haviam sobrado, fechando-os numa sombra profunda que os tornava vulneráveis aos nematoides-da-madeira-do-pinheiro. Mas seus estudantes passaram a cortar novamente o bambu e aprenderam também a transformá-lo em carvão.

Os carvalhos talhados também enfrentavam um impasse. Nós admiramos os antigos tocos que haviam rebrotado sucessivamente para se tornarem árvores. Mas agora uma selva de outras plantas os cercavam e, como os carvalhos não eram talhados por muitos anos, eles não mais mantinham suas qualidades de juventude que davam forma à arquitetura da floresta. O professor e seus estudantes teriam de aprender a arte da talhadia novamente. Apenas assim poderiam atrair as plantas e animais da paisagem camponesa: os pássaros, arbustos e flores que fizeram das quatro estações japonesas tão frutíferas e inspiradoras. Por causa do trabalho que haviam realizado, essas formas de vida estavam começando a retornar. Mas tudo isso era um trabalho de amor em processo. A sustentabilidade da natureza, disse ele, nunca simplesmente acontece, ela precisa ser invocada por meio do trabalho humano, que também traz à tona nossa humanidade. As paisagens camponesas, explicou, são os campos de teste para a recriação de relações sustentáveis entre humanos e natureza.

Foi só recentemente que as florestas camponesas se tornaram uma questão no Japão. Antes dos últimos trinta anos, os silvicultores e historiadores da floresta estavam obcecados com as árvores aristocratas: o cedro japonês e o cipreste. Quando escreviam sobre as "florestas" do Japão, eles quase sempre se referiam apenas a essas duas árvores.[8] Há um bom motivo para isso: são árvores bonitas e úteis. O *sugi* – chamado de "cedro", mas na verdade uma *Cryptomeria* distinta – cresce ereto e alto como

---

8. Seguindo historiadores japoneses anteriores, Conrad Totman propõe essa perspectiva em *The green archipelago: Forestry in preindustrial Japan*. Berkeley: University of California Press, 1989.

uma sequóia californiana, produzindo uma madeira formosa e duradoura para pranchas, painéis, postes e colunas. O *hinoki*, o cipreste japonês (*Chamaecyparis obtusa*), é ainda mais impressionante. A madeira é docemente perfumada e, quando aplainada, fica com uma textura linda. E é resistente ao apodrecimento. É a madeira perfeita para os templos. O *hinoki* e o *sugi* podem atingir tamanhos imensos, permitindo a confecção de postes e pranchas imponentes. Não é à toa que os antigos governantes do Japão se esforçaram ao máximo para cortar todos os *sugi* e *hinoki* da floresta para abastecer seus palácios e santuários.

A antiga fixação aristocrática com o *sugi* e o *hinoki* abriu possibilidades para a reivindicação camponesa de outras árvores, em particular os carvalhos.[9] No século XII, as guerras fraturaram a unidade aristocrática, permitindo que os camponeses institucionalizassem sua reivindicação às florestas dos vilarejos. Os direitos de *iriai* são direitos de terras comuns compartilhadas por aldeões. Eles permitem que as famílias recolham lenha, façam carvão e se utilizem de todos os produtos das terras das aldeias. Diferentemente dos direitos sobre florestas comunais em muitos outros lugares, os direitos de *iriai* no Japão foram codificados e tornados implementáveis pelos tribunais de justiça. No entanto, era improvável encontrar um *sugi* ou um *hinoki* nas florestas *iriai* pré-modernas do Japão; essas árvores eram requeridas pelos aristocratas mesmo que crescessem nos vilarejos. Mas, eventualmente, os camponeses podiam reivindicar também os carvalhos, mesmo que estivessem nas terras do senhor; os direitos de *iriai* podem funcionar como uma forma de direito de uso

---

9. As informções contidas neste parágrafo foram retiradas de C. Totman, *The green archipelago: Forestry in preindustrial Japan*, op. cit.; Margaret McKean, "Defining and dividing property rights in the commons: Today's lessons from the Japanese past", *International Political Economy Working Paper* n. 150, Duke University, 1991; Utako Yamashita, Kulbhushan Balooni, e Makoto Inoue, "Effect of instituting 'authorized neighborhood associations' on communal (*iriai*) forest ownership in Japan", *Society and Natural Resources*, n. 22, 2009, pp. 464-473; Gaku Mitsumata e Takeshi Murata, "Overview and current status of the *iriai* (commons) system in the three regions of Japan, from the Edo era to the beginning of the 21st century", *Discussion Paper* n. 07-04. Quioto: Multilevel Environmental Governance for Sustainable Development Project, 2007.

em terras alheias. Abastecidos por outras árvores, os senhores não precisavam de carvalho.[10] Ainda assim, não é de surpreender que as elites tenham tentado arduamente reduzir os direitos de *iriai*. Depois da Restauração Meiji no século XIX, muitas terras de uso comum foram privatizadas ou reivindicadas pelo Estado. É incrível que, na contramão das probabilidades, alguns direitos florestais *iriai* se mantenham até os dias de hoje – para enfrentar dificuldades, no final do século XX, diante do abandono das florestas camponesas e do êxodo rural.

Quais árvores vieram a definir a floresta camponesa *iriai*? Os japoneses se orgulham de sua localização na intersecção entre conformações temperadas e subtropicais de animais e plantas: o Japão tem quatro estações e, ao mesmo tempo, se mantém verde o ano todo. As plantas e insetos subtropicais são compartilhados com seus vizinhos sulinos de Taiwan; a flora e a fauna de clima frio são divididas com o nordeste asiático continental. E os carvalhos ultrapassam essa divisa. Os carvalhos caducifólios, com folhas grandes e translúcidas que mudam de cor e caem no inverno, fazem parte da flora do nordeste. Os carvalhos perenifólios, com folhas menores e mais espessas, que se mantêm verdes por todo o ano, vêm do sudoeste. Ambos são usados como combustível e carvão. Mas em alguns locais importantes, nos berços da tradição no Japão, preferem-se os carvalhos caducifólios aos perenifólios. Os camponeses erradicaram as mudas de carvalhos perenifólios junto com o resto da vegetação rasteira e a grama que crescia sob as árvores, privilegiando as espécies caducifólias. Essa escolha fez a diferença no relacionamento entre carvalhos e pinheiros e na arquitetura da floresta: diferente dos carvalhos perenifólios, que oferecem sombra constante, os carvalhos caducifólios deixam espaços de luz no inverno e na primavera, espaços onde os pinheiros, assim como as plantas herbáceas de clima temperado, podem ter

---

10. Oliver Rackham salienta que os aristocratas da Europa usavam carvalho para a construção de elite; assim o carvalho era uma árvore dos senhores. No Japão, os senhores tinham *sugi* e *hinoki* para construir. Rackham, "Trees, woodland, and archaeology", artigo apresentado no Yale Agrarian Studies Colloquium, 19 de outubro de 2013.

uma chance de se estabelecer. Além disso, os camponeses abriram e limparam continuamente a floresta, deixando os pinheiros e outras espécies de clima temperado se juntarem ali aos carvalhos.[11]

Diferentemente dos camponeses pré-modernos na Europa, os camponeses pré-modernos no Japão não criavam animais para produção de leite ou carne, e, portanto, não podiam fertilizar seus campos com esterco, como os europeus. Reunir restos de plantas e da floresta para a fertilização verde era uma ocupação importante na vida camponesa. Tudo no terreno da floresta era recolhido, deixando-o limpo, com os solos minerais expostos preferidos pelo pinheiro. Algumas áreas eram abertas para favorecer a grama. Os pilares dessa floresta perturbada eram os carvalhos manejados em regime de talhadia, e o mais comum deles era o *Quercus serrata*, conhecido como *konara*. A madeira do carvalho era útil para todo tipo de coisa – da lenha até o cultivo de cogumelos shitake. A talhadia periódica mantinha jovens os troncos e os galhos do carvalho, permitindo que eles dominassem a floresta, uma vez que cresciam mais rápido do que outras espécies. Nos cumes, em prados abertos e em encostas desnudas, cresceu o pinheiro-vermelho *akamatsu*, o *Pinus densiflora*, e com ele seu parceiro matsutake.

O pinheiro-vermelho japonês é uma criatura da perturbação camponesa. Ele não pode competir com árvores de folhas largas, que o relegam à sombra e criam camadas profundas e ricas de húmus que só favorecem a elas. Os paleobotânicos descobriram que, há milhares de anos, quando os humanos passaram pela primeira vez a desmatar a paisagem japonesa, o pólen do pinheiro-vermelho – antes quase inexpressivo – aumentou drasticamente.[12] O pinheiro prospera com a perturbação camponesa: o sol forte nas clareiras, que resulta da talhadia, e os solos minerais varridos e expostos. O carvalho pode expulsar o pinheiro dos morros camponeses. Mas as práticas da talhadia e a coleta do adubo verde criaram espaços complementares para o carva-

---

11. H. Tabata, "The future role of *satoyama* woodlands in Japanese society", op. cit.
12. Matsuo Tsukada, "Japan", in: B. Huntley e T. Webb III (orgs.), *Vegetation history*. Dordrecht: Kluwer Academic Publishers, 1988, pp. 459-518.

lho *konara* e o pinheiro *akamatsu*. O matsutake cresceu com o pinheiro, ajudando-o a encontrar uma base em cumes e declives erodidos. Em áreas particularmente desnudadas, tomadas por pinheiros, o matsutake era o cogumelo florestal mais comum.

Nos séculos XIX e XX, os membros da classe média urbana emergente passaram a visitar as áreas rurais do Japão em passeios associados com a busca por matsutake. Esta já havia sido uma prerrogativa da aristocracia, mas agora muitos podiam participar. Os camponeses demarcaram áreas de pinheiro e matsutake como "montanhas para visitantes" e passaram a cobrar dos visitantes da cidade pelo privilégio de uma manhã de coleta de cogumelos, seguida de um almoço agradável de *sukiyaki* ao ar livre. Essa prática teceu um pacote afetivo no qual a caça ao matsutake embalava todos os prazeres da biodiversidade rural, em uma fuga das preocupações do dia a dia. Como as visitas da infância à fazenda dos avós, os passeios de matsutake perfumavam o mundo rural com nostalgia. Esse perfume continua a influenciar a apreciação pelas paisagens rurais nos dias de hoje.

Hoje em dia, os defensores da restauração das paisagens camponesas no Japão poderiam explicar a estética da floresta camponesa como sendo o resultado planejado de um conhecimento tradicional gerado a partir de necessidades humanas e naturais que se encontram em harmonia. No entanto, muitos pesquisadores sugerem que essas formas harmoniosas se desenvolveram a partir do desmatamento e da destruição ambiental. Kazuhiko Takeuchi, um historiador ambiental, investiga o desmatamento extensivo associado à industrialização do Japão em meados do século XIX.[13] Ele defende que as transformações históricas foram fundamentais para criar a imagem das florestas camponesas que hoje se busca preservar, que são as florestas da primeira metade

---

13. Entrevista de 2008. O desmatamento foi associado à exploração madeireira, ao cultivo rotativo, à disseminação da agricultura intensiva e ao assentamento residencial. Ver Yamada Asako, Harada Hiroshi e Okuda Shigetoshi, "Vegetation mapping in the early Meiji era and changes in vegetation in southern Miura peninsula" (em japonês), *Eco-Habitat*, v. 4, n. 1, 1997, pp. 33-40; Ogura Junichi, "Forests of the Kanto region in the 1880s" (em japonês), *Journal of the Japanese Institute of Landscape Architects*, v. 57, n. 5, 1994,

do século xx. No final do século xix, a modernização do Japão pressionou as florestas camponesas, levando a desmatamentos massivos em sua porção central. Seus visitantes percebiam a quantidade de "florestas carecas", visíveis ao longo das estradas. Na virada do século, o pinheiro *akamatsu* passou a crescer nesses morros pelados. Em alguns casos, o pinheiro era plantado para ajudar no manejo de bacias hidrográficas, por exemplo; mas as sementes de *akamatsu* se espalharam por todos os lados; e, com a ajuda do matsutake, o pinheiro cresceu por si só. Na primeira parte do século xx, o matsutake era tão comum e abundante quanto as florestas de pinheiro. Com a crescente demanda de lenha e carvão, o manejo do carvalho por talhadia também se desenvolveu. Os bosques de pinheiro e carvalho das paisagens nostálgicas contemporâneas estavam em pleno florescimento.

Fumihiko Yoshimura, micólogo e defensor das florestas de pinheiros, investiga um episódio de desmatamento mais tardio: o da perturbação de florestas antes e durante a Segunda Guerra Mundial.[14] As árvores foram cortadas não apenas para o uso de camponeses, mas também como combustível e material de construção para o desenvolvimento militar. A paisagem camponesa foi significativamente desmatada. Depois da guerra, essas paisagens renasceram: os pinheiros cresceram nas terras nuas. O dr. Yoshimura gostaria de restaurar as florestas de pinheiro tendo como referência o ano de 1955, um período de rebrotação. Após esse momento, ao invés de se renovarem, as florestas se deterioraram.

Guardarei a estória das mudanças que transformaram a floresta no período que se seguiu aos anos 1950 para os próximos

---

pp. 79-84; Kaoru Ichikawa, Tomoo Okayasu e Kazuhiko Takeuchi, "Characteristics in the distribution of woodland vegetation in the southern Kanto region since the early 20th century", *Journal of Environmental Information Science*, v. 36, n. 5, 2008, pp. 103-108.

14. Entrevista de 2008. Sobre uma floresta Kanto bem documentada, Wajirou Suzuki observa a aceleração da exploração madeireira: "Com o desenvolvimento das indústrias domésticas após a Primeira Guerra Mundial, a demanda de carvão aumentou dramaticamente e, durante a Segunda Guerra Mundial, a queima de carvão vegetal e a fabricação de equipamentos para os cavalos militares se tornaram as principais indústrias da região" (W. Suzuki, "Forest vegetation in and around Ogawa Forest Reserve in relation to human impact", op. cit., p. 30).

capítulos. Agora, quero enfatizar o modo como as grandes perturbações históricas podem abrir possibilidades para o ecossistema relativamente estável da floresta camponesa, sempre jovem e aberta. É irônico que esses episódios de desmatamento tenham dado lugar às florestas que se tornaram a própria imagem da estabilidade e da sustentabilidade para grande parte do pensamento contemporâneo japonês. Essa ironia não torna a floresta camponesa menos útil ou desejável, mas transforma o modo como reconhecemos o trabalho da convivência com o ressurgimento da floresta: os esforços cotidianos dos camponeses são muitas vezes respostas a viradas históricas que estão fora do seu alcance. As pequenas perturbações operam no interior da correnteza das grandes perturbações. Para entender isto, parece-me útil nos afastarmos das reconstruções nostálgicas dos defensores da floresta e voluntários japoneses, que, em seu ideal de perfeição estética, nos distanciam da história.

Em Iunã central, no sudoeste da China, as florestas camponesas não são reconstruções nostálgicas, mas ambientes ativamente utilizados pelos camponeses. Elas não são consideradas objetos de beleza ideal, mas desastres que precisam ser arrumados. Não parecem reconstruções. Na melhor das hipóteses, são bagunçadas, e às vezes o são de forma provocativa. Essa é a paisagem camponesa em movimento e não aquela recriada pela nostalgia. Apesar de sua desordem ofensiva, essa floresta jovem e aberta se assemelha em muitos aspectos às florestas camponesas do Japão central. Ainda que as espécies sejam diferentes, o carvalho manejado em regime de talhadia e o pinheiro formam a arquitetura florestal.[15] O matsutake do Iunã tem inclinações diferentes das

---

15. Como no Japão central, as florestas sem perturbações humanas de Iunã se tornaram associações de árvores de folhas largas, sem pinheiros (Stanley Richardson, *Forestry in communist China*. Baltimore: Johns Hopkins University Press, 1966, p. 31.). Histórias dos

de seu irmão japonês: ele cresce com os carvalhos, assim como com os pinheiros. Mas isso torna o complexo camponês-carvalho-pinheiro-matsutake ainda mais evidente. Talvez aqui também sejam os grandes cataclismas, e não apenas a ingenuidade camponesa, que permitem o ressurgimento dessa floresta.

No Japão central, pesquisadores, silvicultores e moradores de áreas rurais me contaram histórias muito bem articuladas sobre as florestas camponesas. Quando fui seduzida por esse discurso, meu trabalho ficou fácil: tudo que eu precisava fazer era ver e ouvir. No entanto, fui surpreendida quando cheguei em Iunã, onde a própria ideia de uma história da floresta camponesa provocou confusão e atitudes defensivas. Todos queriam que os camponeses fizessem uma boa gestão da floresta, mas isso aconteceria por meio de suas habilidades de empreendedores modernos e não de manejadores tradicionais. As florestas camponesas eram um objeto moderno – resultado da descentralização – e não antigo; e o objetivo dos especialistas florestais era possibilitar a racionalidade moderna. Se as florestas não estavam em boa forma, era porque erros haviam sido cometidos no passado. A história era a estória desses erros.[16]

Michael Hathaway e eu conversamos com silvicultores e até mesmo historiadores das florestas. Eles explicaram como o Estado havia demarcado as florestas e como, nesse tempo de refor-

---

vilarejos também mostram paralelos. Ainda que não escreva sobre Iunã, Nicholas Menzies descreve o uso das florestas dos vilarejos da China imperial de uma maneira bastante que lembra muito a literatura sobre as *satoyama*: "As florestas comunitárias de Shanxi eram conhecidas coletivamente como *She Shan* (montanhas da vila). [...] Essas encostas eram inadequadas para a agricultura, mas importantes para seus usuários para suprir necessidades rituais (como locais para sepultar os membros dos clãs) e como fonte de produtos florestais. Ren Chengtong observou que as aldeias usavam a madeira de suas florestas para fornecer financiamento e material para obras públicas na comunidade, e que os moradores também tinham o direito de colher nozes, frutas, caçar animais selvagens (para aproveitar a carne), cogumelos e ervas medicinais para uso privado" (N. Menzies, *Forest and land management in imperial China*. Londres: St. Martin's Press, 1994, pp. 80-81.).

16. A reforma florestal começou em 1981 e levou a várias categorias de posse, incluindo contratos com famílias. Para uma análise da mudança de posse da floresta, ver Liu Dachang, "Tenure and management of non-state forests in China since 1950", *Environmental History*, v. 6, n. 2, 2001, pp. 239-263.

mas, eles as repassaram para os camponeses por meio de contratos em sistema de responsabilidade familiar. Eles falaram da proibição do desmatamento, ocorrida em 1998, cuja intenção era interromper a devastação, e também nos contaram sobre os projetos modelo a partir dos quais novas formas de gerenciamento da floresta foram testadas. Quando mudei o assunto da conversa para as histórias da floresta, eles falaram mais uma vez do Estado e de seus erros. O arrendamento de florestas por famílias a partir de contratos individuais era a nova forma de organização, e as florestas deveriam crescer em locais devastados pelas administrações coletivas anteriores. A chave, pensaram eles, era resolver a questão das posses e dos incentivos, permitindo que empreendedores, e não burocratas, cuidassem da gestão. Nesses novos tempos, as florestas seriam refeitas junto com o mercado. Nós conversamos sobre leis, incentivos e projetos modelo. Eu sequer havia mencionado as árvores. Senti falta de conversar sobre os objetos estéticos que havia conhecido no Japão, ainda que eu agora notasse a sua estranheza.

Quando cheguei na área rural da cidade de Chuxiong, as pessoas estavam igualmente descontentes com minhas questões suscitadas pelo aprendizado no Japão. Os oficiais da vila recapitularam histórias de trocas de categorias administrativas, mas as pessoas comuns não sabiam o que fazer com essas categorias. Finalmente, um senhor idoso fez um comentário que suscitou uma comparação mental mais produtiva para mim. Durante o período do Grande Salto para Frente na China, contou-me, a paisagem foi desmatada pela necessidade do "aço verde". Não teria sido o desmatamento no Japão da Era Meiji também mobilizado pelo aço verde?

Na região central de Iunã, a floresta é predominantemente recente e dispersa. Ela *parece* perturbada. Trilhas percorrem suas encostas erodidas. Apesar da proibição do comércio de madeira, tudo é usado, do solo até a copa das árvores. Carvalhos perenifólios dominam a paisagem, que inclui desde arbustos até árvores cultivadas em regime de talhadia. Contudo, a floresta é aberta e os pinheiros se misturam com carvalhos. O pinheiro, assim como o carvalho, tem muitos usos. Às vezes, sua resina é aproveitada. Seu pólen é coletado e vendido para a indústria de cosméticos; alguns pinheiros, ainda, produzem sementes comestíveis e comercialmente valiosas. Agulhas de pinheiro são coletadas para fazer cama para porcos; as fezes dos porcos, misturadas com as agulhas de pinheiro, são um importante fertilizante para a lavoura. As plantas herbáceas são coletadas para a alimentação dos porcos, assim como para alimentos e remédios para as pessoas. A comida de porco é cozida todos os dias em um fogão a lenha ao ar livre. Desse modo, mesmo nos lugares onde há outras fontes de combustível para a culinária humana, todos armazenam grandes pilhas de lenha. Os pastores trazem gado e cabras para pastar nas áreas sem cultivo. A colheita comercial de cogumelos selvagens – não apenas do matsutake, mas de muitas outras espécies – cria um trânsito de pedestres na floresta. Em alguns locais, bosques de árvores grandes ainda alimentam um comércio vigoroso de madeira, ainda que seja ilegal. No entanto, na maioria dos lugares, as árvores são pequenas e magras. Eucaliptos exóticos, plantados antes por uma indústria de petróleo baseada em um vilarejo, se espalham ao longo das estradas. Não é fácil promover essa floresta como um produto da sabedoria ancestral camponesa, embora alguns audazes pesquisadores chineses tenham tentado fazê-lo.[17]

A bagunçada floresta camponesa não tem muito a oferecer para a satisfação dos conservacionistas estrangeiros, que se reuniram em Iunã para salvar a natureza ameaçada – e rapidamente culpam os excessos do comunismo pelos desvios de seus sonhos selvagens. Os jovens pesquisadores e estudantes chineses seguem

---

17. O trabalho pioneiro de Yin Shootings sobre o cultivo rotativo em Iunã apresentou a sustentabilidade da paisagem camponesa a estudiosos que, em geral, consideravam os camponeses atrasados. Yin, *People and forests*, trad. Ing. De Magnus Fiskesjo. Kunming: Yunnan Education Publishing House, 2001.

a liderança estrangeira. Mais de um jovem da cidade me contou que as colinas de Iunã foram desmatadas pela Guarda Vermelha durante a Revolução Cultural da China, embora essa história pareça improvável. A Revolução Cultural é um bode expiatório fácil para tudo que parece errado. A atribuição do dano florestal a esse período indica, sobretudo, que as falhas dessa floresta jovem e aberta podem ser facilmente percebidas por qualquer um. É neste contexto que parece surpreendente notar semelhanças entre as florestas camponesas na região central de Iunã e de Honshu, no Japão. No seu auge, talvez as florestas de pinheiro e de carvalho do Japão fossem menos perfeitas – estética e ecologicamente – do que imaginam hoje seus defensores. Talvez as florestas de pinheiro e carvalho de Iunã sejam melhores do que imaginam os críticos. Nessas encostas erodidas ocorre uma regeneração vivaz, na qual o carvalho, o pinheiro e o matsutake têm uma ótima relação, beneficiando não apenas os camponeses, mas também muitos tipos de vida.

Os atrasos são assustadoramente parecidos. As florestas da região central de Iunã sofreram durante o Grande Salto para Frente da China, entre o final dos anos 1950 e o início dos anos 1960, quando o país reuniu seus recursos para uma industrialização rápida. O "aço verde", de que falou o velho aldeão, foi usado em parte para alimentar os fornos de quintal nos quais os camponeses derretiam seus vasos para contribuir com o desenvolvimento da nação, doando o metal.[18] Algumas florestas foram protegidas, mas, na década seguinte, o governo central cortou as árvores para a exportação da madeira e a obtenção de moeda estrangeira. Quarenta ou 50 anos depois, os pinheiros haviam colonizado os espaços abertos e os tocos de carvalho germinavam entre as árvores. A floresta camponesa estava em pleno florescimento e os cogumelos matsutake eram um sinal de seu sucesso.

---

18. Liu Dachang escreve sobre o "desmatamento desastroso" deste período (L. Dachang, "Tenure and management of non-state forests in China since 1950", op. cit., p. 244).

Do mesmo modo, as florestas do Japão central sofreram durante sua rápida industrialização nas décadas posteriores à Restauração Meiji, em 1868. Quarenta ou 50 anos depois, as florestas camponesas de carvalho e pinheiro alcançaram a perfeição pela qual são lembradas hoje. Após a perturbação inicial, assim como aconteceu na China, os camponeses aprenderam a fazer com que o rebrotamento das árvores trabalhasse a seu favor. Os usos da floresta se integraram; a paisagem se tornou reconhecível e parecia cada vez mais estável e harmoniosa. O carvalho fornecia madeira para a construção civil, lenha e carvão; o pinheiro fornecia cogumelos matsutake, assim como madeira, terebintina, agulhas, e combustível de queima rápida. Talvez a vivacidade das florestas camponesas no Japão do início do século XX se pareça um pouco com as florestas de hoje no centro de Iunã. Embora os historiadores se apressem em diferenciar a modernização alcançada pela Restauração Meiji no Japão e os fracassos do Grande Salto para Frente na China, do ponto de vista de uma árvore, pode não ter havido muita diferença. Se as florestas camponesas são vistas de forma diferente em cada contexto, isso pode se dar em parte por conta do contraste entre o próximo e o distante, assim como entre as visões voltadas para o futuro e para o passado.

Pessoas e árvores são implicadas em histórias irreversíveis de perturbação. Mas algumas formas de perturbação têm sido seguidas por um tipo de ressurgimento que nutre muitas vidas. As florestas camponesas de carvalho e pinheiro têm sido redemoinhos de estabilidade e coabitação. No entanto, elas são frequentemente postas em movimento por grandes cataclismas, como o desmatamento que acompanha a industrialização nacional. Pequenos redemoinhos de vidas interligadas no interior de grandes correntezas de perturbação: estes são certamente locais para se pensar sobre a habilidade humana para a recuperação. Mas há também o ponto de vista da floresta. Apesar de todas as agressões, o ressurgimento ainda não terminou.

Paisagens ativas, Oregon. Os críticos descrevem as florestas das Cascatas Orientais como "feridas purulentas nas costas de um cachorro velho e sarnento" e mesmo os silvicultores admitem que seu manejo tem sido uma sucessão de erros. No entanto, para os catadores, essa floresta é o "marco zero". Às vezes os cogumelos aparecem na contingência do erro.

Capítulo 14
Acaso

Quando os mais velhos me contaram que as Cascatas Orientais do Oregon já haviam sido um centro madeireiro industrial, eu mal pude acreditar. Só conseguia enxergar uma autoestrada, ladeada por árvores que pareciam doentes – embora algumas placas ainda indicassem "Floresta industrial". Visitamos os locais das cidades e os moinhos que um dia foram prósperos, e onde agora não havia nada além de mato.[1] Casas, hotéis e acampamentos usados por viajantes: tudo desapareceu. Algumas latas enferrujadas ficaram para trás, provavelmente deixadas por andarilhos, mas das cidades não restava nada além de alguns conjuntos de pinheiros mal organizados. Estranhamente, esses lugares não eram nem selvagens, nem civilizados. Os poucos residentes que sobraram se viravam na base do improviso. Ao longo da autoestrada, as lojas fechadas mostravam suas janelas quebradas. Os negócios que ainda resistiam vendiam bebidas e armas. Placas na entrada avisavam que visitantes indesejados seriam recebidos a tiros. Quando uma nova parada de caminhões abriu, disseram, ninguém apareceu para trabalhar nele. As pessoas ficaram com medo pois ouviram que a empresa faria testes de detecção de drogas e que os empregados seriam vigiados. "Todos que vivem por aqui querem ser deixados em paz", alguém me explicou.[2]

1. Uma descrição útil das madeireiras e seu funcionamento é encontrada em P. Cogswell, Jr., "Deschutes country pine logging", in:T. Vaughn (org.), *High and mighty: Selected sketches about the Deschutes country*. Portland: Oregon Historical Society, 1981, pp. 235-259. Uma das cidades-madeireiras mais estranhas era Hixon, "que vagava pelos condados de Deschutes, Lake e Klamath, movendo-se a cada poucos anos para ficar perto das operações de extração de madeira de Shelvin-Hixon" (p. 251). Com o advento das estradas para o transporte da madeira, as cidades-madeireiras se fixaram.
2. Quando a empresa retirou sua política de drogas, muitas pessoas se candidataram para trabalhar lá.

O manejo dos recursos nem sempre conduz aos resultados esperados. Um bom lugar para procurar vida na floresta é justamente as ruínas desses grandes empreendimentos. Erros foram cometidos... mas cogumelos apareceram.

As Cascatas Orientais são usadas para o cultivo industrial de pinheiros, mas não se parecem com a Lapônia finlandesa. A floresta não é organizada. Há madeira morta no chão e escorada por toda parte. As árvores crescem em formatos irregulares, distribuídas de maneira esparsa ou densa. O visco-anão (*Arceuthobium pusillum*) e a podridão das raízes minam sua força. Ao contrário da Finlândia, onde os pequenos proprietários gerenciam a maior parte da floresta, o matsutake das Cascatas cresce no solo das florestas nacionais, ou ainda nas áreas de madeireiras. Existem poucos pequenos proprietários de florestas para coordenar o manejo. O mesmo vale para os planos idealizados de manejo florestal, porque os residentes e visitantes brancos tendem a se ressentir com a ideia de regulamentação florestal, que consideram sinal de um governo federal que ultrapassa os limites. Eles deixam marcas de tiro nas placas do Serviço Florestal e se gabam por não respeitar as regras. O Serviço Florestal trabalha para agradá-los, mas é uma batalha difícil.

Os cientistas sociais costumam enfatizar a assertividade burocrática do Serviço Florestal dos Estados Unidos. No entanto, os silvicultores que conheci nas Cascatas Orientais foram modestos em suas explicações sobre o manejo florestal. Eles disseram que seus programas eram uma série de experimentos, e que a maioria deles falhou. Por exemplo, como lidar com os pinheiros *Pinus contorta* que insistem em brotar – mesmo depois de abatidos – em aglomerações mais densas? Eles experimentaram a poda drástica, o que criou concentrações de árvores ainda mais densas. Além disso, experimentaram também outros métodos de manejo, tal como a conservação das árvores portadoras de sementes e um sistema de cobertura,[3] mas as árvores solitárias foram derrubadas pelo vento e pela neve. Seria o caso de tentar preservar os empregos na única madeireira que restou, mesmo que isso resultasse em conflito legal com os ambientalistas?[4] Embora as metas ambientais tenham mudado a retórica do Serviço Florestal, os escritórios distritais ainda são avaliados pela quantidade de madeira que produzem. Não havia nada a fazer, disseram, a não ser lidar com cada um dos dilemas à medida que surgissem. Sem uma alternativa adequada, eles continuaram experimentando.

A paisagem não facilitou o manejo florestal. Embora tenha havido geleiras no Noroeste Pacífico dos Estados Unidos, assim como na Finlândia, os pinheiros ocupam as Cascatas Orientais por um motivo diferente. Uma erupção vulcânica há cerca de 7.500 anos cobriu a região com lava, cinzas e pedras-pomes (a pedra cheia de ar que resulta do esfriamento da lava ejetada). Se antes havia algum solo orgânico ali, ele foi soterrado. Ainda existem blocos de lava e pedras-pomes onde quase nada cresce. Parece um milagre que os pinheiros cresçam nesse terreno hostil, e isso só ocorre graças ao matsutake.

O matsutake cresce junto com muitas árvores hospedeiras no Oregon. Nas florestas de coníferas mistas e úmidas encontradas em altitudes elevadas, o matsutake aparece em abundância junto com o abeto-vermelho-Shasta, a cicuta-de-montanha (*Tsuga mertensiana*) e o *Pinus lambertiana*. Nas encostas ocidentais das Cascatas, o cogumelo é às vezes encontrado na companhia dos abetos-de-Douglas; na costa do Oregon, o matsutake cresce com o *tanoak* (*Notholithocarpus*). Nas encostas secas do leste das Cascatas, o matsutake vive com o *Pinus ponderosa*. Em

---

3. No original, *shelterwood*. Refere-se a um modo de cultivo florestal no qual as árvores maduras oferecem abrigo às mais novas, recebendo uma poda progressiva à medida que as mais jovens crescem. [N.T.]

4. O Ato de Restauração para Florestas Saudáveis de 2003, que determinou a extração de madeira, o desbaste e a recuperação pós-queima como caminho para a saúde da floresta, forçou o Serviço Florestal a envolver-se em uma série de batalhas contínuas com ambientalistas (J. Vaughn e H. Cortner, *George W. Bush's healthy forests*, op. cit. [citado no cap. 5, n. 98]).

cada um desses lugares, há interação com outras espécies de fungos. A relação entre árvores e fungos começa a se tornar exclusiva nas florestas de *Pinus contorta*. Quando coletamos matsutake nessas florestas, é raro encontrarmos outras espécies de cogumelos. Isto não significa, no entanto, que falte diversidade subterrânea: muitos fungos raramente frutificam e se tornam visíveis. Ainda assim, parece claro que uma parceria especialmente íntima se formou entre o matsutake e o *Pinus contorta* nas Cascatas Orientais.

Como a maioria das amizades, essa depende de encontros casuais e aproximações tímidas, que mais tarde ganham importância. Ambos os protagonistas já foram negligenciados; se agora eles aparecem na região, deve haver uma estória por trás disso. Usando sua própria metáfora de paisagens destruídas, os catadores chamam essa área de "marco zero" da cena estadunidense do matsutake. O que uniu fungos e raízes com resultados tão espetaculares?

Quando os brancos chegaram pela primeira vez às Cascatas Orientais, no século XIX, não perceberam os *Pinus contorta*, mas ficaram admirados com as gigantescas *ponderosas* que dominavam a floresta. Segundo o historiador William Robbins, essas florestas de pinheiros já foram "as mais impressionantes e espetaculares" florestas do interior do Oregon.[5] As árvores eram enormes e cercadas por um campo aberto, como se fosse um parque com pouca vegetação rasteira. O capitão John Charles Fremont, do exército dos Estados Unidos, se manifestou em 1834: "Hoje o país era todo uma floresta de pinheiros. [...] A madeira era uniformemente grande, alguns dos pinheiros medindo 22 pés [quase 7 metros] de circunferência e de 12 a 13 pés [3 a 4 metros], se medido 6 pés [2 metros] acima do solo".[6] Um pesquisador da USGS (Estudos Geológicos dos Estados Unidos), na virada do século, acrescentou: "O chão da floresta está geralmente limpo, como se

---

5. William Robbins, *Landscapes of promise: The Oregon story, 1800-1940*. Seattle: University of Washington Press, 1997, p. 224.
6. Citado em ibid., p. 223.

tivesse sido varrido, o que permite que se ande ou dirija sem impedimentos".[7] Um jornal de 1910 fez a conclusão óbvia: "Nenhuma madeira do mundo pode ser cortada com maior facilidade".[8]

A espécie *ponderosa* atraiu o interesse do governo e da indústria. Em 1893, o presidente Grover Cleveland criou a Reserva Florestal da Cascata; em seguida, teve início uma corrida para construir ferrovias para dar vazão à madeira e, no início do século xx, os madeireiros já haviam obtido o título de posse de grandes áreas de floresta.[9] Na década de 1930, o estado do Oregon dominava a indústria madeireira dos Estados Unidos; as *ponderosa* das Cascatas Orientais, sob intensa demanda, eram extraídas a assim que os madeireiros as alcançavam.[10] A combinação de terras públicas e privadas moldou a história da exploração da madeira. Antes da Segunda Guerra Mundial, as madeireiras pressionavam o governo a manter as florestas nacionais fechadas, assegurando os preços altos. No final da guerra, as terras particulares se esgotaram, e aquelas mesmas vozes pediram a abertura das florestas nacionais. Só assim, disseram, eles conseguiriam manter as madeireiras em funcionamento, prevenindo o desemprego e a escassez de madeira no país. Como resultado, as florestas nacionais continuaram a sofrer cada vez mais o duro impacto da exploração madeireira.[11]

---

7. Citado em ibid., p. 225.
8. Citado em ibid., p. 231.
9. Essa parte da história está bem documentada por historiadores locais. Dois pontos aparecem em todas as narrativas. Primeiro, os proprietários privados começaram invadindo o que deveria ser terra pública, criando uma mistura de propriedade pública e privada na floresta (por exemplo, P. Cogswell, "Deschutes Country Pine Logging", op. cit.). Segundo, a corrida para construir uma estrada de ferro no rio Deschutes incentivou a especulação de terras e acrescentou entusiasmo e urgência às tentativas de agarrar as florestas (por exemplo, W. Carlson, "The great railroad building race up the Deschutes River", in: *Little-known tales from Oregon history*. Bend: Sun Publishing, 2001, v. 4, pp. 74-77).
10. Em 1916, dois grandes complexos fabris, Shelvin-Hixon e Brooks-Scanlon, foram abertos ao longo do rio Deschutes (W. Robbins, *Landscapes of promise*, op. cit., p. 233). A Shelvin-Hixon foi extinta em 1950, enquanto a Brooks-Scanlon expandiu-se (W. Robbins, *Landscapes of conflict: The Oregon history*, op. cit., p. 162 [citado no cap. 3, n. 64]). Posteriormente, em 1980, a Brooks-Scanlon fundiu-se com a Diamond International Corporation (P. Cogswell, "Deschutes Country Pine Logging", op. cit., p. 259).
11. Robbins cita o *New York Times* em 1948: "Cada vez mais, os madeireiros procuram florestas nacionais e estatais para concluir suas operações" (W. Robbins, *Landscapes of*

Esse impacto mudou com as práticas de produção florestal industrial do pós-guerra. Os silvicultores, impulsionados pelo otimismo das novas tecnologias e da economia em expansão, tiveram uma ideia de como as florestas nacionais poderiam ser abertas sem que a madeira se esgotasse. Tudo o que eles precisavam fazer era substituir as florestas antigas, "decadentes" e "decrépitas", por árvores jovens, vigorosas e de rápido crescimento, que poderiam ser colhidas em intervalos previstos de oitenta a cem anos.[12] Eles poderiam até mesmo plantar árvores de qualidade superior, tornando as novas florestas mais resistentes a pragas e doenças, e seu crescimento ainda mais rápido. As novas tecnologias facilitavam a remoção da totalidade das árvores da floresta, e não apenas as mais interessantes comercialmente; assim, os silvicultores se voltaram para o corte raso.[13] O corte drástico levaria à renovação, mesmo que transformasse a floresta em unidades de expansão. Quanto mais rápido a floresta fosse cortada, de acordo com essa lógica, mais produtiva ela se tornaria. Alguns silvicultores locais não estavam convencidos, mas a força da opinião nacional predominou. Na década de 1970, o replantio após o corte tornou-se uma prática padrão. A pulverização aérea contra "ervas daninhas" também foi usada em algumas regiões.[14] Como um silvicultor das Cascatas Orientais lembrou, na visão daquele período, "as florestas do futuro seriam dominadas por

---

conflict, op. cit., p. 152). No leste das Cascatas, o fato de que a madeira valiosa permaneceu principalmente nas florestas nacionais estimulou a consolidação das fábricas em 1950 (Phil Brogan, *East of the Cascades*. Hillsboro: Binford and Mort, 1964, p. 256).
12. P. Hirt, *A conspiracy of optimism: Management of the national forests since World War Two*, op. cit. (citado no cap. 3, n. 64).
13. W. Robbins, *Landscapes of conflict*, op. cit., p. 14.
14. Sobre o *ponderosa* no Oregon e no norte da Califórnia, Fiske e Tappeiner escrevem: "O uso de herbicidas começou nos anos 1950 com a adaptação das técnicas agrícolas de aplicação aérea dos herbicidas fenóxi. Mais tarde, o uso apropriado de uma gama muito mais ampla de herbicidas foi estabelecido". John Fiske e John Tappeiner, *An overview of key silvicultural information for Ponderosa pine*. USDA Forest Service General Technical Report PSW-GTR-198, 2005.

um mosaico de lotes de 25 a 40 acres [10 a 16 hectares] de árvores da mesma idade, com manejo intensivo e saudável para que produzissem madeira rapidamente".[15]

O que deu errado com a visão do pós-guerra? A extração dos *Pinus ponderosa* tornou-se cada vez maior e eles não voltaram a crescer, pelo menos não prontamente. Faltava o fogo. Os grandes *Pinus ponderosa*, reunidos em áreas abertas de parques, surgiram junto com manejo do fogo feito pelos povos indígenas dos Estados Unidos, para os quais a queima frequente da vegetação rasteira ajudava na busca por veados e pequenas frutas durante a colheita do outono. O fogo queimava espécies concorrentes das coníferas, permitindo que os *Pinus ponderosa* prosperassem. Mas os brancos expulsaram os indígenas em uma série de guerras e realocações. O Serviço Florestal descontinuou não apenas os incêndios promovidos pelos indígenas, mas todos os incêndios. Sem fogo, as espécies inflamáveis, como o abeto-branco e o *Pinus contorta*, cresceram sob os *Pinus ponderosa*. Quando estes foram removidos pelas madeideiras, as outras espécies tomaram conta. O caráter antes aberto da paisagem desapareceu à medida que pequenas árvores cresceram. As áreas de *Pinus ponderosa* se tornaram raras. A paisagem parecia cada vez menos com as florestas abertas do início do século xx – e cada vez menos com uma paisagem de interesse para a indústria madeireira.

Ao expulsar os povos indígenas das terras que eles haviam tornado tão convidativas, os madeireiros, soldados e silvicultores brancos destruíram as florestas-parques que tanto almejavam. Para fazer uma pausa na rememoração e restituir o contexto, seria

---

15. Znerold, "A new integrated forest resource plan for ponderosa pine forests on the Deschutes National Forest", op. cit., p. 3 (citado no cap. 3, n. 65).

útil contar a última grande expropriação imposta aos indígenas: o "término" de 1954, ou o fim de todas as obrigações previstas pelo tratado feito com os povos Klamath. Como resultado do término, uma grande parte da terra ocupada pelo *Pinus ponderosa* se tornou floresta nacional, pronta para ser explorada por interesses privados. Algumas décadas depois, o que restou? As citações a seguir, encontradas no site dos Klamath, ajudam a contar a história.[16]

> Os prósperos e poderosos povos Klamath, Modoc e o Bando Yahooskin de Snake Paiute (a seguir denominados "os Klamaths") controlavam 22 milhões de acres [9 milhões de hectares] de território no centro sul do Oregon e no norte da Califórnia. Seu estilo de vida e economia proporcionaram abundância e satisfizeram suas necessidades e seus hábitos culturais por mais de 14 mil anos. O contato com os invasores europeus, no entanto, rapidamente dizimou essa população, causando doenças e guerras. O conflito resultou em um tratado que reservava às tribos uma superfície terrestre de apenas 2,2 milhões de acres [900 mil hectares]. Tradicionalmente rivais, os três povos foram forçados a viver próximos uns dos outros nessas reservas drasticamente reduzidas.

Na década de 1950, a escalabilidade estava atrelada à cidadania estadunidense, assim como ao uso dos recursos naturais. Os Estados Unidos eram o *melting pot*, onde os imigrantes eram assimilados e homogeneizados para enfrentar um futuro como cidadãos produtivos. A homogeneização permitiu o progresso: o avanço da escalabilidade nos negócios e na vida cívica. Esse é o contexto no qual foi aprovada a legislação para revogar, unilateralmente, as obrigações do tratado que os Estados Unidos tinham com alguns povos indígenas. Em linguagem corriqueira, diziam que os membros desses povos estavam prontos para ser incorporados à sociedade estadunidense, sem que houvesse um status especial; sua diferença seria apagada pela lei.[17]

---

16. Nesta seção, as citações mais longas (indicadas por um recuo maior à esquerda) foram tiradas do site da Klamath Tribes: http://www.klamathtribes.org.
17. Donald Fixico, em *The invasion of Indian country in the twentieth century*, conta a história de Klamath no contexto de outras terminações e apreensões (D. Fixico, *The invasion of Indian country in the twentieth century*. Niwot: University Press of Colorado, 1998).

Para os legisladores, os direitos dos povos Klamath pareciam consolidados o suficiente para que o término do tratado fosse levado adiante, pois esses povos passavam por um período próspero. A ferrovia e a exploração das florestas adjacentes haviam alterado o valor da reserva; na década de 1950, a Reserva Klamath continha grande parte dos *Pinus ponderosa* que as madeireiras tanto almejavam. Os Klamath estavam prosperando com a receita proveniente da comercialização da madeira. Assim, não eram um fardo para o governo. Mas os madeireiros e oficiais do governo queriam o que eles tinham.

> Os povos Klamath não eram, de maneira alguma, um fardo, mas sim importantes contribuintes para a economia local. Sua força e riqueza, no entanto, não eram páreo para os esforços determinados do governo federal para erradicar sua cultura e adquirir seus recursos naturais mais valiosos – 1 milhão de acres [400 mil hectares] de terra e *Pinus ponderosa*. O cenário estava pronto para a expropriação dos Klamath no início dos anos 1950, quando foram submetidos ao pior de muitos experimentos desastrosos da política indígena federal – o término do tratado.

À medida que a rescisão prosseguia, empresas privadas e órgãos públicos se alternavam na disputa pelo território. No final, o governo federal tomou a dianteira, declarando aquela terra como floresta nacional.[18] Os membros das tribos Klamath foram indenizados.

> Grande parte da riqueza proveniente da venda da herança dos Klamath se perdeu nas negociações estrategicamente articuladas para favorecer os compradores ou os advogados inescrupulosos que agiam em má-fé, desviando dinheiro e usando contas de outras pessoas em benefício próprio. Muitas vezes, o capital obtido pelas tribos foi mal investido por mediadores que usavam o dinheiro desse modo; ou em comissões exorbitantes cobradas por advogados ou bancos locais pela gestão dos bens dos beneficiários. Esses serviços, no entanto, raramente iam além de entregar cheques aos beneficiários e, em geral, eram conduzidos de maneira bastante paternalista.

18. A Crown-Zellerbach, uma empresa de celulose e papel, conseguiu comprar 90 mil acres de terras de reserva para madeira (http://www.klamathtribes.org/background/termination.html). Em 1953, a Crown-Zellerbach possuía a segunda maior propriedade madeireira do Ocidente, depois da Weyerhaeuser (Harvard Business School, Baker Library, Lehman Brothers Collection).

Os sonhos de progresso dos defensores da rescisão do tratado não transformaram os Klamath em "americanos padrão" com capital e privilégio. O que de fato aconteceu foram problemas pessoais e de socialização.

Os dados compilados durante o período que vai de 1966 a 1980 mostraram o seguinte:

▷ 28% [dos Klamath] morreram antes dos 25 anos.
▷ 52% morreram antes dos 40 anos.
▷ 40% de todas as mortes foram relacionadas ao álcool.
▷ A mortalidade infantil superou em duas vezes e meia a média estadual.
▷ 70% dos adultos não concluíram o ensino médio.
▷ Os níveis de pobreza eram três vezes mais altos do que os dos não indígenas no condado de Klamath – o mais pobre do Oregon.

Finalmente, em 1986, os Estados Unidos restauraram o tratado que reconhece o território indígena. Desde então, as tribos têm lutado pelo direito sobre a água e pela restituição de pelo menos parte de sua reserva original. Eles têm planos de manejo florestal para essa terra que foi devastada pela extração da madeira.[19]

> Os Klamath desejam o retorno dessas [terras e recursos], sobretudo com o objetivo de curá-las e de restaurar algo da abundância que uma vez tiveram. Eles também procuram restaurar a integridade espiritual da terra. [...] Eles querem de volta o seu estilo de vida.

Enquanto isso, alguns deles se dedicam à colheita de matsutake.

---

19. Edward Wolf, *Klamath heartlands: A guide to the Klamath Reservation forest plan*. Portland: Ecotrust, 2004. Os povos Klamath empregam especialistas em silvicultura para monitorar projetos de planejamento para reservas de terras. Em 1997, eles apelaram com sucesso para uma proposta nacional de venda de madeira florestal, que levou, em 1999, a um memorando de acordo sobre o manejo florestal (J. Vaughn e H. Cortner, *George W. Bush's healthy forests*, op. cit., p. 98-100).

E o que dizer da floresta que foi desmatada? Na paisagem outrora conhecida pelo *Pinus ponderosa*, surgiram aos montes os abetos e *Pinus contorta*. A espécie *Pinus contorta* guarda muitas das características interessantes comuns aos pinheiros e, na década de 1960, os silvicultores e madeireiros fizeram o possível para trabalhar com ela. As madeireiras começaram a processá-la junto com o *Pinus ponderosa*.[20] Nos esquemas de replantio dos anos 1970, usava-se o *Pinus contorta* em vez do *ponderosa* devido ao seu fácil estabelecimento em terras que sofreram intervenções humanas. Uma vista aérea da floresta hoje, como a oferecida pelo Google Earth, mostra majoritariamente faixas de *contorta* crescendo em locais que foram explorados. Não é uma visão bonita. Os críticos da virada do século – pegando os silvicultores de surpresa – descreveram as áreas de madeira das Cascatas Orientais como "feridas inflamadas nas costas de um cachorro velho e sarnento" e reclamaram que elas eram "visíveis do espaço sideral".[21] O *contorta* entrou no jogo e se fez perceber. É hora de torná-lo protagonista da história.

A espécie *Pinus contorta* é uma antiga moradora das Cascatas Orientais do Oregon. Pode ser que tenha sido a primeira árvore a chegar depois que as geleiras derreteram.[22] Após a erupção do monte Mazama, era uma das poucas árvores que podia crescer nas planícies pedregosas. Ela também prosperou nos bolsões gelados da encosta, que foram afetados pelas geadas do verão, que mataram outras árvores, inclusive as da espécie *Pinus ponderosa*. Nas Cascatas Ocidentais, o *contorta* concentrou-se em áreas onde ocorreram deslizamentos de terra e o solo orgânico foi varrido. Na colaboração com o matsutake, a espécie *Pinus contorta* ganha vitalidade.

20. Robbins observa que a Brooks-Scanlon já havia começado a cortar alguns *contorta* em 1950 para aumentar seu estoque decrescente de *ponderosa* (W. Robbins, *Landscapes of conflict*, op. cit., p. 163).
21. M. Znerold, "A new integrated forest resource plan for ponderosa pine on the Deschutes National Forest", op. cit., p. 4.
22. Jerry Franklin e C. T. Dyrness, *Natural vegetation of Oregon and Washington*. Portland: Pacific Northwest Forest and Range Experiment Station, U.S.D.A. Forest Service, 1988, p. 185.

O corte seletivo de madeira favoreceu a proliferação do *Pinus contorta*. Nas florestas mistas de coníferas, os madeireiros escolhem as melhores árvores e deixam o resto para trás. Pode-se encontrar tocos de *Pinus lambertiana* espalhados pelas montanhas, embora os pinheiros vivos tenham se tornado raros. O *Pinus contorta* foi uma das espécies rejeitadas pelos madeireiros. Ele tampouco sofreu com as perturbações causadas pelos humanos. As antigas estradas usadas no comércio de madeira estão repletas de *Pinus contorta*.

Nas encostas secas onde costuma nascer o *ponderosa*, foi o controle do fogo o fator que mais favoreceu o *contorta*. As espécies *contorta* e *ponderosa* têm estratégias opostas para lidar com o fogo. O *ponderosa* tem casca grossa e copa alta, a maioria dos incêndios no chão não vai atingi-lo. O fogo o deixa mais fino, removendo pequenas árvores e permitindo que as sobreviventes dominem as encostas agora livres. O *contorta*, por sua vez, queima com rapidez; seus bosques densos, com árvores vivas e mortas misturadas, espalham o fogo com facilidade. No entanto, ele produz mais sementes do que a maioria das outras árvores e é frequentemente o primeiro a renascer em áreas queimadas. Nas montanhas rochosas, o *contorta* mantém suas pinhas fechadas, liberando suas sementes apenas em incêndios. Nas Cascatas, o *contorta* libera sementes todos os anos. Sua presença massiva permite que ele rapidamente colonize novas terras.[23]

---

23. Essa capacidade de colonizar rapidamente áreas abertas impressionou o engenheiro florestal iniciante Thornton Munger, enviado pelo Serviço Florestal em 1908 para estudar a invasão de pinheiros *contorta* em um território de *ponderosa*. Munger considerava o *contorta* "uma erva daninha praticamente sem valor"; ele também achava que o problema do *ponderosa* era o número excessivo de incêndios que, pensou ele, matou o *ponderosa* e favoreceu o *contorta*. Ele promoveu a prevenção de incêndios florestais para preservar o *ponderosa*. Isso é quase o oposto do que os silvicultores argumentam hoje. Mas Munger mudou de idéia: "Desde então, me pareceu audacioso ou ingênuo o Gabinete de Washington designar um assistente florestal sem experiência, que nunca tinha visto as duas espécies antes" (Munger citado em Les Joslin, *Ponderosa promise: A history of U.S. Forest Service research in central Oregon*. General Technical Report PNW-GTR-711. Portland: U.S.D.A. Forest Service, Pacific Northwest Research Station, 2007, p. 7).

Nas clareiras ensolaradas que surgem depois da extração de madeira, os brotos de *contorta* nascem em agrupamentos densos, que às vezes crescem de modo tão compacto que os silvicultores os chamam de "regeneração pelo de cachorro". Um morador antigo me mostrou um aglomerado tão maciço que parecia ter sido soldado; ele brincou, dizendo que deveríamos chamá-lo de "regeneração pelo de sapo". Bosques densos são locais para doenças e pragas. À medida que as árvores crescem, algumas começam a morrer. A madeira morta se mistura com a viva, as árvores mortas se inclinam sobre as vivas. Oprimidas pelo peso, várias árvores colapsam. Enquanto isso, uma única faísca pode queimar um bosque inteiro – e com ele o resto da paisagem, incluindo casas particulares, acampamentos, propriedades madeireiras e escritórios do Serviço Florestal. Embora alguns acreditem que essa é uma forma válida de promover limpeza nas florestas, a maioria dos silvicultores acha que é uma má ideia.

A partir da perspectiva do *Pinus contorta*, o fogo não é tão terrível, uma vez que uma nova leva de brotações surge após o incêndio. Durante a longa história das Cascatas, o fogo foi uma maneira de o *contorta* manter seu lugar na paisagem. Mas o fim dos incêndios promovido pelo Serviço Florestal proporcionou uma nova experiência às florestas de *contorta*: viver a velhice. Em vez de ter um ciclo rápido de gerações, junto com o fogo, os *contorta* das Cascatas Orientais estão amadurecendo. À medida que envelhecem, eles têm se encontrado cada vez mais com os cogumelos matsutake.

Os fungos são exigentes quanto à sucessão florestal. Alguns são rápidos na composição com árvores novas, enquanto outros deixam a floresta amadurecer antes de se estabelecerem. O matsutake parece ser um fungo intermediário. No Japão, pesquisas sugerem que o matsutake começa a produzir frutos em florestas de pinheiros depois de quarenta anos.[24] O período de frutificação

---

24. H. Fujita, "Succession of higher fungi in a forest of *Pinus densiflora*", op. cit. (citado no cap. 12, n. 229)

pode durar mais quarenta anos.[25] Ainda não existem dados claros sobre esse assunto no estado do Oregon, mas os catadores e os silvicultores concordam: o matsutake não frutifica em árvores jovens. Na primeira década do século XXI, as plantações de pinheiro iniciadas nas décadas de 1970 e 1980 ainda não produziam matsutake. Nas florestas em processo de regeneração natural, talvez apenas as árvores de quarenta a cinquenta anos de idade promovam a frutificação do matsutake.[26]

Mas a espécie *Pinus contorta* de quarenta a cinquenta anos poderia nem existir, não fosse o fim dos incêndios promovido pelo Serviço Florestal. A ocorrência de frutos dos cogumelos matsutake e seus micélios entrelaçados com as raízes do *contorta* são uma consequência imprevista do erro mais famoso do Serviço Florestal nas florestas do interior do oeste estadunidense: a exclusão do fogo.

Enquanto isso, o maior desafio para os silvicultores hoje em dia é impedir que os agrupamentos densos e envelhecidos de *Pinus contorta* incendeiem a floresta. Essa tarefa se torna complicada por conta das mudanças no Serviço Florestal estadunidense nas últimas décadas. Primeiro, as metas ambientais começaram a influenciar o Serviço Florestal na década de 1980. À medida que o Serviço Florestal entrou em diálogo com os ambientalistas, seguiram-se experimentos novos e variados, como o manejo seletivo de acordo com a idade das árvores. Segundo, as madeireiras avançaram e menos fundos federais foram disponibilizados (ver capítulo 15). Tornou-se impossível para os silvicultores propor qualquer iniciativa que não fosse especificamente exigida por lei e ainda muito barata. Isso fez com que todo o manejo florestal tivesse que ser subcontratado para os madeireiros em troca das melhores árvores que restavam. Qualquer manejo que deman-

---

25. Fumihiko Yoshimura, entrevista, 2008. O dr. Yoshimura constatou a presença do matsutake em árvores jovens, de trinta anos de idade.
26. Corpos fúngicos subterrâneos têm uma presença mais sustentada do que corpos frutíferos. Na Europa boreal, os fungos micorrízicos permanecem no solo após incêndios, reinfectando as mudas de pinheiro (Lena Jonsson et al., "Ectomycorrhizal fungal communities in late-successional Swedish boreal forests, and their composition following wildfire", *Molecular Ecology*, n. 8, 1999, pp. 205-215).

dasse mão de obra intensiva não era mais uma opção. Sem o domínio do grande capital da indústria da madeira, os silvicultores têm visto, cada vez mais, seu trabalho se tornar uma espécie de mediação entre vários interesses – entre diferentes usuários da floresta (por exemplo, animais selvagens versus madeireiros), entre diferentes abordagens florestais (por exemplo, rendimento sustentável versus serviços ecossistêmicos sustentáveis) e entre diferentes ecologias de setores (por exemplo, manejo das árvores por faixas de idade similares ou diversas). Na falta de um caminho único, eles fazem malabarismos com as alternativas existentes.

Os silvicultores gostariam de promover podas para tornar a ocupação dos *Pinus contorta* menos densa.[27] Mas dessa forma eles esbarram na sensibilidade dos catadores de matsutake, que já viram suas áreas favoritas desaparecer como resultado da interferência do Serviço Florestal. Os silvicultores recorrem às pesquisas japonesas para convencerem os catadores de que as florestas menos densas são boas para o matsutake. Mas as florestas no Japão são diferentes: os pinheiros sofrem com o sombreamento das árvores de folhas largas, e o desbaste da floresta quase sempre é feito à mão. Os pinheiros não têm concorrência com as árvores de folhas largas nas Cascatas Orientais, e os agentes estadunidenses não conseguem imaginar o desbaste sem equipamentos mecânicos pesados. Os catadores nas Cascatas argumentam que o maquinário quebra e compacta o solo, destruindo o fungo. Eles me mostraram áreas outrora produtivas, agora marcadas apenas com os rastros profundos e persistentes de equipamentos

---

27. Já em 1934, muito antes do *Pinus contorta* ser considerado uma espécie comercial, os silvicultores do leste das Cascatas experimentaram desbastar os *contorta* para acelerar a produção de madeira. Somente após a Segunda Guerra Mundial, no entanto, quando o *contorta* se tornou um recurso para a produção de celulose e papel, bem como para postes, caixas de transporte e até lenha, o Serviço Florestal das Cascatas Orientais passou a se interessar seriamente por seu cultivo. Em 1957, uma fábrica de celulose de *contorta* foi aberta perto de Chiloquin (L. Joslin, *Ponderosa promise: A history of U.S. Forest Service research in central Oregon*, op. cit., pp. 21, 51, 36).

pesados. Os catadores dizem que os fungos destruídos pela compactação do solo levam muitos anos para se restabelecer, mesmo quando as raízes das árvores maduras estão disponíveis.

Dado que, nessa situação, uma burocracia pesada do governo se confronta com catadores da floresta, que são bastante impotentes, surpreende-me que os silvicultores sequer ouçam essas queixas. Talvez seja um sinal da ambiguidade recente do Serviço Florestal. De qualquer forma, algo extraordinário aconteceu durante a temporada de matsutake de 2008: um distrito florestal decidiu experimentar oficialmente o manejo do *Pinus contorta* para favorecer o matsutake. Isso não significava a adoção do desbaste como método de manejo, mesmo em locais onde outras regras do Serviço Florestal (como a proteção contra incêndios) o justificariam. Pelo menos por um instante, o matsutake havia entrado no horizonte do Serviço Florestal, e seu pacto com o *contorta* foi percebido. Para entender o quão estranho é isso, considere-se que nenhum outro produto florestal que não fosse relacionado à madeira havia alcançado o status de objetivo no manejo, pelo menos não nessa parte do país. Em uma burocracia que vê apenas árvores, um cogumelo companheiro irrompeu.

Erros foram cometidos... e os cogumelos apareceram.

Paisagens ativas, província de Quioto. Nas décadas de 1950 e 1960, as plantações de madeira de sugi *e* hinoki *substituíram os bosques de carvalho e de pinheiro no Japão central, embora hoje essas plantações sejam exploradas apenas em regiões específicas, como aquelas mostradas aqui. Em outros locais, as pragas e ervas daninhas tomaram conta das áreas onde houve o plantio industrial e adensado de árvores. Ainda assim, a revitalização da* satoyama *é possível precisamente por causa deste declínio.*

Capítulo 15
Ruína

As florestas de matsutake do Japão e do Oregon são diferentes em quase tudo, menos em um ponto: elas provavelmente teriam se tornado florestas industriais mais rentáveis se o preço da madeira fosse mais alto. Essa pequena convergência nos lembra das estruturas discutidas na parte 2: as cadeias globais de suprimentos, pelas quais as mercadorias são acessadas, e os pactos entre o Estado e a indústria, pelos quais os capitalistas são alavancados. As florestas são moldadas não apenas a partir dos modos de vida locais e das políticas de administração do Estado, mas também pela concentração de riqueza advinda de oportunidades transnacionais. A história global está em jogo – mas com resultados às vezes inesperados.

Este capítulo levanta a seguinte questão: como as ruínas de florestas industriais são produzidas separadamente e em paralelo? Como as conjunturas transnacionais produzem florestas? Em vez de nos mostrar um único quadro abrangente, as conjunturas nos mostram como investigar conexões que se movem entre paisagens nacionais, regionais e locais. As conexões surgem de histórias comuns – mas também de convergências inesperadas e momentos de coordenação incomuns. A precariedade é um fenômeno globalmente coordenado. No entanto, ela não segue campos de força globalmente unificados. Para conhecer o mundo que o progresso nos legou, precisamos acompanhar as manchas de destruição em transformação.

Para experimentar a força surpreendente das concorrências inesperadas, eu começo fora da rota, no último terço do século xx, com a queda no comércio da madeira no Sudeste Asiático. A madeira tropical do Sudeste Asiático abasteceu o boom da construção japonesa entre as décadas de 1960 e 1990. O desmatamento foi promovido por empresas comerciais japonesas e colocado em prática pela força militar do Sudeste Asiático. Por causa dos acordos feitos nas redes de abastecimento, a madeira era incrivelmente barata. Ela causou uma queda do preço global do produto – e particularmente o preço da madeira utilizada por consumidores japoneses. As florestas tropicais do Sudeste Asiático foram devastadas. Até aqui, nenhuma surpresa. Mas considerem-se os efeitos disso em dois tipos de floresta que se mantiveram em pé: as florestas de pinheiros no interior do Noroeste Pacífico dos Estados Unidos e as florestas de *sugi* (cedro japonês) e *hinoki* (cipreste japonês), no Japão central. Ambas eram possíveis fontes de madeira industrial para o desenvolvimento do Japão. Ambas perderam sua capacidade de competir. Ambas foram negligenciadas, tornando-se exemplos de florestas industriais arruinadas.[1] Cada uma delas guarda uma relação irônica particular com a produção de matsutake. Sua diferença conectada me convida a investigar a coordenação global em suas múltiplas formas.

Como podemos visualizar a história da ruína sem postular apenas *uma* história da floresta, sem reduzir todas as florestas a meros intervalos nessa trajetória? Meu experimento mobiliza fios de histórias contrastantes das florestas do Oregon e do Japão central.[2] Dado que estão implicados florestas e manejos distintos, a diferença pode ser pressuposta. O que pede uma explicação, no entanto, é o momento da sua convergência. Nesses momentos de articulação inesperada, existem conexões globais em operação. Mas, apesar de sua convergência, elas produzem florestas dife-

---

1. Eu devo essas ideias a Mayumi e Noboru Ishikawa. Como pesquisadores em Sarawak, eles viram a destruição da floresta e se perguntaram sobre a responsabilidade do Japão. De volta ao Japão, conectaram isso à ruína da indústria florestal doméstica. Diferente deles, os historiadores ambientais anteriores viram apenas o "arquipélago verde" do Japão (C. Totman, *The green archipelago: Forestry in preindustrial Japan*, op. cit. [citado no cap. 13, n. 238]).
2. Para as políticas florestais do Japão, confio particularmente em Yoshiya Iwai (org.), *Forestry and the forest industry in Japan*. Vancouver: UBC Press, 2002.

rentes, em vez de homogeneizar as dinâmicas florestais. É este processo de surgimento irregular a partir de conexões globais que uma história de convergências pode revelar. O matsutake possibilita que a minha estória reflita sobre a vida presente em histórias globais da ruína industrial. A seguir, eu aproximo momentos convergentes, explicando-os com as minhas próprias palavras.

Às vezes as conjunturas resultam de "ventos" internacionais, termo que Michael Hathaway utiliza para descrever a força da circulação de ideias, expressões, modelos e metas que se mostram carismáticos ou potentes o suficiente para remodelar as relações humanas com o ambiente.[3] Esse foi o caso da silvicultura alemã do século XIX, que mencionei ter transformado as florestas da Finlândia. A oposição categórica à queima de florestas era um traço característico dessa expertise itinerante. Tal oposição se tornou um dos pilares do manejo florestal "moderno" em muitos países.

> **Japão central, 1929.** Lei nacional proíbe a queimada em florestas nacionais.[4]
>
> **Oregon, 1933.** No início do *New Deal*, nos Estados Unidos, o incêndio de Tillamook coloca o controle de incêndios no centro da colaboração público-privada no âmbito florestal. Quando o incêndio, que teve início em uma operação privada de desmatamento, se espalha, o Corpo Civil

---

3. Michael Hathaway, *Environmental winds: Making the global in southwest China*. Berkeley: University of California Press, 2013.

4. Miyamato et al., "Changes in forest resource utilization and forest landscapes in the southern Abukuma Mountains, Japan during the twentieth century", op. cit., p. 90 (citado no cap. 11, n. 193). A queima havia sido convencional para a manutenção de pastagens e para a criação de aberturas na floresta, como para a rotação de culturas (Mitsuo Fujiwara, "Silviculture in Japan", in: Y. Iwai (org.), *Forestry and the forest industry in Japan*, op. cit., pp. 10-23.). Agora, algumas associações florestais locais também proibiam a queima (Koji Matsushita e Kunihiro Hirata, "Forest owners' associations", in: Y. Iwai (org.), *Forestry and the forest industry in Japan*, op. cit., pp. 41-66).

de Conservação é chamado para combatê-lo. Mais tarde, agentes florestais do Estado facilitam o desmatamento privado por "captura" e demandam "ações conjuntas, público-privadas". O Serviço Florestal dos Estados Unidos inicia um programa ambicioso de combate aos incêndios – transformando, de forma não intencional, as florestas do Oregon.[5]

Uma vez que seu objetivo era administrar florestas para o Estado, a silvicultura moderna se estabeleceu em relação às especificidades da formação de cada Estado. No início do século xx, o Japão e os Estados Unidos tinham estilos diferentes de construção de Estado. Em ambos, no entanto, os agentes florestais do governo estavam preocupados – por diferentes razões – em como trabalhar com os interesses privados. Nos Estados Unidos, as corporações já eram mais poderosas do que qualquer burocracia estatal; os agentes só podiam propor regras com as quais ao menos alguns dos barões da madeira concordassem.[6] No Japão, as reformas da Era Meiji entregaram mais da metade das florestas para pequenos proprietários privados. Alguns dos padrões de silvicultura do país foram retransmitidos e negociados com os proprietários dessas florestas a partir de associações florestais.[7] Apesar dessas diferenças, a contenção de incêndios se tornou, nos dois países, o ponto de conexão entre os interesses públicos e privados na floresta. Entre histórias divergentes de florestas, um terreno comum surgiu.

Alguns anos depois, as burocracias florestais ganharam força junto ao governo por meio da mobilização para a guerra – a guerra entre elas. A coordenação surgiu em sua oposição mútua.

> **Japão central, 1939.** As associações florestais de nível municipal são listadas, junto a outras formas de mobilização, para a guerra torna obrigatórias sob a emenda da Lei Florestal.[8]

5. Stephen Pyne, *Fire in America*. Seattle: University of Washington Press, 1997, pp. 328-334. Pyne argumenta que o incêndio de Tillamook inaugurou as plantações florestais industriais dos Estados Unidos ao fazer do replantio uma prática padrão.
6. H. Steen, *The U.S. Forest Service: A history*, op. cit.; W. Robbins, *American forestry*, op. cit. (ambos citados no cap. 2, n. 49)
7. Y. Iwai (org.), *Forestry and the forest industry in Japan*, op. cit.
8. Muitos proprietários de florestas tinham menos de cinco hectares. Todos tiveram que

Oregon, 1942. Um planador japonês lançado de um submarino tenta, sem sucesso, iniciar um incêndio nas montanhas do sul do Oregon. Esse pequeno incidente dá início a uma intensificação do controle do Serviço Florestal dos Estados Unidos, e sua campanha contra incêndios é seguida com zelo e disciplina militares. Em 1944, em face do medo crescente de um bombardeio japonês nas florestas de Oregon, o urso Smokey se torna um símbolo da proteção nacional contra incêndios florestais.[9]

Produzir ruínas de florestas industriais demanda um aparato administrativo para a imposição de sonhos público-privados em detrimento dos processos ecológicos. Tanto no Japão quanto nos Estados Unidos, as burocracias da silvicultura moderna cumpriram este papel.

Após a rendição do Japão, a ocupação estadunidense atrelou os dois países também em suas políticas florestais. Por alguns anos, suas florestas não puderam ser imaginadas separadamente; a convergência resultava de uma estrutura comum de autoridade. A cultura política estadunidense do pós-guerra promoveu o otimismo do crescimento público e privado como caminho para uma democracia de estilo americano. Nos Estados Unidos, isso significou abrir as florestas nacionais para a exploração privada da madeira; no Japão, substituir florestas naturais pelo plantio de árvores. Em cada caso, os dirigentes buscaram um futuro de oportunidades expandidas para os negócios.

Oregon, 1950. A produção de madeira do Oregon lidera no país com 5.239 milhões de pés.[10] Em um complexo de usinas no rio Deschutes, os madeireiros cortam uma média de 350 mil pés de pinheiro *ponderosa* por dia.[11]

---

participar do manejo florestal coordenado, que incluía controle da madeira, reflorestamento e prevenção de incêndios (K. Matsushita e K. Hirata, "Forest owners' associations", op. cit., p. 43).
9. O incidente é lembrado como parte dos *Lookout Air Raid*. Em 1944 e 1945, houve tentativas japonesas de lançar balões de fogo na corrente de ar (). Em *The culture of wilderness*, Frida Knoblock descreve a militarização do Serviço Florestal dos Estados Unidos que se seguiu (F. Knoblock, *The culture of wilderness*. Raleigh: University of North Carolina Press, 1996. Veja também: Jake Kosek, *Understories*, Durham: Duke University Press, 2006.).
10. W. Robbins, *Landscapes of conflict*, op. cit, p. 176 (citado no cap. 3)
11. Ibid., p. 163.

Japão central, 1951. Uma legislação florestal promovida pela ocupação estadunidense expande o papel comercial das associações florestais. As novas atividades incluem a reconstrução do setor privado, uma vez que as associações florestais investem para melhorar a posição socioeconômica dos proprietários de florestas.[12] Com o incentivo da lei, novos empreendedores podem ser preparados para iniciar plantações florestais.

Nesse período, as florestas cultivadas para a indústria moderna foram promovidas nos dois países. O novo Japão, que emergiu depois da ocupação estadunidense, era tão devoto do crescimento quanto lhe fora aconselhado pelos Estados Unidos, mas os interesses nacionais estavam prestes a moldar esse crescimento – inclusive por meio de um plano para se tornar autossuficiente em madeira. Tanto no Japão quanto nos Estados Unidos, as florestas antigas foram derrubadas, e os novos sonhos de recursos industriais racionalizados tomaram seu lugar.[13] O passado não reinaria sobre o futuro. As novas florestas seriam escaláveis e racionalmente geridas para a indústria; sua produção poderia ser calculada, ajustada e mantida. Ainda assim, a coordenação temporal de tais fantasias era diferente em cada caso. No Japão central, o plantio e o manejo intensivo tiveram início na década de 1950. O manejo intensivo em terras privadas também decolou no Oregon, mas a década de 1950 foi dedicada à extração de madeira nas florestas nacionais. As grandes árvores ainda estavam lá para serem cortadas.

Japão central, 1953. Empréstimos e vantagens fiscais são oferecidos para a conversão de florestas em plantações de *sugi* e *hinoki*. O Japão será autossuficiente e atenderá à demanda crescente por madeira. Os madeireiros das vilas lembram-se do chamado para cortar madeira. Mesmo durante a guerra, eles pegaram as madeiras caras primeiro; agora árvores de todos os tipos são derrubadas ao mesmo tempo. Em

---

12. K. Matsushita e K. Hirata, "Forest owners' associations", op. cit, p. 45.
13. Scott Prudham analisa a industrialização da silvicultura do abeto-de-Douglas no Oregon nos anos 1950 ("Taming trees: Capital, science, and nature in Pacific slope tree improvement". *Annals of the Association of American Geographers*, v. 93, n. 3, 2003, pp. 636-656). Para uma pré--história dessa virada industrial, consulte Emily Brock, *Money trees: Douglas fir and American forestry*, 1900-1940. Corvallis: Oregon State University Press, 2015.

seu lugar são estabelecidas plantações, mesmo nas encostas íngremes.[14]
O *sugi* e o *hinoki* são plantados densamente, com a recomendação do governo de 3,5 mil a 4,5 mil mudas por hectare.[15] A mão de obra é barata. Os terrenos podem ser capinados à mão, assim como o desbaste, a poda e o corte das árvores. O governo subsidia metade do custo e concorda em taxar apenas um quinto do lucro.[16]

Oregon, 1953. O *Newsweek* escreve: "O cheiro da serragem é o mais doce para o cidadão do Oregon. Aproximadamente 65 centavos de cada dólar lucrado vem da madeira e seus subprodutos".[17]

Lembretes alertando sobre outros modos de fazer florestas surgiam ocasionalmente. Outra convergência entre os dois países: em ambos o valor dado pelas elites às áreas florestais mantinha uma dívida histórica com os residentes anteriores – e com a violência do Estado. Formas mais antigas de manejo florestal haviam *criado* as florestas que eram agora reivindicadas por corporações e pelo Estado.

Oregon, 1954. O governo federal dos Estados Unidos se apropria da reserva Klamath e a incorpora ao sistema florestal nacional.

Japão central, 1954. As recém-organizadas Forças de Autodefesa do Japão transformam as florestas na encosta norte do monte Fuji em campo de treinamento. Mas essas florestas são os bosques *satoyama* de acesso comum a onze aldeias. Os aldeões dizem que as práticas militares perturbam o ecossistema e danificam as árvores. Em meados dos anos 1980, talvez coincidindo com a retomada dos direitos dos povos Klamath nos Estados Unidos, os aldeões ganham um processo pela restituição de seu bem comum.[18]

---

14. Entrevista com trabalhadores da floresta realizada por Mayumi e Noboru Ishikawa, prefeitura de Wakayama, 2009.
15. M. Fujiwara, "Silviculture in Japan", op. cit., p. 14.
16. Ken-ichi Akao, "Private forestry", in: Y. Iwai (org.), *Forestry and the forest industry in Japan*, op. cit., pp. 24-40. Akao explica ainda que, depois de 1957, o governo reduziu os subsídios para 48% para a conversão de florestas naturais em plantações de árvores.
17. Citado em W. Robbins, *Landscapes of conflict*, op. cit., p. 147. A indústria madeireira do Oregon estava diversificando seus produtos, fabricando compensado, aglomerado, celulose e papel. Madeiras menos desejáveis tornaram-se utilizáveis, incentivando o desmatamento (Gail Wells, "The Oregon coast in modern times: Postwar prosperity", Oregon History Project, 2006.
18. O Exército Imperial Japonês confiscou essas florestas em 1939, apesar de manter o direito de acesso tradicional. As forças de ocupação dos Estados Unidos tomaram a área dos japoneses; As Forças Japonesas de Autodefesa as recuperaram dos estadunidenses

O otimismo com a floresta industrial não durou muito. No Japão, o problema começou logo no início dos anos 1960, quando o entusiasmo com as plantações de árvores acabou. A importação de madeira havia começado. Entre o final da Segunda Guerra e o ano de 1960, o governo japonês proibiu a importação de madeira para economizar moeda estrangeira e comprar petróleo, que era tido como um recurso estratégico. Mas por volta de 1960, o petróleo se tornou barato e a indústria da construção pressionou o governo para abrir as portas para a madeira estrangeira. O primeiro respiro diante das dificuldades domésticas que então surgiam veio com uma nova disparidade entre os preços das madeiras *sugi* e *hinoki*, que haviam se mantido próximos até então. Em 1965, a entrada no mercado japonês da madeira do Noroeste Pacífico dos Estados Unidos transformou esse quadro. A cicuta, o abeto-de-Douglas e o pinheiro competiam com o *sugi*, uma madeira macia, mas não com o *hinoki*, que poderia ser guardado para usos melhores.[19] Além disso, o salário dos trabalhadores da floresta aumentou, desencorajando a manutenção da floresta.[20] Em 1969, a autossuficiência em madeira do Japão caiu pela primeira vez para menos de 50%.[21]

Em contraste, os anos 1960 foram um período de otimismo no Oregon – em parte por causa da abertura do mercado japonês para a madeira dos Estados Unidos. Cito aqui a forma como o historiador William Robbins descreveu o período:

> Quando cheguei no Oregon, no início dos anos 1960, os madeireiros cortavam as árvores até chegarem nas margens dos rios. Operadores experientes conduziam escavadoras ao longo do leito dos rios, e alguns dos maiores proprietários de terras florestais eram indiferentes ao reflorestamento de terras desmatadas. Os fazendeiros do vale do

(Margaret McKean, "Management of traditional common lands in Japan", in: Daniel Bromley (org.), *Proceedings of the conference on common property resource management April 21-26, 1985*. Washington: National Academy Press, 1986, pp. 533-592.
19. K. Akao, "Private forestry", op. cit., p. 32; Yoshiya Iwai e Kiyoshi Yukutake, "Japan's wood trade", in: Y. Iwai (org.), *Forestry and the forest industry in Japan*, op. cit., pp. 244-256.
20. K. Akao, "Private forestry", op. cit., p. 32.
21. Ibid., p. 33.

Willamette arrasaram tudo, das cercas até a margem do rio, removeram cercas vivas e drenaram a lama para criar campos cada vez maiores: tudo pelo interesse em economias de escala.[22]

A expansão ainda parecia uma resposta para todos os problemas. A descrição de Robbins prefigurou as preocupações da década seguinte: nos anos 1970, os ativistas ambientais reclamavam da situação das florestas do Noroeste Pacífico. Em 1970, o *National Environmental Policy Act* exigiu explicações sobre o impacto ambiental. Vozes se levantaram contra a pulverização de herbicidas associados ao aborto nas florestas. Os críticos se opuseram ao desmatamento. Agentes florestais do Estado foram pressionados a participar das metas ambientais. Assim também se deu no Japão: em 1973, novas políticas nacionais exigiram a criação de metas ambientais para as florestas nacionais.

Mas talvez os eventos mais importantes dos anos 1970 para ambas as florestas estivessem acontecendo em outro lugar. Nos anos 1960, a importação de madeira das Filipinas para o Japão havia aumentado, mas a madeira de fácil exploração das Filipinas estava se esgotando. Em 1967, a Indonésia aprovou uma nova lei florestal que transferiu todas as florestas para o Estado, que passou a se utilizar da madeira para atrair investimento estrangeiro. Nos anos 1970 e 1980, imensas quantidades de troncos eram trazidas da Indonésia para o Japão e mais tarde passaram a vir também de outras partes da Ásia.[23] A madeira industrial nacional competia com a extração facilitada em outros locais. Em 1980, os preços caíram tanto que quase ninguém mais conseguia coletar madeira.

---

22. W. Robbins, *Landscapes of conflict*, op. cit., p. xviii.
23. Na década de 1980, a Indonésia restringiu as exportações de toras brutas e construiu uma indústria de processamento de compensado. As empresas japonesas começaram a comprar mais toras de Sarauaque e Papua Nova Guiné. As colheitas fáceis não duraram muito tempo em lugar algum, mas as empresas continuaram se mudando para novas áreas de suprimentos. As florestas de matsutake que visitei em Iunã, na China, derrubadas na década de 1970 por divisas estrangeiras, faziam parte desse boom de importações japonesas da década de 1970. Como não encontro a China na tabela de toras importadas de Iwai e Yukutake, presumo que elas entraram no Japão sem documentação completa (Y. Iwai e K. Yukutake, "Japan's wood trade", op. cit., p. 248).

Embora o manejo intensivo fosse ainda fortemente promovido no Oregon, seu fim estava chegando. Na década de 1990, as madeireiras haviam partido, o Serviço Florestal estava quebrado e o sonho do manejo público intensivo estava em ruínas.

Eu escrevi sobre as ruínas do Oregon no capítulo anterior. E as florestas japonesas? Como mencionei acima, o *sugi* e o *hinoki* foram plantados densamente em encostas íngremes, com a expectativa de manejo por capina, desbaste e poda, seguidos do corte das árvores, tudo feito manualmente. O fato de que as árvores eram todas da mesma idade não ajudou nos preços. Tornou-se muito caro extraí-las, desbastá-las ou podá-las, e até mesmo cortá-las. A aglomeração levou ao surgimento de pragas e doenças; e a madeira tornou-se cada vez menos vendável.

Muitos japoneses passaram a não gostar dessas florestas. O pólen do *sugi* pairava em nuvens sobre o campo, causando alergias e impedindo algumas famílias de sair da cidade, por medo de que afetassem suas crianças. Os caminhantes evitavam esses lugares escuros e monótonos. As plantações jovens favoreceram as ervas daninhas, que, por sua vez, encorajaram o aumento da população de cervos; na medida em que as árvores cresciam e deixavam de proteger a vegetação rasteira, os cervos não tinham o que comer e se tornavam pragas nas aldeias e cidades. A busca pela abundância controlada que teria levado os estrangeiros a chamar o Japão de "arquipélago verde" produziu florestas arruinadas.[24]

Como disse Mitsuo Fujiwara,

> a maior parte das florestas vai permanecer sem ser cortada e envelhecerá porque seus proprietários perderam o interesse na silvicultura. [...] Se as florestas são simplesmente deixadas à própria sorte para envelhecer, sem cuidado, elas não vão produzir madeira de boa qualidade, nem mesmo desempenhar a função ambiental esperada de florestas maduras e bem preservadas.[25]

---

24. Ver C. Totman, *The green archipelago: Forestry in preindustrial Japan*, op. cit. (citado no cap. 13, n. 238)
25. M. Fujiwara, "Silviculture in Japan", op. cit., p. 20. John Knight relata como as aldeias

O efeito das ruínas industriais nas coisas vivas depende de quais coisas vivas escolhemos investigar. Para alguns insetos e parasitas, as florestas industriais arruinadas se mostraram prósperas. Para outras espécies, a racionalização da floresta – antes de sua ruína – se mostrou desastrosa. Em algum lugar entre esses extremos se encontra a propensão para a construção de mundos do matsutake.

O declínio do matsutake no Japão resultou da perda dos bosques camponeses mantidos ativamente desde os anos 1950, particularmente devido a sua substituição por plantações de *sugi* e *hinoki*. Depois dos anos 1970, a manutenção dos bosques se tornou cara para os proprietários, e não foram criadas novas plantações. O fato de ainda existirem áreas significativas de floresta de pinheiro e de árvores latifoliadas deriva dessa mudança nos preços e de seu impacto nas práticas florestais. Se ainda há florestas de matsutake é porque nem todas foram abatidas para abrir caminho para o *sugi* e o *hinoki*. Nesse sentido, a floresta de matsutake decorre do desmatamento violento do Sudeste Asiático – ao menos quando se assume a inflamada busca do Japão por plantações antecipadas. Embora o matsutake não cresça nas plantações arruinadas do Japão, ele cresce por causa de sua ruína, que acabou por salvar outras florestas da conversão.

Esse é o ponto de conexão com as florestas do Oregon onde o matsutake prospera. No boom da exploração madeireira das décadas de 1960 e 1970, o mercado mais importante para a madeira do

---

florestais pediram ajuda para continuar a manter suas florestas (J. Knight, "The forest grant movement in Japan", in: Arne Kalland e Gerard Persoon (orgs.), *Environmental movements in Asia*. Oslo: Nordic Institute of Asian Studies, 1998, pp. 110-130.

Oregon era o Japão. Mas a madeira proveniente do Sudeste Asiático era tão barata que, em pouco tempo, a do Oregon não podia mais competir. Essa questão, bem como o proclamado aumento das ações judiciais de natureza ambiental, expulsou as empresas madeireiras do Oregon. Com os preços baixos, as empresas queriam madeira mais barata, e enxergaram essa possibilidade primeiro no reflorestamento de pinheiros do sul dos Estados Unidos e, depois, na contínua mobilidade do capital em cadeias de suprimento de madeira ao redor do mundo, em qualquer lugar onde os autocratas tornassem o desmatamento barato. Com a partida das madeireiras, o Serviço Florestal perdeu simultaneamente seus objetivos e seus recursos. O manejo intensivo da madeira não era mais necessário ou possível. O replantio de mudas de melhor qualidade, assim como o desbaste e a seleção sistemáticos, além da pulverização de veneno para matar insetos e ervas daninhas: nada disso valia a pena discutir. Se esses programas tivessem sido postos em prática, o matsutake teria sofrido. As plantações de manejo intensivo não são adequadas para o matsutake. Além do mais, os catadores poderiam não ser bem-vindos em florestas de madeiras caras; certamente, ninguém teria elaborado planos de manejo que os beneficiassem. As florestas de matsutake no Oregon e no Japão central estão unidas por sua dependência comum da produção de ruínas de florestas industriais.

Talvez pareça que estou tentando fazer essa ruína parecer especial ou mesmo fazer "dos limões uma limonada". Não se trata disso. O que me preocupa é o arruinamento massivo, interconectado e aparentemente sem limites das florestas ao redor do mundo, de tal modo que mesmo as mais divergentes, do ponto de vista geográfico, biológico ou cultural, estão ligadas em uma cadeia de destruição. As florestas afetadas não são apenas as que desaparecem, como aquelas do Sudeste Asiático, mas também as florestas que conseguem permanecer de pé. Se todas as nossas florestas são atingidas por esses ventos da destruição, quer os capitalistas os desejem ou não, nós nos encontramos diante do desafio de viver nessa ruína, por mais horrível ou impossível que possa parecer.

E ainda assim a heterogeneidade continua sendo importante; é impossível explicar a situação por meio das ações de um único martelo a golpear todos os pregos de uma só vez. A diferença entre as florestas em processo de desaparecimento, as florestas assoladas pela superpopulação e pelas pragas e as florestas abandonadas à própria sorte, quando a substituição por plantações não se mostra mais rentável, continua sendo importante. O cruzamento de processos históricos produziu ruínas florestais no Oregon e no Japão, mas seria ilógico argumentar que as forças e as reações ao cultivo de florestas são, por isso, iguais em todos os lugares. A singularidade dos encontros interespécies é importante; é por isso que o mundo continua ecologicamente heterogêneo, apesar da abrangência dos poderes globais. A complexidade das coordenações planetárias também são importantes; nem todas as conexões têm os mesmos efeitos. Para escrever uma história da ruína, precisamos seguir os fragmentos quebrados de muitas histórias e mover-nos para dentro e para fora de seus muitos retalhos e manchas. No jogo do poder global, os encontros indeterminados continuam sendo importantes.

...em brechas e manchas

Lendo florestas, província de Quioto. A ciência do matsutake em campo. O diagrama é um mapa das relações tecidas ao longo do tempo entre as árvores hospedeiras e o matsutake. A partir de especificações precisas do local e da observação contínua, a ciência japonesa do matsutake investiga as ecologias do encontro. Cientistas estadunidenses tendem a descartar esse tipo de pesquisa, caracterizando-a como "descrição".

Capítulo 16
Ciência como tradução

Assim como o capitalismo, a ciência pode ser descrita como uma máquina de tradução. É maquínica porque existe um grupo de professores, técnicos e avaliadores de prontidão para retirar os excessos e manter o que sobrou no seu devido lugar. É tradutória porque suas ideias são extraídas de diversos modos de vida. A maioria dos acadêmicos têm estudado a dimensão tradutória da ciência apenas na medida em que contribui para o funcionamento maquínico.[1] A tradução ajuda-os a ver os elementos da ciência se juntarem em um sistema unificado de conhecimento e prática. Há menos interesse nos processos de tradução que são turbulentos, como as justaposições conflitantes e os problemas de comunicação. Em parte, isso ocorre porque os estudos cin raramente estão dispostos a se afastar dessa entidade imaginada chamada Ocidente. Os estudos ci precisam aprender sobre a teoria pós-colonial para que consigam ir além do senso comum gerado por essa limitação autoimposta. Na teoria pós-colonial, a tradução nos mostra desajustes, assim como junções.[2] Shiho Satsuka observa a *natureza* emergir precisamente nesse tipo de

1. *Tradução* é um termo-chave para a teoria ator-rede, concebida por Bruno Latour e John Law, que se refere às articulações entre humanos e não humanos que trabalham com humanos, como as tecnologias; a partir da tradução, nesse caso, surgem redes de ação que incluem igualmente seres humanos e não humanos. Uma exposição inicial e influente dessa perspectiva é a de Michel Callon, "Some elements of a sociology of translation: Domestication of the scallops and the fishermen of St. Bruic Bay", in: John Law (org.), *Power, action and belie*. Londres: Routledge, 1986, pp. 196-223.
2. A questão da tradução aqui faz parte de uma discussão acadêmica mais ampla sobre a "modernidade". O senso comum europeu, que os estudos científicos muitas vezes tomam como dado, mostra-nos uma modernidade formada pelo pensamento ocidental, que se tornou universal. Em contraste, a teoria pós-colonial que emergiu da Ásia no final do século xx mostrou a modernidade formada em trocas repletas de energia entre o norte e

tradução confusa e não resolvida. Nas práticas transnacionais de interpretação da natureza, demonstra ela, processos de formação compartilhados andam lado a lado com a erupção da diferença.[3]
    Dessa forma, a tradução cria espaços de incoerência e incompatibilidade nas ciências. Na medida em que existem domínios separados de pesquisa, revisão e leitura, esses espaços podem persistir, apesar das formas transversais de ensino e comunicação. Essas manchas não são fechadas nem isoladas, elas mudam de acordo com o aparecimento de novos materiais.[4] Sua particularidade não advém de uma lógica dada *a priori*, mas do efeito de uma convergência. Observá-las me remete aos agrupamentos abertos que chamo de assembleias. Nelas, ontologias sobrepostas, inconsistentes e confusas são achatadas no interior do domínio da máquina. O cultivo florestal e a ciência do matsutake são exemplos nítidos; este capítulo explora a tradução bagunçada, que resulta na formação de manchas de conhecimento.
    Para começar, se consideramos que a ciência é um empreendimento internacional, por que haveria ciências *nacionais* do matsutake? A resposta requer atenção à infraestrutura da ciência, que segrega mesmo quando reúne. A ciência do matsutake é

o sul globais. O surgimento da modernidade como um projeto é melhor compreendido primeiramente fora do Ocidente, por exemplo, no reino do Sião ou na Índia colonial. Nesses lugares, vê-se o jogo de poder, eventos e ideias em que se formam os complexos organizacionais e ideacionais (Thongchai Winichatkul, *Siam mapped: A history of the geo-body of a nation*. Honolulu: University of Hawaii Press, 1994; Dipesh Chakrabarty, *Provincializing Europe*. Princeton: Princeton University Press, 2000). Isso não significa que a modernidade não tenha sido adotada na Europa e na América do Norte e com variações. Mas, para penetrar na cortina de fumaça dos sonhos do *West-is-all* (O Ocidente é tudo), é preciso aprender a ver as versões ocidentais como derivadas e exóticas. Desses outros lugares, é fácil entender os projetos de modernidade como parciais e contingentes, em vez de sobredeterminados por uma única lógica cultural. Este é o insight necessário para os estudos científicos. Para complicar a situação, no entanto, uma nova teoria pós-colonial emergente da América Latina requer nítidas distinções cosmológicas do Ocidente-versus--Outras. Ver, por exemplo, Eduardo Viveiros de Castro, "Economic development and cosmopolitical reinvolvement", in: Lesley Green (org.), *Contested ecologies*. Cidade do Cabo: HSRC Press, 2013, pp. 28-41.
3. S. Satsuka, *Nature in translation*, op. cit. (citado no cap. 4, n. 80)
4. Itty Abraham, em *Making of the Indian atomic bomb*, mostra como a física indiana do pós-guerra surgiu nas conjunturas políticas que criaram a "Índia" (I. Abraham, *Making of the Indian atomic bomb*. Londres: Zed Books, 1998).

nacional na medida em que está vinculada a institutos florestais financiados pelo Estado. A pesquisa em temas florestais emergiu como uma ciência vinculada à administração estatal e com ela mantém um relacionamento próximo. Mesmo em seu alcance cosmopolita, a silvicultura é nacional. Assim, já tomamos o caminho das assembleias divergentes. Mas a situação é ainda mais peculiar. Por que uma pesquisa consolidada teve tão pouca influência para além das fronteiras nacionais? Por que as lacunas são tão grandes, apesar da formação comum, das conferências internacionais e das publicações de domínio público? Uma possibilidade de resposta começa na exclusão do Japão pelo senso comum estadunidense e europeu. No Japão, a ciência e a silvicultura do matsutake são bem estabelecidas. Em qualquer outro lugar, elas são novas, surgidas com a comercialização mais recente do matsutake. Era de se esperar que a ciência do matsutake no Japão fosse a matriz da tradição que inspira as novas ciências em outros lugares. Mas, com exceção da Coreia, esse não é o caso.[5] Os cientistas de países exportadores de matsutake estão ocupados inventando suas próprias ciências para estudar o matsutake. Essa não é a ciência universal que fomos ensinados a imaginar. Observar o desenvolvimento desigual dessas pesquisas nos mostra a ciência operando enquanto tradução pós-colonial.

Diferentes performances da "natureza" estão em jogo. Considerem-se as diferentes abordagens sobre as perturbações causadas por humanos. Com base na pesquisa sobre os bosques *satoyama*, os cientistas japoneses argumentam que as florestas de matsutake estão ameaçadas por receberem pouca intervenção humana. Os bosques abandonados da vila produzem sombra para os pinheiros, desfavorecendo o matsutake. Em contraste, nos Estados Unidos, os cientistas argumentam que as florestas de matsutake estão ameaçadas pelo excesso de intervenção humana. A

---

5. Para um exemplo de pesquisas coreana, ver Chang-Duck Koo, Dong-Hee Lee, Young--Woo Park, Young-Nam Lee, Kang-Hyun Ka, Hyun Park, Won-Chull Bak, "Ergosterol and water changes in *Tricholoma matsutake* soil colony during the mushroom fruiting season", *Mycobiology*, v. 37, n. 1, 2009, pp. 10-16.

coleta realizada de maneira imprudente mata a espécie. Isto não é um debate: embora os dois grupos de cientistas circulem internacionalmente, a comunicação sobre a diferença de perspectiva é quase inexistente. Além disso, os cientistas no Japão e nos Estados Unidos tendem a usar estratégias de investigação distintas – particularmente no que se refere à seleção de locais e à escala. Isso impossibilita a comparação direta entre seus resultados. Nesse processo, ocorre uma fragmentação entre as práticas de pesquisa e a produção de conhecimento, formando manchas isoladas.

A importância das divergências fica particularmente evidente quando processos científicos distintos se encontram em um determinado lugar. Na China, a ciência do matsutake e os estudos florestais hesitam entre as abordagens japonesa e estadunidense. Nas florestas de matsutake do nordeste da China, os cientistas japoneses mantêm fortes colaborações com seus colegas chineses.[6] Mas em Iunã, os especialistas em conservação e desenvolvimento dos Estados Unidos chegaram em massa e a ciência do matsutake foi atraída para essa esfera de influência. Os pesquisadores chineses veem o trabalho deles, isto é, a ciência praticada na língua inglesa, como "internacional". Como um jovem cientista explicou, os mais jovens e ambiciosos nunca leem fontes japonesas porque essa seria a tarefa dos acadêmicos mais velhos e desatualizados, que não têm domínio do inglês. A abordagem dos Estados Unidos tem o poder de definir diretrizes em Iunã: o matsutake de lá foi inserido na lista de espécies ameaçadas da CITES e surgem regulamentos contra a coleta e os catadores não registrados.[7] No entanto, as florestas de matsutake de Iunã não são como as dos Estados Unidos. Como argumentei no capítulo 13,

---

6. Para um exemplo dessa colaboração, ver S. Ohga, F. J. Yao, N. S. Cho, Y. Kitamoto e Y. Li, "Effect of RNA-related compounds on fructification of *Tricholoma matsutake*", *Mycosystema*, n. 23, 2004, pp. 555-562.

7. Nicholas Menzies e Chun Li ("One eye on the forest, one eye on the market: Multi-tiered regulation of matsutake harvesting, conservation, and trade in north-western Yunnan Province", in: Sarah Laird, Rebecca McLain e Rachel Wynberg (orgs.), *Wild product governance*. , ed., 243-263 [Londres: Earthscan, 2008]) revisam os regulamentos para mostrar como a implementação flexível é aplicada em cada escala.

elas têm afinidades maiores com os bosques *satoyama* do Japão. Os especialistas estadunidenses não reconhecem a dinâmica da paisagem nessas florestas. Mas estou me adiantando aqui. Como é que esses redutos de conhecimento japonês e estadunidense se desenvolveram e depois se difundiram?

A ciência moderna do matsutake começou no Japão no início do século XX; após a Segunda Guerra Mundial, o pesquisador Minoru Hamada, da Universidade de Quioto, se destacou como seu defensor.[8] O dr. Hamada percebeu como o matsutake poderia ampliar a ciência a partir de sua posição nas principais interseções entre a pesquisa aplicada e a pura – e entre o conhecimento vernacular e o especializado. O valor econômico do matsutake atraiu o apoio governamental e privado, e também abriu linhas de pesquisa envolvendo interações interespécies que eram até então pouco exploradas na biologia. Para examinar essas interações, o dr. Hamada estava disposto a ouvir a experiência camponesa. Ele usou o termo popular *shiro* (que significa castelo, branco ou canteiro de plantas), por exemplo, para se referir às esteiras miceliais – de fato, canteiros brancos de crescimento voltados para a defesa – nas quais o fungo matsutake cresce. Aprendeu com o conhecimento camponês sobre o *shiro*, incluindo as tentativas anteriores de cultivo do fungo.[9] Ao mesmo tempo, ele investigava as implicações das relações interespécies do *shiro* com as árvores,

---

8. Ohara Hiroyuki, "A history of trial and error in artificial production of matsutake fruitings", *Doshisha Home Economics*, n. 27, 1993, pp. 20-30 (em japonês).

9. O *shiro* é uma unidade alternativa ao "genet" usada por pesquisadores não japoneses para a contagem de organismos fúngicos "individuais". O *shiro*, o denso tapete micelial, é determinado por observação morfológica. O genet, o indivíduo genético, às vezes é descrito como sinônimo de *shiro* (por exemplo, Jianping Xu, Tao Sha, Yanchun Li, Zhi-wei Zhao e Zhu Yang, "Recombination and genetic differentiation among natural populations of the ectomycorrhizal mushroom *Tricholoma matsutake* from southwestern China", *Molecular Ecology*, v. 17, n. 5, 2008, pp. 1238-1247). Mas o termo implica homogeneidade genética, uma suposição contradita pela pesquisa japonesa (Hitoshi Murata, Akira Ohta, Akiyoshi Yamada, Maki Narimatsu e Norihiro Futamura, "Genetic mosaics in the massive persisting rhizosphere colony 'shiro' of the ectomycorrhizal basidiomycete *Tricholoma matsutake*", *Mycorrhiza*, n. 15, 2005, pp. 505-512). Às vezes, a sofisticação técnica é menos produtiva do que a inclusão do conhecimento camponês.

inclusive quando tais relações suscitavam questões filosóficas. Poderíamos pensar no mutualismo como uma forma de amor?, ele se perguntou.[10]

Os alunos do dr. Hamada – e os alunos de seus alunos – disseminaram e aprofundaram a pesquisa sobre o matsutake. Um deles, Makoto Ogawa, iniciou um programa de pesquisa em órgãos florestais de cidades de todo o Japão. Os pesquisadores florestais das prefeituras abordaram questões práticas, usando equipamentos simples e métodos baseados na observação de campo; mantiveram vivo e produtivo o diálogo entre o conhecimento vernacular e o especializado.[11] Mesmo os pesquisadores de universidades e institutos vinculados a esse legado continuaram a se dirigir aos agricultores, escrevendo livros populares e manuais de campo, além de artigos acadêmicos.[12] No centro de suas questões está o declínio do matsutake desde a década de 1970 – e a possibilidade de revertê-lo. Por um lado, eles têm trabalhado para cultivar o matsutake em laboratório; por outro, têm explorado as condições mais favoráveis ao seu crescimento na floresta. Assim, alguns se envolveram com iniciativas para preservar as florestas *satoyama* do Japão. O matsutake não pode prosperar no Japão sem a revitalização das florestas de pinheiros.

Pensar no matsutake em relação ao declínio dos bosques *satoyama* levou os pesquisadores dessa escola a enfatizar a dimensão relacional do matsutake, não apenas em seu envolvimento com outras espécies, mas também com o ambiente não vivo.[13] Os

---

10. Timothy Choy e Shiho Satsuka, escrevendo como Mogu-Mogu, dissertaram sobre essa reviravolta na pesquisa do dr. Hamada ("Mycorrhizal relations: A manifesto", in: Matsutake Worlds Research Group (org.), "A new form of collaboration in cultural anthropology: Matsutake worlds", *American Ethnologist*, v. 36, n. 2, 2009, pp. 380-403.

11. Entrevistas de 2005, 2006, 2008. Ver Ogawa, *Matsutake no Seibutsugaku*, op. cit. (citado no cap. 3, n. 63).

12. Ver, por exemplo, Ito Takeshi e Iwase Koji, *Matsutake: Kajuen Kankaku de Fuyasu Sodateru* [Matsutake: Increase and nurture as in an orchard]. Tóquio: Nosangyoson Bunka Kyokai, 1997.

13. Ver, por exemplo, Hiroyuki Ohara e Minoru Hamada, "Disappearance of bacteria from the zone of active mycorrhizas in *Tricholoma matsutake* (S. Ito et Imai) Singer", *Nature*, v. 213, n. 5075, 1967, pp. 528-529.

pesquisadores investigaram plantas, declividade, solos, luz, bactérias e outros fungos nos ambientes onde o matsutake prospera. O matsutake não é visto como independente, autocontido, mas sempre em relação – e, portanto, específico de um determinado lugar. Para fomentar o aparecimento do matsutake, esses pesquisadores recomendam atenção ao local e um regime de interferência humana que favoreça o pinheiro. Em florestas negligenciadas, é preciso que haja *mais* perturbação. Uma dupla de pesquisadores chamou isso de "método do pomar".[14] Ao favorecer o pinheiro, o matsutake se torna uma erva daninha cuja presença é desejada.

Enquanto isso, empresas privadas e pesquisadores acadêmicos têm se ocupado com tentativas de cultivo do matsutake em laboratório. Se os preços continuarem altos, o sucesso dessa empreitada seria um grande prêmio! Por uma década, começando em meados dos anos 1990, Kazuo Suzuki reuniu uma equipe de pesquisa de alto nível na Universidade de Tóquio para investigar as condições de cultivo do matsutake. O laboratório de Suzuki trouxe bolsistas internacionais de pós-doutorado, contribuindo para o cosmopolitismo da ciência japonesa do cogumelo. Sua pesquisa se afastou de métodos baseados em pesquisa de campo para explorar os estudos bioquímicos e genômicos. Até o momento, os resultados não incluem o cultivo bem-sucedido de cogumelos.[15] No entanto, muitas percepções novas surgiram, especialmente sobre as relações entre fungos e árvores: o aspecto relacional permanece central aqui. A certa altura, Suzuki trouxe pinheiros maduros para o seu laboratório, construindo câmaras subterrâneas nas quais as simbioses radiculares podiam ser observadas e mensuradas em detalhes.

---

14. Ito e Iwase, *Matsutake: Kajuen Kankaku de Fuyasu Sodateru* [Matsutake: Increase and nurture as in an orchard], op. cit.
15. Em 2004, a equipe estimulou uma micorriza em uma raiz de pinheiro madura (Alexis Guerin-Laguette et al., "Successful inoculation of mature pine with *Tricholoma matsutake*", *Mycorrhiza*, n. 15, 2005, pp. 301-305). Logo depois, o dr. Suzuki se aposentou e a equipe se desfez. Posteriormente, tornou-se presidente do Instituto de Florestas e Produtos Florestais.

Por que essa pesquisa não reverberou nos Estados Unidos? A separação entre as abordagens estadunidense e japonesa da ciência do matsutake não era dada desde o início. Quando o matsutake chamou a atenção dos pesquisadores florestais no Noroeste Pacífico dos Estados Unidos, na década de 1980, eles começaram a investigá-lo a partir de pesquisas japonesas.[16] David Hosford, da Universidade de Washington Central, foi ao Japão para trabalhar com Hiroyuki Ohara, que havia estudado com o dr. Hamada. O dr. Hosford também trabalhou com vários artigos científicos traduzidos do japonês para o inglês. Seu trabalho resultou em uma publicação extraordinária, em coautoria com colegas estadunidenses: *Ecologia e manejo do matsutake norte-americano colhido comercialmente*.[17] A publicação é tão próxima da pesquisa japonesa quanto de qualquer outra coisa publicada nos Estados Unidos. A abertura resume a história do matsutake no Japão e prossegue com a pesquisa no estilo japonês em Washington, que o dr. Ohara ajudou a supervisionar. Ela ainda descreve padrões de vegetação específicos das áreas de matsutake nos Estados Unidos. No entanto, também inclui uma ressalva: "Silvicultores estadunidenses [...] provavelmente abordarão os métodos japoneses para aprimorar a produção de matsutake em um contexto diferente [...] [porque] os objetivos do manejo florestal diferem bastante".[18] Essa advertência acabou sendo fatídica. Todas as pesquisas subsequentes do Serviço Florestal dos Estados Unidos sobre matsutake só levam em consideração os estudos japoneses citados por Hosford.

Qual foi o obstáculo? Um pesquisador do Noroeste Pacífico me disse que os estudos japoneses não são muito úteis porque são "descritivos". Ao esmiuçar o sentido de *descritivo* e o que haveria de errado com isso, a especificidade cultural e histórica da pesquisa florestal dos Estados Unidos entra em foco. *Descritivo* significa espe-

---

16. Para uma colaboração bem mais antiga entre Estados Unidos e Japão, ver S. M. Zeller e K. Togashi, "The American and Japanese Matsutakes", *Mycologia*, n. 26, 1934, pp. 544-558.
17. Hosford et al., *Ecology and management of the commercially harvested American matsutake mushroom*, op. cit. (citado no cap. 3, n. 63).
18. Ibid., p. 50.

cífico de um determinado lugar, ou seja, sintonizado com encontros indeterminados e, portanto, não passível de ser trabalhado em escala. Os pesquisadores florestais dos Estados Unidos estão sob pressão para desenvolver análises compatíveis com o manejo em escala do plantio de madeira. Isso requer que os estudos de matsutake sejam entendidos a partir da lógica da madeira. Em contraste, a seleção dos locais na pesquisa japonesa parte da investigação das manchas onde há crescimento de fungos, não de madeira.

A pesquisa de matsutake patrocinada pelo Serviço Florestal dos Estados Unidos tem abordado uma grande questão: o matsutake, enquanto produto econômico, pode ser manejado de maneira sustentável?[19] Essa questão surge na história do Serviço Florestal e está relacionada aos esforços no manejo da madeira. Nessa história, os produtos florestais não relacionados à madeira são desconsiderados, a menos que sejam compatíveis com ela. Assim, o *stand* – a unidade usada para medir a quantidade de madeira manejável na floresta – é a medida paisagística básica que os manejadores florestais dos Estados Unidos conseguem enxergar.[20] As ecologias estudadas por cientistas japoneses nas áreas onde ocorrem fungos simplesmente não são registradas por essa rede cognitiva. A escala da pesquisa sobre matsutake nas florestas dos Estados Unidos toma esse raciocínio como baliza. Alguns estudos usam transectos randômicos para coletar amostras de

---

19. Há exceções e, se a pesquisa de matsutake no Noroeste Pacífico dos Estados Unidos tivesse sido permitida, a tradição poderia ter explodido em novas direções. A pesquisa floresceu apenas entre os anos 1990 e 2006; depois disso, os cortes no financiamento acabaram com as oportunidades de subvenção e os pesquisadores seguiram em frente. Uma exceção às abordagens escaláveis para madeira é a dissertação de Charles Lefevre sobre associações de hospedeiros do matsutake no Noroeste Pacífico (citado no cap. 12, n. 211). Tratava-se de uma análise relacional que, sem nenhuma referência ao Japão, abordou preocupações comuns. Lefevre chegou a desenvolver um "teste de olfato" para o micélio do matsutake; como na pesquisa japonesa, seu trabalho considerou e fortaleceu os não especialistas. Lefevre passou a vender árvores com trufas inoculadas.

20. David Pilz e Randy Molina, "Commercial harvests of edible mushrooms from the forests of the Pacific Northwest United States: Issues, management, and monitoring for sustainability", *Forest Ecology and Management*, n. 5593, 2001, pp. 1-14.

matsutake em uma escala compatível com os *stands* de madeira.[21] Outros constroem modelos a partir dos quais as áreas de fungos podem ser expandidas.[22] Esses estudos desenvolvem técnicas de monitoramento para tornar o matsutake visível na escala de racionalização da madeira.

Uma das principais perguntas da pesquisa sobre o matsutake nos Estados Unidos diz respeito aos catadores: eles estariam destruindo seus recursos? A pergunta vem da história das florestas dos Estados Unidos, cuja questão central é: estariam os madeireiros destruindo seus recursos? Esse legado levou a uma pesquisa sobre as técnicas usadas pelos catadores. Assim como no caso dos madeireiros, a coleta é entendida como ponto de impacto. Estudos descobriram que a coleta com ancinho diminui a produção futura de cogumelos; se os cogumelos forem extraídos delicadamente, a produção futura não será prejudicada.[23] Os catadores devem ser treinados para colher adequadamente. O efeito de outras formas de intervenção humana na coleta dos cogumelos – por exemplo, desbaste, supressão de incêndio ou silvicultura – não foi estudado; isso não passa pela mente dos pesquisadores, preocupados que estão com a coleta excessiva. Esta é a sustentabilidade dos Estados Unidos: uma defesa contra a ganância da destruição popular.

Ao contrário do Japão, nos Estados Unidos os silvicultores estão preocupados com as intervenções humanas, consideradas perigosas. Para os estadunidenses, o que destrói a floresta é a atividade humana em demasia. Por acaso, varrer o chão da floresta com ancinho é considerado uma perturbação em ambas as ciências – mas com valências opostas. Essa atividade destrói florestas de matsutake nos Estados Unidos, interferindo nos corpos fúngicos subterrâneos. A mesma atividade favorece a produção

---

21. David Pilz e Randy Molina (orgs.), *Managing forest ecosystems to conserve fungus diversity and sustain wild mushroom harvests*. USDA Forest Service PNW-GTR-371, 1999.
22. James Weigand, *Forest management for the North American pine mushroom* (Tricholoma magnivelare *(Peck) Redhead) in the southern Cascade range*. Corvallis: Oregon State University, 1998. Tese de PhD.
23. Daniel Luoma et al., "Effects of mushroom harvest technique on subsequent American matsutake production", *Forest Ecology and Management*, v. 236, n. 1, 2006, pp. 65-75.

de matsutake nas florestas do Japão, pois deixa o solo pedregoso descoberto, o que beneficia os pinheiros. São florestas muito diferentes, com diferentes desafios. Defender o pinheiro é desnecessário nas florestas de coníferas do Noroeste Pacífico dos Estados Unidos (embora a abertura das florestas nacionais aos cidadãos interessados em fazer o desbaste pudesse ser ótima). O contraste, no entanto, levanta outras questões além da discussão sobre qual seria a abordagem correta. A diferença mostra a relevância das perguntas e suposições básicas. A ciência cosmopolita é feita nos redutos emergentes de pesquisa, que se entrelaçam ou se excluem em encontros variados.

Voltando a Iunã, a influência estadunidense em relação ao matsutake deve estar mais clara agora. A China deveria ser o principal país a pesquisar sobre as relações entre matsutake, carvalhos-e-pinheiros e pessoas: como as pessoas podem contribuir para a sustentabilidade das florestas de pinheiros e carvalhos, visando o matsutake? Em vez disso, os pesquisadores chineses imaginam o matsutake da mesma forma que os estadunidenses, como um produto autônomo passível de ser trabalhado em escala, sem necessidade de atenção às suas relações com outras espécies. As perguntas que se seguem sobre sustentabilidade, portanto, não se referem às florestas enquanto campos relacionais, mas sim às práticas dos catadores: os catadores estão destruindo seus próprios recursos? Quando os pesquisadores perguntam aos moradores sobre o declínio na colheita de matsutake, eles não perguntam sobre as florestas. A questão do declínio é abordada como se os cogumelos estivessem sozinhos na paisagem.[24] Essa é a questão

---

24. Anthony Amend, Zhendong Fang, Cui Yi e Will McClatchey, "Local perceptions of matsutake mushroom management in NW Yunnan, China", *Biological Conservation*, n. 143, 2010, pp. 165-172. Essa colaboração entre estudiosos estadunidenses e chineses critica a pesquisa japonesa do ponto de vista dos Estados Unidos. Os autores culpam a atenção ao contexto demonstrada pelos pesquisadores japoneses e expressa na falta de escalabilidade, ou seja, "a dependência do local em vez da replicação temporal [...] [porque] é difícil testar empiricamente a produtividade em nível de base" (p. 167).

estadunidense, aprendida com a experiência de racionalizar a madeira na esperança de salvá-la de madeireiros gananciosos. Mas os catadores de cogumelos não são madeireiros.[25]

Apesar da hegemonia das estruturas estadunidenses entre os cientistas chineses, há um público para a pesquisa japonesa sobre matsutake em Iunã. As empresas de exportação de matsutake têm laços com o Japão, porque é para lá que os cogumelos vão. Além disso, a ciência japonesa investiga como os humanos podem manejar florestas para aumentar a produção de matsutake. Por outro lado, os estadunidenses exploram como a colheita de cogumelos deve ser regulada para impedir que os recursos sejam destruídos. O manejo florestal japonês promete mais cogumelos para o mercado; a ciência estadunidense promete menos. As empresas que comercializam matsutake em Iunã têm motivos para preferir o paradigma japonês. Quando um proeminente cientista japonês teve seu livro sobre o manejo do matsutake publicado na China, foi a associação comercial de matsutake em Iunã, e não os cientistas, que o traduziram para o chinês. Mesmo após a tradução, os cientistas não ficaram sabendo nada a respeito.[26]

Tudo isso me levou à primeira conferência internacional de estudos sobre matsutake, realizada em Kunming, China, em setembro de 2011. A associação comercial de matsutake de Iunã organizou-a em conjunto com uma equipe de cientistas japoneses. Também estava presente um grupo de cientistas norte-coreanos e o grupo de pesquisa Matsutake Worlds, com sede na América do Norte. A comunicação foi dificultada pelo fato de só ter havido tradução na sessão de abertura cerimonial, e os tradutores fica-

---

25. Cientistas chineses com preocupações sociais tomam a pesquisa o matsutake em uma direção diferente, perguntando como a posse da terra pode fazer a diferença. Nesta discussão, o matsutake ainda é uma mercadoria escalável e uma fonte de renda, mas essa renda pode ser distribuída de maneira diferente (consulte o capítulo 19). Alguns estadunidenses também são críticos, como por exemplo David Arora ("The houses that matsutake built", *Economic Botany*, v. 62, n. 3, 2008, pp. 278-290.
26. Jicun Wenyan [Yoshimura Fumihiko], *Songrong cufan jishu* [A técnica de promover o florescimento de matsutake], trad. Yang Huiling. Kunming: Yunnan keji chubanshe [Imprensa de ciência e tecnologia de Iunã], 2008.

ram sobrecarregados com a discussão em um campo que lhes era desconhecido. O resto da conferência deveria ter sido em inglês, mas os participantes tiveram dificuldade em acomodar essa demanda. E a língua era apenas parte do problema. Cada um de nós tinha ideias completamente diferentes a respeito do objetivo dos estudos sobre o matsutake. A maioria dos participantes da China esperava promover o matsutake chinês e, portanto, falavam de valores culturais, novas técnicas de processamento e esforços do governo para proteger o cogumelo. Os participantes japoneses, por outro lado, ficaram entusiasmados com a oportunidade de conhecer variedades não japonesas de matsutake, que poderiam ter melhor potencial para o cultivo. Alguns chineses se opuseram, não queriam ser tratados como dados. Os norte-coreanos pediram cópias de artigos científicos internacionais, já que o acesso é bloqueado em seu país. E dançando em torno disso, estavam os antropólogos norte-americanos, com nosso metacomentário sobre ciência e sociedade.

Tínhamos agendas diferentes. No entanto, em dois dias de trabalho de campo conjunto antes das apresentações, nós observávamos uns aos outros observando a floresta. Foi uma oportunidade incrível de ver vários tipos de ciência-em-ação executadas simultaneamente. Os participantes chineses testemunharam a diversidade da vida fúngica da floresta e as novas e cordiais relações entre camponeses e especialistas internacionais. Os estudiosos japoneses saborearam a rara oportunidade de trabalhar com relações entre fungos e árvores hospedeiras em outro país. Os norte-coreanos estavam ansiosos para aprender novas técnicas. Ninguém achou esta reunião improdutiva. Praticamos a arte da escuta: o reconhecimento das diferenças como início do trabalho em conjunto.

Houve também silêncios. Considere-se quem não compareceu. A pesquisa do Serviço Florestal dos Estados Unidos havia sido reduzida vários anos antes por cortes no financiamento federal, nenhum agente florestal dos Estados Unidos foi enviado. Do outro lado da cidade, uma instituição de pesquisa chinesa contava com vários pesquisadores do matsutake, e eles também não estavam presentes. Era um público diferente, reunido por empresas chinesas e cientistas japoneses. Os ausentes e as traduções confusas garantiram que a fragmentação e as lacunas fossem mantidas.

Alguns indivíduos fazem a diferença ao tornarem a tradução uma ponte entre fragmentos, fertilizando novos desenvolvimentos. A reunião de Kunming surgiu somente por causa dos esforços de um indivíduo. Quando criança, Yang Huiling conheceu um antropólogo japonês que estudava sua comunidade Bai em Iunã. Ela foi estudar no Japão e se envolveu no comércio de matsutake. El foi ela que facilitou a criação dos laços com cientistas japoneses que tornaram possível a reunião de Kunming. Reunindo tradições de pesquisa, ela deu início à formação de uma nova área.

A ciência cosmopolita é composta por manchas – e é mais rica por isso. No entanto, indivíduos e eventos às vezes fazem a diferença. Como esporos de cogumelos, eles podem germinar em lugares inesperados, remodelando geografias fragmentárias.

Lendo florestas, Iunã. Identificando um carvalho de folhas perenes. Os carvalhos formam amontoados híbridos de reprodução cruzada. Ainda assim, suas distinções são mantidas de alguma forma. Somente os nomes resolvem o mistério.

Capítulo 17
Esporos voadores

> Tudo isso, claro, é especulação.
>
> JIANPING XU, micólogo, ao discutir a evolução do matsutake

As paisagens e o conhecimento da paisagem se desenvolvem em manchas. O *shiro* (esteiras de micélio) do matsutake modela o processo: as manchas se espalham, transformam, fundem, repelem umas às outras e morrem. O trabalho duro – e o jogo criativo, produtivo – da ciência, assim como as ecologias emergentes, acontecem nas manchas. Mas às vezes é possível indagar-se também: o que se move para além delas, criando-as? Para o matsutake, existem também os esporos voadores.

Tanto em florestas como na ciência, os esporos abrem nossa imaginação para uma outra topologia cosmopolita. Os esporos partem para destinos incertos, acasalam-se com tipos distintos e, ao menos ocasionalmente, dão origem a novos organismos – um começo para novas espécies. Os esporos são difíceis de enquadrar, essa é a sua graça. Quando pensamos em paisagens, os esporos nos guiam para a heterogeneidade populacional. No caso da ciência, os esporos funcionam como modelos para a comunicação aberta e o excesso: os prazeres da especulação.

Por que esporos?

Koji Iwase foi quem me fez pensar sobre esporos pela primeira vez. Estávamos almoçando com Shiho Satsuka e Michael Hathaway em Quioto; o gravador estava desligado. Eu estava curiosa sobre o motivo de o matsutake ser tão cosmopolita: como é que ele se espalhou pelo hemisfério norte? O dr. Iwase é generoso com estrangeiros e disposto a orientá-los. Então ele mencionou que a estratosfera é carregada de esporos de fungos; em voos altos, eles se deslocam pela Terra. Não está claro, continuou ele, quantos desses esporos sobrevivem para germinar em lugares distantes. A radiação ultravioleta é fatal, e a maior parte dos esporos tem uma vida útil curta, talvez de algumas semanas. Ele não sabia se um esporo de matsutake poderia sobreviver para germinar em outro continente. Mesmo se pudesse, explicou, teria de encontrar outro esporo germinável; sem se fundir, morreria em alguns dias. Ainda assim, no curso de milhões de anos, pode-se imaginar que os esporos tenham disseminado a espécie.[1]

Há algo sobre a estratosfera que inspira sonhos aéreos. Imagine, esporos circulando ao redor do globo! Meus pensamentos decolaram com os esporos à deriva, perseguindo meu protagonista através de eras e de continentes. Eu levei minhas questões para os micologistas aqui e acolá, ao redor do mundo, perseguindo também os seus pensamentos pela estratosfera. Encontrei uma ciência cosmopolita de especulação sobre as origens e a produção de tipos através do espaço e do tempo. Diferente das manchas descontínuas da silvicultura aplicada, a ciência da especiação do matsutake não é . Há fortes ventos de consenso internacional sobre os métodos; os materiais – amostras de cogumelos e sequências de DNA – circulam e atravessam fronteiras. Indivíduos e às vezes laboratórios desenvolvem estórias, fragmentos de conhecimento científico e até mesmo preconceitos. Mas não há escolas ou manchas. Todo esse trabalho se dá fora do expediente: ninguém oferece subsídios para estudar as viagens de um cogumelo através das eras. Os cientistas se voltam para essas questões por amor – e porque os métodos e os materiais estão disponíveis. Eles imaginam que talvez um dia os resultados combinados e as especulações nos levem, assim como os esporos, para algo novo. Por ora, trata-se apenas do prazer do pensamento: a estratosfera arejada da mente, carregada de esporos.

1. Entrevista de 2005.

O que são esses materiais e métodos que circulam?
Henning Knudsen me mostrou a coleção de fungos do Jardim Botânico da Universidade de Copenhague, onde é curador.[2] As amostras de espécimes são armazenadas aqui: gavetas e mais gavetas de envelopes fechados, cada qual guardando um fungo seco. Quando uma nova espécie é nomeada, o responsável pela nomeação envia uma amostra para o herbário e essas amostras se tornam o "tipo" para aquela espécie. Pesquisadores de todo o mundo podem pedir para ver o tipo; o herbário envia o material original. O sistema herbário surgiu com a paixão do norte europeu pela identificação de plantas, resultando também no uso de nomenclaturas binomiais em latim. Era uma característica da conquista europeia, que possibilitou também a criação de uma base para a comunicação transnacional por meio da circulação de espécimes. Pesquisadores em todo o mundo conhecem as espécies por meio das amostras de tipo colecionadas em herbários.

O dr. Knudsen não acredita que o matsutake tenha se espalhado por meio de esporos em circulação na estratosfera; é muito improvável que eles encontrassem pares. Ao invés disso, sua disseminação seguiu as florestas: o matsutake se espalhou junto com as árvores. Esse foi um processo longo, mas, mesmo lentamente, muitas espécies se espalharam juntas pelo hemisfério norte da terra. Algumas delas, como a *Boletus edulis*, podem ter se espalhado pelo Ártico, do Alasca à Sibéria. Mas a homogeneidade das espécies do norte é superestimada. Muitas espécies que eram vistas como presentes de maneira homogênea ao longo do norte global revelaram fazer parte de espécies distintas, afirmou ele.[3]

A rejeição da uniformidade de espécies cosmopolitas não se baseia na circulação de amostras de herbário, mas em uma tecnologia nova e revolucionária: o sequenciamento de DNA, que propõe uma nova forma de definir as "espécies". Os micólogos examinam sequências específicas de DNA, como, por exemplo, a região

2. Entrevista de 2008.
3. Ver a taxonomia de Henning Knudsen e Jan Vesterholt, *Funga nórdica*. Copenhagen: Nordsvamp, 2012.

dos espaçadores internos transcritos (ITS, na sigla em inglês), que tende a se manter idêntica no interior das espécies, mas que apresenta variações entre elas. Jean-Marc Moncalvo, um colega do dr. Knudsen no Museu Real de Ontário, em Toronto, explicou que uma divergência maior do que 5% na sequência ITS indica uma nova espécie.[4] O sequenciamento de DNA não exclui os materiais e métodos usados em herbários, a maior parte das comparações entre espécies utiliza amostras de herbários. Mas existe aqui um novo material em circulação: as sequências de DNA. Os bancos de dados tornaram possível que cientistas ao redor do mundo consultem sequenciamentos de DNA feitos por colegas de outros países. A precisão simples do sequenciamento de DNA tomou de assalto o mundo científico: não há alternativas. O sequenciamento de DNA parece tão poderoso que os cientistas continuam formulando questões a partir da disponibilidade dessa resposta.

Ainda existem nichos de diferença, é claro. O dr. Moncalvo explicou que, até a recente década de 1980, os micólogos chineses tinham dificuldades em se comunicar abertamente com os europeus e os norte-americanos. Um micólogo chinês lhe enviou amostras de fungos escondidas entre páginas de reimpressão. Em razão do isolamento, ele me disse, as taxonomias chinesas são estranhas. Em nível internacional, não há regras para a nomeação de um gênero (o primeiro nome em um binômio em latim). Então os taxonomistas chineses adicionaram "China" ao nome dos gêneros, compondo *Sinoboletus* ao invés de *Boletus*, o que causa confusão entre seus colegas estrangeiros. Além disso, eles reconhecem espécies indiscriminadamente. Alegam a existência de 21 espécies de cogumelos-ostra em Iunã, mas existem apenas catorze espécies reconhecidas no mundo. Pequenas diferenças morfológicas recebem muita atenção. Mas o cenário está mudando agora, disse o dr. Moncalvo, à medida que jovens cientistas com formação internacional assumem o comando.

O que esses materiais e métodos nos dizem sobre os "tipos"?

4. Entrevista de 2009.

O conceito de espécie foi sempre escorregadio, e o sequenciamento de DNA – apesar da sua precisão – não tornou seu uso mais fácil. Tradicionalmente, as fronteiras entre as espécies foram definidas pela incapacidade dos indivíduos de diferentes lados de cruzar e produzir descendentes férteis. Isso é bastante fácil de se verificar no caso de cavalos e burros: eles acasalam porém não produzem descendentes férteis. Mas e no caso dos fungos? O dr. Moncalvo me mostra como descobrir se duas linhagens de fungos diferentes são espécies de acordo com essa definição. Você precisaria germinar *in vitro* um único esporo de cada fungo, fazer esses esporos se acasalarem, forçá-los de alguma forma a produzir um cogumelo e então pegar seus esporos para acasalar e produzir outros cogumelos. Para um fungo como o matsutake, a partir do qual ninguém foi capaz de produzir um único cogumelo *in vitro*, e cujos esporos nem mesmo germinam quando sozinhos, é improvável que valha a pena o esforço de realizar tais experimentos. Além disso, acrescentou o dr. Moncalvo, imagine a infelicidade do estudante de pós-graduação que dedicou seu mestrado à determinação de uma fronteira entre espécies, ainda que seja de um cogumelo dos mais fáceis de se cultivar. Onde é que ele ou ela conseguiria um emprego?

Tudo isso importa para conhecer o matsutake através de suas localizações diaspóricas. Há vinte anos, havia muitas, mas muitas espécies de matsutake espalhadas pelo hemisfério norte, e outras surgiam constantemente, à medida que os cientistas as encontravam. Agora existem apenas algumas – cada vez menos. Isso não é resultado da extinção. O sequenciamento de DNA na região ITS permitiu aos cientistas argumentar que a maior parte desses matsutake são de um único tipo: o *Tricholoma matsutake*. O *T. matsutake* parece agora se espalhar por todo o hemisfério norte, não só pela Eurásia, mas pela América Central e a América do Norte. Apenas o *Tricholoma magnivelare* – o matsutake do

Noroeste Pacífico da América do Norte – permanece como uma espécie distinta, e mesmo ele é muito próximo, em sua assinatura de DNA, do *T. matsutake*.[5]

A precisão do sequenciamento de DNA, que é o que permite tais determinações, também compromete a confiança na espécie como uma categoria básica para o entendimento dos tipos. Eu conheci Kazuo Suzuki, hoje presidente do Instituto de Pesquisa da Floresta e de Produtos Florestais do Japão, quando começaram a aparecer os novos resultados sobre a identidade dos matsutake companheiros do carvalho – na época chamados de *Tricholoma zangii*.[6] No Japão, os matsutake se associam com pinheiros; apenas os falsos matsutake são encontrados junto de árvores latifoliadas. A associação entre o matsutake e as árvores coníferas parecia ser parte da definição da espécie. Os estudos de DNA que demonstraram a proximidade entre o matsutake chinês amante de carvalho e o matsutake que se associa exclusivamente com os pinheiros no Japão pegou os pesquisadores de surpresa. O dr. Suzuki trouxe para a nossa reunião seu colega mais jovem da Universidade de Tóquio, o dr. Matsushita, para lhe contar as novidades pessoalmente: sua análise da sequência ITS não havia encontrado diferença de espécies entre o companheiro do carvalho e o do pinheiro.[7] "Depende da pergunta que você faz", explicou. Ele me contou sobre a armilariose, um complexo de espécies no qual fronteiras claras entre elas não são necessariamente relevantes. A armilariose se espalha por florestas inteiras, alimentando sua fama de ser o "maior organismo do mundo". Diferenciar "indivíduos" se torna difícil, já que esses indivíduos contêm assinaturas genéticas variadas, que ajudam o fungo a se

---

5. O nome *Tricholoma caligatum* (ou *T. caligata*) é usado para fungos bastante distintos, alguns dos quais são reconhecidos como matsutake. Ver o Prólogo, n. 11.
6. Entrevista de 2005.
7. Ver também Norihisa Matsushita et al., "Genetic relationship of *Tricholoma matsutake* and *T. nauseosum* from the northern hemisphere based on analyses of ribosomal DNA spacer regions", *Mycoscience*, n. 46, 2005, pp. 90-96.

adaptar a situações ambientais novas.⁸ As espécies são abertas quando os indivíduos próximos estão demasiado fundidos, por muito tempo, e indispostos a demarcar linhas de isolamento reprodutivo. "A armilariose é um conjunto de cinquenta espécies em uma única espécie", disse o dr. Suzuki; "vai depender da razão pela qual você está separando as espécies".

Eu me lembro vividamente da discussão: eu estava sentada na beirada da cadeira. O dr. Suzuki tratava as espécies do mesmo modo que os antropólogos culturais tratam as suas unidades: como abordagens que precisam ser questionadas constantemente para que seu uso seja mantido. Os tipos que conhecemos, inferiu ele, se desenvolvem na junção frágil entre a produção de conhecimento e o mundo. Os tipos estão sempre em processo porque nós os estudamos de maneiras novas. Isso não os torna menos reais, ainda que pareçam mais fluidos e acenem para novas questões.

Ignatio Chapela, um patologista florestal da Universidade da Califórnia, Berkeley, foi ainda mais categórico com a ideia de que as "espécies" limitam as histórias que podemos contar sobre os tipos. "Este sistema de nomeação composto das coisas é um tanto peculiar, mas é algo completamente inventado", disse-me ele.

> Você define as coisas com duas palavras e elas se tornam espécies arquetípicas. No caso dos fungos, nós não temos ideia do que uma espécie é. Nenhuma ideia... uma espécie é um grupo de organismos que potencialmente podem trocar material genético, ou seja, cruzar. Isso se aplica aos organismos que se reproduzem sexualmente. No entanto, já nas plantas encontramos problemas com a definição por espécies, pois a partir de um clone você pode ter mudanças ao longo do tempo... Para além dos vertebrados, quando você considera os cnidários, os corais e os vermes, a troca de DNA e o modo como os grupos são feitos diferem bastante dos humanos... se você considerar os fungos ou bactérias, os sistemas são completamente diferentes – completamente malucos para os nossos padrões. Um clone antigo pode se tornar sexual de uma hora para outra: você pode ter uma hibridização na qual uma grande parte de cromossomos são trazidos para dentro; você tem uma poliploidiza-

---

8. R. Peabody et al., "Haploid vegetative mycelia of *Amillaria gallica* show among-cell-line variation for growth and phenotypic plasticity" (citado no Interlúdio "Seguindo a trilha", n. 178).

ção ou duplicação de cromossomos, de onde algo completamente novo surge; você tem a simbiose – a captura, vamos dizer – de uma bactéria que permite que você a utilize inteira, ou apenas uma parte de seu DNA, para o seu próprio genoma. Você se torna algo completamente diferente. Onde é que você separa as espécies?[9]

Para comparar diferentes tipos de matsutake, o dr. Chapela utilizou espécimes de herbário, assim como amostras frescas e as sequências da região ITS do DNA. Mas ele se recusou a imaginar os resultados como espécies fixas.

> Você começa a obter esses agrupamentos que só pode nomear a partir das relações que eles têm uns com os outros. Você não pode chamá-los de espécie... na abordagem da taxonomia antiga você diz: "Este é o meu ideal". É completamente platônico, e tudo vai ser comparado como uma aproximação desencontrada desse ideal. Nenhum vai ser igual a ele, mas você compara e observa o quão próximo estão desse ideal... se algo se revela muito diferente – por uma medida qualquer, e as medidas são completamente arbitrárias – você diz, "ah, essa deve ser uma espécie diferente".

Para evitar uma falsa "roupagem científica", ele se refere ao "matsutake" como quaisquer variedades que circulam no comércio japonês. Seu estudo, no entanto, encontrou agrupamentos genéticos distintos por região. Isso significa que os materiais genéticos não são trocados indiscriminadamente entre essas regiões, disse o dr. Chapela. "Se você encontrar boas padronizações, se você perceber uma boa separação, significa que não há muita troca entre esses grupos". Esses dados evidenciam que a troca regular de esporos entre diferentes regiões é improvável.

Um ponto a menos para as viagens de longa distância dos esporos. Mas outras possibilidades se tornaram ainda mais instigantes. Como é então que os tipos viajam?

O dr. Chapela, em seu trabalho com o dr. Garbelotto, conta uma estória sobre a viagem do matsutake.[10] A população ances-

---

9. Entrevista de 2009.
10. Ignacio Chapela e Matteo Garbelotto, "Phylogeography and evolution in matsutake and close allies as inferred by analysis of ITS sequences and AFLPs", *Mycologia*, v. 96, n. 4, 2004, pp. 730-741.

tral do Eoceno, diz ele, se desenvolveu no Noroeste Pacífico da América do Norte, onde o *T. magnivelare* continua a se associar tanto com as latifoliadas quanto com as coníferas, em ressonância com aquele companheiro ancestral das latifoliadas. O resto do grupo do matsutake pulou para as coníferas e desde então tem seguido as florestas de coníferas ao longo do hemisfério norte. Quando as coníferas se retiraram para seus refúgios, o matsutake as seguiu, especialmente os pinheiros. Onde quer que a floresta de pinheiros tenha se estabelecido, o matsutake também o fez. Cruzando o estreito de Bering, o matsutake colonizou a Ásia e depois a Europa. O mar Mediterrâneo impediu as trocas genéticas entre o sul da Europa e o norte da África; as populações de cada lado são extensões independentes da vasta trilha eurasiática. Enquanto isso, Chapela e Garbelotto imaginam que o sudeste norte-americano foi colonizado pelo matsutake originário dos exuberantes refúgios de pinheiro e carvalho no México.

Sua estória era chocante, em parte, porque, no momento de sua publicação, a maioria das pessoas pensava no matsutake como um complexo "asiático" de espécies. Afinal, apenas os japoneses e os coreanos amavam o matsutake – e entendiam o matsutake como algo que lhes era próprio. Como poderia ser este um cogumelo norte-americano que veio mais tarde para a Ásia, ainda que há milhões de anos? (Chapela e Garbelotto datam a separação do *T. magnivelare* e outros matsutake em 28 milhões de anos atrás, com o surgimento das montanhas Rochosas.) De fato, nem todo mundo concorda com a estória deles; este é um campo em aberto. O dr. Yamanaka, do Instituto Micológico de Quioto, defende que o matsutake teria se originado no Himalaia.[11] Muitas novas espécies surgiram com o Himalaia, que lançou tipos antigos em novos ambientes, promovendo a diferenciação. No momento da pesquisa de Chapela e Garbelotto, a evidência de diferenciação de hospedeiros entre os matsutake no sudeste da

---

11. Entrevista de 2006. Katsuji Yamanaka, "The origin and speciation of the matsutake complex", *Newsletter of the Japan Mycology Association, Western Japan Branch*, n. 14, 2005, pp. 1-9. (Em japonês, com resumo em inglês.)

China não estava disponível, ao menos não na Califórnia. Acontece que o matsutake chinês se associa não apenas às coníferas, mas também ao *Quercus*, ao *Castanopsis* e ao *Lithocarpus*, que encontram o berço da sua diversidade de espécies no Himalaia. O dr. Yamanaka me lembra que a maior hospedeira latifoliada do *T. magnivelare* norte-americano é a *Lithocarpus densiflorus*, a única *Lithocarpus* não asiática.[12] Seria isso uma pista? O dr. Yamanaka encontrou esteiras de micélio de matsutake em associação com hospedeiras coníferas e latifoliadas na China. Ele defende sua origem no Himalaia baseando-se, em parte, na grande variedade micorrízica daquela área. Frequentemente, a diversidade é uma expressão do tempo em um lugar.

No entanto, mesmo as pesquisas mais recentes têm demonstrado que o matsutake do sudeste da China não é particularmente diverso geneticamente, ao menos na parte da região do ITS mais frequentemente sequenciada por pesquisadores. O cogumelo chinês é muito menos diverso do que o matsutake japonês, considerado por consenso um retardatário no cenário evolutivo. Mas isso não significa que seja uma população mais nova. Jianping Xu, da Universidade McMaster do Canadá, sugere que o matsutake chinês apenas ocupa mais do espaço disponível que o matsutake no Japão.[13] Essa "saturação", aponta ele, pode levar a uma longevidade maior de clones com menos competição genética. O estresse da poluição industrial também pode levar à competição genética no Japão. O sudoeste da China é muito menos industrializado. Diversidade não é apenas sobre tempo e local.

O dr. Xu recoloca a questão dos esporos. "Muitas espécies de cogumelos são disseminadas. Elas são oportunistas: onde houver comida, elas podem sobreviver. A dispersão não é uma barreira tão significativa para a maioria delas." Ele traz a hipótese

---

12. Manos et al., inquietos sobre a possível existência de um *Lithocarpus* estadunidense, reclassificaram o carvalho perenifólio sob um novo gênero, o *Notholithocarpus* (Paul S. Manos, Charles H. Cannon e Sang-Hun Oh, "Phylogenetic relations and taxonomic status of the paleoendemic Fagaceae of western North America: Recognition of a new genus *Notholithocarpus*", *Madroño*, v. 55, n. 3, 2008, pp. 181-190.
13. Entrevista de 2009.

da "panspermia", segundo a qual os esporos estão em todos os lugares, deslocando-se até pelo espaço sideral. "A maior parte das espécies microbianas pode ser encontrada em todo lugar. A dispersão não é a barreira. A questão é se elas são capazes de sobreviver naqueles ambientes." Ele brinca: "É como os chineses agora, eles estão em todos os lugares. Se há oportunidades de negócio, você provavelmente vai encontrar chineses; se há uma cidade pequena, você provavelmente vai encontrar um restaurante chinês". Rimos juntos. Ele me conta sobre o quão bem dispersos estão os esporos. "Para muitas espécies, há diferenças genéticas limitadas entre populações de áreas geográficas muito diferentes." Um exemplo são as bactérias em nossa boca: ele diz que as bactérias da boca de chineses da classe média urbana são muito diferentes daquelas de seus vizinhos camponeses, mas são as mesmas bactérias de norte-americanos com uma dieta similar. É o ambiente, e não a localização, que importa. Também para os fungos, ele afirma, "a dispersão não é o problema – especialmente depois do surgimento dos humanos".

Há uma nova ideia. Humanos?

Dr. Xu não é o único que pensa que o comércio e o deslocamento humanos espalharam esporos de fungos. O dr. Moncalvo considera a hipótese muito significativa, ainda que discorde da ideia de que nuvens de esporos estejam em todo lugar. "Populações de cogumelo são restritas e bem definidas. A mesma morfologia em dois continentes distintos é geralmente separada por uma distância genética", diz. Há trocas por meio de esporos, argumenta ele, mas são ocasionais, não constantes. Mas as "trocas podem ser muito mais comuns agora porque há mais comércio e deslocamentos". Por exemplo, a *Amanita muscaria* foi transferida para a Nova Zelândia nos anos 1950 e tem se espalhado. Não está fora de questão que o matsutake tenha se espalhado pelo Atlântico com o contato humano.

> Há muitos *Pinus sylvestris* aqui. [O *Pinus sylvestris* é um grande hospedeiro de matsutake do norte da Eurásia, mas não é nativo do Novo Mundo.] Os canadenses ainda têm a rainha na sua moeda, certo? Então eles pensam que as mudas de pinheiro do jardim de sua majestade são de melhor qualidade do que o pinheiro nativo.

Ele balança a cabeça fingindo sentir horror, mas o argumento é sério. Talvez o matsutake tenha viajado para o leste do Canadá nas raízes das mudas de pinheiro. O dr. Moncalvo não descarta a possibilidade de transmissão sem humanos, mas acredita que a dispersão seja recente, porque o matsutake do leste norte-americano é muito similar ao da Eurásia. E, acrescenta ele, me causando espanto: quem sabe qual direção a dispersão seguiu?

> Especialmente se encontramos as duas espécies [o *T. magnivelare* da América do Norte e o *T. matsutake* cosmopolita] em coexistência na América Central e possivelmente no sul dos Apalaches, esta pode ser sua origem. Um [*T. magnivelare*] ficou preso na costa oeste, o outro [*T. matsutake*] se deslocou. Isso é algo que um estudo filogenético deve ser capaz de revelar.

"Como podem as duas espécies terem vindo para o México?", eu pergunto. "Foi um refúgio sulino durante a era glacial", explica o dr. Moncalvo.

> É um fenômeno bastante conhecido. O limite sulino dos carvalhos e pinheiros são as montanhas na América Central. Eles não são encontrados na América do Sul. E você os encontra em regiões de grande altitude: quando esfria, tudo se move para o sul. Quando fica quente de novo, eles se movem para uma altitude maior. Três mil metros no México são como o nível do mar aqui. Isto pode explicar também um pouco da mistura. As populações retornam para seu local de refúgio, mas não são como salmões nadando de volta para o riacho em que nasceram. Não há razão para que o deslocamento se dê por um caminho ou por outro. É o ecossistema que se move, não o fungo.

É o ecossistema que se move: não é de se admirar que os humanos movam tantas outras espécies sem a intenção de fazê-lo; nós criamos novos ecossistemas o tempo todo. E não são apenas os humanos que mudam as coisas de lugar.

"Eu prefiro pensar que às vezes podem ser eventos", explicou o dr. Moncalvo diante da minha insistência em perguntas sobre a forma de dispersão dos tipos.

> Isto é algo que muita gente não consegue compreender. O espaço de tempo é enorme. A separação tectônica entre o hemisfério sul e o hemisfério norte tem 100 milhões de anos. Encontramos então diferentes espécies no hemisfério sul e no hemisfério norte. A Austrália é um ótimo exemplo. E então as pessoas dizem: "Ah, eles se separaram 100 milhões de anos atrás". Mas isso não é verdade. Agora que temos dados moleculares, percebemos que isso é incorreto na maioria dos casos. Eles estão separados, mas por vezes há transferência. Porém a transferência não se dá a todo momento, então não temos algo homogêneo. Pode haver uma transferência a cada 1 milhão de anos, ou a cada 10 milhões de anos. Essa transferência pode vir a partir de qualquer coisa; pode ser um tsunami iniciado nas Filipinas e que cruza o Equador. Eles não costumam cruzar o Equador, mas em 100 milhões de anos é possível que um tanto de solo e pedaços de madeira com animais possam ser transportados. Também poderia ser o vento. Poderia ser qualquer coisa.

Os micólogos já pensaram que os cogumelos do hemisfério sul e do hemisfério norte ficaram isolados por 100 milhões de anos, mas sequências de DNA mostram agora que isso não pode ser verdade. Para o *Aramita*, por exemplo, há muitos grupos com laços norte-sul, ao invés de uma dicotomia hemisférica única. Suposições sobre mutações lentas e contínuas que acontecem em um determinado lugar estão sendo substituídas pela atenção a eventos atípicos, a encontros indeterminados.

Como surgem os tipos, então, em populações locais?

O dr. Xu explica: a escala importa. Não se usam as mesmas ferramentas para estudar a diversidade intercontinental e a local. A região ITS do DNA de fungos é ótima para o estudo de grandes blocos de diferença regional, mas é inútil para estudar populações locais. Nesse caso, um agrupamento completamente diferente de DNA é necessário para avaliar as variações que separam um grupo do outro. O dr. Xu descobriu que os polimorfismos de nucleotídeo único (SNP) são bons para diferenciações em nível populacional.¹⁴ Com esta ferramenta, ele estudou populações de matsutake na China, encontrando pouca diferenciação genética entre os cogumelos companheiros do carvalho e os do pinheiro, mas uma significativa separação geográfica entre as regiões de origem das amostras. O dado mais relevante, possivelmente, é que essa separação gerou mais evidências de que a reprodução sexual é importante em populações de matsutake. Os esporos ressurgem mais uma vez.

No mundo dos fungos isso não é de modo algum evidente. Os fungos se propagam por muitos mecanismos, e a reprodução sexual por meio do encontro de esporos germinados é apenas um deles. Uma grande parte da propagação de fungos é clonal; alguns clones – incluindo aqueles da famosa armilariose – são grandes e muito, muito antigos. Fungos também se propagam a partir de esporos assexuais, que são produzidos em períodos de estresse; com suas películas espessas, os esporos suportam tempos difíceis para germinar quando condições melhores retornam. Para algumas espécies, a reprodução sexual é ausente ou rara. Para o matsutake, no entanto, as evidências sugerem que os esporos sexuais são importantes. Isso é investigado pelo exame da composição genética de retalhos clonais: estariam eles em mutação independente ou trocando materiais genéticos? Por exemplo, seria possível encontrar maior diversidade genética em florestas antigas do que em florestas mais recentes, onde seria esperado um "efeito fundador", ao invés da dispersão livre de esporos? Para o matsutake, a resposta para essa última questão é sim, os esporos parecem ser trocados entre manchas de crescimento micelial.¹⁵

---

14. Jianping Xu, Hong Guo e Zhu-Liang Yang, "Single nucleotide polymorphisms in the ectomycorrhizal mushroom *Tricholoma matsutake*", *Microbiology*, v. 153, 2007, pp. 2002-2012.
15. Anthony Amend, Sterling Keeley e Matteo Garbelotto, "Forest age correlates with fine-scale spatial structure of matsutake mycorrhizas", *Mycological Research*, n. 113, 2009, pp. 541-551.

No entanto, elementos da paisagem podem barrar a troca de esporos; pesquisadores descobriram que as cordilheiras, por exemplo, impedem as trocas genéticas entre populações de matsutake.[16]

Isso parece familiar o bastante – mas espere. O matsutake faz algo estranho e maravilhoso que pode virar a sua ideia de reprodução sexual de cabeça para baixo. *Era outra refeição – desta vez um chá na cidade de Tsukuba, com Hitoshi Murata, do Instituto de Pesquisa em Florestas e Produtos Florestais, e Lieba Faier, membro da equipe do Matsutake Worlds.*[17] *Eu fiquei tão animada quando entendi que derramei chá na minha bandeja toda.* O dr. Murata estudou a genética das populações de matsutake. Foi um processo meticuloso, uma vez que o matsutake não é um objeto de pesquisa fácil. Descobrir como fazer os esporos germinarem era em si mesmo um problema, eles germinavam na presença de outras partes do matsutake, como as lamelas. Isso indica que os esporos podem germinar melhor em *shiros* vivos, isto é, em esteiras miceliais, incluindo aqueles do corpo parental que deu origem ao cogumelo.[18] E o que aconteceu, então, quando eles germinaram? Aqui sua pesquisa revelou algo impressionante. Os esporos de matsutake são haploides, isto é, portam apenas um conjunto de cromossomos, ao invés de conjuntos pareados. Podemos esperar que eles se cruzem com outros esporos haploides, formando assim pares completos, e eles o fazem. Óvulos e espermatozóides humanos se juntam dessa forma. Mas os esporos de matsutake são capazes de outra coisa. Eles podem se juntar com outras células corporais que já possuem pares cromossômicos. Isso é chamado de cruzamento "di--mon" (*di karyon-mono karyon*), dos prefixos de "dois" (o número

---

16. Anthony Amend, Matteo Garbelotto, Zhengdong Fang e Sterling Keeley, "Isolation by landscape in populations of a prized edible mushroom *Tricholoma matsutake*", *Conservation Genetics*, n. 11, 2010, pp. 795-802.
17. Entrevista de 2006.
18. De acordo com o dr. Murata, o matsutake não possui um sistema com incompatibilidade somática para restringir possíveis cruzamentos. Ver H. Murata et al., "Genetic mosaics in the massive persisting rhizosphere colony 'shiro' of the ectomycorrhizal basidiomycete *Tricholoma matsutake*", op. cit. (citado no cap. 16, n. 309)

de cópias cromossômicas em células do corpo fúngico) e "um" (o número de esporos germinantes).[19] *É como se eu decidisse me acasalar com meu próprio braço (e não cloná-lo): isso é muito* queer!

O esporo traz material genético novo para a esteira de micélio, ainda que sejam seus descendentes, pois o *shiro* mesmo é um mosaico, a combinação de múltiplos genomas. Ainda que surjam do mesmo tapete de micélio, diferentes cogumelos podem ter genomas diferentes. Ainda que surjam do mesmo cogumelo, esporos diferentes podem ter genomas diferentes. O aparato genético do fungo é aberto, capaz de anexar novos materiais. Isso fortalece sua habilidade de se adaptar a viradas ambientais e a reparar danos internos. Evolução em um corpo: o fungo pode descartar genomas menos competitivos para coletar outros. A diversidade emerge ali no interior mesmo da mancha.[20]

O dr. Murata me explica que foi capaz de formular estas perguntas por causa de sua formação incomum para um micólogo: ele foi treinado originalmente em bacteriologia. A maioria dos micólogos vem da botânica, que considera um organismo de cada vez, ou da ecologia, que considera interações entre organismos. Mas bactérias são muito pequenas para receberem uma atenção individual, nós as conhecemos em padrões e massas. Como um bacteriologista, ele não sabia nada sobre "detecção do quórum", a habilidade de cada bactéria de sentir quimicamente a presença de outros e de se comportar diferentemente em grupo. A partir de seus primeiros estudos sobre fungos, ele descobriu a detecção de quórum: nos mosaicos fúngicos, cada linha celular pode sentir

---

19. Os núcleos haploides nas células de corpos fúngicos podem não se combinar até o momento de produção dos corpos de frutificação. Até esse momento, são produzidas células com dois ou mais núcleos, cada qual com uma cópia dos cromossomos. Nos corpos fúngicos, o "di-" faz referência às células que possuem dois núcleos haploides.
20. Para uma perspectiva oposta a essa, ver Chunlan Lian, Maki Narimatsu, Kazuhide Nara e Taizo Hogetsu, "*Tricholoma matsutake* in a natural *Pinus densiflora* forest: Correspondence between above- and below-ground genets, association with multiple host trees and alteration of existing ectomycorrhizal communities", *New Phytologist*, v. 171, n. 4, 2006, pp. 825-836.

as outras, formando cogumelos em consonância. Ao examinar os fungos de forma diferente, um novo objeto se tornou visível: o corpo fúngico geneticamente diverso, o mosaico.

Cogumelos com esporos geneticamente diversos! Corpos mosaicos! Sensibilidades químicas que criam efeitos comunais! Quão estranho e maravilhoso é o mundo.

Eu resisto: não seria o momento de voltar para as manchas, as escalas incompatíveis e a importância da história? Eu não deveria retornar aos ritmos múltiplos, aos compassos pelos quais as manchas emergem tanto na paisagem como na ciência? Mas quão feliz é voar com esporos e experimentar o excesso cosmopolita. Por ora, o leitor deve se contentar com conclusões apressadas:

As populações de matsutake são revigoradas pelos esporos a partir da anexação de novos materiais genéticos. Cogumelos produzem muitos, muitos esporos mesmo, e apenas alguns deles germinam e cruzam. Isso é suficiente para manter as populações cosmopolitas e diversas. Parte dessa diversidade está nos corpos parentais que produzem os esporos. Nenhum corpo fúngico "único" vive de forma independente, fora dos encontros indeterminados. O corpo fúngico emerge em convergências históricas – com árvores, com outras coisas vivas e não vivas, e consigo mesmo em outras formas.

Os cientistas, tal como os esporos, especulam sobre questões abertas, incluindo a evolução e a disseminação do matsutake. A maior parte de seus pensamentos não chega a fazer diferença, mas os poucos que fazem podem revitalizar o campo. O conhecimento cosmopolita se desenvolve a partir de convergências históricas – com os assuntos de pesquisa, vivos e não vivos, e com o próprio conhecimento em outras formas.

Manchas são fecundas, mas também existem os esporos.

Vida elusiva, província de Quioto. Manter uma floresta onde o matsutake pode prosperar é uma dança – de limpeza, varredura e exercício de atenção às distintas linhas de vida na floresta. Coletar é também uma dança.

Interlúdio
Dançando

Os catadores têm suas próprias formas de conhecer a floresta de matsutake: eles procuram as linhas de vida dos cogumelos.[21] Estar na floresta dessa maneira pode ser considerado uma dança: as linhas de vida são buscadas a partir dos sentidos, movimentos e orientações... A dança é uma forma de conhecimento florestal – mas não aquele que é codificado em relatórios. E, embora todo catador dance nesse sentido, nem todos os dançarinos são iguais. Cada dança é moldada por histórias coletivas, com suas estéticas e orientações díspares. Assim, para conduzir o leitor à dança, eu volto para a floresta do Oregon. Primeiro vou sozinha, depois com um senhor nipo-americano mais velho, e então com dois Mien de meia-idade.

Para encontrar um bom cogumelo, eu preciso de todos os meus sentidos. Pois existe um segredo para a colheita de cogumelos matsutake: não se deve procurá-los. De vez em quando, vê-se um cogumelo inteiro – provavelmente descartado por animais ou tão velho que os vermes o consumiram. Bons cogumelos, no entanto, estão embaixo da terra. Às vezes, sinto seu aroma pungente antes de encontrá-los. Então meus outros sentidos entram em estado de alerta. Meus olhos varrem o chão, "como limpadores de para-brisa", explicou um catador. Às vezes, eu me deito no chão para ver a partir de um ângulo melhor ou apenas para sentir o solo.

Estou procurando sinais que indiquem a presença do cogumelo, sua linha de atividade. Os cogumelos produzem leves alterações na superfície do solo à medida que crescem sob o chão; é preciso estar atento a esse movimento. As pessoas chamam

---

21. Ver Timothy Ingold, *Lines*. Londres: Routledge, 2007.

isso de montículo, embora um montículo implique uma saliência bem definida, o que é algo muito raro. Em vez disso, penso na detecção de um suspiro, como o que se sente no peito quando se inspira. É fácil imaginar o suspiro como se fosse a respiração do cogumelo. Pode haver uma fissura, como se por ela escapasse sua respiração. Os cogumelos não respiram dessa maneira – ainda assim, esse reconhecimento da vida comum forma a base da dança.

Há muitas protuberâncias e rachaduras em qualquer parte do solo da floresta, a maioria delas não tem nada a ver com cogumelos. Muitas são antigas, estáticas e não necessariamente indicativas do movimento da vida. O catador de matsutake procura por aquelas que sutilmente sinalizam algo vivo, que empurra o solo por baixo lentamente. É necessário sentir o chão. O cogumelo pode estar alguns centímetros abaixo da superfície, mas um bom catador sabe, pois consegue perceber a sua vivacidade, sua linha vital.

A busca por cogumelos tem um ritmo próprio, ao mesmo tempo apaixonado e silencioso. Os catadores descrevem sua ânsia por entrar na floresta como uma "febre". Às vezes, eles dizem que não estavam planejando ir, mas a febre os pega. No calor do entusiasmo, chuva ou neve não atrapalham. Nem mesmo a noite, quando catam com a ajuda de lanternas. Alguns se levantam antes do amanhecer para chegar primeiro, impedindo que os retardatários encontrem cogumelos. No entanto, a pressa não ajuda a encontrar matsutake na floresta: "Devagar", fui constantemente aconselhada. Catadores inexperientes passam desatentos pela maioria dos cogumelos, movendo-se rápido demais, quando apenas uma observação cuidadosa revela aqueles suspiros suaves. Calmo mas febril, apaixonado mas silencioso: o ritmo do catador condensa essas tensões em um estado de prontidão atenta.

Os catadores também estudam a floresta. Eles conseguem nomear as árvores hospedeiras. Mas a classificação das árvores é só o começo, ela determina a área onde um catador poderá fazer sua busca; esse tipo de conhecimento não é tão útil para encontrar cogumelos. Os catadores não perdem muito tempo com as árvores. Nosso olhar é direcionado para baixo, onde os cogumelos crescem sob elevações sutis no solo. Alguns catadores dizem que costumam prestar atenção à terra, dando preferência às áreas onde o solo parece adequado. Mas quando insisto, pedindo que sejam mais específicos, eles resistem. Provavelmente cansado das minhas perguntas, um catador explicou: o tipo certo de solo é o solo onde o matsutake cresce. Pouco adianta classificar. O discurso, aqui, encontra seus limites.

Mais do que um tipo específico de solo, o catador procura as linhas de vida. Não apenas a árvore é relevante, mas a estória que a área ao seu redor conta. É improvável que o matsutake seja encontrado em locais férteis e bem irrigados; outros fungos crescerão lá. Se houver arbustos de *Gaylussacia dumosa*,[22] é provável que o chão esteja muito úmido. Se houver marcas da passagem de máquinas pesadas, significa que os cogumelos foram mortos. Se os animais deixaram excrementos e rastros, é um lugar para procurá-los. Se a umidade encontrou um lugar para se alojar ao lado de uma rocha ou um tronco, também é um bom sinal.

Há uma pequena planta no chão da floresta que depende inteiramente do matsutake, para muito além dos minerais que ele torna disponíveis. A *candy cane* (*Allotropa virgata*) tem um caule listrado de vermelho e branco, adornado por flores, mas sem a clorofila que lhe permitiria produzir seu próprio alimento. Em vez disso, a planta suga os açúcares do matsutake, que, por sua vez, retira-os das árvores.[23] Mesmo depois que as flores se vão, os caules secos dessa espécie podem ser vistos na floresta e são indicadores da presença do matsutake – seja na fase de frutificação ou apenas em estado potencial, como um novelo de fios fúngicos no subsolo.

As linhas de vida estão emaranhadas: *candy cane* e matsutake; matsutake e suas árvores hospedeiras; árvores hospedeiras e ervas, musgos, insetos, bactérias do solo e animais selvagens –

---

22. No original, *dwarf huckleberry*. Não tendo encontrado o nome em português, optamos pelo nome científico. [N.T.]

23. C. Lefevre, "Host associations *of* Tricholoma magnivelare, *the American matsutake*", op. cit. (citado em cap. 12, n. 211.)

levantando montículos na superfície do solo e atiçando os catadores de cogumelos. Os catadores estão atentos às linhas de vida na floresta; ao engajar todos os sentidos na busca por cogumelos, cria-se esse estado de alerta. É uma forma de conhecimento e apreciação da floresta que não assume a completude da classificação científica. Em vez disso, a busca nos aproxima da pulsação de vida desses seres da floresta, que são experienciados então como sujeitos e não objetos.

Hiro é um ancião em uma comunidade urbana nipo-americana.[24] Hoje beirando os 90 anos, Hiro dedicou sua vida, de maneira exemplar, ao trabalho proletário. Quando a Segunda Guerra Mundial estourou, ele era jovem e vivia em uma fazenda com seus pais. Os pais perderam a fazenda quando as autoridades os transferiram para uma fazenda de gado e depois para um campo de concentração construído pelo governo estadunidense para abrigar nipo-americanos durante a guerra. Hiro se juntou ao Exército dos Estados Unidos e serviu na 442ª Equipe Nisei de Combate Regimental, que ficou famosa pelos sacrifícios que fez para resgatar as tropas mais brancas. Depois, ele trabalhou em uma forja, fabricando equipamentos pesados. Por essa longa vida de trabalho, ele recebe 11 dólares por ano como pensão.

A partir dessa história de discriminação e perda, Hiro tem ajudado a construir uma comunidade nipo-americana ativa. Um dos componentes é o matsutake: um símbolo de comunhão e memória. Para Hiro, doar matsutake é um dos maiores prazeres da colheita. No ano passado, ele deu matsutake a 64 pessoas, principalmente àquelas mais velhas, que não conseguem ir até as montanhas para colher. O matsutake cria uma sensação de prazer ao ser

---

24. Meu presente etnográfico aqui é 2008. Hiro já faleceu.

compartilhado. Assim, também se tornou um presente que os velhos podem dar aos mais jovens. Antes mesmo de alguém chegar até a floresta, o matsutake já evoca uma relação com a memória.

Durante o caminho para a floresta com Hiro, a memória se torna algo íntimo. Ele aponta pela janela: "Esse é o local de caça de matsutake do Roy; ali é o lugar especial do Henry". Só mais tarde eu percebo que Roy e Henry já faleceram. Mas eles sobrevivem no mapa da floresta de Hiro, lembrados toda vez que ele passa por lá. Hiro ensina os mais jovens a catar cogumelos e, com o aprimoramento dessa habilidade, vem a memória.

Quando entramos na floresta, a memória se torna específica. "Debaixo dessa árvore, uma vez eu encontrei dezenove cogumelos, uma fileira inteira que se estendia por meia circunferência em torno da árvore. Mais pra lá eu peguei o maior cogumelo que já encontrei, quatro libras [cerca de 1,8 quilo] e ainda era apenas um broto." Ele me mostra o local onde tempestades derrubaram uma árvore sob a qual costumava encontrar cogumelos; não haverá cogumelos lá. Observamos os lugares onde uma inundação varreu a superfície do solo e onde alguns catadores comprometeram um arbusto ao cavar. Antigamente esses lugares eram bons para encontrar cogumelos: hoje, não mais.

Hiro anda com uma bengala, e é incrível para mim que ele ainda consiga passar por cima de troncos caídos, arbustos e ainda escalar barrancos escorregadios. Mas Hiro não está preocupado em cobrir grandes áreas. Em vez disso, ele cria um trajeto específico que costura os locais onde ele se lembra de ter encontrado cogumelos antes. A melhor maneira de encontrar os matsutake é buscando os mesmos locais onde foram achados antes.

É claro que, se esse ponto estiver no meio do nada, sob um arbusto aleatório perto de uma árvore aleatória, é muito difícil lembrar daquele lugar com o passar dos anos. Seria impossível catalogar todos os lugares onde já se encontrou um cogumelo. Mas isso não é necessário, explica Hiro. Quando você chega ao local, a memória invade, tornando todos os detalhes de outros tempos subitamente claros – o ângulo de uma árvore inclinada, o cheiro de um arbusto resinoso, o jogo de luz, a textura do solo. Muitas vezes experimentei essa invasão da memória. Estou andando pelo que parece ser um trecho desconhecido da floresta e, de repente, a lembrança de encontrar um cogumelo – ali mesmo – banha o meu entorno. De repente, sei exatamente onde devo procurar, embora encontrá-lo não seja nada fácil.

Esse tipo de memória requer movimento e inspira um conhecimento histórico íntimo da floresta. Hiro lembra quando uma estrada foi aberta ao público pela primeira vez: "Havia tantos cogumelos ao lado da estrada que você nem precisava entrar na floresta!". Ele lembra de anos particularmente bons: "Consegui encher três caixas grandes de cogumelos. Eu não conseguia achar uma maneira de carregá-los no carro". Toda essa história está embutida na paisagem, tecida por entre os pontos que visitamos em busca de uma nova vida emergente.

O poder dessa dança da memória me impressionou, particularmente quando falamos de pessoas que não podem mais praticá-la. Hiro leva cogumelos para aqueles que já não conseguem caminhar pela floresta. Cogumelos presenteados reinserem os doentes e os viúvos na paisagem comunitária. No entanto, às vezes a memória falha; e, então, para o bem ou para o mal, o mundo todo parece se transformar em cogumelos. Henry, um amigo de Hiro, contou a história comovente de um idoso nissei com Alzheimer, confinado em uma casa de repouso. Quando Henry o visitou, o velho lhe disse: "Você deveria ter vindo aqui na semana passada; aquela encosta estava branca de cogumelos". Ele apontou a janela para um gramado cortado onde o matsutake nunca iria crescer. Sem a dança das florestas de matsutake, a memória perde o foco.

Hiro me levou a um vale onde os catadores não eram tão cuidadosos com a paisagem. Ele é uma das pessoas mais generosas que conheço e adora trabalhar entre categorias raciais e culturais. No entanto, cansado e desanimado, depois de algumas horas ele passou a repetir: "Este era um bom lugar antes dos cambojanos o arruinarem. Este era um bom lugar antes dos cambojanos o arruinarem". "Cambojanos" é a forma como ele se refere aos catadores do Sudeste Asiático. E nenhum estadunidense deveria ficar surpreso com os conflitos entre categorizações étnico-raciais a partir das quais nos estereotipamos. Sem apontar o dedo para Hiro ou para os cambojanos, permitam-me retomar algo que aprendi com duas catadoras Mien. Meu objetivo não é mostrar o contraste classificatório, mas conduzir você, leitor, a uma outra dança.

Para Moei Lin e Fam Tsoi, a colheita de matsutake é tanto um meio de vida quanto um modo de tirar férias. Desde meados da década de 1990, elas viajam com seus maridos a cada temporada de matsutake, de Redding (Califórnia) até a parte central das Cascatas do Oregon; nos finais de semana, seus filhos e netos às vezes se juntam a eles. Quando a temporada termina, o marido de Moei Lin tem um emprego de empilhador de caixas no Wal-Mart; o marido de Fam Tsoi dirige um ônibus escolar. Em um ano bom, a colheita de matsutake pode ser mais proveitosa do que qualquer um desses trabalhos. Mas as razões que os levam a aguardar ansiosamente pela temporada de cogumelos são muitas, entre elas o exercício físico e o ar fresco. As mulheres, em particular, sentem-se livres do confinamento das cidades. As comunidades vizinhas dos acampamentos Mien são o que existe de mais parecido, nos Estados Unidos, com uma aldeia no planalto do Laos. Os acampamentos de catadores Mien são cheios de animação, tal qual a vida na aldeia.

Também há razões para querer esquecer, como me conta Fam Tsoi, quando pergunto sobre as lembranças de seu país de origem. Como muitos catadores Hmong me disseram que caminhar pelas florestas do Oregon faz com que se lembrem do Laos, eu me pergunto se os Mien também têm essa relação com a memória. "Sim, claro. Mas se pensar apenas no cogumelo, você consegue esquecer", diz ela. Moei Lin e Fam Tsoi vieram para os Estados Unidos para escapar das tragédias da guerra dos Estados Unidos na Indochina. Depois de passar anos na Tailândia, elas foram aceitas como refugiadas e se mudaram para a região central da Califórnia, onde o clima é ameno e a agricultura é próspera. Não falavam inglês nem tinham experiência com o trabalho urbano, e começaram a cultivar seus próprios alimentos enquanto os maridos fabricavam ferramentas tradicionais. Quando souberam que era possível ganhar dinheiro pegando cogumelos na floresta, juntaram-se à colheita do outono.

Para elas, explorar novas paisagens é uma habilidade antiga, que se desenvolveu na agricultura itinerante das migrações. É uma habilidade útil para a colheita comercial de cogumelos, que, de modo distinto da colheita tradicional, exige que se percorram longas distâncias. Diferentemente dos catadores tradicionais, para quem meio balde de cogumelos significa que tiveram um bom dia, os catadores comerciais sabem que meio balde não pagará a gasolina. Os catadores comerciais não podem se dar ao luxo de procurar cogumelos apenas nos lugares conhecidos. Para ganhar a vida, eles precisam se dedicar à cata dos cogumelos em jornadas mais longas, áreas mais vastas e ecossistemas mais variados.

Diferente dos refugiados de origem urbana, Moei Lin e Fam Tsoi não têm medo da floresta e raramente se perdem. O seu grupo de catadores se sente tão à vontade que não precisam ficar juntos. Quando saio para a colheita com eles, os homens tomam a dianteira, escolhendo trajetos mais rápidos, enquanto as mulheres seguem um ritmo próprio, voltando a encontrá-los muito mais tarde. "Os homens saem correndo em busca de protuberâncias maiores no solo", explica Fam Tsoi, "enquanto as mulheres fazem uma varredura cuidadosa do chão."

Eu acompanho Fam Tsoi e Moei Lin na varredura. Por todos os lugares onde fizemos a busca, outras pessoas já haviam estado antes. Mas, em vez de amaldiçoar os rastros deixados por buscas malfeitas, nós os examinamos. Moei Lin se inclina com sua vara e cutuca onde o solo foi mexido. Não há sinal de elevação no solo, pois a superfície já foi revolvida. Mas às vezes há um cogumelo! Seguimos o rastro dos catadores anteriores, analisando o que deixaram para trás. Já que o matsutake, associado às árvores hospedeiras, costuma repetir seus locais de aparição, essa estratégia é surpreendentemente produtiva. Alinhamo-nos assim com catadores invisíveis que passaram por esses lugares antes de nós, mas nos deixaram vestígios de sua atividade.

Os catadores não humanos são tão ou mais importantes que os humanos nessa estratégia. Veados e alces adoram matsutake e preferem ele a outros cogumelos em sua dieta. Quando encontramos rastros de veados e alces, eles frequentemente nos levam a uma área com matsutake. Os ursos reviram os troncos sob os quais o matsutake se esconde e fazem uma verdadeira bagunça ao cavarem o chão. Mas os ursos – como os veados e alces – nunca pegam todos os cogumelos. Assim, encontrar o rastro de uma escavação recente de animais é um sinal claro de que os cogumelos podem estar por perto. Seguindo os traços da vida animal, associamo-nos a eles e alinhamos nossos movimentos, fazendo uma busca conjunta.

Nem toda a pista serve de guia. Quantas vezes encontro uma saliência promissora que, quando investigada, não guarda nada além de ar: um túnel cavado por um esquilo ou uma toupeira. E quando pergunto a Moei Lin se ela procura pela *candy cane* como um sinal, ela franze a testa e diz não. "Outras pessoas já terão feito isso", explica ela. É um sinal óbvio demais para os entrelaçamentos sutis que procuramos.

Ver o lixo sob tal perspectiva é uma revelação para mim. Os brancos que caminham pelas trilhas e o Serviço Florestal odeiam lixo. Estraga a floresta, dizem. E prosseguem: os catadores do Sudeste Asiático deixam muito lixo. Alguns já falaram em fechar a floresta para os catadores por causa do lixo que eles deixam. Mas, na procura de linhas de vida, um pouco de lixo ajuda. Não me refiro aos montes de latas de cerveja que os caçadores brancos deixam para trás, mas a um pouco de lixo espalhado pela floresta, que serve como um sinalizador. Um pedaço amassado de papel alumínio, o frasco descartado de tônico de ginseng, uma carteira barata de cigarros chineses Zhong Nan Hai: cada pedaço de lixo é um sinal de que algum catador do Sudeste Asiático passou por ali. Eu reconheço a linha e me alinho com ela, isso impede que eu me perca, coloca-me na rota dos cogumelos. Percebo-me ansiosa pelo encontro com as linhas que o lixo traça.

Para o Serviço Florestal, não é apenas o lixo que incomoda. Outra preocupação é a "varredura", que significa revirar o solo. Porta-vozes antivarredura descrevem essa ação como resultado da ação individual de homens egoístas ou ignorantes. Os "varredores" vasculham o chão com suas varetas, sem levar em consideração as possíveis consequências de seus atos. Mas as catadoras mulheres me mostram uma perspectiva diferente. Às vezes, um solo revirado, supostamente "varrido", pode ser fruto do trabalho de muitas pessoas, não apenas de uma. Quando muitas mãos apalpam uma área para encontrar as linhas de vida, uma espécie de vala pode se formar. Às vezes, o solo remexido por uma "varredura" pode ser resultado de muitas linhas de vida consecutivas e entrelaçadas.

O terreno onde Moei Lin e Fam Tsoi realizam a coleta não é o tapete esculpido de musgo e líquen do vale especial de Hiro. No alto deserto vulcânico das Cascatas Orientais, o chão está seco; as árvores, doentes e às vezes escassas, sofrem a ação do vento. Árvores caídas tornam-se detritos no terreno e suas bases enraizadas impedem a passagem. Ondas de desmatamento e "tratamentos" do Serviço Florestal deixaram um rastro de tocos, estradas e terra avariada. Parece estranho, portanto, afirmar que os catadores estão entre as piores ameaças à floresta. Ainda assim, suas trilhas estão lá. Para Moei Lin e Fam Tsoi, isso é uma vantagem.

Seguindo as linhas de vida e conciliando seus movimentos com elas, Moei Lin e Fam Tsoi cobrem grandes distâncias. Nós nos levantamos antes do amanhecer e, depois de uma refeição, já estamos na floresta junto com os primeiros raios de sol. Por vezes ficamos na floresta por quatro ou cinco horas antes de entrar em contato com os homens pelo *walkie-talkie* para descobrir onde estão. E, embora os contornos gerais das colinas sejam familiares, estamos sempre em busca de novos lugares. Essa não é a floresta do apego ao familiar. Vasculhamos novos territórios seguindo as linhas de vida.

Na hora do almoço, sentamo-nos em um tronco e pegamos nossa porção de arroz guardada em sacos plásticos. Hoje, a mistura é feita de pequenos *nuggets* de carpa tostada e pedacinhos de vegetais vermelhos e verdes. É tentadoramente rica e picante, então pergunto como foi feita. Fam Tsoi explica: "Você tem um peixe. Você coloca sal". Ela vacila; é isso aí. Eu me imagino na cozinha com um peixe na mão, salgado, cru e pingando. A linguagem chegou ao seu limite. O truque do preparo está no movimento corporal, o que não é fácil de explicar. O mesmo vale para a colheita de cogumelos: é mais dança do que classificação. É uma dança que aqui se faz em parceria com muitas outras vidas que dançam.

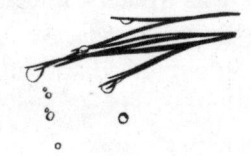

Os catadores de cogumelos que descrevi são observadores dos movimentos de vida de outros corpos que habitam a floresta, ao mesmo tempo em que dançam as suas próprias coreografias. Eles não se importam com todas as criaturas da floresta; de fato, são bastante seletivos. Mas constroem sua percepção incorporando os movimentos de vida dos outros nos seus próprios movimentos. As interseções das linhas de vida pautam os movimentos da dança, criando um modo de conhecimento florestal.

Descobrindo aliados, Iunã. Um comerciante itinerante que compra cogumelos em um mercado rural atrai uma multidão.

PARTE IV

NO MEIO DAS COISAS

Em Open Ticket, os catadores participam de uma reunião com o Serviço Florestal para discutir a discriminação racial na abordagem de carros e na aplicação de multas pelas autoridades. Dois funcionários do Serviço Florestal e cerca de vinte catadores compareceram, uma pequena fração dos que estão na floresta para essa temporada. O organizador dos Khmer faz uma careta em desaprovação: "As pessoas do Camboja não comparecem às reuniões pois acham que alguém pode ser morto", comenta comigo em tom jocoso. Ele está pensando no regime do Khmer Vermelho, sob o qual tantos morreram. Nossa reunião, no entanto, tem outros problemas. Ela começa com participações animadas, logo interrompidas por um agente florestal que se coloca a discorrer sobre os regulamentos com uma voz monótona; a reunião descamba para uma série de regras e explicações, com algumas breves perguntas a interrompê-lo. É difícil vislumbrar uma revolução aqui. Ainda assim, é surpreendente que o Serviço Florestal se reúna com os catadores. E há algo novo, pelo menos para mim. Após cada fala, ouvimos traduções sequenciais em khmer, laosiano, mien e, depois de uma rápida busca para encontrar ajuda, espanhol guatemalteco. Cada tradução chega aos nossos ouvidos com uma cadência incrivelmente distinta, pairando no ar como uma assombração. Mesmo as perguntas mais simples ou explicações de regras tomam *muito* tempo. No meu desconforto, entendo que estamos aprendendo a ouvir, mesmo que ainda não saibamos conversar.

As reuniões entre catadores, e as deles com o Serviço Florestal acontecem por causa do legado de Beverly Brown, uma organizadora incansável que decidiu ouvir os trabalhadores precarizados da floresta do noroeste dos Estados Unidos, incluindo catadores de cogumelos.¹ Brown reunia os catadores a partir de uma prática de tradução que não resolvia as diferenças, mas permitia que elas desacomodassem as soluções mais fáceis, incentivando a escuta criativa. Escutar foi o ponto de partida para o trabalho político de Brown. Não foi pelo idioma que ela começou, mas pelas lacunas que separam a cidade e o campo. Como explica em um livro de memórias publicado antes de sua morte, Brown cresceu sabendo que as elites urbanas nunca escutaram as pessoas do campo – e que ela estava determinada a fazer algo sobre isso.² Começou escutando os madeireiros desfavorecidos e pessoas brancas das áreas rurais.³ Assim, ela foi apresentada aos catadores que comercializam suas colheitas de cogumelos, frutas e folhagens para arranjos. Esse grupo era mais diverso do que o dos madeireiros. Seu trabalho tornou-se mais ambicioso quando ela criou espaços de escuta para transpor abismos ainda maiores.

A escuta política defendida por Brown me inspira a pensar para além de uma mera em nossas aspirações. Se não houver progresso, de que serve a luta? Os desprivilegiados tinham um programa comum na medida em que, no progresso, todos poderiam compartilhar. Foi a persistência de categorias políticas como a de classe – seu movimento incansável para a frente – que nos trouxe a confiança de que a luta nos levaria a algum lugar melhor. E agora? A escuta política de Brown trata disso. Ela sugere que qualquer reunião contém muitos futuros iminentes por vir e que o trabalho político consiste em ajudar alguns deles a surgir.

1. Brown fundou o Jefferson Center for Education and Research em 1994; o centro fechou após sua morte em 2005. Após o trabalho inaugural de Brown, outras organizações assumiram a organização de catadores, incluindo o Institute for Culture and Ecology, o Sierra Institute for Community and Environment e o Alliance of Forest Workers and Harvesters. O projeto contratou "monitores de cogumelos" vindos dos grupos de catadores. Seu trabalho consistia em identificar as demandas dos catadores, trabalhar com suas formas de conhecimento e ajudar a projetar programas de capacitação. Mesmo quando os monitores deixaram de ser pagos, alguns continuaram como voluntários. Os esforços de muitas pessoas e organizações convergiram no projeto.
2. Peter Kardas e Sarah Loose (orgs.), *The making of a popular educator: The journey of Beverly A. Brown*. Portland : Bridgetown Printing, 2010.
3. Beverly Brown, *In timber country: Working people's stories of environmental conflict and urban flight*. Philadelphia: Temple University Press, 1995.

A indeterminação não é o fim da história, mas o nó onde muitos começos aguardam. Escutar politicamente é detectar os traços de agendas comuns ainda não articuladas.

Quando deslocamos essa forma de atenção das reuniões formais para a vida cotidiana, mais desafios aparecem. Por exemplo: como estabelecer uma causa comum com outros seres vivos? Escutar, então, não é suficiente; outras formas de conscientização terão que surgir. E aqui as grandes diferenças aparecem! Como Brown, eu reconheceria a diferença, recusando-me a disfarçá-la com boas intenções. No entanto, não podemos confiar em porta-vozes especializados, como aprendemos na política humana. Precisamos de uma variedade de tipos de atenção para identificar aliados em potencial. Além disso, os indícios de agendas comuns que detectamos ainda não foram desenvolvidos: são tênues, irregulares e instáveis. Na melhor das hipóteses, estamos em busca de uma centelha, por mais efêmera que seja. Mas, quando habitamos o indeterminado, esses vislumbres constituem o âmbito político.

Nesta última onda de cogumelos, em uma irrupção final diante de uma série de secas e invernos, busco momentos fugazes de entrelaçamento em meio à alienação institucionalizada. São contextos propícios para encontrar aliados. Pode-se pensar nesses contextos enquanto bens comuns latentes. São latentes em dois sentidos: primeiro porque, apesar de onipresentes, raramente os notamos; segundo, porque eles não são desenvolvidos. Borbulham com possibilidades não realizadas, mas são esquivos. Eles são o que ouvimos na escuta política de Brown e, de maneira similar, nas artes de notar. Demandam que ampliemos o conceito de bem comum. Assim, eu os caracterizo pelo negativo:

Bens comuns latentes não são exclusivamente humanos. Abrir os bens comuns para outros seres muda tudo. Uma vez que incluímos pragas e doenças, por exemplo, não podemos esperar harmonia, o leão não se deitará com o cordeiro. Comer uns aos outros não é a única forma de relação entre organismos, eles também criam ecologias divergentes. Os bens comuns latentes são aqueles emaranhados mutualistas e não antagônicos encontrados no interior desse jogo confuso.

Os bens comuns latentes não são bons para todos. Toda instância de colaboração abre espaço para alguns e deixa outros de fora. Espécies inteiras são excluídas em algumas colaborações. O melhor que podemos fazer é apontar para mundos "suficientemente bons", onde "suficientemente bom" é sempre imperfeito e passível de revisão.

Os latentes não se institucionalizam bem. As tentativas de transformar os bens comuns em políticas são louváveis, mas não capturam a efervescência dos bens comuns latentes. Os bens comuns latentes se movem nos interstícios da lei; são catalisados por infração, infecção, desatenção – e caça furtiva.

Os bens comuns latentes não podem nos redimir. Alguns pensadores radicais esperam que o progresso nos leve a um bem comum redentor e utópico. Em contraste, os bens comuns latentes estão aqui e agora, em meio ao problema. E os humanos jamais detêm o controle total.

Dado esse caráter negativo, não faz sentido cristalizar os princípios fundamentais ou buscar leis naturais que produzam os melhores exemplos. Em vez disso, pratico as artes de notar. Eu vasculho a bagunça dos mundos-sendo-feitos, procurando tesouros – cada um deles singular e improvável de ser encontrado novamente, pelo menos não na mesma forma.

Descobrindo aliados, província de Quioto. Removendo raízes de latifoliadas da satoyama para beneficiar os pinheiros. Os voluntários trabalham para dar forma a bosques que possam atrair matsutake – e esperam que os cogumelos venham.

Capítulo 18

Na cruzada pelo matsutake: esperando pela ação fúngica

> "Vamos embora."
> "Não podemos."
> "Por que não?"
> "Estamos esperando Godot."
>
> SAMUEL BECKETT, *Esperando Godot*

> A satisfação na vida vem do fato de que a floresta *satoyama* demanda intervenção humana. Essa intervenção, no entanto, deve estar em equilíbrio com as forças de sucessão da natureza.
>
> NOBORU KURAMOTO, "Conservação Cidadã das Paisagens Satoyama"

Humanos não podem controlar o matsutake. Assim, esperar para ver se os cogumelos podem surgir é um problema existencial. Os cogumelos nos lembram da nossa dependência de processos naturais mais-que-humanos: não podemos consertar nada por nós mesmos, mesmo aquilo que estragamos. No entanto, isso não deve nos paralisar. Alguns voluntários japoneses optam por promover uma perturbação paisagística possivelmente útil enquanto aguardam para ver o que acontece. Eles esperam que suas ações possam estimular um bem comum latente, isto é, a erupção de uma assembleia compartilhada – mesmo sabendo que não podem efetivamente *criar* o bem comum.

Shiho Satsuka me apresentou para grupos que perturbam a paisagem como forma de estimular mudanças em agrupamentos multiespécies – e em si mesmos. O Matsutake Crusaders de Quioto é um deles. O slogan dos Crusaders é: "Vamos revitalizar a floresta para que todos possamos comer *sukiyaki*". A refeição, um cozido de carne e vegetais que fica mais saboroso se acompanhado por matsutake, evoca o prazer sensorial que surge da revitalização do bosque. No entanto, como um *crusader* admitiu, pode ser que o matsutake não frutifique enquanto ele estiver vivo. O melhor a fazer é criar perturbações na floresta – e aguardar a vinda do matsutake.

Por que trabalhar na paisagem evoca um sentido de possibilidades renovadas? Como se poderiam transformar as ecologias e os próprios voluntários? Este capítulo conta a história de grupos de revitalização de bosques que esperam que a perturbação em pequena escala possa salvar tanto as pessoas quanto as florestas da alienação. Eles constroem um mundo de formas de vida interdependentes em que transformações mutualistas, inspiradas nas micorrizas, sejam possíveis.

Era um sábado de junho ensolarado quando Shiho Satsuka e eu fomos ver os Matsutake Crusaders perturbando a paisagem. Mais de vinte voluntários tinham ido trabalhar. Na hora em que chegamos, estavam dispersos pelo morro, cavando as raízes das árvores latifoliadas que haviam invadido o que antes era o morro dos pinheiros. Eles esticaram morro abaixo uma corda que passava por uma polia, descendo grandes sacos com raízes e húmus para uma pilha que se encontrava na base do morro. Deixaram apenas os *Pinus resinosa* – sobreviventes solitários em um morro que sem eles estaria vazio. Minha primeira reação foi de desorientação. Eu vi uma floresta desaparecendo, não renovação.

O dr. Yoshimura, líder do grupo, foi generoso e me explicou. Ele me mostrou o arbusto emaranhado de latifoliadas perenes que havia crescido na encosta do morro abanonado por agricultores camponeses. Na sombra escura, nenhuma planta do estrato primário consegue se desenvolver. Espécies que gostam de luz estavam morrendo e a falta de plantas no estrato primário deixou a encosta vulnerável. Durante todo o tempo em que os camponeses cuidaram da encosta, notou o dr. Yoshimura, não houve erosão significativa. A estrada na base da colina estava como esteve por muitos muitos séculos nos registros locais. Se a floresta permanece densa e intocada, com sua estrutura simplificada, acabará ameaçando o solo.[1]

Por outro lado, ele me mostrou o outro flanco do morro, onde os Crusaders haviam terminado seu trabalho. Os pinheiros esverdeavam a encosta. As flores da primavera e a vida selvagem haviam retornado espontaneamente. O grupo estava desenvolvendo formas de uso para a floresta. Eles haviam construído um forno para fazer carvão e fizeram pilhas de composto para procriar os besouros que crianças japonesas gostam de pegar. Havia árvores frutíferas e jardins de vegetais fertilizados pelo húmus que tinham removido, além de planos para muitos outros projetos.

Muitos dos voluntários eram aposentados, mas também havia estudantes, donas de casa e trabalhadores assalariados dispostos a sacrificar seus finais de semana livres. Alguns tinham terras florestais privadas e estavam aprendendo a manejar seus próprios pinheiros. Um voluntário me mostrou fotos de sua floresta *satoyama*, que havia ganhado diversos prêmios por sua beleza. Na primavera, suas encostas estavam cobertas por flores de cerejeira selvagem e azaleias. Mesmo que nenhum matsutake aparecesse, explicou, ele estava contente em participar da reconstrução desse bosque. Os Crusaders não almejam a conclusão dos jardins florestais; eles trabalham na emergência das florestas e se organizam em torno das possibilidades de criar perturbações de pequena escala de acordo com a tradição. A *satoyama* se torna uma zona na qual relações sociais mais-que-humanas – incluindo as da própria floresta – têm a chance de florescer.

---

1. A preocupação do dr. Yoshimura em evitar a erosão na encosta contrasta, portanto, com o empenho de Kato-san em expor o solo pedregoso a partir da erosão, tal como vimos na abertura da parte 3.

Na hora do almoço, os voluntários se reuniram para apresentações, brincadeiras e uma refeição comemorativa. Eles prepararam o almoço: *somen* deslizante, "macarrão na correnteza". Um aqueduto de bambu foi construído e eu entrei na fila para pegar o macarrão que deslizava por ali. Todo mundo se divertia e aprendia, ao mesmo tempo em que a floresta era salva.

Salvar uma floresta abandonada? Como eu sugeri antes, na perspectiva estadunidense uma "floresta abandonada" é um oxímoro. Florestas crescem sem interferência humana. A ampliação das áreas verdes da Nova Inglaterra, depois que seus agricultores se deslocaram para o oeste, é um ponto de orgulho regional. Campos abandonados se tornam florestas; o abandono permite que as florestas retomem seu espaço. O que aconteceu no Japão para que as pessoas vissem o abandono como uma perda de vitalidade e diversidade da floresta? Várias histórias se entrelaçam: a substituição das florestas, a negligência e as doenças florestais, bem como o descontentamento humano. Analisarei cada uma delas.

Depois da Segunda Guerra, as forças da ocupação estadunidense no Japão reduziram as posses de terra, privatizando ainda mais as florestas compartilhadas, que já haviam diminuído durante as reformas do período Meiji. Em 1951, o planejamento florestal nacional teve início, o que significou padronizar a indústria madeireira para torná-la escalável. Novas estradas foram construídas, possibilitando mais extração. À medida que a economia do Japão acelerava, o comércio imobiliário demandou mais madeira, agora escalável. O capítulo 15 discutiu as consequências desse processo. Introduziu-se o desmatamento e impediu-se a rebrotação. No início dos anos 1960, o que antes eram florestas camponesas espalhadas pelo Japão central se tornou plantações de *sugi* e *hinoki*. Os grupos de apoio às *satoyama* reagiram ao senso de alienação das pessoas em relação às florestas, decorrente da predominância de plantações e lavouras.

Nas margens das cidades que prosperavam, empreendedores vasculharam as paisagens camponesas remanescentes e lá construíram complexos de moradia suburbanos e campos de golfe.

Alguns grupos de conservação das florestas *satoyama* surgiram das lutas contra os empreendedores. Ironicamente, esses ávidos voluntários eram muitas vezes filhos dos migrantes do campo, que haviam deixado a vida rural. Esses são os defensores da *satoyama*, que evocam as aldeias de seus avós como modelo para a reconstrução das paisagens rurais.

No entanto, mesmo no campo as coisas estavam mudando, e essa é a segunda história do que aconteceu com as florestas. Nos anos 1950 e 1960, o Japão passou por um período de rápida urbanização. Os agricultores deixaram o campo; áreas rurais que antes sustentavam o modo de vida camponês se tornaram lugar de descaso e abandono. Aqueles que ficaram no campo tinham cada vez menos razões para manter as florestas *satoyama*. A abrupta "revolução do combustível" no Japão fez com que até mesmo os agricultores de áreas rurais remotas usassem combustíveis fósseis para aquecer suas casas, cozinhar e mover seus tratores no final dos anos 1950. A lenha e o carvão foram abandonados. O carvão foi mantido apenas nas práticas tradicionais, como a cerimônia do chá. Assim, os usos mais importantes da floresta camponesa desapareceram. O corte de árvores foi descontinuado com a queda brusca do uso da lenha e do carvão. A coleta de folhas mortas para a adubação verde desapareceu com o advento dos fertilizantes à base de combustível fóssil. A manutenção das várzeas e o corte de palha também deixaram de existir na medida em que os telhados de palha foram substituídos. Negligenciadas, as florestas mudaram, tornando-se densas, com arbustos e árvores latifoliadas perenifólias recém-estabelecidas. Espécies invasoras, como o bambu *moso*, se aglomeraram. Ervas que crescem rentes ao chão e que gostam de luminosidade se perderam. Os pinheiros foram sufocados pela sombra.

O agricultor e ativista Kokki Goto explica a situação em seu livro de memórias.[2]

---

2. Kokki Goto (editado, com introdução e notas de Motoko Shimagami), "'*Iriai* forests

As áreas florestais usadas com frequência pelos aldeões de Ishimushiro, que chamamos de *satoyama*, estavam tão próximas que fazíamos quatro viagens de ida e volta por dia a pé, duas pela manhã e duas à tarde, carregando pacotes de sessenta quilos nas costas. Dentro da floresta, seria muito difícil carregar pacotes de madeira crua para casa, então tivemos que transformá-la em carvão. [...] Em Ishimushiro, temos aproximadamente mil hectares de florestas compartilhadas *iriai* que cobrem a maior parte das áreas florestais de *satoyama*. As florestas *iriai* são compartilhadas por noventa famílias que integram a Associação da Floresta Comum de Ishimushiro. [...]

Antigamente, quando havia poucas maneiras de se ter uma renda em dinheiro, era indispensável que os aldeões tivessem direitos *iriai* para poder viver. Nós dependíamos das áreas florestais em torno do vilarejo para suprir a maior parte das nossas necessidades. Aqueles que não tivessem direito de recolher lenha e matéria orgânica para usar como combustível, ou direito de coletar forragem nas áreas de floresta *iriai* não conseguiriam sobreviver na aldeia. [...]

Para um núcleo familiar como o nosso, que tinha uma porção bem pequena de área florestal, as florestas *iriai* da aldeia eram indispensáveis para juntar lenha, galhos e outras necessidades para a sobrevivência. Em algum momento nos anos 1950, a onda de modernização passou a reverberar em Ishimushiro, transformando rapidamente o estilo de vida do vilarejo. Os aldeões passaram a usar querosene e eletricidade, trocar seus telhados de palha por telhas de aço galvanizado e adotar tratores, tornando gradualmente desnecessários a lenha, os galhos, a forragem e a palha. Desse modo, muitas pessoas pararam de entrar nas florestas *satoyama*, com raras exceções. [...] A coleta de cogumelos é a única atividade econômica viável hoje em dia. As coisas mudaram drasticamente desde a época em que as bênçãos das florestas *iriai* eram muito significativas para a comunidade.

Mais adiante em sua estória, ele fala do empenho, dele e de outras pessoas, para revitalizar as paisagens das aldeias. Ele explica os esforços coletivos para limpar canais e abrir florestas. "Quando as pessoas dizem 'as coisas eram melhores antigamente', o que elas têm em mente, acredito eu, é a alegria de fazer as coisas juntos, com muitas pessoas. Nós perdemos essa alegria."[3]

have sustained the livelihood and autonomy of villagers': Experience of commons in Ishimushiro hamlet in northeastern Japan", versão pré publicação n. 30, Afrasian Center for Peace and Development Studies, Ryukoku University, 2007, pp. 2-4.
3. Ibid., p. 16.

Os pinheiros, assim como os agricultores, não prosperavam mais. Como descrevi no capítulo 11, os nematoides-da-madeira-do-pinheiro mataram a maioria dos *Pinus resinosa* no Japão central. Isto se deu em parte porque a negligência e o abandono das *satoyama* colocou os pinheiros em situação de estresse. Ao caminhar por florestas *satoyama* descuidadas, veem-se apenas pinheiros mortos ou perecendo.

Esses pinheiros moribundos condenaram a colheita de matsutake; sem tê-los como hospedeiros, o matsutake não pode sobreviver. De fato, são os registros do declínio do matsutake que tornam mais clara a perda das florestas de pinheiros do Japão. Na primeira metade do século xx, as florestas *satoyama* produziram matsutake em abundância. Os camponeses consideravam essa abundância natural; o matsutake era apenas um entre os muitos alimentos colhidos no outono, complementando os alimentos silvestres da primavera para marcar as estações do ano. A grande confusão só veio depois, nos anos 1970, quando os cogumelos se tornaram caros e escassos. A queda foi grande e brusca. Os pinheiros estavam morrendo. Na década de 1980, enquanto a economia japonesa continuava a expandir, o matsutake japonês tornou-se raro – e muito valioso.

Ao longo dos anos 1990, o matsutake importado encheu os mercados e, mesmo assim, continuou absurdamente caro. A geração que se tornou adulta entre as décadas de 1970 e 1990 pode lembrar-se do aroma marcante de uma lasca fina e cara de matsutake na sua sopa – e reagir com espanto e alegria ao sonho de fartura do cogumelo.

O matsutake ajuda as florestas camponesas a se integrarem na paisagem rural. Com preços altos, a venda de cogumelos cobre o valor dos impostos sobre a terra e ajuda em sua manutenção. Nas áreas onde os direitos *iriai* ainda existem, as aldeias exploram os benefícios do matsutake para fins comunitários por meio da licitação do direito de coleta (e venda) de cogumelos. Os leilões são realizados no verão, quando ainda não se sabe se a temporada de cogumelos será boa; os aldeões organizam um banquete onde encorajam uns aos outros a dar lances maiores, animados pela bebida. O vencedor paga uma quantia alta para a vila e depois a recupera com a colheita dos cogumelos. Apesar dos benefícios comunitários e financeiros, o trabalho de manutenção da floresta nem sempre é realizado, especialmente com o envelhecimento dos aldeões. Em florestas negligenciadas, os pinheiros morrem e o matsutake desaparece.

Os movimentos em prol das florestas *satoyama* tentam recuperar a socialidade perdida da vida comunitária. Eles promovem atividades para reunir idosos, jovens e crianças, combinando educação e construção da comunidade com trabalho e prazer. Há mais coisas em jogo do que a ajuda aos camponeses – e aos pinheiros. O trabalho com as *satoyama*, explicam os voluntários, reconstrói o espírito humano.

No boom econômico que seguiu a recuperação do Japão após a Segunda Guerra, migrantes urbanos deixaram o campo em busca de mercadorias e modos de vida modernos. No entanto, nos anos 1990, quando o crescimento econômico diminuiu, nem mesmo a educação ou o emprego pareciam um caminho tão fácil para se alcançar o bem-estar oferecido pelo progresso. A economia dos espetáculos e desejos floresceu, mas se tornou descolada de expectativas sobre a trajetória de vida. Ficou mais difícil imaginar para onde a vida deveria levar e o que, além de mercadorias, deveria fazer parte dela. A atenção pública para esse problema foi suscitada por uma figura icônica: o *hikikomori* é uma pessoa jovem, geralmente um menino adolescente, que se fecha em seu quarto e se recusa a fazer contato olho no olho. Os *hikikomori* vivem por meio das mídias eletrônicas. Eles se isolam, engajados em um mundo de imagens que os libera da socialidade encarnada, e mergulham em uma prisão autoconstruída. Eles representam o pesadelo de muitos com a anomia urbana: há um pouco de *hikikomori* em todos nós. Foi esse pesadelo que o professor K viu nos olhos distraídos de seus estudantes, no capítulo 13. Isso o motivou a ir para o campo em busca de um lugar para se reinventar junto com os seus alunos. O professor ainda trouxe consigo muitos advogados, educadores e voluntários.

A revitalização das florestas *satoyama* tem relação com o problema da anomia porque constrói relações sociais com outros seres. Humanos se tornam apenas um entre muitos participantes no fazer habitabilidade. Os participantes buscam se associar às árvores e aos fungos. Eles trabalham em paisagens que demandam ação humana, mas que também excedem esta demanda. Na virada do século, alguns milhares de grupos de revitalização da *satoyama* surgiram em todo o Japão. Alguns focam no manejo da água, na educação sobre a natureza, no habitat de uma flor em particular, ou em cogumelos matsutake. Todos estão empenhados em refazer pessoas e paisagens.

Para se reinventar, os grupos cidadãos misturam ciência e conhecimento camponês. Os cientistas frequentemente assumem a liderança na revitalização das *satoyama*. Mas eles visam incorporar o conhecimento secular em sua prática; aqui, profissionais urbanos e cientistas conversam com agricultores mais velhos em busca de conselhos. Alguns se voluntariam para ajudar os agricultores em seu trabalho ou falam com os anciões para aprender sobre formas de vida em vias de desaparecimento. Seu objetivo é restaurar as paisagens camponesas e, para isso, eles precisam de conhecimento. O aprendizado mútuo é também um objetivo importante. Os grupos são honestos sobre cometer erros – e aprender com eles. Um relatório sobre o trabalho com *satoyama* feito por um grupo de voluntários inclui todos os problemas e erros cometidos por eles. Sem coordenação, eles cortam árvores demais. Algumas das áreas abertas por eles cresceram novamente e ainda mais densas, com espécies indesejadas. No fim, argumentam os autores do relatório, o grupo desenvolveu um princípio de "faça, pense, observe e faça de novo", elevando as tentativas e erros coletivos a uma espécie de arte. Já que um de seus propósitos era o aprendizado participativo, a possibilidade de errar e observar os erros tornou-se uma parte importante do processo. Os autores concluem: "para serem bem-sucedidos, os voluntários têm que participar em todos os níveis e fases do programa".[4]

Grupos como o Matsutake Crusaders de Quioto aproveitam o fascínio pelo cogumelo para torná-lo um símbolo do seu comprometimento em renovar as relações de trabalho de pessoas e florestas. Se o matsutake surge – como ocorreu em uma encosta bem preparada pelos Crusaders na primavera de 2008 –, ele traz uma onda de entusiasmo para os voluntários. Nada pode ser mais empolgante do que esse entrelaçamento inesperado com outros participantes na criação de florestas. Pinheiros, humanos e fungos se renovam em um momento de convivência entre espécies.

Ninguém acredita que o matsutake vai levar o Japão de volta à sua glória pré-bolha. A revitalização das florestas de matsutake não traz a redenção, mas abre caminhos por entre os escombros da alienação. No processo, os voluntários adquirem a paciência necessária para se misturar a uma multiplicidade de espécies, sem saber qual direção este mundo-em-processo irá tomar.

---

4. Noboru Kuramoto e Yoshimi Asou, "Coppice woodland maintenance by volunteers", in: Takeuchi et al. (orgs.), *Satoyama: The traditional rural landscape of Japan*, op. cit., pp. 119-129 (citado no cap. 11, n. 193)

Descobrindo aliados, Iunã. Conversando no mercado. A privatização não pode erradicar o bem comum latente, pois depende dele.

Capítulo 19
Ativos ordinários

Às vezes, entrelaçamentos comuns emergem não a partir de planejamentos humanos, mas apesar deles. Não se trata da falência desses planos, mas do imprevisto que se infiltra em sua execução, oferecendo brechas de possibilidades efêmeras para que se instaure uma vida em comum. Isso é o que acontece com a criação de ativos privados. Ao reunirmos ativos, ignoramos o comum – mesmo que ele faça parte do arranjo. No entanto, até mesmo aquilo que foi ignorado pode produzir condições para o surgimento de aliados em potencial.

Hoje, a província de Iunã é um lugar para se considerar essa questão porque, após o experimento comunista, as elites nacionais e internacionais se encontram em um frenesi de criação de ativos privados por toda parte. No entanto, muito dessa criação se dá de forma estranha e crua. Chama a atenção a justaposição da privatização e de outras maneiras de as pessoas se relacionam com as coisas.[1] As florestas de matsutake e o comércio de matsutake são exemplos disso. Florestas de quem e comércio de quem?

As florestas – com seus limites difusos e ecologias diversas – são sempre um desafio para os privatizadores. Nos últimos sessenta anos, as florestas de Iunã oscilaram entre vários arranjos de posse. Especialistas em florestas, como Michael Hathaway e eu, conversávamos preocupados com o fato de os camponeses estarem desanimados e confusos com as formas de manejo dos

---

1. Como lembra Michael Hathaway (comunicação pessoal, 2014), a privatização em Iunã às vezes revive as relações de posse pré-comunistas. A brutalidade nas mudanças, mais do que a novidade que trazem, chama a atenção para as relações constitutivas da propriedade.

recursos.² Ainda assim, eles estavam esperançosos em relação a uma categoria de posse recente: o arrendamento de florestas para o cultivo pelas famílias camponesas.

Embora não se igualem ao livre direito à propriedade privada que vigora nos Estados Unidos, esses contratos, esperavam os especialistas, poderiam racionalizar o uso das terras camponesas. Superintendentes internacionais poderosos imaginam a posse individual como uma forma de conservação, porque oferece incentivos para o uso consciente.³ Em Iunã, isso também desperta esperanças populistas: depois de uma intensa história de imposições vindas de cima, aqui pelo menos há uma chance de os agricultores locais terem alguma voz no manejo de suas florestas. Os pesquisadores de Iunã, em diálogo com o desenvolvimento cosmopolita no campo da ecologia política, mostraram como as metas de justiça social podem ser atingidas a partir do controle local das florestas, possibilitado por contratos domésticos.⁴ Assim, também,

---

2. Para discussões sobre posse, ver Liu, "Tenure and management of non-state forests in China since 1950", op. cit. (citado no cap. 13, n. 246); Nicholas Menzies, *Our forest, your ecosystem, their timber: Communities, conservation, and the state in community-based forest management*. Nova York: Columbia University Press, 2007. Depois que as políticas de 1981 entraram em vigor, a maioria das florestas foi dividida em três categorias: floresta estatal, floresta coletiva e floresta sob responsabilidade de famílias. Na segunda categoria, a floresta também foi dividida em contratos familiares individuais. Os direitos a árvores e outros recursos florestais foram cada vez mais separados; em 1998, o corte de madeira foi proibido em Iunã. As coisas funcionavam de maneira diversa nas diferentes regiões de Iunã. O local que Michael Hathaway e eu estudamos tinha acordos de acesso individual. No entanto, descobrimos que os agricultores entrevistados frequentemente confundiam ou desconsideravam as sutilezas dessas categorias.
3. Na visão do FMI e do Banco Mundial, a privatização evita a "tragédia dos bens comuns", na qual destruímos recursos compartilhados (Garrett Hardin, "The tragedy of the commons", *Science*, v. 162, n. 3859, 1986, pp. 1243-1248).
4. Para alguns registros em inglês, consulte Jianchu Xu e Jesse Ribot, "Decentralisation and accountability in forest management: A case from Yunnan, south-west China", *European Journal of Development Research*, v. 16, n. 1, 2004, pp. 153-173; X. Yang et al., "Common and privatized: Conditions for wise management of matsutake mushrooms in northwest Yunnan province, China", *Ecology and Society*, v. 14, n. 2, 2009, pp. 30; Xuefei Yang, Jun He, Chun Li, Jianzhong Ma, Yongping Yang, e Jian-chu Xu, "Management of matsutake in NW-Yunnan and key issues for its sustainable utilization", in: Christoph Kleinn et al. (orgs.), *Sino-German symposium on the sustainable harvest of non-timber forest products in China*, Göttingen: World Agroforestry Centre, 2006, pp. 48-57; Jun He, "Globalised forest--products: Commodification of the matsutake mushroom in Tibetan villages, Yunnan,

os pesquisadores se mantêm alertas à criatividade e à perspectiva dos agricultores, que aprendem a usar os privilégios do contrato para resolver problemas locais. Uma pesquisadora relata como os moradores redistribuem as áreas florestais para equalizar os ganhos potenciais de cada um. Ela documenta o trabalho de uma família na qual os irmãos, por exemplo, revezam os lotes florestais para garantir que todos tenham chance de obter benefícios.[5]

Mas quais são esses benefícios? Iunã está sob uma proibição de corte de madeira há alguns anos e, pelo menos oficialmente, a madeira deve ser extraída apenas com permissão e para uso doméstico. No entanto, existem outros ativos em potencial. Nas montanhas da província de Chuxiong, no centro de Iunã, o matsutake é o produto florestal mais valioso. Por causa disso, os especialistas estão entusiasmados com os contratos domésticos; sem esse passo em direção à privatização, dizem eles, os catadores poderiam esgotar os recursos. Os silvicultores nos contaram sobre os horrores de outras áreas de Iunã, onde os catadores se espalham antes do amanhecer, fazendo uma varredura dessas áreas comuns com suas lanternas. É caos, disseram eles. Além disso, cogumelos pequenos são colhidos antes de atingirem seu maior valor de mercado. Os contratos, ao contrário, organizam a floresta, bloqueando tal selvageria e ineficiência. As florestas de Chuxiong oferecem um modelo para a criação de ativos privados: um exemplo de reforma florestal para Iunã e para toda a China.[6]

---

southwest China", *International Forestry Review*, v. 12, n. 1, 2010, pp. 27-37; Jianchu Xu e David R. Melick, "Rethinking the effectiveness of public protected areas in southwestern China", *Conservation Biology*, v. 21, n. 2, 2007, pp. 318-328.

5. Su Kai-mei, Academia de Ciências da Agricultura de Yunnan, entrevista de 2009. Ver também Yang Yu-hua, Shi Ting-you, Bai Yong-shun, Su Kai-mei, Bai Hong-fen, Mu Li-qiong, Yu Yan, Duan Xing-zhou, Liu Zheng-jun, Zhang Chun-de, "Discussion on management model of contracting mountain and forest about bio-resource utilization under natural forest in Chuxiong Prefecture", *Forest Inventory and Planning*, n. 3, 2007, pp. 87-89 (em chinês); Li Shu-hong, Chai Hong-mei, Su Kai-mei, Zhing Ming-hui, e Zhao Yong-chang,"Resources investigation and sustainable suggestions on the wild mushrooms in Jianchuan", *Edible Fungi of China*, n. 5, 2010 (em chinês).

6. Ver X. Yang et al., "Common and privatized: Conditions for wise management of matsutake mushrooms in northwest Yunnan province, China", op. cit.; e Y. Yang et al., "Discussion on management model of contracting mountain and forest about bio-resource

Um arranjo amplamente elogiado para o gerenciamento do matsutake é o leilão da vila. Leiloa-se o acesso às florestas sob contrato, concedido aos aldeões durante a estação de matsutake. O sistema lembra os leilões das florestas *iriai* do Japão. O vencedor ganha o direito de colher e vender o matsutake nas terras dos aldeões. Na área que visitamos em Iunã, o dinheiro ganho com o leilão é distribuído entre as famílias e constitui uma parte importante de sua receita. Sem a pressão da concorrência com outros catadores, o vencedor do leilão pode colher os cogumelos quando o seu preço de mercado for mais alto, maximizando assim sua renda e a dos aldeões compensados. Os defensores dos contratos domésticos também argumentam que esse recurso – o matsutake – crescerá melhor sem as pressões da sobrecolheita caótica. Mas o matsutake consegue prosperar em florestas privadas? Vamos abordar essa questão por etapas.

Na economia rural, os vencedores do leilão são figuras exemplares no acúmulo de ativos privados. O "Patrão" L. é um deles; ele ganhou o contrato para colher matsutake em sua aldeia natal, onde moram onze famílias, e se tornou um grande comprador local. Suas relações com os agentes florestais e pesquisadores do governo são boas. Cerca de quinze anos atrás, os agentes pediram para ele criar uma "floresta-vitrine" de matsutake. Ele cercou vários hectares e construiu um calçadão serpenteando pela floresta. Assim, visitantes e pesquisadores poderiam caminhar pela floresta-modelo sem perturbá-la. Sem a presença dos camponeses, as árvores na floresta-vitrine cresceram grandes e bonitas. O solo, sem contato com os ancinhos dos camponeses, acumulou uma serrapilheira espessa – isto é, uma camada de folhas e agulhas de pinheiro sobre o húmus que fica cada vez mais rica. É

---

utilization under natural forest in Chuxiong Prefecture", op. cit. Uma governança muito diferente sobre a colheita de matsutake – com maior controle comunitário – caracteriza a área tibetana de Diqing, em Iunã, onde gravita a maioria dos pesquisadores estrangeiros. N. Menzies, *Our forest, your ecosystem, their timber: Communities, conservation, and the state in community-based forest management*, op. cit.; Emily Yeh, "Forest claims, conflicts, and commodification: The political ecology of Tibetan mushroom-harvesting villages in Yunnan province, China", *China Quarterly*, n. 161, 2000, pp. 212-226.

revigorante caminhar por essa floresta, com suas árvores graciosamente arqueadas e seu cheiro intenso de terra. Quando alguém vê um cogumelo, é uma emoção; e, como ninguém colhe matsutake aqui, eles emergem por entre a espessa camada de folhas como pequenos guarda-chuvas. Os visitantes vêm de muitos lugares para admirar essa floresta de matsutake. Mas os silvicultores sabem o suficiente para se preocupar: há muita serrapilheira. O húmus é demasiadamente rico. Os matsutake ainda aparecem, mas talvez não por muito tempo. O matsutake prefere mais agitação.

Certamente, há bastante movimentação em outros lugares. Diferente da floresta-vitrine, as florestas de matsutake são muito usadas e abusadas. Em todos os lugares aonde Michael Hathaway e eu fomos, as árvores latifoliadas mostravam sinais de poda contínua para lenha; muitas foram reduzidas a arbustos severamente abatidos. Os pinheiros também são cortados repetidamente, pois os camponeses removem os galhos para coletar pólen ou pinhões, dependendo da espécie. As agulhas de pinheiro são varridas para forrar a cama dos porcos, que mais tarde se tornam fertilizante para os campos. As cabras são onipresentes, comem de tudo, inclusive pinheiros jovens, que parecem ter desenvolvido uma adaptação do tipo "estágio de grama" para sobreviver ao pastoreio pesado. As pessoas também estão por toda parte coletando plantas medicinais, comida para porcos e cogumelos comercializáveis. Não apenas o matsutake, mas muitos outros tipos, desde o amargo *Lactarius*, que deve ser seco ou fervido antes de ser consumido, até o *Amanita*, que se discute se é de fato comestível. Longe de ser serena e graciosa, essa floresta tem trânsito pesado, beneficiando não apenas os humanos, mas também plantas e animais domésticos.

No entanto, essas florestas seguem o tão aclamado modelo de acesso privado! Como podem ter tanto tráfego? Fiquei confusa com a dissonância entre trânsito e acesso privado até passar o dia com o "Pequeno" L., outro vencedor do leilão de florestas de matsutake, mas que trabalha em propriedades menores do que o Patrão L. Ele levou nossa equipe à sua floresta e nos apresentou suas plantas e cogumelos. Como as outras florestas de matsutake que eu havia visto na área, era uma floresta jovem com muitas cicatrizes, marcada por vestígios de pastoreio e corte. O Pequeno L. não se importava; mostrou-nos a riqueza da colheita de cogumelos da floresta, emergindo em meio a todo esse tráfego. E explicou a relação entre trânsito e acesso privado, esclarecendo minha confusão. Durante a temporada de matsutake, ele pinta sinais que marcam onde sua floresta faz fronteira com estradas e trilhas. As pessoas sabem que não devem entrar e, em geral, não o fazem, embora haja alguns problemas com a caça furtiva. No resto do ano, o acesso é livre para o pastoreio de cabras, a colheita de madeira para lenha, assim como outros produtos florestais. Claro! Apesar de se orgulhar da privatização das áreas de matsutake, o Pequeno L. não via isso como um subterfúgio. Como as pessoas teriam sua lenha, explicou, se não pudessem entrar nas florestas?

O arranjo do Pequeno L. não é um plano oficial. Manejadores da floresta e especialistas locais não falam sobre cercamentos sazonais; se tomam conhecimento disso, ignoram como algo que as autoridades internacionais certamente censurariam. O cercamento sazonal arruinaria a crença no programa "privatização é conservação", porque os aldeões locais estão usando recursos comuns de uma maneira que os especialistas desaprovam. Além disso, esses especialistas odiariam a aparência dessas florestas: jovens, com cicatrizes e tráfego intenso. Esse não era o plano. E, no entanto, não seria justamente essa maneira de privatizar que preserva o dom do matsutake? O tráfego mantém as florestas abertas e, portanto, atraentes para o pinheiro; mantém a camada de matéria orgânica fina e o solo pobre, permitindo que o matsutake faça seu trabalho de fortalecimento das árvores. Nessa área, o matsutake interage com carvalhos e parentes do carvalho, além dos pinheiros; toda a floresta jovem e machucada depende da colaboração com o matsutake para poder sobreviver em solos pedregosos. Sem o tráfego intenso, o material orgânico se acumula, o solo se torna rico e outros fungos e bactérias tomam o lugar do matsutake. É o trânsito, então, que privilegia o matsutake, fazendo desta uma das melhores áreas para a produção desse cogumelo. No entanto, o tráfego deve ocorrer sob o radar dos contratos, que foram introduzidos ali com o objetivo explícito de *proteger* o matsutake. O matsutake prospera nesse bem comum clandestino. O regime de acesso individual é o que possibilita o aumento dos ganhos com o matsutake.[7]

Um desvio pela questão da renda gerada pelo matsutake pode me ajudar a generalizar a perspectiva de que os ativos privados quase sempre crescem a partir de bens comuns não reconhecidos. Este ponto não diz respeito apenas aos camponeses astutos de Iunã. A privatização nunca está completa, ela precisa de espaços compartilhados para criar qualquer valor. Esse é o segredo do roubo contínuo de propriedade – mas também o seu ponto de vulnerabilidade. Considere-se novamente o matsutake como uma mercadoria, pronta para ser enviada de Iunã para o Japão. O que temos são cogumelos, ou seja, frutos de fungos subterrâneos. Os fungos dependem da efervescência do tráfego nessas áreas comuns, nenhum cogumelo surge sem que haja perturbação na floresta. O cogumelo que emerge em propriedade privada é uma ramificação de um corpo subterrâneo que vive em comunidade, um corpo forjado a partir das possibilidades do bem comum latente, humano e não humano. Considerar que o cogumelo pode ser isolado como ativo, sem se levar em conta seu pertencimento ao ambiente comum subterrâneo, mostra não só o modo banal como a privatização acontece, mas é também um ultraje espantoso. O contraste entre cogumelos privados e o tráfego florestal

---

7. Outros pesquisadores nesta região utilmente descrevem a disjunção entre políticas de gestão e práticas locais como uma questão de diferentes escalas de governança. Liu Dachang, "Tenure and management of non-state forests in China since 1950", op. cit.; N. Menzies e C. Li, "One eye on the forest, one eye on the market: Multi-tiered regulation of matsutake harvesting, conservation, and trade in north-western Yunnan Province", op. cit. (citado no cap. 16, n. 307); Nicholas K. Menzies e Nancy Lee Peluso, "Rights of access to upland forest resources in southwest China", *Journal of World Forest Resource Management*, n. 6, 1991, pp. 1-20.

formador de fungos pode ser um emblema para entender como costuma se dar a mercantilização: a interrupção contínua e interminável dos entrelaçamentos.

Isso me conduz outra vez à minha preocupação com a alienação enquanto uma característica dos não humanos assim como dos humanos. Para se tornar um ativo totalmente privado, os cogumelos matsutake devem ser arrancados não apenas do mundo onde vivem, mas também das relações envolvidas em sua obtenção. Colher o cogumelo e transportá-lo para fora da floresta dá conta da primeira etapa. Mas no centro de Iunã, assim como no Oregon, a segunda ruptura leva mais tempo.

Na cidadezinha onde Michael Hathaway e eu conduzimos nossa pesquisa sobre a Iunã rural, três homens foram reconhecidos como os principais "patrões" do matsutake (*laoban*), ou seja, os comerciantes que compravam a maior parte dos cogumelos da área e os vendiam em cidades maiores. Havia também compradores de cogumelos que vinham aos mercados periódicos da cidade, mas eles conseguiam comprar apenas uma pequena fração dos matsutake. Como explicaram os patrões, os compradores visitantes não tinham laços locais suficientes.

Ao observar o trabalho dos patrões e de seus agentes, fiquei particularmente impressionada com a falta de negociação sobre os preços e a classificação dos cogumelos, uma expectativa gerada a partir do meu trabalho de campo no Oregon. Um chefe mandou seu motorista para as montanhas para comprar matsutake dos moradores de lá; os catadores entregavam os cogumelos sem uma palavra, recebendo um pacote de dinheiro sem dizer uma palavra em troca.[8] Houve conversa em outras transações, mas os catadores não perguntavam sobre o preço dos cogumelos, apenas pegavam o que lhes era dado. Vi um dos patrões receber uma caixa de cogumelos entregue por um motorista de ônibus que passava; o patrão explicou que mais tarde pagaria ao catador.

---

8. Eu não pude ir nessa viagem; Michael Hathaway gentilmente descreveu o que aconteceu.

Também vi catadores selecionando seus próprios cogumelos, descartando aqueles com danos causados por insetos, em vez de tentar enganar o comprador.

Tudo isso parecia totalmente exótico depois da minha experiência no Oregon, onde a negociação competitiva do mercado ocupava o centro do palco desde o momento em que os catadores entravam no espaço dos compradores. Era também bem diferente do que acontecia abaixo na cadeia produtiva de Iunã. Em mercados dedicados aos cogumelos em vilas e cidades maiores, as negociações de preços e classificações eram constantes e intensas.[9] Muitos compradores no atacado competiam entre si e a disputa para determinar os melhores preços e a definição da categoria adequada chamavam a atenção de todos. Rio acima, em contraste, a compra era silenciosa.

Todos com quem conversamos nas margens rurais nos explicaram que a compra se dá sem pechincha porque é baseada em relacionamentos de longo prazo e na confiança que geram. Os patrões dariam aos catadores o melhor preço, diziam as pessoas. Existem laços comunitários, familiares e étnico-linguísticos entre os patrões e os catadores.[10] Eles são homens locais, parte da cena da cidade pequena. Os catadores confiam neles.

Nem todos tiram vantagem dessa "confiança". Não acredito que alguém tenha confundido "confiança" com consenso ou igualdade. Todos sabiam que os patrões estavam ficando ricos com o matsutake; todos queriam imitar seu sucesso, obtendo riqueza pessoal. Ainda assim, é uma forma de envolvimento com obrigações recíprocas; enquanto o matsutake estiver embutido nela,

---

9. David Arora viu o matsutake trocar de mãos oito vezes em duas horas em um mercado de cogumelos em Iunã (D. Arora, "The houses that matsutake built", op. cit. [citado no cap. 16, n. 325]). Minha experiência observando o matsutake nos mercados de cogumelos foi similar; as trocas eram constantes.

10. É instrutivo o contraste entre esse cenário de compra e o cenário muito mais competitivo dos mercados de matsutake na área tibetana de Iunã, estudados por Michael Hathaway. Lá, os catadores tibetanos vendem para os comerciantes chineses Han; o cenário de compra é intensamente competitivo no início. Na área que descrevo neste capítulo, os patrões e os catadores são de nacionalidade Yi. Laços de parentesco e residência também conectam catadores e compradores.

ele não será uma mercadoria totalmente alienada. A troca de matsutake na cidade pequena requer o reconhecimento de papéis sociais adequados. Somente nos mercados de cogumelos das cidades grandes é que os cogumelos se libertam, tornando-se criaturas de troca totalmente alienadas.

Na relação entre patrões e catadores nas cidades pequenas, vemos novamente como os ativos privados dependem dos espaços comuns. Os patrões podem comprar cogumelos locais em seus próprios termos porque estão envolvidos com os catadores; eles podem então transportar os cogumelos para cidades maiores, onde podem convertê-los em riqueza privada. É também sob essa luz que o projeto de emissão de contratos florestais pode ser entendido como um projeto para redirecionar a riqueza, em vez de salvar florestas.[11] Nos contratos florestais domésticos, os contratantes podem extrair o valor dos cogumelos, que por sua vez é extraído de bens comuns não reconhecidos e fugidios. No entanto, a maneira como se dá o redirecionamento da riqueza ainda é algo a ser debatido. Aqui, o trabalho dos pesquisadores socialmente conscientes de Iunã é premente. Sua tarefa é transformar práticas locais promissoras, que mantêm a riqueza nas vilas e pequenas cidades, em modelos para a sociedade e a conservação ambiental.

Nessa equação, a parte da conservação é mais complicada, pois o desejo por riqueza privada quase nunca beneficia a floresta. Na maioria das vezes, ao contrário, tal desejo promove sua destruição inesperada. Um vencedor de um leilão me mostrou, orgulhoso, como aprendeu a extrair mais riqueza das florestas de matsutake que ganhara o direito de explorar. Sob o contrato de exploração do matsutake, ele mandou seus homens removerem espécies raras de árvores floridas da floresta da aldeia. O fato de serem espécies raras e pouco conhecidas, disse ele, tornou-as

---

11. O relato de Brian Robinson sobre a "tragédia dos bens-comuns" do matsutake de Iunã admite que catar cogumelos no espaço comum não necessariamente prejudica o fungo. Seu foco, no entanto, é o problema da renda reduzida (B. Robinson, "Mushrooms and economic returns under different management regimes", in: Anthony Cunningham e Xuefei Yang (orgs.), *Mushrooms in forests and woodlands*, Nova York: Routledge, 2011, pp. 194-195.).

ainda mais valiosas. Como os administradores da cidade de Kunming, capital de Iunã, decidiram repentinamente adornar as ruas vazias com árvores maduras, ele e outros empresários enviaram aquelas árvores adultas para a cidade. A maioria das árvores morreu devido ao choque da remoção e transporte. Mas aquelas que viveram o suficiente para serem vendidas geraram um lucro significativo. Quanto à floresta, ela no mínimo perdeu em diversidade – e a beleza de suas árvores floridas.

Tais acrobacias empresariais fazem parte da disputa pela riqueza na China de hoje. Nelas, podemos ver algo sobre a reinvenção de seres humanos em conjunto com o aproveitamento e a pilhagem das paisagens. Os patrões do matsutake são figuras muito admiradas no interior de Iunã. Eles são pioneiros na nova busca por ativos privados; muitos com quem falei queriam se tornar patrões – se não fosse do matsutake, de algum outro produto extraído do campo. Um deles tinha em sua sala de estar uma placa de homenagem que recebeu do governo local, proclamando-o um líder em ganhar dinheiro.[12] Os patrões rurais substituem os heróis socialistas, eles são modelos para aspirações humanas. Os patrões são encarnações do espírito empreendedor. Em contraste com os sonhos socialistas anteriores, eles é que devem se tornar ricos, e não suas comunidades. Eles se imaginam como *self-made men*. No entanto, suas individualidades autônomas comparam-se aos cogumelos matsutake: o fruto visível de um bem comum não reconhecido, fugidio e efêmero.

Os patrões privatizam a riqueza do crescimento e da coleta de cogumelos que são produzidos colaborativamente. Essa privatização da riqueza comum pode caracterizar todos os empresários. É bom pensar com o interior de Iunã neste momento histórico, porque o interesse em racionalizar o gerenciamento de recursos naturais se estende apenas às leis e à contabilidade da propriedade. A privatização ocorre apenas para reivindicar os frutos colhidos – não para reorganizar o trabalho ou a paisagem. Não

---

12. Devo a Michael Hathaway por sua percepção aguda ao notar essa placa.

estou tentando argumentar que essa racionalização seria melhor; certamente, não ajudaria o matsutake. No entanto, há algo de peculiar e assustador nessa dedicação ao aproveitamento, como se todos estivessem tirando proveito do fim do mundo para reunir riquezas antes que seus últimos pedaços sejam destruídos. É também essa característica que faz da Iunã rural um lugar que não é único e nem paroquial. É difícil não enxergar todas as nossas empresas sob essa mesma luz apocalíptica. Os patrões rurais de Iunã nos oferecem uma imagem precisa do modelo de aproveitamento de fortunas baseado na exploração de ruínas.

A maioria dos analistas das novas riquezas da China, chineses ou não, escrevem sobre os milionários nas cidades, mas a disputa por ativos privados é igualmente intensa no campo. Agricultores, migrantes sem-terra, comerciantes de pequenas cidades e empresas de luxo participam de uma espécie de "queima de estoque". É difícil saber como pensar em conservação em um clima social como esse. Por onde quer que comecemos, não podemos nos dar ao luxo de esquecer da conexão entre valor e o bem comum latente. Não há cogumelos matsutake sem essas mutualidades evanescentes. Não há ativos sem elas. Mesmo quando os empresários concentram sua riqueza privada, embutindo alienação nas mercadorias, eles continuam dependentes de entrelaçamentos não reconhecidos. O entusiasmo da propriedade privada é fruto de um bem comum subterrâneo.

Descobrindo aliados, Iunã. Xiaomei admira um cogumelo grande (não é um matsutake).

Capítulo 20
Antifinal: Algumas pessoas que encontrei pelo caminho

Quando visitei Matsiman em 2007, ele morava em uma pequena casa no topo de um morro com a namorada e muitos gatos. "Matsi" é uma gíria estadunidense para matsutake. Eu queria ver o matsutake que crescia nas florestas de *tanoak* da costa do Oregon, e ele me mostrou alguns dos locais onde tocos de abeto-de-Douglas – que já foram inspiradores e hoje se encontram destruídos pelo desmatamento – proporcionam um habitat atraente para o cogumelo. As folhas de *tanoak* cobriam o chão como um tapete e parecia impossível encontrar um cogumelo crescendo debaixo daquilo. Mas ele me mostrou como me agachar e sentir as folhas com as mãos até encontrar uma textura promissora, uma saliência. Estávamos usando apenas o tato para procurar cogumelos – para mim, era uma nova forma de apreender a floresta.

Esse método só funciona se você souber quais são os locais onde existe uma maior probabilidade de o matsutake crescer. É preciso conhecer plantas e fungos específicos e não apenas os tipos genéricos. Essa combinação de conhecimento íntimo com o toque da mão, que penetra a matéria orgânica sobre o solo conduz minha atenção de volta ao aqui e agora, ao meio das coisas. Nós confiamos demais nos nossos olhos. Eu olhei para o chão e pensei: "Não há nada ali". Mas havia um cogumelo, e Matsiman encontrou-o com suas mãos. Sobreviver à margem do progresso requer o uso das mãos, tateando o mundo ao nosso redor, sentindo-o com as mãos.

Nesse estado de espírito, deixo este capítulo deambular mais uma vez pelos meus locais de pesquisa, recuperando momentos em que vislumbrei os limites borrados que caracterizam as bordas da alienação – e assim, quem sabe, o bem comum latente. Encontrar um modo de lidar com os outros é estar sempre no meio das coisas; não existe propriamente uma conclusão. Mesmo que eu reitere os pontos principais aqui desenvolvidos, espero que o aroma evanescente dessa aventura-em-processo se faça presente.

Matsiman adotou esse nome por conta do seu entusiasmo pelos cogumelos matsutake. Ele coleta comercialmente e, como cientista amador, estuda-os com fervor. Ao rastrear manchas na paisagem, ele produziu um registro extraordinário da produção de matsutake ao longo do tempo, sua relação com a temperatura e a precipitação. Matsiman é também o nome do seu site, que é cheio de informações sobre os cogumelos, reunidas a partir de diferentes fontes; o site se tornou também um espaço de discussão, particularmente entre coletores e compradores brancos.[1] A paixão de Matsiman o leva também a dialogar com o Serviço Florestal, que tem feito uso dos serviços dele para sua própria pesquisa sobre o matsutake.

Ainda que Matsiman seja devoto dos seus cogumelos, ele não conta só com eles para se manter. Ele tem muitos outros sonhos e empreendimentos. Quando o visitei, ele me mostrou pepitas de ouro que garimpou do rio e um pó de matsutake defumado que vendia como tempero. Matsiman estava experimentando o cultivo de fungos medicinais e já coletou lenha para vender. Ele é muito consciente de que escolheu um modo de vida que se encontra nas bordas do capitalismo e espera nunca mais trabalhar por um salário – além de encontrar lugares para morar na floresta que

---

1. http://www.matsiman.com/matsiman.htm.

não exigem que seja um proprietário ou locatário. Ele foi caseiro em uma montanha privada onde morou; depois teve um trabalho não remunerado como recepcionista de um acampamento. Como muitos coletores de cogumelos, explorou os espaços limítrofes do capitalismo – nem propriamente dentro, nem fora – onde é especialmente evidente a incapacidade das formas de disciplina capitalista de capturar o mundo em sua totalidade.

Matsiman navega tanto as possibilidades quanto os problemas da precariedade. Precariedade significa não poder fazer planos. Mas ela também estimula a percepção, já que se trabalha com o que está disponível. Para ter uma boa convivência com os outros, precisamos usar todos os nossos sentidos, mesmo que isso signifique apalpar o solo coberto por matéria orgânica. As palavras de Matsiman sobre as artes de notar, presentes no seu site, parecem particularmente apropriadas.

> Quem é Matsiman? Qualquer um que ama buscar, aprender, entender, proteger e educar os outros – que respeita os cogumelos matsutake e seu habitat – é um Matsiman. Aqueles que não se satisfazem na busca por entender e tentam constantemente determinar o que levou isso ou aquilo a acontecer ou não acontecer. Não somos limitados por nacionalidade, gênero, formação ou idade. Qualquer um pode ser um Matsiman.

Matsiman convoca um bem comum latente para os amantes do matsutake. O que une os amantes do matsutake, os *matsipeople*, é o prazer de notar.

Ainda que eu tenha dedicado a maior parte deste livro aos seres vivos, é útil lembrar dos mortos. Os mortos também fazem parte dos mundos sociais. Lu-Min Vaario me apontou essa direção quando mostrou seus slides de hifas de matsutake (as células de corpos fúngicos que se parecem com barbantes) reunindo-se em torno de pedaços de carvão. Por mais que o matsutake seja conhecido por suas relações com árvores vivas, ele pode obter alguns nutrientes de seres mortos também, demonstrou sua pesquisa.² Essa descoberta a inspirou a iniciar um projeto de pesquisa sobre os "bons vizinhos" do matsutake, vivos e mortos. Aqui, o carvão se junta com as árvores vivas, fungos e micróbios do solo. Ela investiga como a dimensão da vizinhança – isto é, das relações sociais entre diferenças de vitalidade e de espécies – é essencial para que a vida prospere.³

A dra. Vaario pensou muito sobre a questão da vizinhança nesse sentido – da mutualidade pela diferença – também para os humanos. Embora tenha nascido e estudado na China, sua pesquisa abarca muitos dos locais importantes da ciência do matsutake. Ela teve que trabalhar no cruzamento de convenções nacionais, tanto abertas quanto ocultas, para construir estudos "vizinhos" do matsutake. Sua formação inclui uma bolsa de pós-doutorado no influente laboratório de Kazuo Suzuki, na Universidade de Tóquio. Foi lá que ela testou pela primeira vez a habilidade do matsutake como um sapróbio, isto é, um comedor de mortos, que poderia conduzi-la a técnicas de cultivo. Ainda que as hifas cresçam em materiais não vivos, ninguém viu ainda um cogumelo cultivado a partir do micélio sem um hospedeiro vivo. Quando ela assumiu um cargo de pesquisa na China, ficou entusiasmada com a chance de explorar diferentes paisagens de matsutake, mas também se frustrou com a falta de compreensão sobre sua pesquisa. Alguns anos mais tarde, ela se casou com um finlandês e acompanhou o marido em seu país natal, onde recebeu uma verba do Instituto Finlandês de Pesquisa da Floresta para continuar sua investigação sobre os "bons vizinhos". O estudo da vizinhança transforma a diferença em um recurso para a colaboração. Imaginar as interações entre raízes, hifas, carvão e bactéria – assim como entre cientistas chineses, japoneses e

---

2. Lu-Min Vaario et al., "Saprobic potential of *Tricholoma matsutake*: Growth over pine bark treated with surfactants", *Mycorrhiza*, n. 12, 2002, pp. 1-5.
3. Para pesquisas relacionadas, ver Lu-Min Vaario et al., "Ectomycorrhization of *Tricholoma matsutake* and two major conifers in Finland: an assessment of in vitro mycorrhiza formation", *Mycorrhiza*, v. 20, n. 7, 2010, pp. 511-518.

finlandeses – é uma maneira tão eficiente quanto qualquer outra para reconfigurar nosso entendimento da sobrevivência como um projeto colaborativo.

A dra. Vaario teve sorte de receber fundos de pesquisa, pois, como cientista itinerante, ela não tem estabilidade institucional no emprego. O problema de viver sem um trabalho regular é mais agudo para aqueles que não têm diplomas avançados. Considere-se Tiia, que vive na zona rural da Finlândia, acima do Círculo Polar Ártico. No caminho de sua casa, ela me mostrou a esquina onde os desempregados se encontram para beber e esperar pelo cheque do governo. Desde que as comidas baratas apareceram na União Europeia, ela reclamou, a agricultura no norte da Finlândia acabou e não há outros empregos. Mas ela está empreendendo. Cofundou um mercado cooperativo de produtos locais, incluindo geleias de frutas silvestres, artesanato em madeira, cachecóis tricotados – e matsutake. Ela aprendeu sobre o matsutake em um seminário itinerante que ensinava a identificar e colher, e está esperando por um bom ano para encontrar mais. Ela se interessa também pelas possibilidades do turismo relacionado ao matsutake.

Outras pessoas na sua área foram treinadas para ser guias ambientais, levando visitantes citadinos à floresta para a prática de esportes e hobbies, incluindo a coleta de cogumelos.[4] Eu tive a oportunidade de colher com um jovem cheio de vida que garantiu que se tornaria o "rei do matsutake" no próximo ano que houvesse colheita. Ele aprendera sobre cogumelos na sala de aula, não se tratava de um conhecimento tradicional. O matsutake representava uma esperança para ele, uma oportunidade, uma paixão na qual surfaria caso uma maré alta chegasse. Se os cogumelos viessem, disse, ele coletaria a noite toda com uma lanterna. Os matsutake eram seu sonho não apenas para sobreviver, mas para viver com entusiasmo.

---

4. Heikki Jussila e Jari Jarviluoma discutem o turismo atual na Lapônia deprimida: "Extracting local resources: The tourism route to development in Kolari, Lapland, Finland", in: Cecily Neil e Markku Tykkläinen (orgs.), *Local economic development*. Tóquio: United Nations University Press, 1998, pp. 269-289.

Retornamos mais uma vez àquela margem que se encontra ao mesmo tempo dentro e fora do capitalismo. Quando uma nova cadeia produtiva surge, esse homem a apreende não por meio da disciplina industrial, mas dos talentos pessoais – e entende-a como uma entre muitas possibilidades precárias. Por um lado, isto *é* o capitalismo; todo mundo quer ser empreendedor. Por outro, o empreendedorismo é moldado pelos ritmos do campo finlandês, com sua mistura de privações silenciosas e paixão pela melhora. Qualquer mercadoria que se desloca ao longo da cadeia terá de ser desassociada dessas conexões por meio de um processo confuso de tradução. Existe aqui a possibilidade de imaginar outros mundos.[5]

Imaginar outros mundos era algo que de fato acontecia aos defensores das florestas *satoyama* que conheci no Japão. Penso particularmente em Tanaka-san, que, como Tiia, montou um centro de promoção de produtos naturais e artesanato local. Ao contrário de Tiia, no entanto, ele não estava preocupado com o seu sustento. Ele tinha uma aposentadoria confortável e a terra era sua. Seu centro natural é uma tentativa de construir a cultura do cuidado com as paisagens *satoyama* e também um presente para os vizinhos e visitantes. Na sua cidade, disse, as crianças passaram a ir para a escola de ônibus; elas não caminhavam mais, frequentavam poucos lugares que não fossem fechados. Ele trouxe as crianças para a sua terra para ensiná-las a notar a floresta – e brincar. Caminhamos juntos pelos lugares especiais da floresta,

---

5. De fato, outro mundo se encontra em formação. Por meio do recrutamento de mulheres tailandesas casadas na Finlândia rural deprimida, uma rede de catadores tailandeses entrou na floresta. Eles colhem frutinhas silvestres e, mais recentemente, cogumelos. Os catadores chegam de forma independente, com seus próprios meios. Como os catadores do Oregon, vendem o que colhem e pagam suas próprias despesas. Eles se juntam em casas abandonadas nos vilarejos da zona rural da Finlândia e mantêm suas formas de vida, alguns inclusive trazem seus próprios cozinheiros ou mesmo sua própria comida. Diferentemente dos recrutadores, os catadores não são de Bangkok, mas de áreas pobres do nordeste da Tailândia, onde se fala laosiano. Talvez eles sejam primos distantes dos catadores laosianos dos Estados Unidos. A semelhança desperta a imaginação: como os silvicultores finlandeses e agentes comunitários irão se comunicar com esses novos catadores? Sua expertise e experiência farão parte desse diálogo?

que ele almejava que as crianças pudessem também descobrir: ali, duas árvores (de espécies diferentes!) cresceram juntas, atadas a um único tronco; algumas estátuas budistas em ruínas emergiram dos arbustos quando ele os limpou; uma pedra natural partida em dois lembra uma mulher. Ele nos levou para ver os pinheiros que cuidava para que não morressem pela doença da murchidão do pinheiro, agora disseminada na região. O tratamento é caro e sua mulher não aprova os gastos para cobri-lo. Mas este é o seu compromisso com a floresta.

Tanaka-san construiu uma pequena cabana na encosta da colina, onde serviu chá para mim e Shiho Satsuka enquanto admirávamos as árvores da floresta logo abaixo. A cabana estava cheia de coisas curiosas que ele havia encontrado na floresta, desde cogumelos que crescem em troncos de árvore até frutos silvestres raros. Seu cunhado, que trabalha na floresta, passou por lá depois de um tempo e nos contou estórias de como ela havia sido desmatada e sua madeira transportada por cabos montanha abaixo. Isso aconteceu antes de a montanha ser abandonada para a rebrota. A família de Tanaka-san havia vivido na área por cinco gerações, trabalhando nas montanhas, mas ele se tornou um servidor público nos correios. Comprou a terra com a quantia que reuniu com a aposentadoria. Apesar do gasto, sente que o trabalho na floresta lhe traz uma boa influência. A floresta não gera dinheiro, mas sua habilidade de inspirar visitantes é muito importante. Revigorar o sentido de natureza das pessoas faz do mundo um lugar onde vale a pena viver, disse ele. Se o matsutake aparecesse, seria um presente inesperado.

Ainda que sem ter a intenção, a maioria de nós ignora os mundos multiespécies ao nosso redor. Projetos para a reconstrução da curiosidade, como o de Tanaka-san, são essenciais para se cultivar a convivência com os outros. Claro que dispor de recursos adequados e tempo ajuda. Mas essa não é a única forma de ser curioso.

Eu conheci Xiaomei quando ela tinha nove anos e sua mãe trabalhava em um hotel rural, onde Michael Hathaway e eu nos hospedamos, na região central de Iunã. Ela era corajosa, charmosa e esperta, e amava nos mostrar coisas. Seus pais tinham uma relação boa com um dos patrões do matsutake, o dono do hotel, e sua família às vezes subia as montanhas para procurar cogumelos e fazer piqueniques. Michael e eu fomos com eles uma vez, e eu e Xiaomei nos distraímos com pequenos morangos silvestres que tinham um sabor tão intenso que eu fechava os olhos quando os colocava na boca. Xiaomei corria coletando cogumelos *Russula* de chapéu vermelho, que, mesmo sem valor, são bonitos. O entusiasmo de Xiaomei era contagiante e eu também adoro esses cogumelos.

Quando estive lá outra vez, dois anos depois, fiquei feliz em ver que Xiaomei não havia perdido o senso de prazer da vida. Ela nos levou, a mim e a Michael, para ver as hortas ao longo da estrada e depois, mais adiante, até as margens não cultivadas, onde as plantas selvagens de locais perturbados crescem. Esse era o bem comum latente das ervas daninhas, os "terrenos baldios" das narrativas de progresso, tão frequentemente imaginados como sem valor. No entanto, para nós eram de grande interesse. Empanturramo-nos de frutas silvestres e procuramos por cogumelos pequenos. Seguimos as trilhas de cabras e examinamos as flores. Ela me explicou o que era tudo aquilo que encontrávamos e como era usado pelas pessoas. Era exatamente o tipo de curiosidade que Tanaka-san queria nutrir nas crianças de sua cidade. A convivência multiespécies depende dessa curiosidade.

Sem as estórias de progresso, o mundo se tornou um lugar aterrorizante. A ruína nos olha com o horror de seu abandono. Não é fácil saber como construir uma vida, muito menos como evitar a destruição planetária. Por sorte ainda existe companheirismo, humano e não humano. Ainda é possível explorar as margens agigantadas de nossas paisagens arruinadas – os limites da disciplina capitalista, da escalabilidade e das *plantations* abandonadas. Ainda é possível sentir a fragrância do bem comum latente – e o aroma elusivo do outono.

Vida elusiva, Oregon. Lembrança de Leke Nakashimura. Leke se empenhou em manter a memória do matsutake viva, encorajando os jovens e adultos a acompanhá-lo na procura de cogumelos na floresta.

No rastro dos esporos
As aventuras do cogumelo continuam

O movimento para comercializar a pesquisa acadêmica é um dos projetos mais estranhos de privatização e mercantilização do início do século XXI. Duas versões têm sido surpreendentemente poderosas. Na Europa, os administradores exigem práticas de avaliação que reduzem o trabalho dos acadêmicos a um número, uma soma total para uma vida de trocas intelectuais. Nos Estados Unidos, espera-se que os acadêmicosse tornem empreendedores, produzindo-se como marcas e buscando o estrelato desde os primeiros dias de estudo, quando nada sabemos. Ambos os projetos me parecem bizarros – e sufocantes. Ao privatizar o que é necessariamente um trabalho colaborativo, esses projetos visam esgotar a vida da pesquisa acadêmica.

Aqueles que dão valor para as ideias são forçados, assim, a criar situações que excedam ou escapem à "profissionalização", isto é, às técnicas de vigilância a serviço da privatização. Isso significa criar pesquisas que demandem agrupamentos colaborativos e que permitam o jogo lúdico; e não grupos de indivíduos que calculam custos e benefícios, mas sim um tipo de pesquisa que surge por meio de colaborações. Mais uma vez, pensar por meio dos cogumelos pode ajudar.

E se imaginássemos a vida intelectual como um bosque camponês, uma fonte de muitos produtos úteis que emergem a partir de um design não intencional? Essa imagem evoca seus opostos: nas práticas de avaliação acadêmica, a vida intelectual é vista como uma *plantation*; no empreendedorismo acadêmico, a vida intelectual é puro roubo, a apropriação privada de produtos comunitários. Nenhum deles é convidativo. Considerem-se, ao contrário, os prazeres do bosque. Existem muitos produtos úteis na floresta, desde frutas e cogumelos até lenha, plantas selvagens comestíveis, ervas medicinais e mesmo madeira. Um catador pode escolher o que vai coletar e fazer uso das manchas da floresta, que oferecem recursos inesperados. Mas o bosque exige trabalho contínuo, não para torná-lo um jardim, mas para mantê-lo aberto e disponível para uma variedade de espécies. A poda, o pastoreio e mesmo o fogo provocado pelos humanos mantêm essa arquitetura; outras espécies se agregam para torná-la sua. Para o trabalho intelectual, isso parece perfeito. O trabalho comum cria possibilidades para que emerjam resultados especiais no trabalho acadêmico de cada um dos envolvidos. Para encorajar o potencial desconhecido dos avanços na pesquisa acadêmica – como a recompensa inesperada de encontrar um ninho de cogumelos – é necessário sustentar o trabalho comum da floresta intelectual.

Nesse espírito, o Grupo de Pesquisa Matsutake Worlds, que tornou possível minha pesquisa sobre o matsutake, buscou construir uma dinâmica colaborativa lúdica em nosso trabalho individual e coletivo. Isso não tem sido simples, a pressão para a privatização infiltra-se na vida de todos os pesquisadores. O ritmo das colaborações é necessariamente esporádico. Mas nós temos feito as podas e provocado incêndios, nossa floresta intelectual comum tem prosperado.

Isso também significa que os equivalentes intelectuais dos produtos florestais se tornam disponíveis para cada um de nós enquanto coletores. Este livro é apenas uma colheita desses produtos. Não é a última: um bosque nos atrai repetidamente para seus tesouros inesperados. Se houver um cogumelo, ainda pode haver outros mais? Este livro abre uma série de incursões em nosso bosque de matsutake. Haverá mais: na China, para rastrear o comércio; e no Japão, para seguir a ciência cosmopolita. A aventura continua nesses volumes complementares:

Na China, a exuberância do comércio global transformou até mesmo as aldeias mais remotas, criando uma "China rural" cujo coração é o comércio transnacional. O matsutake é o veículo ideal para acompanhar esse desenvolvimento. *Emerging Matsutake Worlds* ("Mundos emergentes do matsutake", em tradução livre), o livro de Michael Hathaway, aborda a construção de caminhos distintos para o comércio global em Iunã. Ele investiga as pressões transnacionais conflitantes da conservação e do comércio – por exemplo, na presença difícil de explicar de pesticidas nos cogumelos chineses –, mostrando como locais específicos, incluindo florestas de matsutake, se desenvolvem dentro de conexões globais. Uma descoberta surpreendente é a importância do empreendedorismo étnico: em regiões do Tibete e de Yi, os catadores e vendedores das aldeias trabalham dentro de circuitos étnicos. Hathaway examina tanto o caráter cosmopolita quanto as preocupações tradicionalistas das novas aspirações étnicas promovidas pelo matsutake.

Abrir a ciência para a história cosmopolita, assim como também o conhecimento de maneira mais ampla, é uma tarefa urgente para os acadêmicos. A ciência do matsutake no Japão acaba sendo o local ideal para entender as interseções entre ciência e conhecimento vernacular, por um lado, e conhecimento internacional e local, por outro. *The Charisma of a Wild Mushroom* ("O carisma de um cogumelo selvagem", em tradução livre), de Shiho Satsuka, investiga essas interseções para mostrar que a ciência japonesa é sempre cosmopolita e vernacular. A autora desenvolve um conceito de tradução no qual todo conhecimento se baseia em tradução. Mais do que o imaculado conhecimento "japonês" da imaginação orientalista e da nacionalista, a ciência do matsutake é pura tradução. Seu trabalho vai além de epistemologias e ontologias ocidentais familiares para explorar formas inesperadas de pessoalidade e coisidade no interior do mundo quase indiferenciado de humanos e não humanos que o matsutake nos mostra.

Que tipo de livro é esse que se recusa a terminar? Como a floresta de matsutake, cada agrupamento contingente reunindo outros e mais outros com recompensas inesperadas. Nada disso seria possível sem transgredir a privatização da pesquisa acadêmica. Também os bosques ofendem a monocultura e a mineração predatória. Mas é difícil fazer com que os bosques desapareçam completamente. Os bosques intelectuais também: as ideias nascidas no jogo do bem comum continuam a nos acenar.

Em *A teoria da bolsa da ficção*, Ursula K. Le Guin argumenta que estórias de caça e matança permitiram aos leitores imaginar que o heroísmo individual é o ponto principal de uma estória. A autora propõe, ao contrário, que uma narrativa pode colher diversas coisas de valor e significado e reuni-las, como faz um coletor, e não um caçador à espera da grande matança. Nesse tipo de narrativa, as estórias não deveriam terminar nunca, mas sim levar a mais estórias. Nas florestas intelectuais que tenho buscado fomentar, as aventuras levam a mais aventuras, e os tesouros levam a outros tesouros. Quando coletamos cogumelos, um não é suficiente; encontrar o primeiro me incentiva a buscar mais. Mas Le Guin diz isso com tanto humor e espírito que lhe dou a última palavra:

> Vão em frente, digo eu, vagando em direção à aveia selvagem, com Oo Oo carregado num pano e o pequeno Oom a carregar o cesto. Vocês, sigam contando como o mamute caiu sobre Boob e como Caim caiu sobre Abel e como a bomba caiu sobre Nagasaki e como a geleia ardente caiu sobre os aldeões e como mísseis caíram sobre o Império do Mal, e todos os outros passos na Ascensão do Homem.
>
> Se é humano colocar algo que você quer, porque é útil, comestível, ou bonito, num bolsa, numa cesta, ou num pedaço de casca ou numa folha enrolada, ou num ninho tecido com seu próprio cabelo, ou com o que você tenha à mão, e então levá-lo para casa com você, sendo a casa outro tipo de bolsa ou saco, um recipiente para pessoas, e então mais tarde tirá-lo e comê-lo ou compartilhá-lo ou armazená-lo para o inverno em um recipiente mais sólido ou colocá-lo num patuá ou no altar ou no museu, o lugar sagrado, o espaço que contém o que é inviolável, e depois, no dia seguinte, provavelmente voltar a fazer mais do mesmo – se isto é humano, se é isso que é preciso, então afinal eu sou humana. Totalmente, livremente, alegremente, pela primeira vez.[1]

---

1. Ursula K. Le Guin, *A teoria da bolsa da ficção*, trad. bras de Luciana Chieregati. São Paulo, n - 1, 2021, p. 20-21.

Dados Internacionais de Catalogação na Publicação (CIP) de acordo com ISBD

T882c   Tsing, Anna

O cogumelo no fim do mundo / Anna Tsing ; traduzido por Jorgge Menna Barreto, Yudi Rafael. - São Paulo : n-1 edições, 2022.
416 p. ; 14cm x 21cm.

Tradução de: The mushroom at the end of the world
Inclui índice.
ISBN: 978-65-86941-96-8

1. Cogumelo. 2. Capitalismo. 3. Etnografia
I. Barreto, Jorgge Menna. II. Rafael, Yudi. III. Título.

2022-1408
CDD 577
CDU 574

Elaborado por Odilio Hilario Moreira Junior - CRB-8/9949

Índice para catálogo sistemático:

1. Ecologia 577
2. Ecologia 574

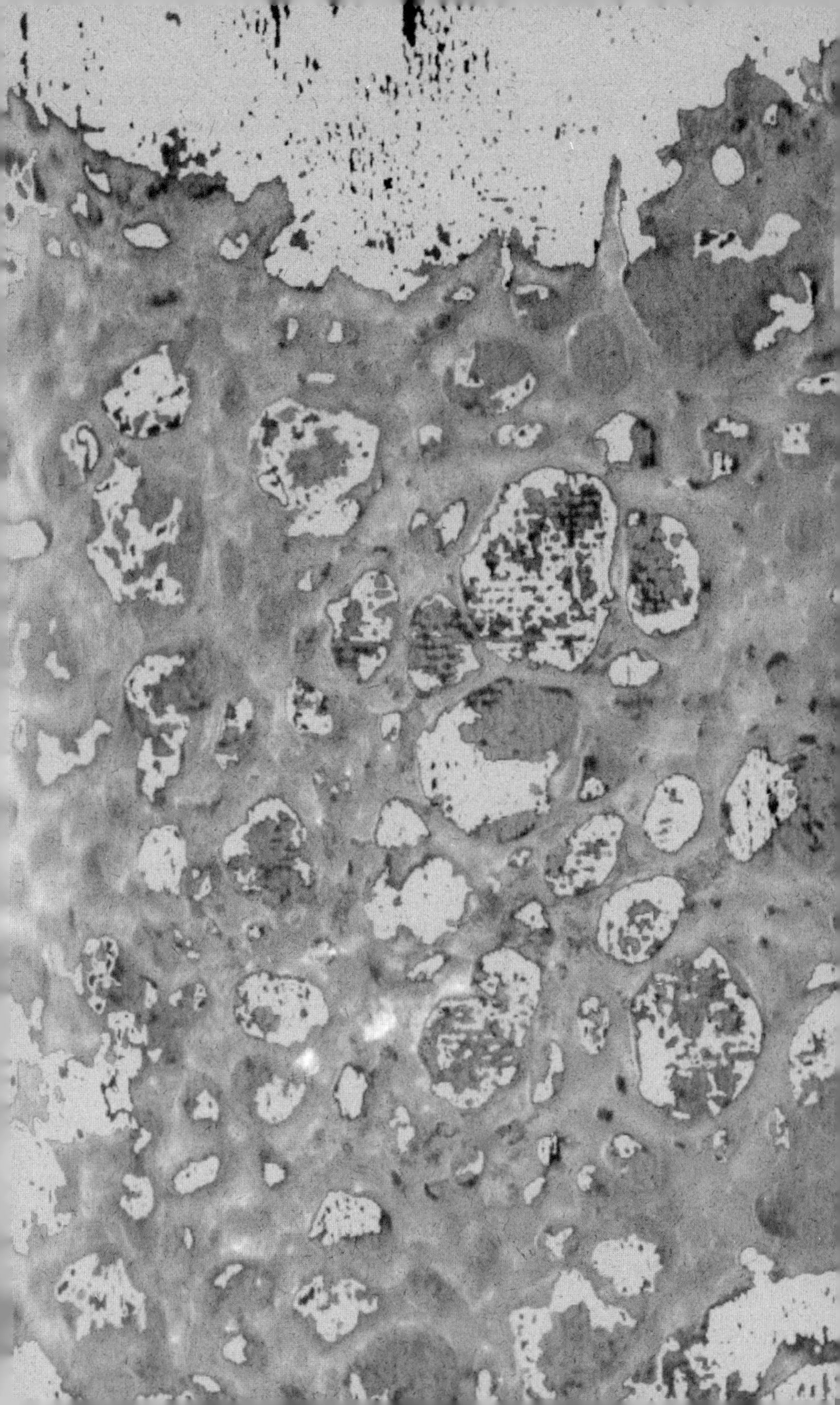

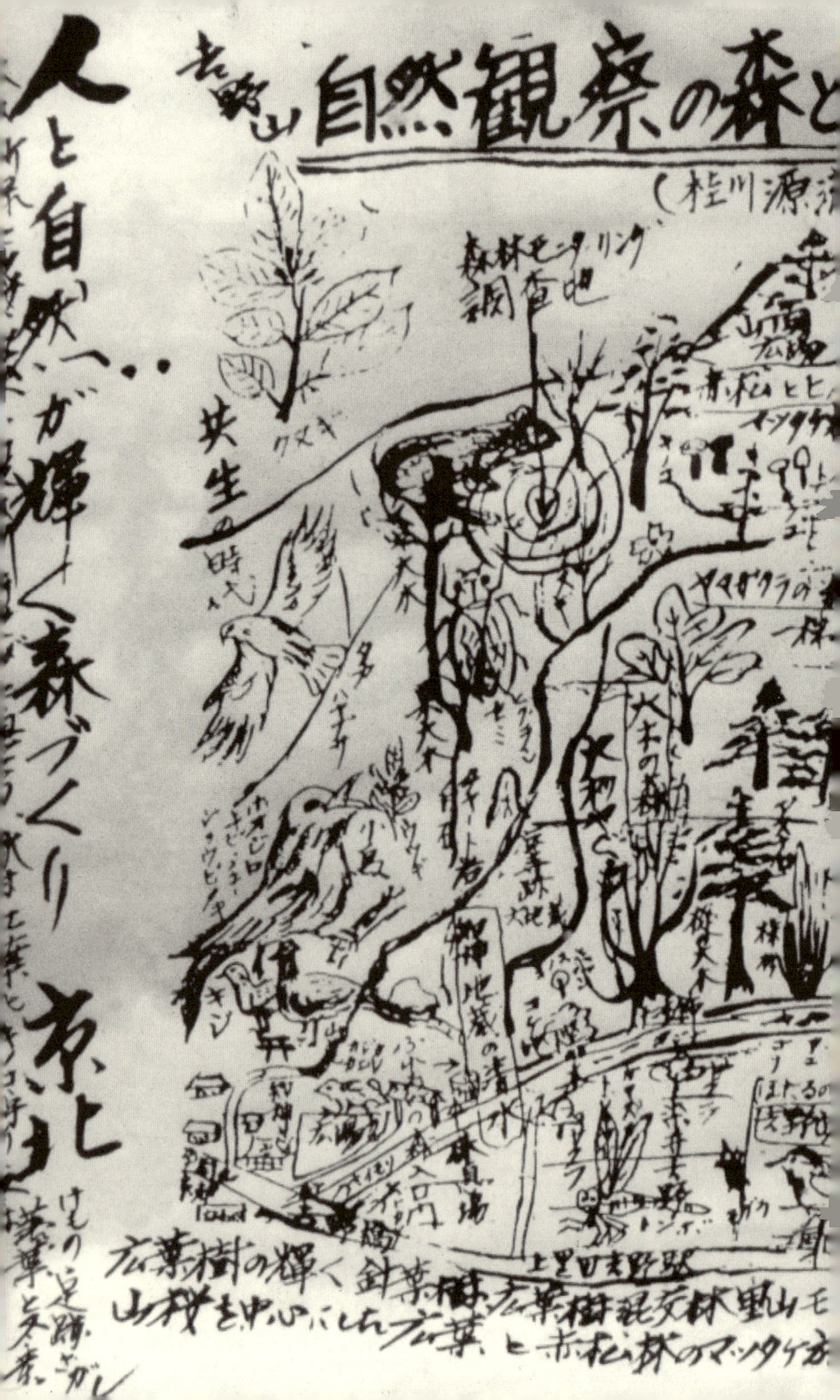

人と自然へ…が輝く森づくり
京北
吉野山
自然観察の森と
(桂川源流
モニタリング
森林調査
共生の時代
ヤマザクラの一株
大木の森
地蔵の清水
上黒田吉野路
広葉樹の輝く針葉樹・広葉樹混交林 里山モ
山桜を中心にした広葉・と赤松林のマツタケ
けもの足跡さがし
落葉と冬芽

人は自然の中で生かされ
太陽に感謝を

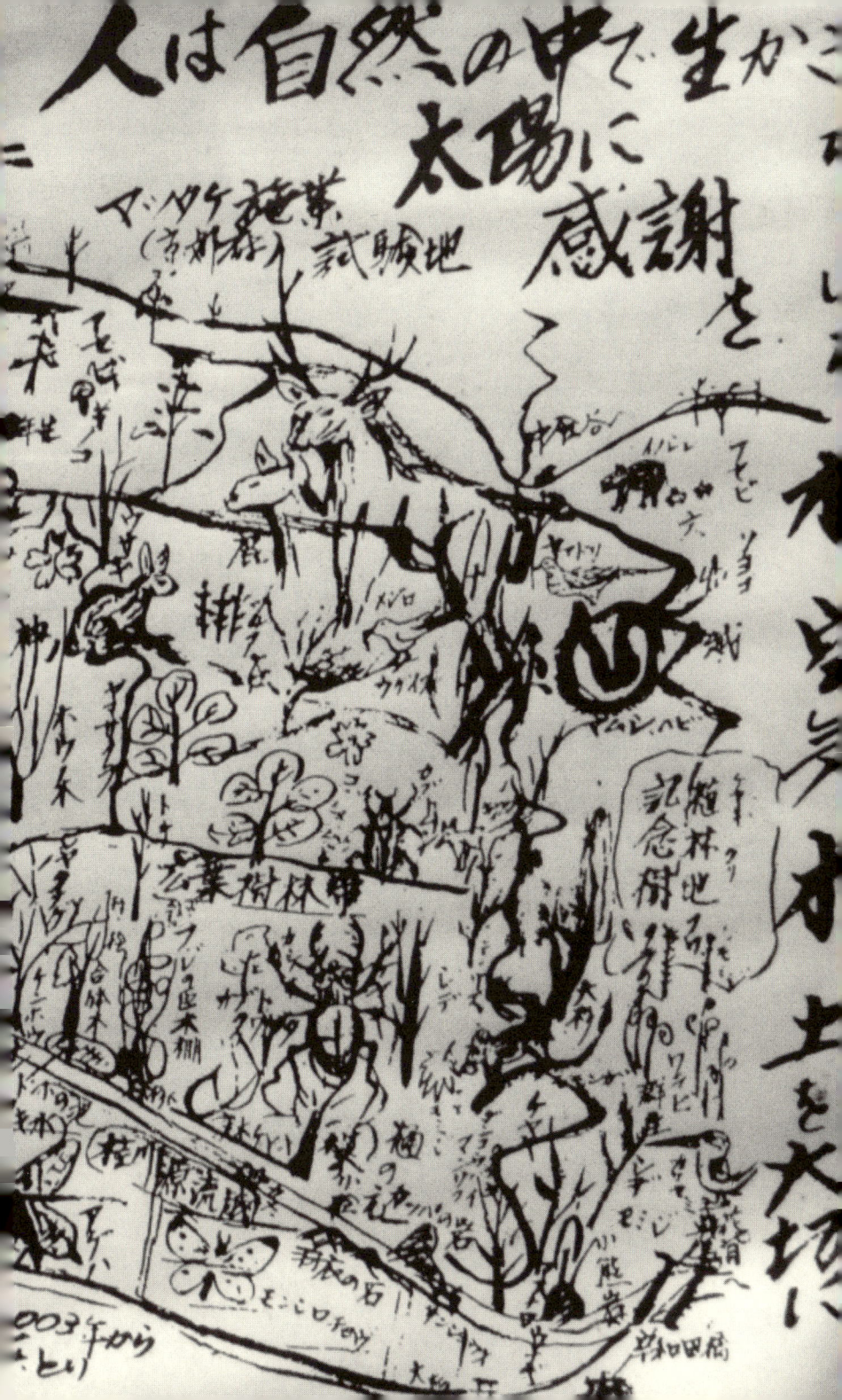

n-1

O livro como imagem do mundo é de toda maneira uma ideia insípida. Na verdade não basta dizer Viva o múltiplo, grito de resto difícil de emitir. Nenhuma habilidade tipográfica, lexical ou mesmo sintática será suficiente para fazê-lo ouvir. É preciso fazer o múltiplo, não acrescentando sempre uma dimensão superior, mas, ao contrário, da maneira mais simples, com força de sobriedade, no nível das dimensões de que se dispõe, sempre n-1 (é somente assim que o uno faz parte do múltiplo, estando sempre subtraído dele). Subtrair o único da multiplicidade a ser constituída; escrever a n-1.
Gilles Deleuze e Félix Guattari

B

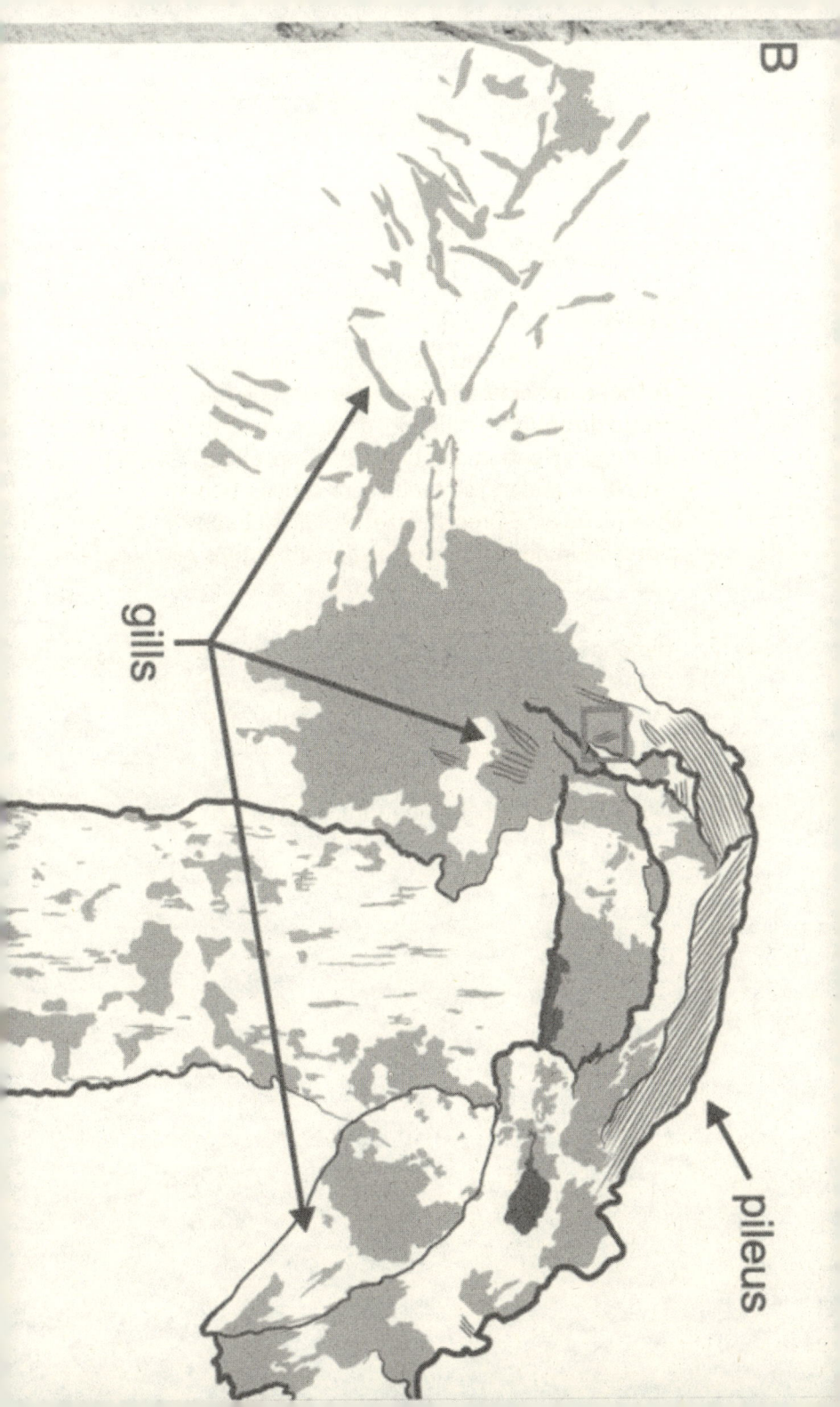

gills

pileus

n-1edicoes.org

v. 3d4d787